Die Gemeinschaftsmarke im System
des internationalen Markenschutzes

Europäische Hochschulschriften

Publications Universitaires Européennes
European University Studies

Reihe II
Rechtswissenschaft

Série II Series II
Droit
Law

Bd./Vol. 3102

PETER LANG
Frankfurt am Main · Berlin · Bern · Bruxelles · New York · Oxford · Wien

Clemens Just

Die Gemeinschaftsmarke im System des internationalen Markenschutzes

PETER LANG
Europäischer Verlag der Wissenschaften

Die Deutsche Bibliothek - CIP-Einheitsaufnahme

Just, Clemens:

Die Gemeinschaftsmarke im System des internationalen Markenschutzes / Clemens Just. - Frankfurt am Main ; Berlin ; Bern ; Bruxelles ; New York ; Oxford ; Wien : Lang, 2001
(Europäische Hochschulschriften : Reihe 2, Rechtswissenschaft ; Bd. 3102)
Zugl.: Freiburg i. Br., Univ., Diss., 2000
ISBN 3-631-37786-X

D 25
ISSN 0531-7312
ISBN 3-631-37786-X

Vorwort

Die vorliegende Arbeit wurde im Wintersemester 2000/01 von der Albert-Ludwigs-Universität Freiburg als Inauguraldissertation angenommen.

Danken möchte ich an dieser Stelle allen, die zum Gelingen der Arbeit beigetragen haben. Besonderer Dank gebührt meinem Doktorvater Herrn Professor *Dr. Jürgen Becker* für die flexible Betreuung. Herrn Professor *Dr. Jürgen Schwarze* danke ich für die zügige Erstellung des Zweitgutachtens.

Für Anregungen und Unterstützung möchte ich mich zudem bedanken bei Professor *Dr. Joachim Bornkamm*, RiBGH, Ms. *Anne Barron*, Lecturer an der London School of Economics, und den vielen Gesprächspartnern während meines Besuches beim Harmonisierungsamt in Alicante, vor allem Herrn *Achim Bender*, RiBPatG und Mitglied der dritten Beschwerdekammer, Herrn Dr. *Herbert Meister*, Leiter der Nichtigkeitsabteilung, und Herrn *Dr. Detlef Schennen*, Leiter der Abteilung für Gesetzgebung und internationale Rechtsangelegenheiten.

Die Mühen des Korrekturlesens nahmen Frau *Dr. Susanne Schäfer, LL.M.*, und Herr *Dr. Alexander Peukert* auf sich, deren Hinweise sehr hilfreich waren.

Abschließend gilt mein Dank dem Bucerius-Jura-Programm der Studienstiftung des Deutschen Volkes für die großzügige Förderung meines Forschungsaufenthaltes an der London School of Economics und beim Harmonisierungsamt in Alicante sowie meinen Eltern Frau *Christine Just* und Herrn *Hans-Günter Just* für ihre Anteilnahme an meiner Arbeit.

Berlin, im Dezember 2000 *Clemens Just*

Inhaltsübersicht

Inhaltsverzeichnis

Abkürzungsverzeichnis[1]

ABl.EG	Amtsblatt der Europäischen Gemeinschaften
ABl.HABM	Amtsblatt des Harmonisierungsamtes für den Binnenmarkt (Marken, Muster und Modelle)
All ER (Ch.D)	All England Law Report (Chancery Division)
BB	Betriebsberater
BGBl.	Bundesgesetzblatt
BGH	Bundesgerichtshof
Bl.f.PMZ	Blatt für das Patent-, Muster- und Zeichenwesen
BoA	Board of Appeal (Beschwerdekammer)
BPatG	Bundespatentgericht
BT-Drucks.	Bundestagsdrucksache
BVerfG	Bundesverfassungsgericht
CR	Computer und Recht
C.M.L.R.	Common Market Law Report
C.M.L.Rev.	Common Market Law Review
DB	Der Betrieb
Diss.	Dissertation
Dok.	Dokumentation
DPA	Deutsches Patentamt
DRiZ	Deutsche Richterzeitung
DV	Verordnung (EG) Nr. 2868/95 der Kommission zur Durchführung der Verordnung (EG) Nr. 40/94 des Rates über die Gemeinschaftsmarke - Durchführungsverordnung
E.B.L.R.	European Business Law Review
ECJ	European Court of Justice
ECTA	European Communities Trade Mark Association
EFTA	European Free Trade Association
EG	Vertrag über die Gründung der Europäischen Gemeinschaft in seiner durch den Amsterdamer Vertrag geänderten Fassung
E.I.P.R.	European Intellectual Property Review
E.L.Rev	European Law Review
EPA	Europäisches Patentamt
EU	Europäische Union
EuG	Europäisches Gericht Erster Instanz

[1] Für die sonst verwandten Abkürzungen vgl. *Kirchner, Hildebert*, Abkürzungsverzeichnis der Rechtssprache, 4.Auflage, Berlin 1993.

EuGH	Europäischer Gerichtshof
EuGVÜ	Übereinkommen über die gerichtliche Zuständigkeit und die Vollstreckbarkeit gerichtlicher Entscheidungen in Zivil- und Handelssachen vom 27.9.1968 (BGBl. 1972 II S.774)
EWG	Europäische Wirtschaftsgemeinschaft
EWS	Europäisches Wirtschafts-& Steuerrecht
EuZW	Europäische Zeitschrift für Wirtschaftsrecht
FS	Festschrift
GAFO	Gemeinsame Ausführungsordnung zum Madrider Abkommen über die internationale Registrierung von Marken und zum Protokoll zu diesem Abkommen vom 18.1.1996, BGBl.1996 II S. 562.
GATT	General Agreement on Tariffs and Trades
GebV	Verordnung (EG) Nr. 2869/95 der Kommission über die an das Harmonisierungsamt für den Binnenmarkt (Marken, Muster und Modelle) zu entrichtenden Gebühren - Gebührenverordnung
GMV	Verordnung (EG) Nr. 40/94 des Rates über die Gemeinschaftsmarke vom 20.12.1993 - Gemeinschaftsmarkenverordnung
GPÜ	(Luxemburger) Übereinkommen über das europäische Patent für den Gemeinsamen Markt vom 15.12.1975 idF. vom 21.12.1989 (BGBl.1991 II S.1361)
GRUR	Gewerblicher Rechtsschutz und Urheberrecht
GRUR Int.	Gewerblicher Rechtsschutz und Urheberrecht, Internationaler Teil
HABM	Harmonisierungsamt für den Binnenmarkt (Marken, Muster und Modelle)
Harv.L.Rev.	Harvard Law Review
IIC	International Review of Industrial Property and Copyright Law
IR-Marke	International registrierte Marke
JA	Juristische Ausbildung
J.E.P.P.	Journal of European Public Policy
JZ	Juristenzeitung
MA	Markenartikel

MarkenG	Gesetz über den Schutz von Marken und sonstigen Kennzeichen (Markengesetz) vom 25.10.1994
M.I.P.	Managing Intellectual Property
Mitt.	Mitteilungen des Verbandes deutscher Patentanwälte
MMA	Madrider Abkommen vom 14.4.1891 über die internationale Registrierung von Fabrik- oder Handelsmarken in der Fassung vom 14.7.1967
MMP	Protokoll über die internationale Registrierung von Marken vom 27.7.1989
MRRL	Erste Richtlinie des Rates zur Angleichung der Rechtsvorschriften der Mitgliedstaaten über die Marken (89/104/EWG) vom 21.12.1988
NJW	Neue Juristische Wochenschrift
OAMI	Oficina de Armonización del Mercado Interior (Marcas, Dibujos y Modelos)
OHIM	Office for Harmonization in the Internal Market (Trademarks and designs)
OMPI	Organisation Mondiale de la Propriété Intellectuelle
PatG	Patentgesetz vom 16.12.1980
PVÜ	Pariser Verbandsübereinkunft vom 20.3.1883 zum Schutze des gewerblichen Eigentums in der Stockholmer Fassung vom 14.7.1967
RG	Reichsgericht
RGBl.	Reichsgesetzblatt
Riv.Dir.Ind.	Rivista di Diritto Industriale
RIW	Recht der Internationalen Wirtschaft
R.P.C.	Reports of Patent, Design and Trade Mark Cases,
Rs.	Rechtssache
Rspr.	Rechtsprechung
Slg.	Sammlung
TLT	Trademark Law Treaty
TMR	Trademark Reporter
TRIPS	Übereinkommen zur Errichtung der Welthandelsorganisation vom 15.4.1994, Übereinkommen über handelsbezogen Aspekte des geistigen Eigentums
TRT	Trademark Registration Treaty
T.W.	Trademark World

VerfO-BK	Verordnung (EG) Nr. 216/96 der Kommission über die Verfahrensordnung vor den Beschwerdekammern des Harmonisierungsamtes für den Binnenmarkt (Marken, Muster und Modelle)
VO	Verordnung
VPP	Verband der Patentanwälte und Patentassessoren
WiB	Wirtschaftsrechtliche Beratung
WIPO	World Intellectual Property Organization
W.L.R.	Weakly Law Report
WRP	Wettbewerb in Recht und Praxis
WTO	World Trade Organization
Yale L.J.	Yale Law Journal
ZEuP	Zeitschrift für Europäisches Privatrecht
ZHR	Zeitschrift für das gesamte Handels- und Wirtschaftsrecht

1. Teil: Einleitung

A. Einführung in den Problemkreis

Der Kennzeichnung eines Produktes oder einer Dienstleistung durch eine Marke kommt heute eine außerordentliche Bedeutung zu. Markenbewußtsein ist auf Seiten des Verbrauchers sehr stark ausgebildet. Er ist durch vielfältige Werbemaßnahmen für Marken so sensibilisiert, daß bekannte Marken wie Pepsi-Cola, McDonald's o.ä. untrennbarer Bestandteil des täglichen Lebens geworden und in die Sprache nicht nur der Jugend inkorporiert sind.[2] Angesichts dessen verwundert es nicht, daß Marken wirtschaftlich für ein Unternehmen wertvoll sind, sogar bis zu dem Maße, daß der Kaufpreis eines Unternehmens maßgeblich von Marken bestimmt wird. Beispielsweise betrug der Preis für die Übernahme von Rowntree, dem Markeninhaber von KIT KAT, AFTER EIGHT, QUALITY STREET und ROLO, durch Nestlé US$ 4, 5 Mrd., und entsprach damit dem fünffachen Buchwert des Unternehmens. Die Übernahme von Kraft, dem Markeninhaber von KRAFT Käse, MIRACLE WHIP und BREYER Eis, kostete Philip Morris US$ 12, 9 Mrd., was den vierfachen Buchwert ausmachte.[3]

Auch wenn es schwierig ist, den genauen Wert einer Marke zu bestimmen, und es unterschiedliche Bewertungsmethoden hierfür gibt,[4] so liegt doch der wirtschaftliche Wert einer Marke auf der Hand. Marken stellen für ein Unternehmen eine selbständige Vermögensposition dar, die eines besonderen Schutzes bedarf. Denn nur solange das Recht, mit einer Marke Waren oder Dienstleistungen zu kennzeichnen, einem bestimmten Markeninhaber ausschließlich zusteht, der damit einen Vorteil gegenüber anderen Mitbewerbern hat, besteht dieser Vermögenswert.[5] Allgemein gesprochen ist es daher Aufgabe des Markenrechts, die juristischen Möglichkeiten zur Verfügung zu stellen, die Marke umfassend zu schützen, also dem Markeninhaber rechtliche Mittel zu geben, um den unbefugten Markengebrauch unterbinden und gegen den Betreffenden vorgehen zu können.

---

2 Siehe zu der engen Verbindung von Sprache und populären Marken *Dreyfuss*, Expressive Genericity: Trademarks as Language In the Pepsi Generation, (1990) 65 Notre Dame Law Review 397.

3 *Berger*, MarkenR 1999, 271 (Fn.3); *Drescher*, The Transformation and Evolution of Trademarks - From Signals to Symbols to Myth, (1992) 65 TMR 301, 302; weitere Beispiele finden sich in The Economist, The Year of the Brand vom 24.12.1988, S. 95 ff.

4 Zu unterschiedlichen Methoden siehe *Franzen/Trommsdorff/Riedel*, MA 1994, 372; *Berger*, MarkenR 1999, 271; *Ross*, (1997) M.I.P., Yearbook 10.
Die Marke Coca-Cola z.B. ist dabei auf US$ 3 Mrd., US$ 24 Mrd. bzw. US$ 33 Mrd. berechnet worden, siehe *Berger*, MarkenR 1999, 271 (275 r.Sp.) und Wirtschaftswoche vom 21.3.1996.

5 Eingehender zu den Gründen für Markenschutz noch unter 4. Teil, B II 2 b.

Auf nationaler Ebene können Markenrechte in Deutschland entsprechend dem Markengesetz geltend gemacht werden,[6] allerdings fällt der räumliche Schutzbereich dann mit den Grenzen der Bundesrepublik zusammen. Es herrscht der Grundsatz der Territorialität. Sofern eine Markenverletzung in einem anderen Land, zum Beispiel Frankreich auftritt, ist der Markeninhaber zur Durchsetzung seiner Rechte darauf angewiesen, Schutz nach dem französischen Markenrecht zu ersuchen. Offensichtlich ist diese territoriale Begrenzung von Markenschutz für den Schutzsuchenden kompliziert und wird der Realität des internationalen Warenaustausches nicht gerecht. Es wurden daher bereits Ende des 19. Jahrhunderts internationale, völkerrechtliche Verträge geschlossen, um Markenschutz zwischen den Staaten zu vereinfachen, so vor allem die Pariser Verbandsübereinkunft und das Madrider Markenabkommen.[7] Diese beiden Verträge unterlagen zahlreichen Revisionen und wurden später ergänzt durch andere Verträge, vornehmlich das Madrider Markenprotokoll als Ergänzung zum Madrider Markenabkommen und das Agreement on Trade-related Aspects of Intellectual Property Rights, kurz TRIPS.

Neben diese Bemühungen, im Rahmen von internationalen Verträgen Markenschutz zwischen den Ländern zu vereinfachen, tritt eine jüngere Entwicklung: die europäische Integration. Da der Markeninhaber mit dem ihm zustehenden Unterlassungsanspruch die Möglichkeit hat, den Import von Waren mit markenverletzenden Kennzeichnungen zu verhindern, können Markenrechte den freien Warenverkehr behindern, was einen erheblichen Einfluß auf die Herstellung des europäischen Binnenmarktes hat. Verstärkt wird dieser Effekt, wenn sich die Markenrechte der Mitgliedsländer unterscheiden und die Grenzen des Schutzes in unterschiedlicher Weise bestimmt werden. Die Ausübung nationaler Markenrechte und deren Vereinbarkeit mit dem Gemeinschaftsrecht war daher eine

---

[6] Gesetz über den Schutz von Marken und sonstigen Kennzeichen (Markengesetz) vom 25.10.1994. Nach dem deutschen Markenrecht steht dem Rechtsinhaber ein Unterlassungsanspruch, §§ 14 V, 15 IV MarkenG, ein Schadensersatzanspruch, §§ 14 VI, 15 V MarkenG und u.U. ein Bereicherungsanspruch gem. §§ 812 ff. BGB zu (vgl. BGH GRUR 1987, 520). Ein Auskunftsanspruch zur Schadens- bzw. Bereicherungsberechnung ergibt sich aus § 242 BGB. Ergänzt werden diese Ansprüche um einen Vernichtungsanspruch des im Besitz oder Eigentums des Verletzers befindlichen Erzeugnisses, § 18 MarkenG, einen Auskunftsanspruch gegen den Verletzer über die Herkunft und den Vertriebsweg von widerrechtlich gekennzeichneten Gegenständen, § 19 MarkenG, und gegen Sicherheitsleistung einen Antrag auf Beschlagnahme durch den Zoll bei der Einfuhr oder Ausfuhr, §§ 146 ff. Darüberhinaus wird in §§ 143 ff. MarkenG eine verschärfte Strafbewehrung vorgesehen.

Eine umfassende Darstellung der Rechte des Markeninhabers in den übrigen Mitgliedstaaten und deren Durchsetzung gibt *Bumiller*, Die Durchsetzung der Gemeinschaftsmarke in der Europäischen Union, S. 67 - 201.

[7] Die Pariser Verbandsübereinkunft ist am 7.7.1884 in Kraft getreten (folgend abgekürzt: PVÜ), das Madrider Markenabkommen wurde als ein Sonderabkommen der PVÜ am 15.4.1891 abgeschlossen. Zu den Grundzügen der internationalen Verträge siehe unter 3. Teil, B.

Frage, die dem EuGH häufig im Wege des Vorabentscheidungsverfahrens gem. Art. 234 EG[8] vorgelegt wurde, was zu einer sehr nuancierten Rechtsprechung geführt hat. Um die Markenrechte der Mitgliedstaaten in ihren wesentlichen Vorschriften einander anzunähern, hat zudem der Ministerrat die Richtlinie 89/104/EWG erlassen,[9] die gem. Art. 249 III EG durch die Mitgliedstaaten in nationales Recht umgesetzt werden mußte. Den letzten Bestandteil dieser spezifisch europäischen Rechtsentwicklung bildet die Verordnung über die Gemeinschaftsmarke[10] vom 15.3.1994, wobei die Verordnung unmittelbar in jedem Mitgliedstaat gilt, also einer Transformation nicht mehr bedürftig war, Art. 249 II EG.

B. Fragestellung der Arbeit

Die Gemeinschaftsmarke ist von ihrer Konzeption her gänzlich anders als die bereits erwähnten Schutzsysteme: Mit der Gemeinschaftsmarke wurde erstmals ein eigenes europäisches Schutzrecht geschaffen, das einheitlich für den gesamten Bereich des Binnenmarktes gilt (Grundsatz der Einheitlichkeit) und weitgehend autonom neben den nationalen Markenrechten existiert. Für den Markeninhaber besteht also eine neuartige Möglichkeit. Er kann seit dem 1.1.1996 eine Marke als Gemeinschaftsmarke bei dem in Alicante neu eingerichteten Harmonisierungsamt für den Binnenmarkt (Marken, Muster und Modelle)[11] anmelden. Der Zeitrang (Priorität), nach dem sich im Kollisionsfall mit einer anderen Marke bestimmt, welche Marke (prioritäts)älter und damit schutzwürdig ist, wurde einheitlich für alle Marken, die in dem Zeitraum vom 1. Januar bis 1. April angemeldet wurden, auf den 1.4.1996 festgelegt.[12] Durch Anmeldung und Eintragung in das beim Harmonisierungsamt geführte Register für Gemeinschaftsmarken[13] erhält der Markeninhaber automatisch Schutz in allen

---

8 Auf die Umnummerierung der Vorschriften des EG-Vertrages durch den Amsterdamer Vertrag sei kurz hingewiesen. Außer in Zitaten werden durchgehend die neuen Artikelnummern verwendet. Entsprechend der Zitierweise des Europäischen Gerichtshofes und des Gerichts erster Instanz wird der EG-Vertrag folgend mit EG abgekürzt. Zur neuen Zitierweise der Europäischen Verträge siehe NVwZ 2000, 55.

9 Erste Richtlinie des Rates vom 21.12.1988 zur Angleichung der Rechtsvorschriften der Mitgliedstaaten über die Marken (89/104/EWG), ABl.EG Nr. L 40/1 und Nr. L 159/60 = GRUR Int. 1989, 294 = Bl.f.PMZ 1989, 189 und 350 = MA 1989, 143. Folgend wird die Markenrechtsrichtlinie mit MRRL abgekürzt.

10 Verordnung (EG) Nr. 40/94 des Rates vom 20.12.1993 über die Gemeinschaftsmarke, ABl.EG Nr. L 11 vom 14.1.1994, S.1 = GRUR Int. 1994, 403 ff. = ABl.HABM 1995, 50, geändert durch Verordnung (EG) Nr. 3288/94 des Rates vom 22.12.1994 zur Änderung der Verordnung (EG) Nr. 40/94 über die Gemeinschaftsmarke zur Umsetzung der im Rahmen der Uruguay-Runde geschlossenen Übereinkünfte, ABl.EG Nr. L 349 vom 31.12.1994.

11 So die offizielle Bezeichnung gem. Art. 2 GMV. Vielfach wird das Harmonisierungsamt auch als "Europäisches Markenamt" oder nur als "das Amt" bezeichnet.

12 Art. 143 IV GMV.

Mitgliedstaaten der Europäischen Union, womit ein Markt von mehr als 350 Millionen Verbrauchern abgedeckt wird.[14]

Für den Markeninhaber selbst stellt sich dabei weniger die Frage, welche integrationspolitische Wirkung ein supranationales Recht für die Vervollständigung des europäischen Binnenmarktes hat, wie es in den Erwägungsgründen zur Gemeinschaftsmarkenverordnung betont wird,[15] sondern ob und inwiefern die Wahl des Gemeinschaftsrechtes für ihn sinnvoll ist: Welche Vorteile bestehen für ihn, den Markeninhaber, wenn er sich für eine Gemeinschaftsmarke entscheidet? Warum soll er sich nicht an bestehenden Schutzsystemen orientieren?

Angesichts der Tatsache, daß das Gemeinschaftsmarkenrecht mit bestehenden Systemen koexistiert, kann eine Antwort hierauf nicht durch eine isolierte Analyse der rechtlichen Besonderheiten der Gemeinschaftsmarke erfolgen. Es sind vielmehr die anderen Optionen für den Interessierten einzubeziehen. Dabei muß auch bedacht werden, daß das Gemeinschaftsmarkenrecht zwar grundsätzlich unabhängig von bestehenden Markenschutzsystemen existiert, diese Autonomie jedoch nicht lückenlos durchgehalten ist.[16] Verweise auf andere Systeme wie vor allem im Verletzungsprozeß auf nationale Markenrechte, die Übernahme bestimmter Standards aus internationalen Verträgen und die Verknüpfung der Gemeinschaftsmarke mit anderen Markenschutzmöglichkeiten lassen erkennen, daß

---

13 Siehe Art. 6, 83 GMV.

14 Vgl. die allgemeinen Informationen des Harmonisierungsamtes für den Binnenmarkt (Marken, Muster und Modelle) unter http://www.oami.eu.int (Stand: 30.4.2000).

15 Siehe hierzu vor allem Erwägungsgründe 1 und 2 der GMV: "Die harmonische Entwicklung des Wirtschaftslebens innerhalb der Gemeinschaft und eine beständige und ausgewogene Wirtschaftsausweitung sind durch die Vollendung und das reibungslose Funktionieren des Binnenmarktes zu fördern, der mit einem einzelstaatlichen Markt vergleichbare Bedingungen bietet. Um einen solchen Markt zu verwirklichen und seine Einheit zu stärken, müssen nicht nur die Hindernisse für den freien Waren- und Dienstleistungsverkehr beseitigt und ein System des unverfälschten Wettbewerbs innerhalb des gemeinschaftlichen Marktes errichtet, sondern auch rechtliche Bedingungen geschaffen werden, die es den Unternehmen ermöglichen, ihre Tätigkeiten in den Bereichen der Herstellung und Verteilung von Waren und des Dienstleistungsverkehrs an die Dimensionen eines gemeinsamen Marktes anzupassen. Eine der besonders geeigneten rechtlichen Möglichkeiten, über die die Unternehmen zu diesem Zweck verfügen müßten, ist die Verwendung von Marken, mit denen sie ihre Waren oder Dienstleistungen in der gesamten Gemeinschaften ohne Rücksicht auf Grenzen kennzeichnen können."

Für die Verwirklichung der oben erwähnten Ziele der Gemeinschaft ist ein Tätigwerden der Gemeinschaft erforderlich. Es ist ein Markensystem der Gemeinschaft zu schaffen, das den Unternehmen ermöglicht, in einem einzigen Verfahren Gemeinschaftsmarken zu erwerben, die einen einheitlichen Schutz genießen und im gesamten Gebiet der Gemeinschaft wirksam sind (...)." - Siehe auch Erwägungsgrund 3 der GMV. Die Bedeutung der Marke als Integrationsfaktor wurde bereits in der Denkschrift zur Schaffung einer EWG-Marke hervorgehoben, die am 6.7.1976 verabschiedet wurde, Dok. DEC (76) 2462 = Bulletin der EG, Beilage 8/76 = GRUR Int. 1976, 481 = (1976) 7 IIC 367, vor allem in Nr. 21ff.

16 Eingehender zur Autonomie und ihren Durchbrechungen unter 4. Teil, C I 3.

jegliche Beurteilung sich nicht bloß an Regelungen der Verordnung ausrichten kann, sondern daß die Gemeinschaftsmarke im System des internationalen Markenschutzes zu würdigen ist. Die vorliegende Untersuchung möchte diesen Bezug herausarbeiten, um auf seiner Grundlage der Frage nachzugehen, welche Vorteile das neue supranationale Recht bietet.

Offenkundige Bedeutung hat dies für Markenanmelder und für das Gemeinschaftsmarkenrecht als solches. Neuere Entwicklungen im Gebrauchs-, Geschmacksmuster- und Patentrecht zeigen zudem, daß die Gemeinschaftsmarke als erstes europäisches Schutzrecht eine Vorreiterstellung einnimmt. Ihre Anziehungskraft kann daher auch auf andere gewerbliche Schutzrechte eine Sogwirkung entfalten, was in einem rechtspolitischen Annex näher betrachtet wird.

C. Eingrenzung, Methode und Gang der Untersuchung

In der Arbeit wird die Gemeinschaftsmarke ins System des internationalen Markenschutzes eingeordnet, wobei sowohl die internationalen Verträge wie Pariser Verbandsübereinkunft, Madrider Markenabkommen und andere erfaßt werden als auch die Rechtsprechung des Europäischen Gerichtshofes und die Angleichung der nationalen Markengesetze durch die bereits erwähnte Richtlinie. Die Rechtsprechung des Europäischen Gerichtshofes und die Harmonisierung der nationalen Rechte durch die Richtlinie 89/104/EWG auch unter die Überschrift des internationalen Markenschutzes zu fassen, könnte befremden, da eine Markenanmeldung nicht allein auf die Rechtsprechung beziehungsweise die Richtlinie gestützt werden kann, sondern auf nationales Recht insofern angewiesen ist. Die Zielsetzung der Arbeit, die Gemeinschaftsmarke als Mittel des Markenschutzes für den zwischenstaatlichen Waren- und Dienstleistungsverkehr zu analysieren, rechtfertigt es jedoch, den Begriff des internationalen Markenschutzes weiter zu fassen und nicht nur auf die internationalen Verträge zu begrenzen. Damit soll vermieden werden, daß zwei wichtige Einflußsphären, die Rechtsprechung des EuGH und die Harmonisierungsrichtlinie, ausgeblendet werden. Im übrigen ist es aus Sicht des Markeninhabers, der sich fragt, ob die Harmonisierung des Markenrechts der Mitgliedstaaten beziehungsweise die detaillierte Rechtsprechung des EuGH, ein supranationales Schutzrecht überflüssig machen, auch nicht einsichtig, daß dies keine Frage des internationalen, sondern des europäischen Markenschutzes sei. Internationales und europäisches Markenrecht sind daher nicht als sich ausschließende Termini zu verstehen, sie signalisieren lediglich verschiedene historische Ursprünge. Um dieser unterschiedlichen Herkunft Rechnung zu tragen, wird unter der Überschrift der internationalen Markenschutzmöglichkeiten in europäisches Markenrecht und internationale Verträge differenziert.

Bevor der Bezug zwischen Gemeinschaftsmarke und anderen Schutzsystemen untersucht werden kann, bedarf es einiger vorbereitender Schritte. Nach einem kurzen geschichtlichen Überblick sollen die wesentlichen Vorschriften der Gemeinschaftsmarkenverordnung in ihrer bisherigen Handhabung durch das Harmonisierungsamt dargestellt werden.[17] Im Anschluß daran erfolgt eine genauere Betrachtung des internationalen Markenschutzes.[18] Auf der Grundlage dessen können dann die Verbindungen der Gemeinschaftsmarke zu bestehenden Möglichkeiten betrachtet und etwaige Vorzüge des Gemeinschaftsmarkenrechts für den Anmelder analysiert werden. Sofern sich bestimmte Regelungen als unvorteilhaft erweisen oder zu Schwierigkeiten in der Zukunft führen könnten, werden Verbesserungsvorschläge erarbeitet.

Die erwähnte rechtspolitische Bedeutung für künftige supranationale Schutzrechte soll abschließend betrachtet werden.[19]

---

17 Siehe 2. Teil A und B.

18 Siehe 3. Teil A und B.

19 Siehe 4. Teil C.

2. Teil: Die Gemeinschaftsmarke - Entwicklung und wesentliche Vorschriften

A. Historische Entwicklung zur Gemeinschaftsmarke

I. Anfänge des Gemeinschaftsmarkenrechts

Die Entstehungsgeschichte der Gemeinschaftsmarke reicht bis kurz nach Inkrafttreten der Römischen Verträge 1958 zurück, als die Frage nach einem einheitlichen, europäischen Markenrecht aufkam.[20] Die Kommission faßte am 31.7.1959 den Beschluß, den gewerblichen Rechtsschutz zu vereinheitlichen.[21] Erste konkrete Formen gewann diese noch sehr prinzipielle Vorbereitungsphase[22] durch einen Vorentwurf eines Übereinkommens über ein europäisches Markenrecht 1964,[23] der aber erst 1973 vorgestellt wurde.

Im September 1974 wurde von der Kommission eine Arbeitsgruppe eingesetzt, in der Beamte der Kommission und Sachverständige aus Wissenschaft und Praxis[24] eine "Denkschrift zur Schaffung einer EWG-Marke" erarbeiteten, die 1976 veröffentlicht wurde.[25] In dieser Denkschrift wurden die primären Ziele und die

---

[20] Maßgeblich für diese Diskussion *Röttger*, GRUR Int. 1959, 329; vgl. auch *Saint-Gal*, GRUR Int. 1960, 169; *ders.*, ZHR 1985, 172 ff.; *Croon*, GRUR Int. 1960, 341 ff.; *Finniss*, GRUR Int. 1960, 337 ff.; *Heydt*, GRUR Int. 1960, 348 ff. Zu dieser frühen Phase siehe auch *Beier*, in: *Schricker/Beier* (Hrsg.), Die Neuordnung des Markenrechts in Europa, S. 59 ff.

[21] Siehe *v. Mühlendahl/Ohlgart*, Die Gemeinschaftsmarke, S. 4.

[22] Erörtert wurde vor allem die Notwendigkeit einer einheitlichen Marke für einen einheitlichen Wirtschaftsraum. Die überwiegende Literatur ging dabei von der Erforderlichkeit einer solchen EWG-Marke aus, vgl. nur *Röttger*, aaO. S. 329: "Wenn es nicht gelingt, auf dem Gebiet des gewerblichen Rechtsschutzes die nationalen Grenzen zu überwinden, die bisher noch bestehen, bleibt der Gedanke der Europäischen Wirtschaftsgemeinschaft mit einer sehr schweren Hypothek belastet."

Es fanden sich aber auch kritische Stimmen, z.B. *Saint-Gal*, aaO. S. 173f.: " Die Ausdehnung des Schutzes auf das Gesamtgebiet des Gemeinsamen Marktes ist unter den gegenwärtigen Umständen für 85 % der Markeninhaber ohne Wert." und *ders.*, aaO. S. 176: "Wir sind daher zusammenfassend zu der Auffassung gelangt, daß es richtiger ist, sich an die bewährte Einrichtung des Madrider Markenabkommens zu halten, und es erforderlichenfalls für einen Markenschutz im Gemeinsamen Markt noch geeigneter zu machen."

[23] Vorentwurf eines Übereinkommens über ein europäisches Markenrecht, Luxemburg 1973, Dok. 5934/IV/34.

[24] Prof. Beier vom Max-Planck-Institut für ausl. und intern. Patent-, Urheber- und Wettbewerbsrecht in München, John Burrell, Queen's Council, London, Alain Thrierr, Stellvertretender Generaldirektor der Union des Fabricants, Paris.

[25] Siehe Fn. 15 aE.; vgl. auch *Heydt*, GRUR Int. 1976, 501 (505 ff.); *ders.*, GRUR Int. 1977, 47. Zu der Zeit von 1973-1980 siehe auch *Beier*, in: *Schricker/Beier* (Hrsg.), Die Neuordnung des Markenrechts in Europa, S. 64 ff.

Gründe für die Schaffung des Gemeinschaftsmarkenrechts festgehalten. Neben diesen grundsätzlichen Überlegungen, deren Einfluß in den Erwägungsgründen der GMV deutlich wird,[26] behandelt die Denkschrift materielle und formelle Grundfragen des zu schaffenden Rechtes. Um die Vereinheitlichung des Markenrechts in Europa zu erreichen, wurde sowohl eine Verordnung zur Schaffung einer Gemeinschaftsmarke gestützt auf Art. 308 EG vorgeschlagen, als auch eine Harmonisierung der nationalen Rechte durch eine Richtlinie gem. Art. 95 EG. Auf der Basis dieser Denkschrift entstand 1977 der erste Entwurf einer Verordnung über die Gemeinschaftsmarke,[27] dem ein zweiter Entwurf folgte.[28]

II. Arbeiten an einer Verordnung zur Schaffung einer Gemeinschaftsmarke

Am 19.11.1980 veröffentlichte die Kommission einen Vorschlag über die Gemeinschaftsmarke,[29] der auch eine Begründung zu den einzelnen Artikeln enthielt.[30] Nach erneuter Bearbeitung dieses Vorschlages legte die Kommission im August 1984 einen geänderten Verordnungsvorschlag vor,[31] der nach weiteren Erörterungen als konsolidierter Text am 11.5.1988 veröffentlicht wurde.[32] Eine

---

26 Siehe Fn. 15.

27 Entwurf einer VO des Rates über die Gemeinschaftsmarke (1977), Arbeitsdokumente 1-10 der Kommission der EG, Arbeitsgruppe "Gemeinschaftsmarke" - Kommissionsdokument III/exXI/C/268/77 vom April 1977, Dok. III/D/649/77 vom Juli 1977, Dok. III/D/685/77 vom Oktober 1977, Dok. II/D/35/78 vom Mai 1978.

Aus der Literatur hierzu vgl. *v. Mühlendahl*, GRUR Int. 1978, 317; *Heydt*, GRUR Int. 1978, 2; *ders.* GRUR Int. 1976, 61; *v. Lewinsky*, Mitt. 1978, 121.

28 Entwurf einer Verordnung des Rates über die Gemeinschaftsmarke vom Juli 1978, Arbeitsdokument 11 der Kommission der EG, Arbeitsgruppe "Gemeinschaftsmarke" - Kommissionsdokument III/D/753/78 vom Juli 1978 = GRUR Int. 1978, 452 = (1979) 7 IIC 176.

Aus der Literatur hierzu *Puchberger*, GRUR Int. 1978, 407; *Tilmann*, GRUR Int. 1979, 20; *Röttger*, RIW/AWD 1978, 220; *ders.*, RIW/AWD 1979, 167.

29 ABl.EG Nr. C 351 vom 31.12.1980 = GRUR Int. 1981, 86.

Vgl. *Lewinsky*, Mitt. 1981, 172; *Vierheilig*, GRUR Int. 1982, 506; *Schwanhäuser*, WRP 1984, 1.

30 Siehe dazu Stellungnahme des Wirtschafts- und Sozialausschusses der EG zum Vorschlag für eine erste Richtlinie des Rates zur Angleichung des Markenrechts in den Mitgliedstaaten und zum Vorschlag für eine Verordnung über die Gemeinschaftsmarke vom 23.9.1981, ABl.EG Nr. C 310/22 vom 30.11.1981 = GRUR Int. 764.

Stellungnahme des Europäischen Parlaments vom 12.10.1983, ABl.EG Nr. C 307 vom 14.11.1983, 46 ff.

31 Geänderter Vorschlag für eine Verordnung des Rates über die Gemeinschaftsmarke, Kommissionsdokument (84) 470 = ABl.EG Nr. C 230 vom 31.8.1984, 1 ff.

Vgl. dazu *Knaak*, GRUR Int. 1987, 560; *Krieger*, GRUR Int. 1986, 75; *Winter*, Mitt. 1985, 231.

32 Konsolidierter Text, Dok. 5865/88 des EG - Ministerrates vom 11.5.1988, veröffentlicht in GRUR Int. 1989, 388.

Aus der Literatur hierzu *Beier*, GRUR Int. 1989, 603; *Pagenberg*, GRUR Int. 1989, 748; *v. Mühlendahl*, GRUR Int. 1989, 353 = MA 1989, 38.

engültige Fassung der Verordnung scheiterte zunächst daran, daß über zwei Fragen, dem Sitz der zuständigen Behörde für den administrativen Vollzug der Verordnung und der Sprachenregelung, keine Einigung erzielt werden konnte.[33]

Wegen dieser politischen Schwierigkeiten war es nicht möglich, die Gemeinschaftsmarkenverordnung parallel mit der bereits in der Denkschrift vorgesehenen Harmonisierungsrichtlinie zu erlassen. Dies führte dazu, daß zunächst nur die Richtlinie 89/104/EWG zur Angleichung der nationalen Markenrechte am 21.12.1988 erlassen wurde. Die Richtlinie, die anfangs nur als "Begleiterin" zur EG-Marke geplant war,[34] legt bestimmte materielle Anforderungen an die Markenrechte der Mitgliedstaaten fest,[35] deren Umsetzung bis zum 28.12.1991 zu erfolgen hatte. Durch Ratsbeschluß wurde diese Frist auf das Jahresende 1992 verlängert.[36] In Deutschland konnte dieser Termin wegen der Arbeiten am Erstreckungsgesetz[37] im vereinigten Deutschland nicht gewahrt werden. Erst das Markengesetz vom 25.10.1994, das am 1.1.1995 in Kraft trat, transformierte die Vorgaben der Harmonisierungsrichtlinie in deutsches Recht.[38]

Im Oktober 1993 wurde schließlich eine Lösung für die beiden Streitfragen im Gemeinschaftsmarkenrecht gefunden. Als Kompromiß zu einer Regelung mit einer oder drei Sprachen beziehungsweise einer Gleichberechtigungsregelung aller elf Sprachen der Europäischen Union wurde eine Fünfsprachenregelung getroffen.[39] Sitz des Harmonisierungsamtes für den Binnenmarkt wurde Alicante/Spanien. Kurze Zeit später, im Dezember 1993, erließ der Ministerrat die Verordnung über die Gemeinschaftsmarke (EG) Nr. 40/94,[40] die hinsichtlich der Erlaßkompetenz auf die Auffangvorschrift des Art. 308 EGV gestützt wurde.[41]

---

33 Vgl. zu dieser Diskussion z.B. *Lewinsky*, Mitt. 1981, 172, der sich aus Kostengründen für eine Zusammenlegung des Europäischen Patentamtes und des neuzuschaffenden Europäischen Markenamtes aussprach.

34 *Tilmann*, ZHR 158 (1994), 371 (372); *Kunz-Hallstein*, GRUR Int. 1992, 81 (r.Sp.) bezeichnet die Markenrechtsrichtlinie als "Anhang und Ergänzung zur Gemeinschaftsmarkenverordnung".

35 Erste inhaltliche Anforderungen an eine Harmonisierungsrichtlinie der nationalen Markenrechte finden sich bereits bei *Finniss*, GRUR Int. 1960, 337; *Croon*, GRUR Int. 1960, 341; eingehend zur Entstehungsgeschichte der Richtlinie 89/104/EWG *Schweer*, Die erste Markenrechts - Richtlinie der Europäischen Gemeinschaft und der Rechtsschutz bekannter Marken, S. 15 - 22. Zu den inhaltlichen Anforderungen der Richtlinie siehe noch unter 3. Teil, A I 2.

36 Beschluß des Ministerrates vom 19.12.1991, ABl.EG 1992 Nr. L/6; dieser Zeitplan wurde aber nur von Frankreich, Dänemark, Griechenland und Italien eingehalten, vgl. *Meyer*, GRUR Int. 1996, 592 (in Fn. 6).

37 Gesetz über die Erstreckung von gewerblichen Schutzrechten vom 23.4.1992, BGBl. I S. 938; BGBl. III 424-3-8, geändert durch Gesetz zu dem Übereinkommen vom 15.4.1994 zur Errichtung der Welthandelsorganisation und zur Änderung anderer Gesetze vom 30.8.1994, BGBl. II S. 1438.

38 Vgl. *Schmieder*, NJW 1994, 1241; *Ingerl/Rohnke*, NJW 1994, 1247.

39 Siehe noch ausführlicher zu der Sprachenregelung der GMV unter 2. Teil, III 1 a bb.

III. Beginn der Tätigkeit des Harmonisierungsamtes

Das Harmonisierungsamt in Alicante, das seit dem 1.1.1996 Anmeldungen von Gemeinschaftsmarken entgegennimmt,[42] ist "eine Einrichtung der Gemeinschaft und besitzt Rechtspersönlichkeit."[43] Es gehört damit zu den auf Grundlage von Art. 308 EG neuerrichteten Einrichtungen der Gemeinschaft, die der Kommission zugeordnet sind und eine besondere Aufgabe wahrnehmen.[44] Abgesehen von kompetenzrechtlichen Argumenten[45] ist an dieser Vorgehensweise vornehmlich

---

[40] Fn. 10. Zu verschiedenen Modifikationen der Verordnung Nr. 40/94 gegenüber dem Verordnungsvorschlag von 1980 siehe *v. Mühlendahl*, in: *Schricker/Beier* (Hrsg.), Die Neuordnung des Markenrechts in Europa, S. 81 ff.

[41] In der Rechtssache Spanien/Rat, GRUR Int. 1995, 906, hat der EuGH Art. 308 EG als Kompetenzgrundlage für die Verordnung in einem obiter dictum gebilligt. Vgl. zur Kompetenz nach Art. 308 EG auch Gutachten 1/94 des Gerichtshofes vom 15.11.1994, Slg. 1994, I - 5267, Rn. 59 = GRUR Int. 1995, 248; ausführlich zu dieser Rechtsgrundlage *Schönfeld*, Die Gemeinschaftsmarke als selbständiger Vermögensgegenstand, S. 19 ff. Bedenken gegen die Regelung durch eine Verordnung finden sich z.B. bei *Heydt*, GRUR Int. 1977, 47; *Jung*, Festschrift U. Everling 1995, S. 611 mwN. in Fn. 3; aus englischer Sicht siehe z.B. die Bedenken des House of Lords in House of Lords Select Committee on the European Communities First Report on Trade Marks (1982/1983): "If you look closely at the Community office of trade marks which this Regulation sets up we think that it is very difficult to argue that it is not an autonomous body that is being set up. Article 235, which is the power invoked for this purpose, does not contemplate that kind of action." Siehe auch *Tatham/Richards*, ECTA Guide to EU Trade Mark Legislation, S. 8 f.

[42] Vgl. F.A.Z. vom 4.1.1996, S. 11: "Das Europäische Markenamt in Alicante ist zum Jahresbeginn eröffnet worden."

[43] Art. 111 I GMV.

[44] Zu weiteren Einrichtungen dieser Art siehe Verordnung (EWG) Nr. 337/75 des Rates vom 10.2.1975 über die Errichtung eines Europäischen Zentrums für die Förderung der Berufsbildung, ABl.EG Nr. L 39/1 vom 13.2.1975; Verordnung (EWG) Nr. 1365/75 des Rates vom 26.5.1975 über die Gründung einer Europäischen Stiftung zur Verbesserung der Lebens- und Arbeitsbedingungen, ABl.EG Nr. L 139/1 vom 30.5.1975; Verordnung (EWG) Nr. 1210/90 des Rates vom 7.5.1990 zur Errichtung einer Europäischen Umweltagentur und eines Europäischen Umweltinformations- und Umweltbeobachtungsnetzes, ABl.EG Nr. L 120/1 vom 11.5.1990; Verordnung (EWG) Nr. 1360/90 des Rates vom 7.5.1990 zur Errichtung einer Europäischen Stiftung für Berufsbildung, ABl.EG Nr. L 131/1 vom 23.5.1990; Verordnung (EWG) Nr. 302/93 des Rates vom 8.2.1993 zur Schaffung einer Europäischen Beobachtungsstelle für Drogen und Drogensucht, ABl.EG Nr. L 36/1 vom 12.2.1993; Verordnung (EWG) Nr. 2309/93 des Rates vom 22.7.1993 zur Festlegung von Gemeinschaftsverfahren für die Genehmigung und Überwachung von Human- und Tierarzneimitteln und zur Schaffung einer Europäischen Agentur für die Beurteilung von Arzneimitteln, ABl.EG Nr. L 214/1 vom 24.8.1993; Verordnung (EG) Nr. 2062/94 des Rates vom 18.7.1994 zur Errichtung einer Europäischen Agentur für Sicherheit und Gesundheitsschutz am Arbeitsplatz, ABl.EG Nr. L 216/1 vom 20.8.1994; Verordnung (EG) Nr. 2100(94 des Rates vom 27.7.1994 über den gemeinschaftlichen Sortenschutz, ABl.EG Nr. L 227/1 vom 1.9.1994; Verordnung (EG) Nr. 1035/97 des Rates zur Einrichtung einer Europäischen Stelle zur Beobachtung von Rassismus und Fremdenfeindlichkeit, ABl.EG Nr. L 151/1 vom 10.6.1997.

[45] Siehe Fn. 41.

von *Shapiro* kritisiert worden, daß die Trennung von Kommission und spezialisierten Ämtern und Agenturen nicht unbedenklich sei. Schließlich sei die Kommission das Exekutivorgan, das die ordnungsgemäße Entwicklung des Gemeinsamen Marktes gewährleisten solle. Eine Übertragung auf weitere Ausführungsorgane beeinträchtige daher diese institutionelle Funktion.[46] Angesichts der Komplexität von Sachfragen des Gemeinschaftsmarkenrechts und den begrenzten Kapazitäten der Kommission ist die Übertragung des administrativen Vollzuges der Gemeinschaftsmarke jedoch verständlich und als Auslagerung einer gesonderten Aufgabe nachvollziehbar.

Vertreten wird das Amt von seinem Präsidenten,[47] der vom Rat ernannt und entlassen wird [48] und von einem Vizepräsidenten für Rechtsangelegenheiten und einem für Verwaltungsangelegenheiten unterstützt wird.[49] Eine gewisse Sonderstellung innerhalb des Amtes nehmen die Beschwerdekammern ein, die zwar in das Amt organisatorisch eingegliedert, aber sachlich unabhängig sind.[50]

Anfängliche Schätzungen in der Aufbauphase des Amtes gingen von jährlich 15.000 Anmeldungen aus,[51] eine Zahl, die schon sehr früh übertroffen wurde. Bereits Ende September 1996 lagen dem Amt 35.000 Anmeldungen vor, von denen der überwiegende Teil aus den USA stammte.[52] 1996 wurden insgesamt 43.193 Marken angemeldet, wovon 16.618 (39, 5%) Anmeldungen auf bereits existierende Marken entfielen und 25.498 (60, 5%) Anmeldungen als neue Marke angemeldet wurden.[53] Mitte Dezember 1998 wurde die Zahl von 100.000 Anmeldungen überschritten.[54] Diese unerwartet rege Nachfrage nach der

---

46 *Shapiro*, (1997) 4 J.E.P.P. 262, 281: "The Commission-Council separation is itself a supposed separation of technocracy (the Commission) from intergovernmental politics (the Council). Therefore, to assert a managerial-technical-informational rationale for separating the agencies from the Commission is, in a certain sense, absurd. It is the assertion that the technical ought to be separated from the technical."

47 Art. 111 III GMV.

48 Siehe für ein Organigramm des Amtes den Tätigkeitsbericht des Harmonisierungsamtes 1997, S. 72 f.

49 Art. 119 III GMV.

50 Zu den Beschwerdekammern siehe noch unter 2. Teil, B III 1 e.

51 *V. Mühlendahl*, MA 1996, 526 (529).

52 Von den Anmeldungen kamen ca. 1/3 aus den USA (10.894), 20% aus Deutschland (5992), 12% aus dem Vereinigten Königreich (4367), 6% aus Spanien (2209), aus Italien und Japan ungefähr 4% (1437,1174) und aus Franrkeich 3% (1071), *v. Mühlendahl*, MA 1996, 526 (530); *ders.*, MA 1996, 601 (602).

53 Hierbei lagen die USA mit 13.067 Anmeldungen vor Deutschland (7518), Großbritannien (5582), Spanien (2751), Italien (2169), Frankreich (1561) und Japan (1392). Insgesamt lagen Anmeldungen aus 95 verschiedenen Staaten vor. Die Anmelder mit der größten Anzahl von Anmeldungen waren: BASF, Deutschland (340), Mercedes Benz, Deutschland (226), Deutsche Telekom AG, Deutschland (179), Scottish and Newcastle plc, Großbritannien (157), CIBA Geigy AG, Schweiz (128); vgl. *Ackermann*, WRP 1997, 541.

Gemeinschaftsmarke erforderte eine deutliche Erhöhung des Personals, um die große Arbeitsbelastung von 100 Anträgen wöchentlich überhaupt zeitnah erledigen zu können.[55]

Im Vergleich zu den anfänglichen Schätzungen zeigt sich daher das Gemeinschaftsmarkenrecht als sehr erfolgreich.

B. Wesentliche Bestimmungen des Gemeinschaftsmarkenrechts

Rechtsquellen zum Gemeinschaftsmarkenrecht finden sich in verschiedenen Verordnungen. Überwiegend wird das Gemeinschaftsmarkenrecht in der Verordnung (EG) Nr. 40/94 des Rates über die Gemeinschaftsmarke geregelt (folgend als GMV abgekürzt).[56] Daneben werden in der Durchführungsverordnung (folgend: DV), die in Art. 140 GMV vorgeschrieben ist, die Einzelheiten der Anwendung der GMV geregelt.[57] Die genauen Gebühren, die an das Harmonsierungsamt zu entrichten sind, ergeben sich aus der Gebührenverordnung (GebV),[58] und Einzelheiten bezüglich der Beschwerdekammern bestimmt die Verordnung über die Verfahrensordnung vor den Beschwerdekammern (VerfO-BK).[59]

Diese Verordnungen bilden die zentralen Rechtsquellen für die Gemeinschaftsmarke, die ergänzt werden durch Beschlüsse und Richtlinien des Präsidenten des Harmonisierungsamtes zu organisatorischen und verfahrens- rechtlichen Fragen.[60] In einem weiteren Sinne ist die Verfahrensordnung des Gerichts Erster Instanz ebenfalls eine Rechtsquelle, da in dem geänderten 4. Titel dieser

---

54 Quelle: Statistiken des Harmonisierungsamtes.

55 Siehe F.A.Z. vom 10.12.1997: "Das Europäische Markenamt wird der Antragsflut kaum Herr."

56 Siehe oben Fn. 10.

57 Verordnung (EG) Nr. 2868/95 der Kommission zur Durchführung der Verordnung (EG) Nr. 40/94 des Rates über die Gemeinschaftsmarke (Gemeinschaftsmarkendurchführungsverordnung) vom 13.12.1995, ABl.EG Nr. L 303/1 vom 15.12.1995 = ABl.HABM 2-3/95, S. 258.

58 Verordnung (EG) Nr. 2869/95 der Kommission über die an das Harmonisierungsamt für den Binnenmarkt (Marken, Muster und Modelle) zu entrichtenden Gebühren (Gebührenverordnung) vom 13.12.1995, ABl.EG Nr. L 303/33 vom 15.12.1995 = ABl.HABM 2-3/95, S. 414.

59 Verordnung (EG) Nr. 216/96 der Kommission über die Verfahrensordnung von den Beschwerdekammern des Harmonisierungsamtes für den Binnenmarkt (Marken, Muster und Modelle), Verfahrensordnung Beschwerdekammer, vom 5.2.1996, ABl.EG Nr. L 28/1 vom 6.2.1996 = ABl.HABM 4/96, S. 398.

60 Siehe z.B. die Prüfungsrichtlinien, die durch den Beschluß Nr. EX-96-2 des Präsidenten des Amtes vom 26.3.1996 in Kraft gesetzt wurden, ABl.HABM 9/96, S. 1300, oder die Richtlinie für das Widerspruchsverfahren, ABl.HABM 10/97, S. 964. Zu weiteren Richtlinien, Beschlüssen und Mitteilungen *v. Mühlendahl/Ohlgart*, Die Gemeinschaftsmarke, S. 359-483.

Verfahrensordnung Klagen gegen das Harmonisierungsamt aufgenommen wurden.[61] Auch die Änderung der nationalen Markengesetze, in Deutschland durch Einfügung von §§ 125 a - h MarkenG, wodurch die Verbindung zur Gemeinschaftsmarke hergestellt wurde, läßt sich als Rechtsquelle ansehen.[62]

Im Folgenden wird bei der Darstellung der wesentlichen Bestimmungen des Gemeinschaftsmarkenrechts unterschieden werden in allgemeine Grundsätze (unter I), materiellrechtliche (unter II) und verfahrensrechtliche Regelungen (unter III).

I. Allgemeine Grundsätze

Das Gemeinschaftsmarkenrecht enthält einige allgemeine Grundsätze, die ihm den spezifischen Charakter als supranationales Schutzrecht geben. Diese Grundsätze, nämlich der der Autonomie, der Einheitlichkeit und der Koexistenz, wirken sich auf materiellrechtliche und verfahrensrechtliche Regelungen gleichermaßen aus und werden daher vorweg behandelt.

1. Autonomie des Gemeinschaftsmarkenrechts

Gemeinschaftsmarkenrecht ist unabhängig von nationalen Markenrechten und bestimmt sich nach den einschlägigen Bestimmungen des Gemeinschaftsrechts. Dieser Grundsatz, der auch als Autonomieprinzip bezeichnet wird,[63] hat keine ausdrückliche gesetzliche Regelung erfahren, ergibt sich aber aus der Natur eines supranationalen Schutzrechtes. Eine vollständige Loslösung von nationalen Vorschriften wurde jedoch nicht erzielt, vielmehr bezieht sich die GMV an mehreren Stellen auf die nationalen Rechte der Mitgliedstaaten, zum Beispiel bezüglich der Ansprüche aus der Gemeinschaftsmarke gem. Art. 14 GMV, und des Verletzungsverfahrens, die vor nationalen Gerichten durchgesetzt werden.[64]

Die Autonomie des Gemeinschaftsmarkenrechts ist demnach nicht absolut verwirklicht worden, sondern kann nur so verstanden werden, daß zunächst einmal europäische Normen anwendbar sind, zu ihrer Ergänzung aber auf nationale Vorschriften Rückgriff genommen werden kann.[65]

---

[61] Verfahrensordnung des Gerichts erster Instanz der Europäischen Gemeinschaft, ABl.EG Nr. L 172/3 vom 22.7.1995. Zum Rechtsschutz siehe noch unter 2. Teil, B III 2.

[62] Durch das am 19.7.1996 verkündete Markenrechtsänderungsgesetz, BGBl. 1996, 1014, siehe *Berlit*, EWS 1997, 9; *Vogt*, NJW 1996, 2776.

[63] Vgl. *Brandi-Dohrn*, BB 1994, Beilage 16, 1 (5); *Hackbarth*, Grundfragen des Benutzungszwanges, S. 23.

[64] Art. 91 GMV. Siehe noch zu den Durchbrechungen der Autonomie unter 4. Teil, C I 3.

[65] Siehe *Ingerl*, Die Gemeinschaftsmarke, S. 37, vgl. auch die Formulierung bei

2. Grundsatz der Einheitlichkeit

Entsprechend seiner Zielsetzung, für die gesamte Europäische Union ein Schutzrecht zu schaffen, bestimmt Art. 1 II 1 GMV die Einheitlichkeit der Gemeinschaftsmarke. Demzufolge hat die Marke Wirkung für die gesamte Gemeinschaft. Sie kann nur für dieses gesamte Gebiet eingetragen oder übertragen werden, nur gemeinschaftsweit Gegenstand des Verzichts, des Verfalls oder der Nichtigkeit sein, und ihre Benutzung kann nur für die gesamte Gemeinschaft untersagt werden.[66]

Anders als etwa nach dem Europäischen Patentübereinkommen (EPÜ)[67] besteht bei der Gemeinschaftsmarke nicht die Möglichkeit, die Schutzwirkung nur für bestimmte Mitgliedstaaten zu beantragen oder auf den Schutz für bestimmte Mitgliedsländer zu verzichten, wenn in diesen ältere Rechte der Eintragung einer Gemeinschaftsmarke entgegenstehen.

3. Prinzip der Koexistenz

Die Einführung eines neuen gewerblichen Schutzrechtes in einem Territorium, in dem es bereits Schutzrechte gibt, führt zu dem generellen Problem, wie sich das neue Recht mit den bestehenden vereinbaren läßt. Allgemein gesprochen bestehen zwei Möglichkeiten hierfür: Das spätere Recht kann das frühere vollständig ersetzen oder aber dessen Existenz unberührt lassen. Ersteres ist die Alternative, die das Benelux-Warenzeichenrecht gewählt hat, das am 1.1.1971 in Kraft getreten ist und alle nationale Marken in einheitliche Benelux-Marken umgewandelt hat.[68] Dem ist das Gemeinschaftsmarkenrecht entgegen früheren Befürwortern nicht gefolgt,[69] sondern hat nationale Marken und Gemeinschaftsmarken als

---

v.Mühlendahl/Ohlgart, Die Gemeinschaftsmarke, S. 8: "Autonomie des Gemeinschaftsmarkenrechts bedeutet, daß das Gemeinschaftsmarkenrecht eine eigenständige Regelung darstellt, die in das allgemeine Gemeinschaftsrecht eingebunden ist, nicht aber in die nationalen Rechtsordnungen der Mitgliedstaaten."

66 Art. 1 II 2 GMV. Ausnahmen zum Grundsatz der Einheitlichkeit finden sich z.B. in Art. 22 für eine Lizenz und in Art. 106, 107 GMV für eine territorial beschränkte Benutzungsuntersagung. Letztere werden auch als "Swiss cheese exceptions" bezeichnet, da durch diese regionale Benutzungsuntersagungen Löcher wie in einem Schweizer Käse entstehen können, *Annand/Norman*, Guide to the Community Trade Mark, S. 128 - 130; *Tatham/Richards*, ECTA Guide to EU Trade Mark Legislation, 33-02.

67 BGBl. 1976 II S. 826.

68 Zu der Umwandlung der nationalen Marken in eine einheitliche Benelux-Marke vgl. z.B. *Kraßer/Gotzen*, Das Benelux-Warenzeichenrecht; *Joliet*, GRUR Int. 1976, 10; *Gielen/Strowel*, Mitt. 1995, 198.

69 Vgl. die entsprechenden Meinungen in dem Protokoll über die Diskussion auf der Arbeitssitzung der Fachgruppe für gewerblichen Rechtsschutz und Urheberrecht der Gesellschaft für Rechtsvergleichung am 18.9.1975 in München, *v. Westerholt*, GRUR Int. 1976, 39.

gleichberechtigte Schutzsystem nebeneinander bestehen (koexistieren) lassen, die dem Anmelder auch kumulativ zustehen.

Koexistenz von nationalen Marken und Gemeinschaftsmarken wirkt sich gerade dann aus, wenn die Voraussetzungen einer Markenverletzung gegeben sind.[70] Als ein unabhängiges Nebeneinander von nationalen Marken und Gemeinschaftsmarken darf der Grundsatz der Koexistenz also nicht verstanden werden.

Ob dieses Prinzip, das "keine Ideallösung, sondern ein Zugeständnis an wirtschaftliche und politische Realitäten"[71] darstellt, dauerhaft sein wird, wird maßgeblich von der Akzeptanz und Attraktivität der Gemeinschaftsmarke abhängen, unter Umständen könnte es auch zu einer völligen Aufhebung nationalen Schutzes kommen.[72]

II. Materiellrechtliche Regelungen

Eine Kurzdarstellung der wesentlichen materiellrechtlichen Regelungen kann sich an verschiedenen Gesichtspunkten orientieren. Sie kann sich die Bestimmungen der GMV in ihrer Reihenfolge zum Richtmaßstab machen oder sich nach den unterschiedlichen Verfahrenszeitpunkten der Gemeinschaftsmarke beginnend mit dem Antrag richten. Vorliegend soll entsprechend der Intention der Arbeit die Perspektive des interessierten Anmelders eingenommen, und materiellrechtliche Bestimmungen unter die Überschriften Schutzvoraussetzungen, Schutzumfang, Schutzschranken und sonstige Rechte gefaßt werden.

1. Schutzvoraussetzungen

a) Markenbegriff

Gemäß Art. 4 GMV ist jedes Zeichen als Gemeinschaftsmarke schutzfähig, das graphisch darstellbar und zudem von anderen Waren und Dienstleistungen eines anderen Unternehmers unterscheidungskräftig ist. Der Begriff der

---

70 Siehe im Einzelnen noch 2. Teil, B II 1 c bb, II 2, III 1 d.

71 *Hackbarth*, Der Benutzungszwang im Gemeinschaftsmarkenrecht, S. 24.

72 Vgl. *Beier*, GRUR Int. 1976, 363 (368 r.Sp.): "Dabei darf man freilich - und auch darüber war man sich klar - die Einheit des Gesamten Marktes nicht aus dem Blick verlieren. Die Koexistenz kann daher keine Dauerlösung sein. Eines Tages müssen die nationalen Schutzrechtsordnungen vollständig beseitigt, die nationalen Markenrechtsordnungen durch ein einheitliches Markenrecht der Gemeinschaft abgelöst werden." - Siehe auch *Ingerl*, Die Gemeinschaftsmarke, S. 27: "Es wäre daher wünschenswert gewesen, wenn der Verordnungsgeber bereits bei der Schaffung der Gemeinschaftsmarke den Mut zu einer langfristigen Zielsetzung gehabt hätte, zumindest in Form einer Vision oder eines Stufenplans für ein langfristig die Aufgaben der nationalen Eintragungssysteme übernehmendes Gemeinschaftsmarkenrecht."

Unterscheidungskraft im Sinne von Art. 4 GMV bezeichnet insofern die absolute Unter-scheidungskraft anders als die konkrete gemäß Art. 7 I lit. b GMV. Absolute Unterscheidungskraft ist dann zu verneinen, wenn das Zeichen als solches nicht geeignet ist, Produkte oder Dienstleistungen zu individualisieren, was aber regelmäßig nicht angenommen werden kann.[73] Es wird damit ein moderner Markenbegriff gewählt, der einen denkbar weiten Gestaltungsspielraum eröffnet. Neben den typischen Erscheinungsformen einer Marke, einer Wortmarke (z.B. NIKE), einer Bildmarke (z.B. der NIKE Swoosh) oder einer Kombination als Wort-Bildmarke werden auch "exotischere" Markenformen zugelassen.[74]

Grundsätzlich haben die Beschwerdekammern des Harmonisierungsamtes eine Farbe an sich für markenfähig erklärt, wenn auch in manchen Entscheidungen wie "orange" für diverse Waren und Dienstleistungen, "light green" und "yellow" für Kaugummis den betreffenden Farben für den konkreten Fall kein Schutz zugesprochen wurde.[75]

Ebenso wurden dreidimensionale Marken (plastische Marken) wie etwa eine Vakuumverpackung für einen Bekleidungsartikel,[76] Einzelbuchstaben[77] und Slogan[78] als markenfähig angesehen. Sogar der Geruch von "frisch geschnittenem Gras"[79] wurde für Tennisbälle für eintragungsfähig gehalten, verneint wurde dagegen der Schutz für das "Klik-Geräusch" für chirurgische und medizinische Instrumente und Apparate.[80]

---

[73] *V. Mühlendahl/Ohlgart*, Die Gemeinschaftsmarke, § 3 Rn. 5 f.

[74] Eingehend hierzu *Bender*, MarkenR 1999, 117.

[75] Entscheidung der 3. Beschwerdekammer vom 12.2.1998, R 7/97-3 - "orange", ABl.HABM 7-8/98, 898 = MarkenR 1999, 338 = NJWE-WettbR 1998, 136 = Mitt 1998, 192 = GRUR Int. 1998, 612; Entscheidung vom 18.12.1998, R 169/98-3 - "light green", MarkenR 1999, 108; Entscheidung vom 22.1.1999, R 169/98-3 - "yellow". Vgl. zu der Entscheidung "orange" auch *Gastinel*, (1998) E.B.L.R. 176, 179 und zu der bekannten Farbe "lila" der Milkakuh OAMI News 2, 1998.

[76] Entscheidung vom 21.1.1998, R 4/97-2 - "Vakuumverpackung", ABl.HABM 3/98, 180 = NJWE-WettbR 1998, 137 = GRUR Int. 1998, 611. Zu weiteren Beispielen siehe *Bender*, MarkenR 1999, 117 (121 f.).

[77] Z.B. Entscheidung vom 11.3.1998, R 4/98-2 - "IX", ABl.HABM 10/98, 1058 = Mitt. 1998, 234 = GRUR Int. 1998, 613.

[78] Entscheidung vom 11.2.1999, R 73/98-2, MarkenR 1999, 173 - "BEAUTY ISN'T ABOUT LOOKING YOUNG BUT LOOKING GOOD".

[79] Entscheidung vom 11.2.1999, R 156/98-2, MarkenR 1999, 142 - "The smell of fresh cut grass". *Sieckmann*, WRP 1999, 618 hält diese Marke für zu unbestimmt. Nachhaltig wird diese Entscheidung begrüßt von *Fezer*, WRP 1999, 575 (579). Allgemein kritisch zu der Eintragungsfähigkeit von Duftmarken *Marx*, Deutsches und europäisches Markenrecht, Rn. 437; *Schmidt*, (1999) 30 IIC 738; bejahend *Ingerl*, NJW 1994, 1247 (1249 l.Sp.).

[80] Entscheidung vom 7.10.1998, R 1/98-2 - "déclic". Ebenfalls nicht erfaßt werden dürften wohl Geschmacksmarken oder bewegliche Marken, siehe *Meister*, Marke und Recht, S. 91.

Bisher zeigt sich also, daß der ohnehin schon weite Markenbegriff des Art. 4 GMV großzügig interpretiert wird, und dadurch sehr unterschiedliche Erscheinungsformen einer Marke ihm unterfallen können.[81]

b) Inhaberschaft

In der GMV werden nur geringe Anforderungen an den Inhaber einer Gemeinschaftsmarke gestellt. Natürliche und juristische Personen, einschließlich Körperschaften des öffentlichen Rechts kommen als Inhaber in Betracht.[82] Dieser Adressatenkreis wird noch erweitert auf "Gesellschaften und andere juristische Einheiten, die nach dem für sie maßgebenden Recht die Fähigkeit haben, im eigenen Namen Träger von Rechten und Pflichten jeder Art zu sein, Verträge zu schließen oder andere Rechtshandlungen vorzunehmen und vor Gericht zu stehen."[83] Es können daher auch die OHG[84], die KG[85], die Partnerschaftsgesellschaft[86] und die Europäische Wirtschaftliche Interessenvereinigung[87] eine Gemeinschaftsmarke innenhaben, nicht aber die BGB-Gesellschaft.[88]

Darüber hinaus können "Gemeinschaftskollektivmarken" erworben werden,[89] d.h. auch "Verbände(n) von Herstellern, Erzeugern, Dienstleistungserbringern"[90] steht der Zugang zur Gemeinschaftsmarke offen, soweit sie Träger von Rechten sein, sich vertraglich verpflichten und vor Gericht klagen beziehungsweise verklagt werden können.

Bezüglich des Sitzes, des Wohnsitzes oder der Staatsangehörigkeit des Inhabers beschränkt die GMV den Kreis der möglichen Rechtsinhaber nicht auf die Angehörigen der Mitgliedstaaten,[91] sondern es werden auch die Angehörigen der Pariser Verbandsübereinkunft oder eines Vertragsstaates des Übereinkommens zur Einrichtung der Welthandelsorganisation (WTO) einbezogen.[92] Sollten auch diese Voraussetzungen nicht vorliegen, genügt es, wenn der Betreffende den

81 Siehe auch F.A.Z. vom 22.6.1999, S. 33: "Neue Spielregeln. Liberale Eintragungspraxis macht die Gemeinschaftsmarke erfolgreich."

82 Art. 5 GMV.

83 Art. 3 GMV.

84 § 124 I HGB iVm. Art. 3, 5 I GMV.

85 §§ 161 II, 124 I HGB iVm. Art. 3, 5 I GMV.

86 § 7 II PartGG iVm. § 124 I HGB iVm. Art. 3, 5 I GMV (PartGG: Gesetz über Partnerschaftsgesellschaften Angehöriger Freier Berufe, Partnerschaftsgesellschaftsgesetz, vom 25.7.1994, BGBl. I S. 1744, letzte Änderung vom 26.7.1998, BGBl. I S. 1878).

87 Art. 1 II der Verordnung (EWG) Nr. 2137/85 des Rates vom 25.7.1985 über die Schaffung einer Europäischen Wirtschaftlichen Interessenvereinigung (EWIV), ABl.EG Nr. L 199/1 vom 31.7.1985 iVm. Art. 3, 5 I GMV.

88 Hier müssen die Gesellschafter selbst als Anmelder auftreten.

89 Art. 64 I S. 1 GMV.

90 Art. 64 I S. 2 GMV.

91 Art. 5 I lit. a GMV.

92 Art. 5 I lit. b GMV.

"Wohnsitz oder Sitz oder eine tatsächliche und nicht nur zum Schein bestehende gewerbliche oder Handelsniederlassung im Gebiet der Gemeinschaft oder eines Verbandslandes der Pariser Verbandsübereinkunft" hat.[93] Wenn auch dies nicht gegeben ist, besteht dennoch die Möglichkeit, die Inhaberschaft zu erhalten, sofern eine Gegenseitigkeitsvereinbarung zur Inländerbehandlung besteht.[94]

Ein Geschäftsbetrieb ist für die Eintragung einer Gemeinschaftsmarke wie im deutschen Recht nicht erforderlich, es steht damit auch Privatpersonen zu, eine solche vornehmen zu lassen.[95]

c) Eintragungshindernisse

Der Eintragung als Gemeinschaftsmarke können Eintragungshindernisse entgegenstehen, die das Allgemeininteresse berücksichtigen und im Anmeldeverfahren uneingeschränkt von Amts wegen geprüft werden (absolute Eintragungshindernisse- siehe aa)[96] oder auf Rechten Dritter beruhen und bei Widerspruch des Inhabers Beachtung finden (relative Eintragungshindernisse - siehe bb).

aa) Absolute Eintragungshindernisse

Die absoluten Eintragungshindernisse sind in Art. 7 GMV abschließend aufgeführt und entsprechen den Anforderungen, die Art. 3 der Harmonisierungsrichtlinie 89/104/EWG an die nationalen Rechte stellt.[97]

---

93 Art. 5 I lit c GMV.

94 Art. 5 I lit. d, III GMV, Regel 101 DV. Ein solches Gegenseitigkeitserfordernis existiert im deutschen Markenrecht nicht, vgl. z.B. *Marx*, Deutsches und europäisches Markenrecht, Rn. 63. Der in Art. 5 I lit. d GMV bezeichnete Personenkreis muß sich jedoch außer bei der Gemeinschaftsmarkenanmeldung vor dem Harmonisierungsamt gem. Art. 88 II, 89 I GMV vertreten lassen.

95 Ausführlich zur Lösung der Gemeinschaftsmarke vom Geschäftsbetrieb *Schönfeld*, Die Gemeinschaftsmarke als selbständiger Vermögensgegenstand, S. 36 ff. - Kritisch zu der damit verbundenen Gefahr von "Spekulationsmarken" *Meister*, WRP 1996, 366 f.; *ders.*, WRP 1995, 1005 (1007): "Markeninhaber kann m.E. nur sein, wer einen Bezug zur kaufmännischen Sphäre hat." und *ders.*, ebd.: "Markeninhaber kann nur sein, wer sich gewerblich betätigt." Vgl. auch zur Aufhebung des Bindungsprinzips durch das Erstreckungsgesetz *Kunz-Hallstein*, GRUR 1993, 439.

Ein Regulativ für Mißbrauchsfälle sieht die GMV zu einen in Art. 51 I lit. b GMV vor, indem auf Antrag beim Amt oder auf Widerklage im Verletzungsverfahren eine Gemeinschaftsmarke für nichtig erklärt werden kann, "wenn der Anmelder bei der Anmeldung der Marke bögläubig war", zum anderen mit dem Benutzungszwang in Art. 15 GMV.

96 Art. 38 GMV, Regel 11 DV. Erfolgt trotzdem die Eintragung liegt ein Nichtigkeitsgrund gem. Art. 51 I lit. a GMV vor.

97 Neu eingefügt wurde mit der Änderungsverordnung (EG) Nr. 3288/94 vom 22.12.1994 (Fn. 10) ein neuer Art. 7 I lit. j GMV, wonach die Eintragung unzutreffender geographischer Angaben für Weine und Spirituosen ausgeschlossen ist, ohne daß es auf eine Irreführung ankommt. Vgl. eingehend zur bisherigen Spruchpraxis der Beschwerdekammern *Völke/Schuster*, MarkenR 1999, 369.

Von der Eintragung ausgeschlossen sind solche Marken, die nicht als Zeichen im Sinne von Art. 4 GMV angesehen werden können, und denen die Unterscheidungskraft fehlt.[98] Anders als die abstrakte Unterscheidungskraft beim Markenbegriff in Art. 4 GMV, knüpft die konkrete Unterscheidungskraft der Marke bei den angemeldeten Waren und Dienstleistungen an.[99] An diese Unterscheidungskraft sind die gleichen geringfügigen Kriterien zu stellen wie im nationalen Recht,[100] das heißt es genügt, wenn bereits ein Teil der angesprochenen Verkehrskreise die Marke für unterscheidungskräftig hält.[101] Wie beim Begriff der beschreibenden Angaben in Art 7 I lit. c GMV ist die konkrete Unterscheidungskraft nur in einer Einzelfallbetrachtung zu bestimmen.[102]

Eine Besonderheit des Gemeinschaftsmarkenrechts stellt die Regelung des Art. 38 II GMV dar, wonach auf einen nicht unterscheidungskräftigen Zeichenbestandteil verzichtet werden kann. Aufgrund dieser Regelung, des "disclaimers", der nach englischem Vorbild konzipiert wurde,[103] erstreckt sich das Ausschließlichkeitsrecht nicht auf das betreffende schutzunfähige Markenelement. Zunächst muß daher geprüft werden, ob die Marke registrierungsfähig ist, unabhängig von einem disclaimer, und anschließend, ob der Verzicht auf bestimmte

---

[98] Art. 7 I lit. a, b GMV.

[99] Dies ist zwar nicht aus dem Wortlaut ersichtlich, ergibt sich aber aus dem systematischen Zusammenhang, vgl. v.a. die Formulierung in Art. 7 III GMV, *Ingerl*, Die Gemeinschaftsmarke, S. 57; *v. Mühlendahl/Ohlgart*, Die Gemeinschaftsmarke, § 3 Rn. 5 f.

[100] Vgl. aus der neueren Rspr. BGH Mitt. 1995, 184 - quattro II.

[101] Anders etwa BPatG GRUR 1995, 734 - "While you wait", wonach keine Unterscheidungskraft vorliegt, wenn diese "für beachtliche Teile des Verkehrs" nicht besteht.

[102] So bereits die Entscheidung vom 31.7.1998 - Rs. R 35/1998-1 = Mitt. 1998, 388 - "BABY-DRY", Rn. 15: "The assessment as to whether a trade mark is decriptive or devoid of distinctive character is a complex exercise which involves a combination of objective and subjective elements. The examiner must have regard to the general impression created by the mark as a whole, taking into account the nature of the goods or services, the level of awareness of the likely consumers of those goods or services, and any other relevant factors. The examiner must, in particular, have regard to the consequences flowing from the registration of a Community trade mark. Essentially, a Community trade mark, by virtue of Article 9 (1) CTMR, entitles its proprietor to prevent all third parties from using in the course of trade an identical or confusingly similar sign in relation to identical or similar goods or services. It is precisely because of the exclusive nature of the rights conferred by a Community trade mark that the provision of Article 7 (1) (b) CTMR prohibits the registration of signs which lack distinctiveness or merely describe the goods or services in relation to which the sign is to be used. No undertaking may be given an exclusive right to use in the course of trade a sign which does no more than describe, in ordinary language, the nature, quality or intended purpose of the goods or services in respect of which it is to be used." Bestätigt durch Urteil des EuG vom 8.7.1999, Rs. T-163/98 - "BABY-DRY", MarkenR 1999, 315 = Mitt. 1999, 276 = GRUR Int. 1999, 1060. Ausführlich zur Entscheidung "BABY-DRY" des EuG *Klüpfel*, MarkenR 1999, 334. Siehe auch Entscheidung vom 29.10.1998, R 87/1998-1 - "ENVIRO-CHEM", MarkenR 1999, 70 (Rn.13).

[103] Vgl. bereits Denkschrift unter Nr. 89 (Fn. 15).

Elemente der Marke noch genügend markenschutzfähige Substanz übrigläßt.[104] Die Marke "P.R.E.P.A.R.E." für Studienmaterialien konnte daher zum Beispiel auch nicht mit einem disclaimer bezüglich des nicht unterscheidungskräftigen Wortes "prepare" in Großbritannien registriert werden, da ansonsten von der Marke nur ein nicht markenschutzfähiger Rest verblieben wäre, nämlich nur die Punkte zwischen dem Wort.[105]

Die Eintragung, die für das reine Registerrecht Gemeinschaftsmarke konstituierend wirkt,[106]wird auch dann nicht vorgenommen, wenn die Marke lediglich beschreibend für die betreffenden Waren oder Dienstleistungen ist, und daher ein Allgemeininteresse an der Zugänglichkeit der Bezeichnung besteht, ein Ausschließlichkeitsrecht daran also nicht gewährt werden kann.[107] Diese Beschreibung muß allerdings "ausschließlich" die Marke bestimmen,[108] und nicht nur einen Teil von ansonsten nicht merkmalsbezeichnenden Elementen. Obwohl es bei der beschreibenden Angabe und der konkreten Unterscheidungskraft Überschneidungen geben kann, sind beide Ausschlußgründe separat zu prüfen, wie die Beschwerdekammern mehrfach entschieden haben.[109] Der Umstand, daß

---

104 *Cornish*, Intellectual Property, S. 601 (17-60).

105 Prepare TM (1997) R.P.C. 884. Siehe auch "Superwound" TM (1988) R.P.C. 272, "Merit" TM (1989) R.P.C. 687. Anders als nach britischem Markenrecht erfolgt der disclaimer aber nicht auf Antrag des Anmelders, section 13 Trade Marks Act 1994, sondern wird vom Amt als Bedingung für die Eintragung verlangt, Art. 38 II GMV,.vgl. *Annand/Norman*, Guide to the Community Trade Mark, S. 78 f. Siehe zu dem Anwendungsbereich des disclaimers auch Entscheidung vom 26.10.1998, R 45/1998-1 - "DisplayWare, LS 3: "Article 38(2) CTMR, which provides for the possibility of a disclaimer, cannot be applied in a case where the descriptiveness of a word mark consisting of two ordinary words is not due solely to the first word but also to the second word and above all to the combination of the two elements. In such a case, any doubts as to the scope of protection of the word mark could not be removed by a disclaimer relating to the first word."

106 Art. 6 GMV. Gem. Art. 83 S. 1 GMV führt das Register die Bezeichnung "Register für Gemeinschaftsmarken", in das jedermann Einsicht nehmen kann, Art. 83 S. 2 GMV, über die gem. Art. 84 DV vorgenommenen Eintragungen. - Dagegen erfordert nationaler Markenschutz nach dem MarkenG nicht notwendigerweise eine Eintragung in das beim Patentamt geführte Register, §§ 17, 18 Markenverordnung, sondern Markenschutz kann auch für eine Marke mit Verkehrsgeltung entstehen, § 4 Nr. 2 MarkenG, oder eine notorisch bekannte Marke im Sinne des Art. 6bis PVÜ, § 4 Nr. 3 MarkenG.

107 Art. 7 I lit. c GMV. Für diese "Marken", die ausschließlich aus Zeichen oder Angaben bestehen, welche im Verkehr zur Bezeichnung der Art, der Beschaffenheit, der Menge, der Bestimmung, des Wertes, der geographischen Herkunft oder der Zeit der Herstellung der Ware oder Erbringung der Dienstleistung oder Bezeichnung sonstiger Merkmale der Ware oder Dienstleistung dienen können", Art. 7 I lit. c GMV, besteht nach deutscher Terminologie ein Freihaltebedürfnis, vgl. statt vieler *Fezer*, Markenrecht § 8 Rn. 118 ff. Siehe auch zu dem gleichlautenden Art. 3 I lit. c der Richtlinie 89/104/EWG EuGH, Rs. C-108/97 und C-109/97, Rn. 25, ABl.HABM 1999, 1054 = WRP 1999, 629 = MarkenR 1999, 189 - Chiemsee.

108 Vgl. Wortlaut des Art. 7 I lit. c GMV.

109 Z.B. Entscheidung vom 31.7.1998, R 35/1998-1 - "BABY-DRY", Rn. 14 (Fn. 102); Entscheidung vom 23.7.1998, R 44/98-3 - "SUPREME", Mitt. 1998, 396; Entscheidung vom

eine Marke bereits national eingetragen wurde, ist dabei nicht bindend, sondern er ist lediglich angemessen zu berücksichtigen. Trotz nationaler Registrierung kann also die Eintragung einer Gemeinschaftsmarke wegen beschreibenden Charakters vom Amt unterlassen werden.[110] Aus dem Wortlaut "dienen können" ergibt sich, daß auch das zukünftige Vorliegen dieser Voraussetzungen Berücksichtigung finden kann.[111]

Ebenfalls nicht eintragungsfähig sind solche Marken, "die ausschließlich aus Zeichen oder Angaben zur Bezeichnung der Ware oder Dienstleistung bestehen, die im allgemeinen Sprachgebrauch oder in den rechtlichen und ständigen Verkehrsgepflogenheiten üblich geworden sind."[112]

Eine Erweiterung der Eintragbarkeit ermöglicht die Vorschrit des Art. 7 III GMV, wonach die Hinderungsgründe von Art. 7 I lit. b, c, d GMV dadurch überwunden werden können, daß sie "infolge ihrer Benutzung Unterscheidungskraft erlangt haben." Das Gemeinschaftsmarkenrecht trägt der Bedeutung der Benutzung Rechnung, indem die absoluten Schutzhindernisse überwunden werden können. Anders als im deutschen Recht genügt bereits eine durch Benutzung erlangte Unterscheidungskraft,[113] eine Verkehrsdurchsetzung ist nicht erforderlich.[114] Der Umstand, daß eine Marke durch Benutzung

---

13.7.1998, R 37/1998-3 - "Telebingo", Mitt. 1998, 391. Siehe auch unter 8.1.1. der Prüfungsrichtlinien des Harmonisierungsamtes, ABl.HABM 1996, 1324.

110 Vgl. z.B. die Entscheidung vom 2.12.1998, 120/98-1, LS 1: "Zwar ist der Prüfer bei seiner Entscheidung über die absolute Schutzfähigkeit einer angemeldeten Gemeinschaftsmarke nicht durch die Entscheidung eines nationalen Amtes gebunden, mit der eine identische nationale Marke für identische Waren als eintragungsfähig beurteilt wurde. Eine solche Entscheidung ist jedoch angemessen zu berücksichtigen. Besonderes Gewicht kommt ihr dann zu, wenn die Schutzfähigkeit einer angemeldeten Wortmarke ausschließlich aufgrund ihrer Bedeutung in der Sprache zweifelhaft ist, die für das nationale Amt Landessprache ist." Zu finden unter http://www.oami.eu.int.

111 Vgl. *Ingerl*, Die Gemeinschaftsmarke, S. 61. Siehe auch die Entscheidung vom 18.11.1998, R 72/1998-1 - "COMPANYLINE", LS 3. Bestätigt durch EuG T-19/99, MarkenR 2000, 70 - "COMPANYLINE".

112 Art. 7 I lit. d GMV. Zu dem Streitstand, ob diese Bezeichnungen sich entwickelt haben oder immer schon Bestand gehabt haben müssen, beim gleichlautenden § 8 Nr. 3 MarkenG siehe z.B. *Ingerl/Rohnke*, Markenrecht, § 8 Nr. 90; nicht erfaßt werden jedenfalls Entwicklungen in der Zukunft, vgl. *Ingerl*, Die Gemeinschaftsmarke, S. 62.

113 *V.Mühlendahl/Ohlgart*, Die Gemeinschaftsmarke, § 4 Rn. 47, schlagen insofern vor, eine höhere Verkehrsbekanntheit zu fordern, je deutlicher das Eintragungshindernis eingreift.

114 § 8 III MarkenG. Allerdings hängt vom Verständnis der Verkehrsbenutzung ab, ob sich dadurch tatsächlich Abweichungen ergeben. Mit der Formulierung "Verkehrsbenutzung" greift das MarkenG unter Abweichung von Art. 3 III S. 1 MRRL die Formulierung des § 4 III Warenzeichengesetz auf. Der Begriff der Verkehrs*durchsetzung* ist von der Verkehrs*geltung* nach § 4 Nr. 2 MarkenG zu unterscheiden, der die (unmittelbare) Entstehung des Markenschutzes betrifft und auch territorial beschränkt möglich ist - anders als bei § 8 III MarkenG, da hier die Registrierung bundesweiten Markenschutz nach sich zieht.

Unterscheidungskraft erlangt hat, kann durch alle Beweismittel dargetan werden,[115] wobei ein Vergleich zu Art. 7 II GMV zeigt, daß es nicht ausreicht, wenn die Unterscheidungskraft bloß in einem Teil der Gemeinschaft vorliegt.

Dem Markenschutz vorrangig und damit ein weiteres Eintragungshindernis ist auch das Bedürfnis daran, bestimmte Formen nicht durch den Zuspruch eines Ausschließlichkeitsrechts der allgemeinen Zugänglichkeit zu entziehen. Von der Eintragung ausgeschlossen sind daher auch Formen, "die durch die Art der Ware selbst bedingt", "aus der Form der Ware, die zur Erreichung einer technischen Wirkung erforderlich" sind oder "der Ware einen wesentlichen Wert" verleihen.[116]

Ebenfalls auf ein absolutes Eintragungshindernis stoßen solche Marken, "die gegen die öffentliche Ordnung oder gegen die guten Sitten verstoßen"[117] oder die geeignet sind, "das Publikum zum Beispiel über die Art, die Beschaffenheit oder die geographische Herkunft der Waren oder Dienstleistungen zu täuschen."[118] Mit diesen Regelungen werden zum einen die nationalen sowie regionalen Ordnungs- und Sittenvorstellungen berücksichtigt,[119] zum anderen die Verbrau-

Nicht einheitlich wird die Frage behandelt, welche genauen Anforderungen angesichts des divergierenden Wortlautes von Art. 3 III S. 1 MRRL an die Verkehrsdurchsetzung zu stellen sind. Überwiegend wird dem unterschiedlichen Begriff der "Verkehrsdurchsetzung" in § 8 III MarkenG keine Bedeutung zugemessen und eine inhaltliche Übereinstimmung zu der Formulierung "infolge ihrer Benutzung Unterscheidungskraft erlangt hat" in Art. 3 III S. 1 MRRL und Art. 7 III GMV gesehen. Hierzu z.B. Begründung zu § 8, BT-Drs. 12/6591, 71; *Dreiss*, Mitt. 1995, 1 (4); *Althammer/Ströbele/Klaka*, Markengesetz, § 8 Rn. 120; *Fezer*, Markenrecht, § 8 Rn. 416.

Nach anderer Auffassung kommt der begrifflichen Abweichung auch eine inhaltliche Bedeutung zu, die aber durch eine richtlinienkonforme Auslegung des deutschen Rechts behoben werden kann, siehe *Ingerl*, Die Gemeinschaftsmarke, S. 63.

Für eine Fortgeltung der strengen Rspr. des BGH, die eine mehr als 50%ige Verkehrsdurchsetzung verlangt, spricht sich *Berlit*, Das neue Markenrecht, S. 11 f. aus.

Zu den Anforderungen an die Verkehrsdurchsetzung nach § 4 III WZG siehe *Ströbele*, GRUR 1987, 75; *Eisenführ*, GRUR 1987, 87; *Busse/Stark*, Warenzeichengesetz, § 4 Rn. 130 ff. - Zu der Rspr. des BGH siehe BGH GRUR 1992, 72 (73) - quattro I.

115 Art. 76 GMV.

116 Art. 7 I lit. e i, ii, iii GMV. Einen anderen systematischen Zugang zu diesem Aspekt hat der deutsche Gesetzgeber gewählt bei der Umsetzung des Art. 3 I lit. e MRRL, indem er die Markenfähigkeit allgemein verwehrt hat, § 3 II MarkenG; es werden also auch nicht eingetragene Marken erfaßt.

Zu dem Streit, ob auch Verpackungsformen die selbständig von der Ware trennbar sind, dem § 3 II MarkenG unterfallen vgl. *Eichmann*, GRUR 1995, 184 (185) mwN.

Der weite Wortlaut "wesentlicher Wert" bedarf hierbei einer schärferen Konturierung, um den Schutzsuchenden die Aussichten einer Anmeldung deutlich werden zu lassen, siehe *Kur*, in: FS 100 Jahre Markenamt, S. 175 (191).

117 Art. 7 I lit. f GMV.

118 Art. 7 I lit. g GMV.

119 Siehe Art. 7 II GMV: "Die Vorschriften des Absatzes 1 finden auch dann Anwendung,

cher vor einer Irreführung geschützt.[120] Damit über das Merkmal des nationalen "ordre public" nicht jegliche nationale Vorschrift oder regionale Moralvorstellung einer Gemeinschaftsmarkeneintragung entgegenstehen kann, müssen die Begriffe "öffentliche Ordnung" und "gute(n) Sitten" restriktiv gehandhabt werden.[121]

Von nicht so großer Bedeutung dürften die Ausschlußgründe des Art. 7 I lit. h, i GMV sein, wonach Hoheits-, Prüf- und Gewährzeichen sowie Kennzeichen und Bezeichnungen internationaler zwischenstaatlicher Organisationen nach Art. 6ter PVÜ[122] beziehungsweise Abzeichen, Embleme und Wappen von besonderem öffentlichen Interesse als Marken nicht eintragungsfähig sind.[123]

Eine erhebliche Erweiterung des Anwendungsbereiches der absoluten Eintragungshindernisse und damit eine Beschränkung der Eintragungsfähigkeit als Marke bewirkt Art. 7 II GMV, wonach es genügt, wenn die Eintragungshindernisse nur "in einem Teil der Gemeinschaft" vorliegen. Die Bestimmung dieses Teiles der Gemeinschaft kann unabhängig von den Staatsgebieten erfolgen,[124] so daß auch Eintragungshindernisse, die nur regional bestehen, die Eintragung verhindern können.

bb) Relative Eintragungshindernisse

Anders als die absoluten Eintragungshindernisse, die Ausdruck von Allgemeininteressen sind und als solche von Amts wegen im Eintragungsverfahren geprüft werden, werden als relative Eintragungshindernisse, Art. 8 GMV, prioritätsältere Rechte Dritter berücksichtigt. Diese müssen durch einen Widerspruch geltend gemacht werden,[125] der anders als nach deutschem Markenrecht der Eintragung

---

wenn die Eintragungshindernisse nur *in einem Teil der Gemeinschaft* vorliegen."

[120] Anders als im deutschen Recht muß die Eignung zur Täuschung aber nicht ersichtlich sein, §§ 37 III, 8 I Nr. 4 MarkenG; siehe z.B. *Berlit*, Das neue Markenrecht, Rn. 114 ff.

[121] Vgl. *Schweikert*, Mitt. 1992, 51 (55 l.Spl): "Ein Verstoß gegen die öffentliche Ordnung, den "ordre public", wird nur dann angenommen werden können, wenn Grundprinzipien des staatlichen oder gesellschaftlichen Lebens in der Europäischen Gemeinschaft in unerträglicher Weise verletzt werden. Auch das Merkmal des Verstoßes gegen die guten Sitten wird man auf europäischer Ebene wohl unter liberalen Aspekten betrachten, also eher eng auslegen müssen." Siehe auch *v. Mühlendahl/Ohlgart*, Die Gemeinschaftsmarke, § 4 Rn. 38.

[122] Art. 7 I lit. h GMV.

[123] Art. 7 I lit. i GMV, allerdings mit der Möglichkeit, daß die zuständigen Stellen der Eintragung zustimmen. Zu dem neu aufgenommenen Eintragungshindernis bei falschen geographischen Angaben bei Weinen und Spirituosen siehe Art. 7 I lit. j GMV, der durch die Änderungsverordnung (EG) Nr. 3288/94 (Fn.10) in die GMV aufgenommen wurde.

[124] Amtliche Begründung zu Art. 6 des Verordnungsvorschlages von 1980, GRUR Int. 1981, 86 (87 r.Sp.). Siehe auch *Ingerl*, Die Gemeinschaftsmarke, S. 52.

[125] Daß diese Rechte nicht von Amts wegen berücksichtigt werden, ist zum einen Ausdruck des individualrechtlichen Charakters, zum anderen würde eine Amtsprüfung auf ältere Rechte das Eintragungsverfahren übermäßig verzögern, siehe *v. Einem*, WIB 1996, 553(556). Im englischen Markenrecht erfolgt im Gegensatz dazu die Prüfung relativer Eintragungshin-

vorgeschaltet ist.[126] Die endgültige Eintragung kann damit verzögert werden und bei erfolgreichem Widerspruch kann diese auch scheitern.

Von Anfang an umstritten war die Frage, ob das Bestehen nationaler Rechte ein relatives Eintragungshindernis begründen kann und welche Rechte gegebenenfalls hierfür in Betracht kommen. Dem Grundsatz der Koexistenz entsprechend[127] müssen nationale Rechte einer Eintragung als Gemeinschaftsmarke entgegenstehen können.[128] Die Beschränkung auf *eingetragene*, nationale Marken - wie von deutscher Seite gefordert -[129] war jedoch nicht durchsetzbar, so daß der Kreis der potentiell kollidierenden Rechte sehr viel weiter gezogen wurde. Prioritätsältere Rechte sind bereits bestehende Gemeinschaftsmarken,[130] die in einem Mitgliedstaat oder beim Benelux-Markenamt eingetragenen Marken,[131] mit Wirkung für einen Mitgliedstaat international registrierte Marken[132] sowie deren Anmeldungen[133] und notorisch bekannte Marken im Sinne von Art. 6bis PVÜ.[134]

Ferner sind durch Benutzung erworbene Marken, also nicht eingetragene Marken, und sonstige Kennzeichenrechte wie vor allem die Firma und andere Unternehmenskennzeichen in der Lage, eine Gemeinschaftsmarkeneintragung zu verhindern, sofern sie nicht bloß von örtlicher Bedeutung sind.[135] Nicht hierunter fallen das Namensrecht, das Recht an der eigenen Abbildung, Urheberrechte oder andere gewerbliche Schutzrechte.[136] Die "nicht lediglich örtliche Bedeutung" bezieht sich hierbei auf regionale und grenzüberschreitende Wirtschaftsräume und ist nicht auf das Gebiet eines Mitgliedstaates bezogen.[137]

---

dernisse von Amts wegen, section 5 Trade Marks Act 1994, *Cornish*, Intellectual Property, S. 597 (17-52).

126 Vgl. einerseits Art. 42 I GMV: "Innerhalb einer Frist von drei Wochen *nach Veröffentlichung der Anmeldung* der Gemeinschaftsmarke kann gegen die Eintragung der Gemeinschaftsmarke Widerspruch mit der Begründung erhoben werden, daß die Marke nach Artikel 8 von der Eintragung auszuschließen ist." Andererseits § 42 I MarkenG: "Innerhalb einer Frist von drei Monaten *nach dem Tag der Veröffentlichung der Eintragung* der Marke gemäß § 41 kann von dem Inhaber einer Marke mit älterem Zeitrang gegen die Eintragung der Marke Widerspruch erhoben werden."

127 Siehe bereits unter 2. Teil, B I 1.

128 Dies wurde trotz Widerstandes der EG-Kommission erreicht, vgl. *v. Mühlendahl*, GRUR Int. 1989, 353, (356 l.Sp.).

129 Vgl. *v. Mühlendahl* ebd.

130 Art. 8 II lit. a i GMV.

131 Art. 8 II lit. a ii GMV.

132 Art. 8 II lit. a iii GMV.

133 Vorbehaltlich der späteren Eintragung, Art. 8 II lit. b GMV.

134 Siehe zur notorisch bekannten Marke noch unter 3. Teil, B II 1 b cc.

135 Art. 8 IV GMV.

136 Sie können aber relative Nichtigkeitsgründe sein, Art. 52 II GMV, vgl. unten 2. Teil, B III 1 d.

137 *Marx*, Deutsches und europäisches Markenrecht, Rn. 474; *Ingerl*, Die Gemeinschaftsmarke, S. 71; Allgemein formulieren *v. Mühlendahl/Ohlgart*, Die Gemeinschaftsmarke, § 5

Sehr viel schwieriger als die Frage, was unter prioritätsälteren Rechten zu verstehen ist und wie diese geltend gemacht werden können, ist die Frage, unter welchen Voraussetzungen eine Kollision mit diesen besteht, ein Widerspruch also erfolgreich ist. Es lassen sich drei unterschiedliche Konstellationen unterscheiden. Erstens bei einer Gegenüberstellung der beiden betreffenden Marken und deren Waren bzw. Dienstleistungen liegt eine Identität der Marken und der Waren/Dienstleistungen vor, Art. 8 I lit. a GMV,[138] ein Fall, der nicht sehr häufig auftritt. Zweitens die beiden Marken sind identisch oder ähnlich und die betreffenden Waren/Dienstleistungen sind identisch oder ähnlich, und es besteht zudem die Gefahr der Verwechslung für das Publikum in dem Gebiet, in dem die ältere Marke Schutz genießt, Art. 8 I lit. b GMV. Drittens kann eine ältere, identische oder ähnliche Marke, einen erfolgreichen Widerspruch auch bei fehlender Ähnlichkeit der Waren/Dienstleistungen begründen, wenn es sich um eine *bekannte* Marke handelt. Insofern entsprechen die Voraussetzungen des Art. 8 I, V GMV den Verletzungstatbeständen des Art. 9 GMV, die sogleich behandelt werden sollen. Probleme gerade der Verwechslungsgefahr in der zweiten Konstellation und der Bekanntheit der Marke in der dritten Variante treten somit gleichermaßen bei den relativen Eintragungshindernisse als auch bei den Verletzungstatbeständen auf.

2. Schutzumfang

Dem Inhaber der Gemeinschaftsmarke steht ein ausschließliches Recht an der Benutzung des geschützten Zeichens zu, Art. 9 I S. 1 GMV. Die Marke wird also für den Inhaber monopolisiert. Er kann sie selbst verwenden und Nichtberechtigten ihren Gebrauch untersagen.[139] Nachfolgend sollen zuerst die Verletzungshandlungen (siehe a) und im Anschluß daran die verschiedenen Rechte betrachtet werden, die sich weitgehend nach nationalem Recht richten (siehe b).

a) Verletzungshandlungen

Die Verletzungshandlungen werden in Art. 9 I S. 2 GMV erfaßt, die insofern mit den Kollisionstatbeständen der relativen Eintragungshindernissen übereinstimmen und beispielhaft durch die rechtserheblichen Benutzungshandlungen in Art. 9 II GMV aufgezeigt werden.[140]

Rn. 11, daß der Schutz des ggf. gemeinschaftsweit ganz unbedeutenden Rechts gegen die Erlangung eines gemeinschaftsweiten Schutzrechtes gerechtfertigt sein muß.

[138] Dieser Fall wird auch als "Doppelidentität" bezeichnet, *Sack*, GRUR 1996, 663.

[139] Zuweilen wird dies als positives Benutzungsrecht und negatives Verbietungsrecht bezeichnet, siehe *Fezer*, Markenrecht § 14 Rn. 12; *Lehmann/Schönfeld*, GRUR 1994, 481 (484 r.Sp.).

[140] Z.B. Zeichen auf Waren oder deren Aufmachung anzubringen, Art. 9 II lit. a GMV oder Waren unter dem Zeichen einzuführen oder auszuführen, Art. 9 II lit. c GMV. Art. 9 GMV entspricht dem Art. 5 MRRL und dem § 14 Ziff. 1-3 MarkenG.

aa) Zeichen- und Waren-/Dienstleistungsidentität

Sofern ein Vergleich der beiden Marken und deren Waren-/Dienstleistungen Identität sowohl der Marken als auch der Waren-/Dienstleistungen ergibt, ist der Verletzungstatbestand des Art. 9 I lit. a GMV erfüllt. Verwechslungsgefahr ist nicht erforderlich. Auch wenn Identität wörtlich zu verstehen ist, gibt es doch gewisse Einschränkungen, zum Beispiel sind Abweichungen in der Schrifttype oder Groß- und Kleinschreibung unbeachtlich. Ebenso sind Größenabweichungen unerheblich, soweit der Maßstab gewahrt ist.[141] Bezüglich der Waren und Dienstleistungen muß mindestens Teilidentität bestehen, wobei Identität auch für den Fall vorliegt, daß die Waren der prioritätsjüngeren, verletzenden Marke ein Unterbegriff zu den registrierten Waren der älteren Marke sind.[142] Die nicht vom Oberbegriff erfaßten Waren können aber den weiteren Verletzungstatbestand, identische Marken und ähnliche Waren bei bestehender Verwechslungsgefahr, Art. 9 I lit. b GMV, erfüllen.

bb) Verwechslungsgefahr

Erheblich größere Probleme treten in der zweiten Konstellation, in Art. 9 I lit. b GMV, auf. Das Ausschließlichkeitsrecht gestattet es dem Inhaber auch, "Dritten zu verbieten, ohne seine Zustimmung im geschäftlichen Verkehr ein Zeichen zu benutzen, wenn wegen der Identität oder Ähnlichkeit des Zeichens mit der Gemeinschaftsmarke und der Identität oder Ähnlichkeit der durch die Gemeinschaftsmarke und das Zeichen erfaßten Waren oder Dienstleistungen für das Publikum die Gefahr von Verwechslungen besteht; dabei schließt die Gefahr von Ver-wechslungen die Gefahr ein, daß das Zeichen mit der Marke gedanklich in Verbindung gebracht wird", Art. 9 I lit. b GMV.

Strukturell treten damit drei Prüfungsschritte auf, nämlich erstens, ob die Zeichen identisch oder ähnlich, zweitens die Waren/Dienstleistungen identisch oder ähnlich sind, und drittens, ob dies zu einer Verwechslungsgefahr (bzw. Assoziationsgefahr) führt.

Die Auslegung dieses Verletzungstatbestandes ist von zentraler Bedeutung, und zwar nicht nur für den unmittelbar betroffenen Rechtsinhaber, sondern auch für den Schutzumfang der Gemeinschaftsmarke überhaupt. Je weiter Ähnlichkeit und Verwechslungsgefahr interpretiert und möglicherweise noch durch eine Assoziationsgefahr ergänzt werden, umso umfassender wird der Markenbesitzer geschützt. Hinter dieser Auslegung steht dabei in sehr hohem Maße das Verständnis dafür, wie weit Markenschutz grundsätzlich reichen soll. Soll die Marke nur oder hauptsächlich auf die Herkunft des Produktes hinweisen, so daß

---

141 *V. Mühlendahl*, Die Gemeinschaftsmarke, § 5 Rn. 18.

142 Beispiel nach *Ingerl*, Die Gemeinschaftsmarke, S. 74: ältere Marke "Bekleidungsstücke", jüngere Marke "Hemden".

unbedingt eine Verwechslung zu fordern ist, und die bloße Assoziation mit einer nicht verwechselbaren Marke unzureichend ist, oder haftet der Marke ein derart großer Wert in Form eines "goodwill" an, daß bereits schlichtes gedankliches Inverbindungbringen ausreicht? Das letztere Konzept entstammt dem Benelux Markenrecht und wurde auf ausdrücklichen Wunsch der Benelux Mitgliedstaaten übernommen, allerdings sprachlich als Unterfall der Verwechslungsgefahr.[143]

In der GMV finden sich keine Hinweise dafür wie die Begriffe auszulegen sind,[144] und weder die Beschwerdekammern, noch das Gericht erster Instanz oder der EuGH haben sich mit diesen Fragen des Gemeinschaftsmarkenrechts auseinandersetzen können.[145] Bisher haben sich aber die Widerspruchsabteilungen stark bei der Auslegung an die Rechtsprechung des EuGH zur Interpretation der nahezu wortgleichen Vorschriften der Richtlinie orientiert.[146]

Hinsichtlich der Ähnlichkeit der Marken stellen die Widerspruchsabteilungen auf den Gesamteindruck ab, den die betreffenden Marken in Bild, Klang oder Bedeutung auf einen durchschnittlichen Verbraucher machen. Dominierende und unterscheidende Elemente sind vornehmlich zu berücksichtigen und gegeneinander abzuwägen.[147] Für die Warenähnlichkeit ziehen die Widerspruchsabteilungen verschiedene Umstände heran, insbesondere die betriebliche Herkunft, Vertriebswege, Verkaufsstätten, Endverbraucher, Art und stoffliche Beschaffenheit, Zweck und Gebrauchsweise sowie Verhältnis der Waren. Als ähnlich wurden z.B. elektrische Schalter und Sensoren einerseits und Stromanschluß- und abzweigungsklemmen andererseits angesehen, unähnlich Konditorwaren und nichtsüße Lebensmittel wie Fleisch, Fisch, Gemüse etc.[148]

Die Verwechslungsgefahr schließlich wird unter Berücksichtigung aller Umstände beurteilt und abhängig gemacht von "insbesondere dem

---

143 Siehe Protokollerklärung des Rates und der Kommission zu Einzelfragen der Auslegung der GMV Nr. 6 (ECTA Law Book 3/1994).

144 Vgl. *Ingerl/Rohnke*, § 14 Rn. 152. Zu früheren Vorschlägen siehe *Schönfeld*, Die Gemeinschaftsmar- ke als selbständiger Vermögensgegenstand, S. 146 ff.; *Vierheilig*, GRUR Int. 1982, 506; *Hackbarth*, Grundfragen des Benutzungszwanges, S. 34 ff.; Johannes, BB 1989, 1627. Vgl. auch den Vortrag des Vorsitzenden der 3. Beschwerdekammer *Sandri*, The opposition: a cornerstone of the European trade mark system. Guidelines for assessing the risk of confusion and the risk of association under the CTM system, gehalten anläßlich der ECTA Seventeenth Annual Conference, Brussels 10-13 June 1998: "6. Short term prospects: (...) Nevertheless, the definition of likelihood of confusion shall be determined under the system set up under the Regulation and, accordingly, it is up to OHIM and the BoAs to assess the criteria for the appication therof."

145 Näher zu den Rechtsschutzmöglichkeiten unter 2. Teil, B III 2.

146 Zu den Einzelheiten dieser Rechtsprechung siehe 3. Teil, A II 2 e.

147 *Preglau/Neuffer*, MarkenR 1999, 41 (48 f.) mit Beispielen hierfür.

148 Weitere Beispiele bei *Preglau/Neuffer*, aaO. S. 48.

Bekanntheitsgrad der Marke im Markt, der gedanklichen Verbindung, die die eingetragene Marke zu ihr hervorrufen kann, sowie dem Grad der Ähnlichkeit zwischen der beantragten Gemeinschaftsmarke und der älteren Marke und zwischen den damit gekennzeichnetet Waren."[149]

Die Verwechslungsgefahr wird daher im Rahmen einer Gesamtschau untersucht, bei der eine Reihe von Faktoren Bedeutung haben, die im konkreten Fall zu gewichten sind.

cc) Schutz der bekannten Marke

Über den Bereich der Warenähnlichkeit hinaus gewährt die GMV Schutz, sofern die prioritätsjüngere Marke mit der älteren Marke identisch oder ähnlich ist, und es sich bei der früher eingetragenen Marke um eine bekannte handelt. Bezogen auf den Fall, daß ein Widerspruch gegen die Eintragung einer Gemeinschaftsmarke erwogen wird, kann eine bekannte nationale oder Gemeinschaftsmarke als relatives Eintragungshindernis verwandt werden, Art. 8 V GMV. Im Verletzungsverfahren kann der Inhaber einer bekannten Gemeinschaftsmarke auch außerhalb des Warenähnlichkeitsbereiches seine Rechte geltend machen, wenn "die Benutzung des Zeichens die Unterscheidungskraft oder die Wertschätzung der Gemeinschaftsmarke ohne rechtfertigenden Grund in unlau-terer Weise ausnutzt oder beeinträchtigt."[150]

Interessanterweise legt die GMV damit den Schutz auch nationaler, bekannter Marken fest, obwohl der Schutz bekannter Marken für die nationalen Markenrechte durch die Harmonisierungsrichtlinie lediglich als Option ausgestaltet wurde.[151] Für die Auslegung dieses Sonderschutzes bekannter Marken gibt die GMV wiederum keinerlei Anhaltspunkte. Die Entwicklung von GMV und Harmonsierungsrichtlinie, die ursprünglich zeitgleich verabschiedet werden sollten,[152] legt es aber nah, daß der Begriff der Bekanntheit einheitlich auszulegen ist.[153]

---

149 Entscheidung Nr. 79/1998 vom 29.10.1998, ara/CLARA, siehe *Preglau/Neuffer*, aaO. (46 r.Sp.).

150 Art. 9 I lit. c GMV aE. Zur entsprechenden Formulierung für den Fall eines relativen Eintragungshindernisses siehe Art. 8 V GMV aE. Eingehend zur geschichtlichen Entwicklung des Schutzes der bekannten Marke nach Gemeinschaftsmarkenrecht, *Schönfeld*, Die Gemeinschaftsmarke als selbständiger Vermögensgegenstand, S. 145 ff.

151 Siehe Art. 5 II und Art. 4 IV lit. a MRRL. Rechtsvergleichend zum Schutz bekannter Marken nach deutschem und englichen Recht *Weberndörfer*, Rechtsvergleich Deutschland - Vereinigtes Königreich: Auswirkungen der Umsetzung der EG - Markenrichtlinie auf den erweiterten Schutz "bekannter" Marken.

152 Vgl. oben 2. Teil A.

153 *Kur*, GRUR 1994, 330 (334); *Sack*, GRUR 1995, 81 (82); *Piper*, GRUR 1996, 429 (438 f.).

Dabei lassen sich verschiedene Aspekte unterscheiden: Zunächst ein geographisches Kriterium zur Bestimmung der Bekanntheit. Bei nationalen Marken ist das Gebiet des jeweiligen Mitgliedstaates zu betrachten, wobei die nationale Rechtsprechung einen erheblichen Einfluß haben wird, um nicht harmonisiertes, nationales Recht in Widerspruch zu Gemeinschaftsmarkenrecht zu setzen. Im Gegensatz dazu könnte für die (bekannte) Gemeinschaftsmarke das ganze Gebiet der EU für die räumliche Verbreitung zu fordern sein. Da jedoch der Wortlaut "in der Gemeinschaft" die vorangegangene Version "zumindest in der ganzen Gemeinschaft" in dem Verordnungsvorschlag von 1980 ersetzt hat, muß ein Teil der Gemeinschaft als räumliches Kriterium der Gemeinschaft genügen.[154]

Hinsichtlich der inhaltlichen Festlegung, wann eine Marke bekannt ist, erscheint es vorzugswürdig, nicht mit Prozentangaben zu operieren, sondern auf der Grundlage von Faktoren wie Eigenart, Originalität, Einmaligkeit und Unterscheidungskraft der Marke sowie der Art der Waren Bekanntheit individuell festzusetzen.[155]

Sowohl für die Annahme eines relativen Eintragungshindernisses als auch für die Erfüllung des Verletzungstatbestandes muß neben der Bekanntheit der Marke ein Unlauterkeitstatbestand gegeben sein, ein unlauteres Beeinträchtigen oder Ausnutzen der Marke. Unter dieses Tatbestandsmerkmal sind die Fälle der "Verwässerung" der Marke zu fassen, bei denen die Unterscheidungskraft der bekannten Marke beeinträchtigt wird, aber auch Fälle der Rufausbeutung und -schädigung, zum Beispiel durch Kennzeichnung von minderwertigen Waren.[156]

b) Rechte aus der Marke

Mit Eintragung der Gemeinschaftsmarke steht dem Inhaber ein ausschließliches Recht zu.[157] Welche genauen Ansprüche dem Berechtigten im Falle einer Verletzungshandlung daraus erwachsen, wird in der GMV nur sehr unvollständig geregelt.

---

[154] Siehe Art. 8 (1) (b) Verordnungsvorschlag von 1980, GRUR Int. 1980, 86, 103; *v. Mühlendahl/Ohlgart*, Die Gemeinschaftsmarke, § 5 Rn. 34.

[155] *V. Mühlendahl/Ohlgart*, Die Gemeinschaftsmarke, § 5 Rn.35. Ebenso für das deutsche Recht Piper, GRUR 1996, 657 (659) und BGHZ 113, 82 (87) = GRUR 1991, 465 (466) - Salomon; BGHZ 113, 115 (127) = GRUR 1991, 608 (612) - SL. Siehe auch zu diesem Problempunkt *Schönfeld*, Die Gemeinschaftsmarke als selbständiger Vermögensgegenstand, S. 149; *Ernst-Moll*, GRUR 1993, 8 (17 l.Sp.); *v. Gamm*, WRP 1993, 793 (797 r. Sp.); *Loewenheim*, MA 1991, 238 (246 r.Sp.).

[156] Siehe aus der deutschen Rspr. z.B. BGHZ 113, 82 (86) = GRUR 1991, 465 (466) - Salomon; BGHZ 86, 90 (95) - Rolls Royce; BGH GRUR 1985, 550 (553) - Dimple; BGH GRUR 1995, 57 (59) - Markenverunglimpfung II.

[157] Art. 9 I S. 1 GMV.

Ab der Veröffentlichung der Eintragung der Marke wird dem Inhaber ein Unterlassungsanspruch gegenüber kollidierenden Benutzungshandlungen Dritter gewährt, der gerichtlich durchsetzbar ist.[158] Verletzungshandlungen, die vor diesem Zeitpunkt liegen, werden durch die spezielle Regelung des Art. 9 III S. 2 GMV erfaßt, der einen Entschädigungsanspruch bestimmt.[159] Das vorgeschaltete Widerspruchsverfahren, das eine erhebliche Beeinträchtigung der Rechtsposition des Anmelders bedeuten kann, wird dadurch ausgeglichen. Der Begriff der Angemessenheit der Entschädigungshöhe ermöglicht hierbei einen einzelfallbezogenen Interessenausgleich.[160]

Die übrigen Ansprüche bemessen sich nach nationalem Recht, und zwar nach dem Recht der Mitgliedstaaten, in dem es zur jeweiligen Verletzungshandlung gekommen ist.[161] Bei Anwendung des deutschen Markenrechts[162] können über die Verweisungsnorm des § 125 b Nr. 2 MarkenG Ansprüche auf Schadensersatz, Auskunft und Vernichtung geltend gemacht werden.[163]

Ergänzt werden diese Rechte durch den Verweis des § 125 lit. b Ziff. 6 MarkenG auf die Regelung über die Beschlagnahme,[164] so daß bei offensichtlicher[165] Markenverletzung eine Beschlagnahme durch die Zollbehörde erfolgen kann. Auch eine strafrechtliche Sanktionierung ist bei einer Verletzung der Gemeinschaftsmarke nach deutschem Recht möglich.[166] Darüber hinausgehende Ansprüche ergeben sich nach allgemeinen Vorschriften des BGB, so vor allem. die verschuldensunabhängige Bereicherungshaftung bei Verletzung des

---

158 Art. 9 I, III S. 1, 98 I GMV. Erweitert wird dieser Unterlassungsanspruch durch Art. 11 GMV gegenüber dem untreuen Agenten und durch Art. 10 GMV, indem dem Rechtsinhaber zusteht, die Verleger von Wörterbüchern, Lexika u.ä. zu verpflichten, auf die Tatsache der Eintragung der Gemeinschaftsmarke hinzuweisen, um somit im Interesse des Markeninhabers der Entwicklung von Marken zu Gattungsbezeichnungen entgegenzuwirken.

159 Im deutschen Markenrecht ist dieser Entschädigungsanspruch nicht bekannt und allenfalls vergleichbar mit § 33 PatG. Zu letzterem siehe etwa *Benkard*, PatG, § 33 PatG; *Bernhardt/Kraßer*, Patentrecht, § 37 jeweils mwN.

160 Für eine Entschädigung nach Lizenzanalogiegrundsätzen *Ingerl*, Die Gemeinschaftsmarke, S. 92.

161 Art. 98 II GMV.

162 Zu den Rechtsansprüchen in den übrigen Mitgliedstaaten siehe *Bumiller*, Durchsetzung der Gemeinschaftsmarke in der Europäischen Union, S. 67 - 201.

163 Jeweils iVm. der entsprechenden Anspruchsgrundlage, § 14 VI, VII (Schadensersatz), § 18 (Vernichtung) und § 19 MarkenG (Auskunftserteilung).

164 §§ 146 - 151 MarkenG und VO (EG) Nr. 3295/94 des Rates vom 22.12.1994 über Maßnahmen zum Verbot der Überführung nachgeahmter Waren und unerlaubt hergestellter Vervielfältigungsstücke oder Nachbildungen in den zollrechtlich freien Verkehr oder in ein Nichterhebungsverfahren sowie zum Verbot ihrer Ausfuhr- und Wiederausfuhr (Produktpiraterieverordnung), ABl.EG Nr. L 341, S. 8.

165 Vgl. § 146 I 1 MarkenG.

166 Vgl. § 143 I a, VII MarkenG.

Markenrechts,[167] die Beseitigung von Störungszuständen[168] und zusätzliche Auskunfte zur Schadens- bzw. Bereicherungsberechnung nach § 242 BGB.[169]

3. Schutzschranken

Anders als bei gewerblichen Schutzrechten wie dem Patent, dem Gebrauchs- oder Geschmacksmuster ist die Dauer von Markenrechten nicht von vorneherein zeitlich begrenzt, sondern die Marke gewährt "ewigen" Schutz, wenn der Inhaber die Verlängerung des Markenschutzes ordnungsgemäß alle zehn Jahre beantragt.[170] Der Zugang zu den monopolisierten Markenelementen, Wort- und Bildkombinationen, Farben, Formen etc., kann dem ebenfalls an Kennzeichnungsmitteln Interessierten damit endgültig versperrt bleiben, was gerade bei Markierungen einen deutlichen Wettbewerbsnachteil bedeuten kann, die für eine bestimmte Produktgruppe besonders einprägsam sind. Beschränkungen eines Rechts, das einheitlich für ganz Europa und zudem (potentiell) zeitlich unbegrenzt gilt, sind deswegen für den Rechtsinhaber und Konkurrenten von großer Wichtigkeit.

a) Erschöpfung

Der Grundsatz der Erschöpfung ist nicht markenrechtsspezifisch, sondern ist ein fundamentales Prinzip des gewerblichen Rechtsschutzes und des Urheberrechts, das von dem Reichsgericht zu Beginn dieses Jahrhunderts entwickelt wurde.[171] Sobald ein konkretes Produkt auf den Markt gebracht wurde, soll der Inhaber des gewerblichen Schutzrechts oder Urheberrechts nicht weiter Einfluß auf dessen Absatz nehmen können und gegebenenfalls die Vertriebswege mit seinem Ausschließlichkeitsrecht regulieren können, vielmehr "erschöpfen" sich seine Rechte von diesem Moment an.

Bezogen auf die Gemeinschaftsmarke bedeutet dies, daß dem Markeninhaber keine Ansprüche gegen Dritte mehr bezüglich einer gekennzeichneten Ware zustehen, die von ihm oder mit seiner Zustimmung[172] in den Verkehr gebracht

---

[167] Aus der neueren Rspr. zur Anwendung des § 812 BGB siehe BGH GRUR 1996, 271 - Gefärbte Jeans; BGH GRUR 1985, 530 - Chanel No. 5.

[168] Vgl. BGH GRUR 1993, 972 - Sana/Schosana.

[169] Insofern bestehen zwar keine speziellen, markenrechtlichen Normen, es müssen aber Art. 14 I 2 iVm. 98 II GMV als ausreichender Verweis betrachtet werden. Siehe auch *Marx*, Deutsches und europäisches Markenrecht, Rn. 531.

[170] Siehe Art. 46-48 GMV, Regeln 29, 30 DV. Zu den einzelnen Voraussetzungen einer Verlängerung *v. Mühlendahl/Ohlgart*, Die Gemeinschaftsmarke, § 17 Rn. 1 ff.

[171] RGZ 50, 229 (Kölnisch Wasser); RGZ 51, 263 (Mariani) bezüglich der Warenzeichenrechte; RGZ 51, 139 (Guajokol-Karbonat) bezüglich Patentrechte; RGZ 63, 394 (Königs Kursbuch) bezüglich Urheberrechte.

[172] Durch einen autorisierten Dritten, z.B. einen Lizenznehmer, ein konzernverbundenes Unternehmen, einen Partner innerhalb einer Gemeinschaftsproduktion etc., zu weiteren Fall-

worden ist, Art. 13 I GMV. Von dieser Erschöpfungswirkung werden alle dem Markeninhaber zustehenden Rechte erfaßt, also sämtliche Benutzungsrechte wie zum Beispiel das Veräußerungsrecht, das Werbehinweisrecht und das Kennzeichnungsrecht.[173] Räumlich bezieht sich der Anwendungsbereich des "Inverkehr-bringens", das die Erschöpfungswirkung auslöst, auf das Gebiet der Gemein-schaften und auf EWR-Staaten außerhalb der EU.[174] Aus Art. 13 I GMV ergibt sich nicht, ob Erschöpfung auch für den Fall eintritt, daß die Waren außerhalb der EU beziehungsweise EWR auf den Markt gebracht wurden. Da jedoch Art. 13 GMV die Rechtsprechung des EuGH, die dieser vorwiegend auf der Grundlage von Art. 28, 30 EG[175] entwickelt hat, aufgreift,[176] kann eine internationale Erschöpfung bei der Gemeinschaftsmarke nicht eintreten.[177]

Eine Ausnahme zur Erschöpfung besteht nur bei Vorliegen "berechtigter Gründe", "insbesondere wenn der Zustand der Waren nach ihrem Inverkehrbringen verändert oder verschlechtert ist."[178] Auch über diese Ausnahme findet die Rspr. des EuGH zu Art. 28, 30 EG Eingang in das Gemeinschaftsmarkenrecht, und eine einheitliche Rechtsanwendung zu den nationalen Rechten wird gewährleistet.[179]

---

gruppen siehe *Sack*, WRP 1998, 549 (550 ff.).

173 Vgl. *Sack*, aaO. S. 567 ff.

174 Anders als in § 24 I MarkenG ist dies in Art. 13 I GMV nicht ausdrücklich aufgenommen worden. Daß die Erschöpfungswirkung aber auch bei einem ersten Inverkehrbringen in einem Land des Europäischen Wirtschaftsraumes eintritt, ergibt sich aber aus Art. 65 II des Abkommens über den Europäischen Wirtschaftsraum, ABl.EG Nr. L 1/3 vom 3.1.1994 iVm. Art. 2 des Protokolls 28 über geistiges Eigentum zum EWR-Abkommen, Art. 11-13, GRUR Int. 1994, 215. Siehe auch *Sack*, RIW 1994, 897 (898 r.Sp.).

175 Siehe zur EuGH Rspr. bzgl. Kollision von gewerblichen Schutzrechten und freiem Warenverkehr noch unter 3. Teil, A II 2.

176 Siehe Erwägungsgrund Nr. 8 der GMV und *v. Mühlendahl/Ohlgart*, Die Gemeinschaftsmarke, § 7 Rn. 9.

177 Ausdrücklich stellte der EuGH klar, daß die Mitgliedstaaten die regionale Erschöpfung vorsehen müssen, in der Rs. C-355/96, Slg. 1998, I-4799 = GRUR Int. 1998, 695 = WRP 1998, 851 = ABl.HABM 1998, 1010 - Silhouette. Dazu ausführlich *Joller*, GRUR Int. 1998, 751; *Albert/Heath*, GRUR 1998, 642.

Im deutschen Markenrecht wurde früher der Grundsatz der weltweiten Erschöpfung vertreten, vgl. BGH GRUR 1964, 372 - Maja; BGHZ 60, 185 - Cinzano; von der Rspr. wurde dieser Grundsatz der internationalen Erschöpfung mit Inkrafttreten des MarkenG aber aufgegeben, vgl. LG Düsseldorf GRUR 1996, 66 - adidas-Import; BGHZ 131, 308 - Gefärbte Jeans; *Dreiss/Klaka*, Das neue Markengesetz, S. 41; *Althammer/Ströbele/Klaka*, MarkenG, § 24 Rn. 5 mwN. Eine Mindermeinung hält weiterhin an der internationalen Erschöpfung fest und versteht § 24 I MarkenG nur als eine Mindestregelung für den EWR-Bereich, vgl. z.B. *Beier*, GRUR Int. 1989, 603 (615); *v. Gamm*, WRP 1993, 793 (797). Umfassend zu diesem Streit *Sack*, WRP 1998, 549 (562 ff.).

178 Art. 13 II GMV.

179 Vgl. Art. 7 II MRRL und für das deutsche Recht § 24 II MarkenG. Siehe zur EuGH Rspr. noch unter 3. Teil, A II 2 d.

b) Benutzungszwang[180]
Um das Gemeinschaftsmarkenregister nicht unnötig mit nicht gebrauchten Marken zu belasten und Neuanmeldungen den Zugang zu attraktiven Zeichen zu ermöglichen, unterliegen die eingetragenen Marken einem Benutzungszwang.[181] Innerhalb einer Frist von 5 Jahren muß eine ernsthafte Benutzung erfolgen, Art. 15 GMV, ansonsten kann es zum Verfall gem. Art. 50 I lit. a GMV kommen.[182]

Entsprechend dem Wortlaut des Art. 15 GMV hat die Benutzung der Gemeinschaftsmarke "in der Gemeinschaft" zu erfolgen, womit die Frage aufgeworfen wird, welche räumlichen Anforderungen insofern zu stellen sind. Bezieht sich die Benutzung in der Gemeinschaft auf das Gebiet eines Mitgliedstaates[183] oder ist gar eine Benutzung in mehreren Mitgliedstaaten zu fordern?[184] Eine eindeutige Amtspraxis hierzu hat sich wegen der Natur der Sache noch nicht bilden können,[185] es erscheint aber nicht überzeugend, bei der Auslegung auf Landesgrenzen abzustellen, da die Gemeinschaftsmarke als supranationales Recht ausdrücklich zur Überwindung von diesen geschaffen wurde.[186] Die Auslegung, die sich an Territorien von Mitgliedstaaten orientiert, ist nur schwerlich mit dem Gedanken eines einheitlichen, europäischen Rechtes zu vereinbaren. Darüberhinaus stößt dieser Ansatz auch auf gravierende praktische Probleme, wie dem flächenmäßigen Unterschied von Mitgliedstaaten (zum Beispiel Luxemburg auf

---

180 Grundlegend hierzu *Hackbarth*, Grundfragen des Benutzungszwanges im Gemeinschaftsmarkenrecht und *Heydt*, GRUR Int. 1973, 540; *ders.*, GRUR Int. 1977, 47; *ders.*, GRUR Int. 1978, 2; *ders.*, GRUR Int. 1978, 61. Siehe auch *Kellerhals*, GRUR Int. 1999, 14.

181 Anschaulich bezeichnet *Franceschelli* die nicht gebrauchten Marken als "Markengespenster" und bezeichnet die damit verstopften Register als "Markenfriedhöfe" in: Markenfriedhöfe und -gespenster, GRUR Int. 1974, 418, im Original "Cimeteri e fantasmi dei marchi", Riv.dir.ind. 1974, I 5. - Zur Regelung des Benutzungszwanges im deutschen Recht siehe § 26 MarkenG und Art. 10, 11, 12 I MRRL.

182 Weitere Folgen, die aus der Nichtbenutzung entstehen können, sind in der GMV weit verstreut geregelt: So kann die Nichtbenutzung der Gemeinschaftsmarke als Einwand im Widerspruchsverfahren vom Anmelder geltend gemacht werden, Art. 43 II GMV, ebenso im Nichtigkeitsverfahren, Art. 56 II GMV, im Verletzungs- und Entschädigungsprozeß, Art. 95 III GMV und gegenüber Widerklage aufgrund einer nationalen Marke, Art. 96 V GMV. Trotz fehlender Verweisung ist auch der Nichtbenutzungseinwand gegenüber einer Widerklage, Art. 96 GMV, die auf einer älteren Gemeinschaftsmarke basiert, möglich und auch als Einrede bei der Durchsetzung älterer Registermarken im Verletzungsprozeß, Art. 95 III GMV. Vgl. auch *Ubertazzi*, GRUR Int. 1995, 474 (478); *Ingerl*, Die Gemeinschaftsmarke, S. 102.

183 So *Over*, WRP 1996, 274 (278 l.Sp.); *v. Einem*, WIB 1996, 553 (557 f.); *Groves*, (1996) Business Law Review 52, 53; *Annand/Norman*, Guide to the Community Trade Mark, S. 139.

184 So *Schwanhäuser*, WRP 1984, 1 (3); *Hackbarth*, Grundfragen des Benutzungszwanges, S. 113 ff.

185 Mit einer solchen dürfte erst in ein paar Jahren zu rechnen sein, *Heil*, FS 25 Jahre BPatG, S. 371 (382 ff.).

186 Die Denkschrift (Fn. 15) bezeichnet einen solchen Interpretationsansatz sogar als "paradox" in Nr. 126.

der einen, Frankreich auf der anderen Seite) Rechnung zu tragen ist. In naher Zukunft, wenn die Erweiterung der EU eintritt, düfte auch die Fläche eines Mitgliedstaates als räumliches Kriterium für den Benutzungszwang unverhältnismäßig sein und nicht genügen.[187] Im Einklang mit der Grundidee des Benutzungszwanges, das Markenregister von unbenutzten Marken freizuhalten, ist der Terminus "in der Gemeinschaft" besser im Kontext des gesamten Ausdruckes "ernsthaft in der Gemeinschaft" zu verstehen. Dem betreffenden Wirtschaftsraum in der Gemeinschaft, in dem die Marke benutzt wird, muß eine gewisse Mindestbedeutung zukommen, die es rechtfertigt, (potentiell ewigen) Markenschutz in der gesamten EU zu geben. Der räumliche Benutzungsumfang kann dabei einen Aspekt liefern,[188] um zu bestimmen, ob die Benutzung der Marke noch als ernsthaft zu werten ist.

c) Verwirkung

Eine weitere Schutzschranke ist die Verwirkung durch Duldung, Art. 53 GMV,[189] wonach dem Inhaber einer prioritätsälteren Gemeinschaftsmarke, Art. 53 I GMV, beziehungsweise eines älteren nationalen Kennzeichenrechts, Art. 53 II GMV, keine Nichtigkeits- und Untersagungsansprüche gegen eine prioritätsjüngere Gemeinschaftsmarke zustehen, wenn er die Benutzung des jüngeren Rechts fünf aufeinanderfolgende Jahre geduldet hat.[190] Der Verwirkungstatbestand bestimmt sich anders als im deutschen Recht nicht nach Treu und Glauben flexibel nach einem Zeit- und einem Umstandsmoment, sondern stellt auf die Kenntnis der Benutzung innerhalb des festen Zeitraumes von fünf Jahren ab.[191] Ausgeschlossen wird diese Verwirkung bei Bösgläubigkeit des Anmelders der jüngeren Gemeinschaftsmarke, Art. 53 I, II aE GMV.[192]

---

187 Was auch von Vertretern dieser Auslegung eingeräumt wird, siehe *Tatham/Richards*, ECTA Guide to EU Trade Mark Legislation, S. 796: "(...) as further states accede to the European Union, the coverage becomes wider, but the use requirement does not become commensurately wider. It may therefore come under attack in decisions by the national courts or by the ECJ in the future." Zur Bedeutung der Erweiterung der Europäischen Union für das Gemeinschaftsmarkenrechts siehe auch *Pretnar*, (1997) 4 E.I.P.R. 185,

188 Vgl. auch *Harte-Bavendamm/v. Bomhard*, WRP 1996, 534 (537 r.Sp.); *Martino*, WRP 1993, 92 (97); *Ubertazzi*, aaO. S. 476 ff.; *v. Mühlendahl/Ohlgart*, Die Gemeinschaftsmarke, § 8 Rn. 48. Siehe auch zu den verschiedenen Auffassungen in der Literatur *Kellerhals*, GRUR Int. 1999, 14 (18).

189 Zur geschichtlichen Entwicklung dieses Rechtsinstituts im Gemeinschaftsmarkenrecht siehe *Fernández-Nóvoa*, GRUR Int. 1996, 442 f.

190 Darüber hinaus dürfen auch die aus dem nationalen Recht zustehenden Rechte nicht geltend gemacht werden, was die Scharniernorm des Art. 98 II GMV klarstellt. - Zu der nicht in der GMV geregelten Konstellation, daß ein nationales Kennzeichenrecht durch den Inhaber einer prioritätsälteren Gemeinschaftsmarke geduldet wird, siehe § 125 b Nr. 3, 5a MarkenG und *Ingerl*, Die Gemeinschaftsmarke, S. 99.

191 *V. Mühlendahl/Ohlgart*, Die Gemeinschaftsmarke, § 7 Rn. 21 ff.

192 Zu den Anforderungen an die Bösgläubigkeit siehe *v. Mühlendahl/Ohlgart*, Die Gemeinschaftsmarke, § 7 Rn. 25.

Als Rechtsfolge sieht Art. 53 III ein dauerhaftes Nebeneinander von prioritätsjüngerer Gemeinschaftsmarke und älteren Rechten vor.

d) Verjährung/lautere Benutzung

Die Verjährung hat in der GMV keine explizite Regelung erfahren. Hinsichtlich der nationalen Verletzungsansprüche kommt unproblematisch die jeweilige nationale Verjährungsbestimmung zur Anwendung.[193] Bezüglich des gemeinschaftsmarkenrechtlichen Unterlassungs- und Entschädigungsanspruchs fehlt eine Verweisung im deutschen Recht in den §§ 125 a ff. MarkenG. Sofern die Verletzungshandlung in Deutschland begangen worden ist oder droht und damit deutsches Recht Anwendung findet, Art. 98 II GMV, käme die deliktsrechtliche Verjährung des § 852 BGB in Betracht.[194]

In besonderen Fällen vermag der Markenrechtsinhaber nicht, die Benutzung seiner Marke zu verhindern: Wenn die Marke für Angaben zur Identifikation,[195] zur Verwendung beschreibender Angaben[196] oder zur Bestimmung der Ware oder Dienstleistung benötigt wird,[197] ist das Markenrecht beschränkt, sofern die Benutzung lauter ist, also den guten Sitten im Wettbewerb entspricht.[198] Bei nicht lauterer Benutzung bleiben die Rechte aus der Gemeinschaftsmarke unberührt.

4. Sonstige materiellrechtliche Regelungen

Für den Markeninhaber von besonderem Interesse sind ferner materiellrechtliche Regelungen, die festlegen, ob und inwiefern über die Marke verfügt werden kann und unter welchen Bedingungen sich seine Marke inhaltlich verändert. Die vermögensrechtlichen Aspekte sollen unter a) kurz dargestellt werden, während die Veränderungen der Marke unter Ausklammerung verfahrensrechtlicher Fragen, die später behandelt werden,[199] unter b) zu finden sind.

---

193 Vgl. im deutschen Markenrecht § 125 b Nr. 2 iVm. §§ 14 VI, VII, 18, 19 20 MarkenG: "drei Jahre von dem Zeitpunkt an, in dem der Berechtigte von der Verletzung seines Rechts und der Person des Verpflichteten Kenntnis erlangt, ohne Rücksicht auf diese Kenntnis in 30 Jahren von der Verletzung an."

194 Siehe *v. Mühlendahl/Ohlgart*, Die Gemeinschaftsmarke, § 7 Rn. 36; *Ingerl*, Die Gemeinschaftsmarke, S. 100 f. mit weiteren Lösungsvorschlägen.

195 Dem Namen oder der Anschrift, Art. 12 lit. a GMV.

196 Art. 12 lit. b GMV.

197 Art. 12 lit. c GMV.

198 *V. Mühlendahl/Ohlgart*, Die Gemeinschaftsmarke, § 7 Rn. 3.

199 Siehe noch unter 2. Teil, B III.

a) Die Gemeinschaftsmarke als selbständiger Vermögensgegenstand[200]

Sowohl die eingetragene Gemeinschaftsmarke als auch ihre Anmeldung[201] stellen nach der GMV einen eigenständigen Vermögensgegenstand dar. Als Vermögensgegenstand kann die Marke unabhängig vom Unternehmen verpfändet werden, Gegenstand eines sonstigen dinglichen Rechts sein oder der Zwangsvollstreckung unterliegen.[202] Die Gemeinschaftsmarke kann ganz oder territorial beziehungsweise gegenständlich beschränkt lizenziert werden,[203] wobei entsprechende Lizenzen ausschließlich oder nicht ausschließlich sein können.[204] Überschreitet der Lizenznehmer seine Rechte aus dem Lizenzvertrag stehen dem Gemein-schaftsmarkeninhaber die Rechte aus der Marke zu.[205] Wie nach deutschem Recht kann der Lizenznehmer eine Klage wegen Verletzung der genutzten Marke nur mit Zustimmung des Rechtsinhabers anhängig machen,[206] jedoch kann bei einer ausschließlichen Lizenz der Lizenznehmer nach Ablauf einer angemessenen Frist, in der der Markeninhaber nichts unternommen hat, nach Aufforderung an den Inhaber selbst klagen.[207] Eine Verbesserung seiner Rechtsposition wird dem Lizenznehmer dadurch gewährt, daß er mit Zustimmung des Inhabers Widerspruch erheben und ein Nichtigkeitsverfahren aus relativen Gründen betreiben kann.[208]

Daß die Gemeinschaftsmarke einen selbständigen Vermögensgegenstand darstellt, zeigt sich auch deutlich daran, daß sie losgelöst vom Geschäftsbetrieb übertragen werden kann,[209] und zwar nicht nur rechtsgeschäftlich, sondern auch im Wege der Erbfolge.[210] Die Übertragung kann für alle oder nur für einen Teil

200 Art. 16-24 GMV. Siehe hierzu auch *Schönfeld*, Die Gemeinschaftsmarke als selbständiger Vermögensgegenstand, 2. Teil.

201 Vorbehaltlich ihrer späteren Eintragung, Art. 24 GMV.

202 Art. 19, 20 GMV.

203 Art. 22 I GMV. Siehe auch *v. Mühlendahl/Ohlgart*, Die Gemeinschaftsmarke, § 9 Rn. 29 ff.

204 Art. 22 II 2 GMV.

205 Art. 22 IV GMV. Um einen gutgläubigen, lastenfreien Erwerb der Marke verhindern zu können, ist auch die Lizenzierung eintragungs- und veröffentlichungsfähig, Art. 22 V iVm. 23 I GMV. Eine konstitutive Wirkung geht von der Eintragung nicht aus.

206 Art. 22 III 1 GMV, vgl. § 30 III MarkenG.

207 Art. 22 III 2 GMV.

208 Art. 42 I lit. a GMV bzw. Art. 55 I lit. b GMV.

209 Art. 17 I GMV. Im Einklang mit den nationalen Markengesetzen der EU-Mitgliedstaaten besteht damit das Bindungsprinzip der Marke an den Geschäftsbetrieb auch im Gemeinschaftsmarkenrecht nicht, eine sogenannte "Leerübertragung" nur der Marke ist also möglich. Siehe auch *v. Mühlendahl/Ohlgart*, Die Gemeinschaftsmarke, § 9.

210 Anders als nach dem deutschen MarkenG ist eine rechtsgeschäftliche Übertragung gem. Art. 17 III GMV formbedürftig, d.h. Schriftform und eine Unterschrift der Vertragsparteien ist erforderlich, es sei denn, die rechtsgeschäftliche Übertragung beruht auf einer gerichtlichen Entscheidung. Die Nichtbeachtung des Formerfordernisses zieht die Nichtigkeit nach sich, Art. 17 III aE GMV. Nicht erfaßt wird aber von dem Formerfordernis der entsprechende Verpflichtungsvertrag, vgl. Art. 17 II 2 GMV.

der Waren oder Dienstleistungen erfolgen, wobei die Eintragung in das Register nicht rechtsbegründend ist. Lediglich für die Geltendmachung von Rechten gegenüber Dritten und für den Schutz vor gutgläubigem Dritterwerb ist die Eintragung notwendig.[211]

b) Veränderung der Marke

Solange der Inhaber einer eingetragenen Marke ordnungsgemäß den Schutz verlängert, steht ihm ein zeitlich unbegrenztes Recht zu. Das heißt aber nicht, daß es ab dem Zeitpunkt der Eintragung keine Möglichkeiten mehr gibt, auf den Inhalt des Markenschutzes Einfluß zu nehmen. Sowohl dem Markeninhaber als auch dem Konkurrenten stehen Mittel zur Verfügung, die das Ende der Schutzdauer oder eine Umwandlung der Gemeinschaftsmarke in eine nationale Marke betreffen können. Vorbehaltlich der verfahrensrechtlichen Bestimmungen[212] wird nachfolgend das Ende der Schutzdauer und die Umwandlung betrachtet.

aa) Ende der Schutzdauer

Die Gemeinschaftsmarke kann auf drei Arten ihre Wirksamkeit verlieren: durch Verzicht, Verfall oder Nichtigkeit.[213] Lediglich der Verzicht ist dabei ausschließlich vom Markeninhaber selbst erklärbar.

(1) Verzicht

Dem Inhaber steht es frei, gegenüber dem Harmonisierungsamt eine schriftliche Verzichtserklärung bezüglich aller oder eines Teils der Waren oder Dienstleistungen abzugeben,[214] die mit Eintragung ihre Wirksamkeit entfaltet. Sofern dingliche Rechte eingetragen sind, ist eine Zustimmung des Berechtigten notwendig,[215] zum Schutz von (eingetragenen) Lizenznehmern muß der Markeninhaber glaubhaft machen, daß der Lizenznehmer von der Verzichtsabsicht unterrichtet wurde.[216] Der Verzicht wird ex nunc wirksam, wenn er in das Register eingetragen wurde, hat also keinerlei Rückwirkung.[217]

---

[211] Art. 17 V, 23 GMV. Dem Harmonisierungsamt steht dabei eine Evidenzprüfung zu, ob der Rechtsübergang eine Irreführungseignung für das Publikum bedeuten kann, hierzu *Ingerl*, Die Gemeinschaftsmarke, S. 111 und *Schönfeld*, Die Gemeinschaftsmarke als selbständiger Vermögensgegenstand, S. 64 ff.

[212] Hierzu sogleich unter 2. Teil, B III 1 d.

[213] Keine Beendigung der Schutzdauer ist der Untergang der Anmeldung, z.B. durch Rücknahme, Art. 44 I GMV, oder die Fiktion der Rücknahme gem. Art. 25 III, 36 V, 45 S. 2 GMV, da erst durch Eintragung, Art. 6 GMV, der Schutz begründet wird.

[214] Art. 49 I, II GMV, Regel 36 DV. Ausführlich zur Verzichtserklärung *v. Mühlendahl/Ohlgart*, Die Gemeinschaftsmarke, § 18 Rn. 4 ff.

[215] Art. 49 III 1 GMV.

[216] Art. 49 III 2 GMV.

[217] Art. 49 II GMV.

(2) Verfall

Ebenso wie die Nichtigkeit stellt der Verfall ein Mittel für etwaige Konkurrenten dar, gegen die eingetragene Marke vorzugehen. Dies kann entweder durch einen Antrag beim Harmonisierungsamt erfolgen, oder wenn der Konkurrent bereits in einem Verletzungsverfahren verklagt wurde, durch eine Widerklage im Verletzungsverfahren.[218] Antragsberechtigt sind alle natürlichen und juristischen Personen sowie jeder Interessenverband von Herstellern, Erzeugern, Dienstleistungsunternehmen, Händlern oder Verbrauchern, der nach dem für ihn maßgebenden Recht prozeßfähig ist.[219]

Als Verfallsgründe nennt die GMV die Nichtbenutzung einer Marke, die Wandlung zur Gattungsbezeichnung, die Eignung zur Irreführung durch Benutzung und den Verlust der notwendigen Inhaberqualität,[220] wobei diese Gründe *nach der Eintragung* der Marke entstanden sein müssen.[221] Unter Umständen kann sich die Verfallserklärung auch nur auf einen Teil der Waren/Dienstleistungen beschränken.[222]

Anders als bei der Verzichtserklärung gelten die Wirkungen der Gemeinschaftsmarke ab Antragstellung beziehungsweise Widerklageerhebung als nicht eingetreten, wenn dem Verfallsantrag stattgegeben wird.[223]

(3) Nichtigkeit

Im Gegensatz zum Verfall betrifft die Nichtigkeit Löschungsgründe, die bereits *zum Zeitpunkt der Eintragung* vorlagen. Die Nichtigerklärung erfolgt auf Antrag beim HABM oder auf Widerklage im Verletzungsverfahren, und zwar entweder wegen des Vorliegens absoluter Nichtigkeitsgründe oder relativer Nichtigkeitsgründe.[224] Mit dieser Einteilung in absolute und relative Nichtigkeitsgründe

---

218 Art. 50 I GMV. Der Verfall durch Nichtbenutzung kann auch durch Einrede der Verfallsreife im Verletzungs- und Entschädigungsprozeß geltend gemacht werden, Art. 55 f., 92, 95, 96 GMV.

219 Art. 55 I lit. a GMV.

220 Art. 50 I lit. a-d GMV. Für die Gemeinschaftskollektivmarken gelten zudem die Gründe in Art. 71 GMV.

221 Der wichtigste Grund für eine Verfallserklärung ist die mangelnde Benutung einer Marke, Art. 50 I lit. a GMV, die aber ggf. unter den engen Voraussetzungen, die in Art. 50 I lit. a GMV genannt werden, geheilt werden kann. Zur Heilung der Löschungsreife ausführlich *v. Mühlendahl*, FS Vieregge 1996, S. 641, und *ders./Ohlgart*, Die Gemeinschaftsmarke, § 19 Rn. 6-15.

222 Art. 50 II GMV.

223 Art. 54 I 1 GMV. Gem. Art. 54 I 2 GMV kann auf Antrag einer Partei ein früherer Zeitpunkt festgesetzt werden, zu dem einer der Verfallsgründe eingetreten ist.

224 Siehe Art. 51, 52 GMV. Zu beachten ist, daß ein Nichtigkeitsgrund aufgrund eines älteren Rechts auch durch Einrede im Verletzungs- und Entschädigungsprozeß geltend gemacht werden kann, Art. 55 f., 92, 95, 96 GMV. Für Gemeinschaftskollektivmarken ist ferner Art. 72 GMV relevant.

wird an das Eintragungsverfahren angeknüpft. Das Nichtigkeitsverfahren ist also ein Korrektiv für etwaige Fehler des Amtes, die aber nur auf Antrag erneut untersucht werden können. Über den unmittelbaren Bereich der absoluten Eintragungshindernisse, Art. 7 GMV,[225] fallen unter die absoluten Nichtigkeitsgründe auch die fehlende Berechtigung, Inhaber einer Marke sein zu können, des Art. 5 GMV,[226] und die Bösgläubigkeit bei der Markenanmeldung.[227] Ebenfalls einen Nichtigkeitsgrund können spezialgesetzliche Regelungen darstellen, wie vor allem eine Mißachtung von Eintragungen nach der Verordnung zum Schutz von geographischen Angaben und Ursprungsbezeichnungen für Agrarerzeugnisse und Lebensmittel.[228] Die relativen Nichtigkeitsgründe nehmen Bezug auf die älteren Rechte, die auch ein relatives Eintragungshindernis sein können,[229] und fügen noch sonstige ältere Recht hinzu, die ebenfalls mit einer Gemeinschaftsmarke kollidieren können, z.B. das Namensrecht mit einer Wortmarke, das Urheberrecht oder Recht am eigenen Bild mit einer Bildmarke.[230] Auf diese sonstigen älteren Rechte kann aber nur dann ein Nichtigkeitsantrag gestellt werden, wenn das jeweilige nationale Recht zur Geltendmachung berechtigt.[231]

Auch bei der Erklärung der Nichtigkeit ist eine Beschränkung auf die betreffenden Waren/Dienstleistungen möglich, für die ein Nichtigkeitsgrund vorliegt,[232] allerdings gelten für den Fall einer Nichtigerklärung "die in der Verordnung vorgesehenen Wirkungen der Gemeinschaftsmarke als von Anfang nicht eingetreten."[233]

---

225 Siehe oben 2. Teil, B II 1, c, aa.

226 Siehe oben 2. Teil, B II 1 b.

227 Art. 51 I lit. b GMV. Zur Bösgläubigkeit nach deutschem Recht siehe *Füllkrug*, WRP 1995, 378 und *ders.*, GRUR 1994, 679. Ein absoluter Nichtigkeitsgrund kann von dem gleichen Personenkreis vorgebracht werden wie ein Verfallsgrund, Art. 55 I lit. a GMV.

228 Verordnung (EWG) Nr. 2081/92 des Rates vom 14.7.1992 zum Schutz von geographischen Angaben und Ursprungsbezeichnungen für Agrarerzeugnisse und Lebensmittel, ABl.EG Nr. L 208 vom 24.7.1992, S. 1 = ABl.HABM 1996, 338. Daß Marken zu löschen sind, die entgegen den Vorschriften der Verordnung 2081/92 eingetragen wurden, ergibt sich aus Art. 142 GMV iVm. Art. 14 I VO Nr. 2081/92. Weitere zu beachtende Spezialnormen sind europäische Bestimmungen zum Weinrecht, Arzneimittelrecht und Vorschriften internationalen Rechts, zum Beispiel Nomenklaturen wie den International non-proprietary name betreffend Arzneimittel, siehe *Meister*, Mitt. 1999, 339 (339 r.Sp.).

229 Art. 52 I GMV.

230 Vgl. Art. 52 II GMV, der beispielhaft aufführt das Namensrecht, das Recht an der eigenen Abbildung, das Urheberrecht und gewerbliche Schutzrechte.

231 Die Unterteilung der relativen Nichtigkeitsgründe in die der Rechte in Art. 8 GMV und der sonstigen älteren Rechten spiegelt sich auch in der Antragsberechtigung in Art. 55 I lit. b für die Rechte in Art. 8, und Art. 55 I lit. c für die sonstigen älteren Rechte wider.

232 Art. 51 III, Art. 52 V iVm. 51 III GMV.

233 Art. 54 II GMV. Von der Rückwirkung ausgenommen sind jedoch Entscheidungen im Verletzungsverfahren, die vor der Entscheidung über den Verfall oder die Nichtigkeit rechtskräftig geworden und vollstreckt worden sind, Art. 54 III lit. a GMV, bzw. vor der Entscheidung über den Verfall oder die Nichtigkeit geschlossene Verträge insoweit, als sie vor dieser

bb) Umwandlung
Bei der Umwandlung handelt es sich um eine gemeinschaftsmarkenrechtliche Besonderheit: Eine Gemeinschaftsmarke, die zurückgenommen wurde oder die wirkungslos geworden ist, kann unter den Voraussetzungen der Art. 108 ff. GMV in eine nationale Marke umgewandelt werden. Die Priorität der Gemeinschaftsmarke bleibt für die nationale Marke bestehen,[234] wenn der erforderliche Umwandlungsantrag beim HABM Erfolg hat.[235]

Liegt ein Umwandlungsantrag vor, und ist diese auch nicht ausgeschlossen,[236] übermittelt das HABM den Antrag der nationalen Zentralbehörde für den gewerblichen Rechtsschutz,[237] die keine Prüfung mehr vornimmt, wenn die Marke bereits eingetragen war.[238] Eine Umwandlung kann auch nur für den Teil erfolgen, der seine Wirkung verloren hat oder zurückgenommen wurde, und sich auch nur auf verschiedenen Mitgliedstaaten beziehen.[239]

5. Zusammenfassende Übersicht der materiellrechtlichen Regelungen

Die materiellrechtlichen Regelungen des Gemeinschaftsmarkenrechts lassen sich in die Schutzvoraussetzungen, den Schutzumfang und die Schutzschranken einer Gemeinschaftsmarke sowie sonstige Regelungen unterteilen. Bei den Schutzvoraussetzungen wird der liberale Markenbegriff des Art. 4 GMV in der bisherigen Spruchpraxis der Beschwerdekammern weit ausgelegt, wodurch gerade "exotischere" Marken Schutz finden, die von den nationalen Zentralbehörden für den gewerblichen Rechtsschutz unter Umständen zurückgewiesen würden. Auch die persönlichen Voraussetzungen an den Markeninhaber, die Inhaberschaft, wird sehr weit gefaßt und ist nicht bloß auf den territorialen Bereich der Europäischen Union begrenzt.

Entscheidung erfüllt worden sind, Art. 54 III lit. b GMV.

[234] Art. 108 III GMV, ggf. auch unter Wahrung eines für die Gemeinschaftsmarke beanspruchten Zeitranges einer nationalen Marke gem. Art. 34, 35 GMV. Zu dieser Seniorität siehe *Meister*, WRP 1997, 1022.

[235] Vgl. Art. 109 GMV. Zu dem Verfahren vor dem HABM siehe *Schennen*, Mitt. 1998, 121 (125 ff.); *Ingerl/Rohnke*, § 125 d Rn. 5; *v. Mühlendahl/Ohlgart*, Die Gemeinschaftsmarke, § 20 Rn. 14 ff.

[236] Vgl. Art. 108 II GMV.

[237] Vgl. Art. 109 III 2 GMV. Zum Verfahren vor dem DPA siehe *Clayton-Chen*, Mitt. 2000, 100.

[238] Für das Deutsche Patentamt gilt die Regelung in § 125 d IV 1 MarkenG, allerdings unterbleibt eine Prüfung entgegen dem weiten Wortlaut nur bzgl. absoluter Eintragungshindernisse, nicht auch hinsichtlich sonstiger Formalien, vgl. *Schennen*, aaO. S. 129, Fn. 64; zum Verfahren vor dem DPA siehe *Ingerl/Rohnke*, § 125 d Rn. 6 ff.

[239] Art. 108 I lit. a, b GMV.

Einer Eintragung als Gemeinschaftsmarke können Hindernisse entgegenstehen, die das Allgemeininteresse berücksichtigen, die absoluten Eintragungshindernisse. Es genügt bereits für die Zurückweisung einer Gemeinschaftsmarkenanmeldung, daß ein absolutes Eintragungshindernis in einem Teil der Gemeinschaft vorliegt, Art. 7 II GMV. Die praktisch relevantesten Gründe dafür, warum kein Schutz zugesprochen werden kann, sind die fehlende Unterscheidungskraft des Zeichens, Art. 7 I lit. b GMV, und der Umstand, daß die Marke lediglich aus beschreibenden Angaben etwa der Art, Beschaffenheit oder Menge der Ware oder Dienstleistung besteht, Art. 7 I lit. c GMV. Ebenfalls nicht geschützt werden Marken, die im allgemeinen Sprachgebrauch zur Bezeichnung der Ware oder Dienstleistung üblich, also eine Gattungsbezeichnung geworden sind, Art. 7 I lit. d GMV. Alle drei Eintragungshindernisse können aber dadurch überwunden werden, daß die Marke infolge ihrer Benutzung tatsächliche Unterscheidungskraft erlangt hat, Art. 7 III GMV.

Eintragungshindernisse können auch auf Rechten Dritter beruhen, die mit einem Widerspruch von dem Rechtsinhaber geltend gemacht werden müssen, die relativen Eintragungshindernisse. Ältere Rechte Dritter sind bereits bestehende Gemeinschaftsmarken, die in einem Mitgliedstaat oder beim Benelux-Markenamt eingetragenen Marken, mit Wirkung für einen Mitgliedstaat international registrierte Marken sowie deren Anmeldungen und notorisch bekannte Marken im Sinne von Art. 6bis PVÜ. Ebenso fallen hierunter durch Benutzung erworbene Marken, und sonstige Kennzeichenrechte wie die Firma und andere Unternehmenskennzeichen, nicht aber das Namensrecht, das Recht an der eigenen Abbildung, Urheberrechte oder andere gewerbliche Schutzrechte.

Eine Kollision zwischen älteren Rechten und der angemeldeten Marke liegt in drei Fällen vor. Erstens bei einem Vergleich der beiden Marken ergibt sich, daß sowohl Marken als auch die betreffenden Waren oder Dienstleistungen identisch sind. Zweitens die beiden Marken sind identisch oder ähnlich und die Waren oder Dienstleistungen sind identisch oder ähnlich, und es besteht außerdem die Gefahr der Verwechslung für das Publikum in dem Gebiet, in dem die ältere Marke Schutz genießt. Drittens kann eine Kollision vorliegen, wenn eine ältere identische oder ähnliche Marke bei fehlender Identität oder Ähnlichkeit der Waren oder Dienstleistungen bekannt ist und durch die Benutzung ihre Wertschätzung beeinträchtigt wird.

Der Schutzumfang einer Gemeinschaftsmarke bestimmt sich nicht ausschließlich nach Gemeinschaftsmarkenrecht. Sofern die Gemeinschaftsmarke verletzt wurde, regelt die GMV lediglich den Unterlassungsanspruch in Art. 9 I GMV und gewährt einen speziellen Entschädigungsanspruch für Handlungen, die nach Veröffentlichung der Anmeldung und vor Veröffentlichung der Eintragung begangen wurden, Art. 9 III 2 GMV. Für sonstige Ansprüche, zum Beispiel Schadensersatz- oder Auskunftsansprüche, verweist das Gemeinschaftsmarkenrecht auf die nationalen Markengesetze der Mitgliedstaaten, Art. 14 II iVm. 98 II GMV. Die Verletzungstatbestände entsprechen den drei Kollisionstatbeständen der relativen Eintragungshindernisse.

Markenrecht beschränkt die Schutzdauer nicht von vorneherein, wie dies bei anderen gewerblichen Schutzrechten der Fall ist, setzt dafür aber mit der Erschöpfung, dem Benutzungszwang, der Verwirkung und Verjährung Schranken. Dem Markeninhaber stehen ab dem Moment keine Rechte mehr bezüglich einer gekennzeichneten Ware gegenüber Dritten zu, wenn die Ware von ihm oder mit seiner Zustimmung auf den Markt gebracht worden ist. Seine Rechte haben sich dann "erschöpft", Art. 13 GMV, es sei denn, berechtigte Gründe wie etwa die Qualitätsverschlechterung des gekennzeichneten Produktes rechtfertigen eine Ausnahme hiervon. Innerhalb einer Frist von fünf Jahren muß die Marke "ernsthaft in der Gemeinschaft benutzt" werden, Art. 15 I GMV. Das Gemeinschaftsmarkenrecht legt damit die übliche Frist für einen Benutzungszwang fest. Entsprechend dem Charakter der Gemeinschaftsmarke als einheitliches, europäisches Recht kann es für die Auslegung des Begriffes "in der Gemeinschaft" nicht auf das Gebiet eines Mitgliedstaates ankommen. Vielmehr muß dem betreffenden Wirtschaftraum, in dem die Marke benutzt wird, nur eine gewisse Mindestbedeutung zukommen. Ansonsten muß in einer konkreten Einzelfallbetrachtung gewertet werden, ob die Benutzung nur zum Schein erfolgte und ob ein gegebenenfalls ewiger Markenschutz in der Gemeinschaft gerechtfertigt ist.

Die Gemeinschaftsmarke ist ein selbständiger Vermögensgegenstand. Sie kann losgelöst vom Geschäftsbetrieb frei übertragen werden. Außerdem ist sie unabhängig vom Unternehmen verpfändbar, kann Gegenstand eines sonstigen dinglichen Rechts sein, der Zwangsvollstreckung unterliegen oder lizenziert werden.

Auf die Gemeinschaftsmarke kann nach ihrer Eintragung noch eingewirkt werden, indem die Schutzdauer durch Verzicht, Verfall oder Nichtigkeit beendet wird. Eine Besonderheit bietet die Umwandlung gemäß Art. 108 GMV, wonach eine zurückgenommene oder wirkungslos gewordene Gemeinschaftsmarke in eine nationale Marke umgewandelt werden kann. Die Priorität der Gemeinschaftsmarke kann dabei für die nationale Marke beansprucht werden.

III. Verfahrensrechtliche Regelungen

Der Begriff des Verfahrensrechts in der GMV wird umfassend gebraucht und bezeichnet sowohl das Verfahren, das die Anmeldung, einen Widerspruch, die Nichtigkeit bzw. den Verfall oder eine Beschwerde betrifft, als auch Verletzungsansprüche aus der Marke oder weitere Rechtsmittel gegen Entscheidungen der verschiedenen Abteilungen des Amtes und Gerichte. Um diese sehr unterschiedlichen Verfahren deutlich voneinander abzugrenzen und später ihre Überschneidungen aufzeigen zu können, soll zunächst auf die Verfahren vor dem Harmonisierungsamt eingegangen werden (unter 1), anschließend auf den Rechtsschutz durch nationale Gerichte bzw. den EuG und EuGH (unter 2) und auf die Verbindungen untereinander (unter 3).

1. Verfahren vor dem Harmonisierungsamt

Nach der GMV ist das Amt "eine Einrichtung der Gemeinschaft und besitzt Rechtspersönlichkeit."[240] Es hat in allen Mitgliedstaaten die weitestgehende Rechts- und Geschäftsfähigkeit nach den jeweiligen nationalen Vorschriften, ist aber nicht unmittelbar in die Institutionen der Europäischen Gemeinschaft eingegliedert, sondern ist eine autonome Körperschaft des Gemeinschaftsrechts, die der Rechtsaufsicht der Kommission unterliegt.[241] Die Leitung steht einem Präsidenten zu, der wiederum von zwei Vizepräsidenten unterstützt wird,[242] darüberhinaus besteht ein Verwaltungsrat und ein Haushaltsausschuß. Die Zuständigkeiten untergliedern sich in Angelegenheiten der Prüfer, Widerspruchsabteilungen, Markenverwaltungs- und Rechtsabteilungen, Nichtigkeitsabteilungen und Beschwerdekammern.[243] Für die Verfahren vor dem Amt bestehen einige allgemeine Grundsätze, die zunächst dargestellt werden.

a) Allgemeine Grundsätze

aa) Verfahrensgrundsätze

Die allgemeinen Vorschriften über die Verfahren vor dem Amt finden sich im 1. Abschnitt des 9. Titels der GMV. Hiernach wird das Verfahren vor dem HABM bestimmt durch die Grundsätze der Amtsermittlung,[244] der Begründungspflicht,[245] dem Grundsatz des rechtlichen Gehörs,[246] und dem der (fakultativen) mündlichen

---

[240] Art. 111 GMV.

[241] Soweit nicht der EuGH für seine Kontrolle zuständig ist, Art. 118 GMV.

[242] Siehe bereits oben 2. Teil, A III.

[243] Art. 125-130 GMV. Zu der Sonderstellung der Beschwerdekammern siehe noch unter 2. Teil, III 1 e.

[244] Art. 74 GMV. Siehe zu den allgemeinen Verfahrensvorschriften auch *v. Mühlendahl/Ohlgart*, Die Gemeinschaftsmarke, § 12 Rn. 2 ff.

[245] Art. 73 S. 1 GMV.

Verhandlung.[247] Die Verhandlungen im Nichtigkeits-, Verfalls- und Beschwerdeverfahren erfolgen öffentlich, die im Anmelde- und Widerspruchsverfahren nichtöffentlich.[248] Wenn sich aus dem Gemeinschaftsmarkenrecht keine einschlägigen Regelungen ergeben, ist ein Rückgriff auf die anerkannten Grundsätze des nationalen Verfahrensrechts möglich.[249]

bb) Sprachenregelung

Die Sprachenregelung gehörte zu den umstrittensten Fragen im Gemeinschaftsmarkenrecht und war der Hauptgrund dafür, daß die GMV später als zunächst geplant beschlossen werden konnte.[250] Die Lösung, die auf dem Sondergipfel der Staats- und Regierungschefs der Mitgliedstaaten der Europäischen Union am 29.10.1993 in Brüssel gefunden werden konnte, sieht einen Kompromiß vor zwischen einer Regelung zugunsten einer oder drei Sprachen und einer Gleichberechtigungsregelung aller elf Sprachen der EU.[251] Art. 115, 116 GMV[252] bestimmen eine Fünfsprachenregelung, wobei differenziert wird zwischen Amtssprachen und Sprachen des Amtes. Amtssprachen sind alle Sprachen der Mitgliedstaaten, Sprachen des Amtes sind Deutsch, Englisch, Französisch, Italienisch und Spanisch.[253] Die Anmeldung der Gemeinschaftsmarke kann in einer der Amtssprachen vorgenommen werden, die dadurch (im einseitigen) Verfahren auch die Verfahrenssprache wird.[254] Zudem muß der Anmelder eine weitere Sprache benennen, die eine der fünf Sprachen des Amtes sein muß.[255] Ist die erste Sprache keine Sprache des Amtes, zum Beispiel Schwedisch oder Finnisch, so fungiert diese zweite Sprache, etwa Englisch, als einzige Sprache im Widerspruchs-, Verfalls- und Löschungsverfahren,[256] zum anderen ist das Amt berechtigt, schriftliche Mitteilungen in der zweiten Sprache zu veröffentlichen.[257]

---

246 Art. 73 S. 2 GMV.

247 Art. 75 I GMV: "Das Amt ordnet von Amts wegen oder auf Antrag eines Verfahrensbeteiligten eine mündliche Verhandlung an, sofern es dies für sachdienlich erachtet."

248 Art. 75 III GMV.

249 Art. 79 GMV.

250 Vgl. bereits oben 2. Teil, A und *v. Einem*, WIB 1996, 553. Ausführlich zu der Sprachenregelung in den einzelnen Verfahren *v. Mühlendahl/Ohlgart*, Die Gemeinschaftsmarke, § 12 Rn. 75 ff.; *v. Mühlendahl*, in: FS für Beier, S. 575 ff.

251 Zu früheren Vorschlägen siehe *v. Mühlendahl*, in: FS 100 Jahre Markenamt, S. 215 (221 f.), z.B. der Beschränkung auf nur eine Sprache oder auf die Sprachen Deutsch, Englisch, Französisch.

252 Ergänzt um Regeln 95-99 DV.

253 Vgl. Art. 115 I, II GMV und *Kretschmer*, GRUR 1994, 95 f. Amtssprachen sind demnach - neben den fünf Sprachen des Amtes Deutsch, Englisch, Französisch, Italienisch und Spanisch - noch Dänisch, Finnisch, Griechisch, Niederländisch und Portugiesisch.

254 Art. 115 I, IV 1 GMV.

255 Art. 115 III 1 GMV.

256 Art. 115 V GMV.

257 Art. 115 IV 2 GMV. Von dieser Befugnis beabsichtigt das Amt immer Gebrauch zu machen, vgl. *v. Mühlendahl*, in: FS für Beier, S. 575 (578 in Fn. 15, 579).

Wenn die erste Sprache eine Sprache des Amtes ist, wie Englisch, ist die zweite Sprache, zum Beispiel Französisch, eine Alternative zur ersten Sprache als Verfahrenssprache im Widerspruchs-, Nichtigkeits- und Verfallsverfahren.[258] Wählt nun der Widerspruchsführer für seinen Widerspruch Französisch als Sprache, so ist Französisch Verfahrenssprache für das Widerspruchsverfahren.[259]

Eine Besonderheit besteht für den Fall, daß der Widerspruchsführer seinen Widerspruch in einer Sprache erhebt, die zwar Sprache des Amtes ist,[260] aber weder mit der er-sten noch der zweiten Sprache des Anmelders übereinstimmt, bei obigem Bei-spiel also einen Widerspruch in Spanisch, Deutsch oder Italienisch stellt. Der Widersprechende muß dann eine Übersetzung auf eigene Kosten in der zweiten angebotenen Sprache des Anmelders oder in der ersten nachreichen, sofern letztere die Sprache des Amtes ist.[261] Gleiches gilt bei einem Antrag auf Verfall oder Nichtigkeit.

Wesentlich einfacher ist die Sprachenregelung gegen Entscheidungen des Amtes im Beschwerdeverfahren: Hier ist die Verfahrenssprache die des Ausgangsverfahrens.[262] Erschwert wird die Eintragung dadurch, daß alle nach GMV bzw. der DV veröffentlichungsbedürftigen Informationen und die Eintragungen in das Gemeinschaftsmarkenregister in alle Amtssprachen von der Übersetzungszentrale der Einrichtungen der Union zu übersetzen sind.[263]

Neben diesen Bestimmungen besteht für die Beteiligten an einem Widerspruchs-, Verfalls-, Nichtigkeits- oder Beschwerdeverfahren zudem die Wahlmöglichkeit, eine andere Amtssprache der Europäischen Gemeinschaft als Verfahrenssprache zu vereinbaren.[264]

---

258 Art. 115 V GMV. Eine Ausnahme zu beiden Konstellationen wiederum ist Art. 115 VII GMV: Wenn sich die Parteien auf eine andere Sprache verständigen, die auch eine beliebige Amtssprache (nicht notwendigerweise eine Sprache des Amtes) sein kann, so wird diese die Verfahrenssprache.

259 Vgl. Art. 115 VI GMV.

260 Da Widersprüche und Anträge auf Erklärung des Verfalls oder der Nichtigkeit nur in einer Sprache des Amtes eingereicht werden können, Art. 115 V GMV.

261 Art. 115 VI 2, 3, 4 GMV. - Zu der Übersetzung von Benutzungsnachweisen und Beweismitteln in die Verfahrenssprache siehe Regeln 17 II, 38 II DV und bzgl. allgemeiner Bestimmungen Regel 96 I DV.

262 Vgl. Regel 48 II DV. *V. Mühlendahl*, in: FS für Beier, S. 575 (584): "Diese Regelung ist ohne weiteres einleuchtend, weil es sich bei dem Beschwerdeverfahren insoweit nur um eine Fortsetzung des Ausgangsverfahrens handelt." Siehe *ders.*, aaO. S. 583 f. zu sonstigen Verfahren vor dem HABM und *ders.*, aaO. S. 585 ff. zu der Sprachenregelung für schriftliche Unterlagen und Beweismittel und für mündliche Verfahren.

263 Art. 116 I, II, 117 GMV. - Bei sprachlichen Zweifeln ist die Erstsprache der Anmeldung, Art. 116 III 1 GMV bzw. die Zweitsprache, wenn die Erstsprache keine Sprache des Amtes ist, Art. 116 III 2 GMV, entscheidend.

264 Art. 115 VII GMV.

Ob die getroffene Kompromißlösung der Sprachenregelung für den Anmelder nachteilhaft ist, soll zu einem späteren Zeitpunkt eingehender geprüft werden.[265]

b) Anmeldeverfahren
Die Anmeldung einer Gemeinschaftsmarke kann entweder direkt beim Amt in Alicante oder "bei der Zentralbehörde für den gewerblichen Rechtsschutz oder beim Benelux-Markenamt" eingereicht werden.[266] Die Anmeldung bei der nationalen Behörde hat keine nachteilige Wirkung auf den Zeitrang, sie hat die gleiche Wirkung wie eine Anmeldung in Alicante. Jedoch trägt der Anmelder das Risiko der rechtzeitigen Weiterleitung der nationalen Behörde.[267] Um die Praktikabilität des Anmeldeverfahrens zu erhöhen, ist die Übermittlung der Anmeldung auf die verschiedensten technischen Arten möglich (Fernschreiben, Telegramm, elektronischer Weg u.a.).[268]

Das Amt prüft bei dem vorgelegten Antrag zunächst die Einhaltung bestimmter Formalien, zum Beispiel die Vollständigkeit der Unterlagen und die Zahlung der Gebühren, bevor ein Anmeldetag bestimmt wird.[269] Eine besondere Bedeutung kommt dabei der Frage zu, welchen Zeitrang die Marke erhalten soll, nach dem sich die Priorität im Kollisionsfall mit anderen Kennzeichen richtet. Grundsätzlich ist hierfür der Tag maßgeblich, an dem dem HABM oder der nationalen Behörde die vollständige Anmeldung vorgelegt wurde.[270] In den Mitgliedstaaten hat diese Anmeldung die Wirkung "einer vorschriftmäßigen nationalen Hinterlegung, gegebenenfalls mit der für die Anmeldung der Gemeinschaftsmarke in Anspruch genommenen Priorität."[271] Eine zeitliche Vorverlegung der Priorität kann eintreten, wenn der Anmelder die Waren oder Dienstleistungen bereits zuvor auf einer Ausstellung zur Schau gestellt hat: Für diesen Tag kann dann ein Prioritätsanspruch in Anspruch genommen werden.[272]

---

265 Siehe dazu unter 4. Teil, B II 3.

266 Art. 25 I lit. a, b GMV. In Deutschland beim DPA, vgl. § 125 a MarkenG. Zum notwendigen Inhalt der Anmeldung siehe Art. 26 GMV und Regeln 1 ff. DV, bei Gemeinschaftskollektivmarken muß zudem noch eine Satzung vorgelegt werden, Art. 65 GMV. Siehe zu den einzelnen Stadien bis zur Eintragung als Gemeinschaftsmarke auch *Bender*, Mitt. 1999, 330 mit ausführlichen Nachweisen zu Entscheidungen der Beschwerdekammern.

267 Art. 25 II, III GMV. - Es wird aber darauf hingewiesen, daß eine Empfangsbescheinigung des HABM gem. Regel 5 DV vor der Frist des Art. 25 III GMV vorliegen muß, vgl. *Marx*, Deutsches und europäisches Markenrecht, Rn. 456; *Ingerl*, Die Gemeinschaftsmarke, S. 125 f.

268 Vgl. Regel 79 ff. DV.

269 Art. 36 iVm. 26 I, 27 GMV, Regel 9 DV. Für eine graphische Übersicht über die einzelnen Schritte im Anmeldungsverfahren siehe *v. Mühlendahl*, MA 1996, 601 (602); *v. Einem*, WIB 1996, 553 (558); *Marx*, Deutsches und europäisches Markenrecht, Rn. 493.

270 Art. 27 GMV. Fehlt die Zahlung der Grundgebühren, kann dies zu einer Verschiebung der Priorität oder der Verhinderung der ganzen Anmeldung führen, Art. 36 II, III GMV.

271 Art. 32 GMV.

272 Art. 33 GMV, allerdings nur, wenn es sich bei der Ausstellung um eine amtliche oder

Ebenfalls eine Verschiebung der Priorität ist für den Fall möglich, daß sich die Waren oder Dienstleistungen der Gemeinschaftsmarke mit denen einer vorangegangenen nationalen Anmeldung in einem Verbandsland der Pariser Verbandsübereinkunft oder einem Vertragsstaat des Übereinkommens zur Errichtung der Welthandelsorganisation decken beziehungsweise von letzterem umfaßt werden. Falls die Anmeldung der Gemeinschaftsmarke in einer Frist von 6 Monaten nach der ersten Anmeldung erfolgt, kann die Priorität der Erstanmeldung beansprucht werden.[273]

Eine ganz neue Regelung trifft die GMV in Art. 34, 35 GMV, die als "Zeitrang",[274] "Umwandlung",[275] "seniority"[276] oder "Seniorität"[277] bezeichnet wird. Die begriffliche Uneinigkeit signalisiert bereits, daß es sich um ein neugeschaffenes Rechtsinstrument handelt. Die komplizierte Regelung läßt sich am besten angesichts ihrer Zielsetzung verstehen, dem Inhaber nationaler Marken einen Anreiz dafür zu geben, nationale Markenbestände trotz möglicher Koexistenz zur Gemeinschaftsmarke als Gemeinschaftsmarke anzumelden, und damit die Verwaltung der Markenbestände zugunsten einer Gemeinschaftsmarke zu vereinfachen. Voraussetzung ist, daß derselbe Inhaber, dieselbe Marke mit denselben Waren oder Dienstleistungen[278] als nationale Marke eingetragen hat. Bei der Anmeldung der Gemeinschaftsmarke kann der Zeitrang der früheren, nationalen Marke beansprucht werden. Dies hat aber nicht eine Vorverlegung der Priorität der Gemeinschaftsmarke zur Folge, sondern die Wirkung dieses Zeitranges ist gem. Art. 34 II GMV lediglich, "daß dem Inhaber der Gemeinschaftsmarke, falls er auf die ältere Marke verzichtet oder sie erlöschen läßt, weiter dieselben Rechte zugestanden werden, die er gehabt hätte, wenn die ältere Marke weiterhin eingetragen gewesen wäre." Sobald der Zeitrang nach der Eintragung der

---

amtlich anerkannte, internationale Ausstellung iSd. am 22.11.1928 in Paris unterzeichneten und zuletzt am 30.11.1972 revidierten Übereinkommens über internationale Ausstellungen gehandelt hat und die Anmeldung innerhalb einer Frist von 6 Monaten seit der erstmaligen Zurschaustellung eingereicht wurde, Art. 33 I GMV. Vgl. für das deutsche Recht § 35 MarkenG.

273 Art. 29 I GMV in der Fassung durch die Verordnung (EG) Nr. 3288/94 des Rates vom 22.12.1994 zur Änderung der Verordnung (EG) Nr. 40/94 über die Gemeinschaftsmarke zur Umsetzung der im Rahmen der Uruguay-Runde geschlossenen Übereinkünfte (Fn.10). Die Wahrnehmung des früheren Zeitranges ist aber nur möglich, wenn der Anmelder die Inhabervoraussetzungen besitzt und keine absoluten Eintragungshindernisse entgegenstehen, siehe Art. 37 iVm. 5 GMV, Regel 10 DV und Art. 38 GMV iVm. Art. 7 GMV, Regel 11 DV.

274 *V. Mühlendahl/Ohlgart*, Die Gemeinschaftsmarke § 13 Rn. 66 ff.

275 *Brandi-Dohrn*, BB 1994, Beilage 16, 1 (6).

276 *V. Mühlendahl*, Seniority, ECTA Special Newsletter No. 30, Mai 1996; *Annand/Norman*, Guide to the Community Trade Mark, S. 102 ff.; *Muhlberg*, (1995) 76 Trademark World 23; siehe auch *Ingerl*, Die Gemeinschaftsmarke, S. 48, der diese Bezeichnung als "Notlösung" empfiehlt.

277 *Meister*, WRP 1997, 1022.

278 Art. 34 I GMV. Diese drei Voraussetzungen werden auch als "triple identity" bezeichnet, *v. Mühlendahl/Ohlgart*, Die Gemeinschaftsmarke, § 13 Rn. 68 ff.

Gemeinschaftsmarke geltend gemacht wird,[279] der Inhaber auf die nationale Marke also verzichtet oder sie erlöschen läßt, wird die nationale Marke weiterhin als bestehend fingiert, sie braucht aber nicht mehr national verwaltet zu werden. Gleichwohl kann sie nach nationalem Recht durch einen Verfalls- oder Nichtigkeitsantrag angegriffen werden, wodurch der Zeitrang der Gemeinschaftsmarke ebenfalls zerstört wird.[280] Die fingierte nationale Marke stellt weiterhin ein nationales Recht im Sinne von Art. 8 und 52 GMV dar und gewährt weiterhin die nationalen Rechte.[281]

Vor der Eintragung der Gemeinschaftsmarke wird eine Amtsrecherche durchgeführt,[282] die dem deutschen Markenrecht fremd ist. Die Recherche hat jedoch rein informativen Charakter und wird zum einen vom Amt selbst im Hinblick auf ältere Gemeinschaftsmarken vorgenommen, die der Eintragung als relatives Eintragungshindernis entgegengehalten werden können.[283] Zum anderen führen die nationalen Zentralbehörden für den gewerblichen Rechtsschutz eine entsprechende Recherche bezüglich nationaler Eintragungshindernisse durch, nachdem sie ein Exemplar der Anmeldung erhalten haben.[284] Nationale Berichte und Gemeinschaftsrecherchenberichte werden dem Anmelder zugestellt, dem ein Monat Zeit verbleibt, um hierauf zum Beispiel mit einer Rücknahme der Anmeldung zu reagieren. Zum gleichen Zeitpunkt werden die Inhaber prioritätsälterer Gemeinschaftsmarken über die Veröffentlichung der Anmeldung benachrichtigt.[285] Die aufwendige, teure und zwangsnotwendig unvollständige[286] Amtsrecherche ist Gegenstand vor allem der deutschen Kritik geworden.[287] Die GMV selbst sieht mit

---

279 Für Einzelheiten der Geltendmachung siehe Regel 1 (1) (h) DV, Regel 8 DV.

280 Art. 34 III GMV. Gem. Art. 14 MRRL müssen die Mitgliedstaaten Vorschriften vorsehen, damit solche Marken in gleicher Weise wie eingetragene Marken wegen Verfalls oder Nichtigkeit angegriffen werden können.

281 Kritisch zu diesem Rechtsinstitut *Ingerl*, Die Gemeinschaftsmarke, S. 49: "Hergestellt wird lediglich eine in der Gemeinschaftsmarkenverordnung erstaunlicherweise nicht weiter geregelte Verbindung zur Gemeinschaftsmarke. Pointiert formuliert könnte man hier von an die Gemeinschaftsmarke angekoppelten nationalen 'Geisterrechten' sprechen. Erreicht werden soll durch diese vorsichtig ausgedrückt innovative Konstruktion offensichtlich eine 'Integration' der nationalen Marken in die Gemeinschaftsmarke."

282 Siehe Art. 39 GMV. Zu den Gründen für die Einführung dieser Amtsrecherche siehe *Beier*, in: *Beier/Schricker* (Hrsg.), Die Neuordnung des Markenrechts in Europa, S. 70 ff.

283 Art. 39 I GMV.

284 Art. 39 II GMV. Allerding nur, sofern dies im nationalen Recht überhaupt vorgesehen ist. Das DPA führt z.B. keine Recherche durch, ebenso nicht die zuständigen Ämter in Italien und Frankreich. Zur Amtsrecherche siehe noch unten 4. Teil, B II 1.

285 Art. 39 VI GMV. Den nationalen Behörden wiederum steht es frei, die Inhaber älterer nationaler Rechte zu informieren, vgl. *Ingerl*, Die Gemeinschaftsmarke, S. 129 f.

286 Ein automatisiertes Rechercheverfahren kann z.B. keine Ergebnisse über bekannte Marken i.S.v. Art. 8 V GMV liefern. Zudem fehlen nationale Berichte aus Deutschland, Italien und Frankreich.

287 Siehe z.B. *Martino*, WRP 1978, 92 (95 f.); *Lewinsky*, Mitt. 1978, 121.

einem 5-Jahres-Erfahrungsbericht, Art. 39 VII GMV, die Kontrolle und Chance zur Optimierung des Verfahrens vor. Dem Anmeldungsvorgang schließt sich die Veröffentlichung an.[288] Doch auch nach der Veröffentlichung kann durch Bemerkungen Dritter, die auf absolute Eintragungshindernisse hinweisen können,[289] und durch ein erfolgreiches Widerspruchsverfahren die konstitutive Eintragung der Gemeinschaftsmarke verhindert werden.

c) Widerspruchsverfahren

Anders als im deutschen Markenrecht[290] hat sich der Gesetzgeber im Gemeinschaftsmarkenrecht nicht für ein nachgeschaltetes, sondern für ein vorgeschaltetes Widerspruchsverfahren entschieden, das heißt der Inhaber einer älteren Gemeinschaftsmarke, einer älteren nationalen Marke oder eines anderen nationalen Kennzeichnungsrechts kann bereits *vor Eintragung* der Gemeinschaftsmarke Widerspruch erheben. Dabei muß er in einer Frist von drei Monaten ab dem Tage der Veröffentlichung der Anmeldung widersprechen, seinen Widerspruch auf einen der in Art. 42 I iVm. Art. 8 GMV genannten Gründe stützen und schriftlich begründen.[291] Neben dem Inhaber der Marke ist auch der Lizenznehmer zum Widerspruch berechtigt, wenn er vom Inhaber hierzu ermächtigt wurde.[292] Der Anmelder wiederum kann sich mit dem Einwand zur Wehr setzen, daß die geltendgemachte Marke überhaupt nicht benutzt wurde,[293] worauf der Widerspruchsführer den Nachweis der Benutzung zu erbringen hat.[294]

Die vielfältigen Konfliktlagen, die durch das potentielle Berufen auf alle älteren, auch nationalen Rechte entstehen können, steigern die Bedeutung des Widerspruchsverfahrens, in dem sich das "gesamte Konfliktpotential aus relativen Eintragungshindernissen" sammelt.[295] Dem Hauptkritikpunkt an dem

---

288 Art. 40 GMV.

289 Art. 41 GMV. Auch zu einem Zeitpunkt nach der Veröffentlichung können diese Bemerkungen berücksichtigt werden, wie sich aus Art. 40 II und 45 GMV ergibt.

290 Vgl. §§ 42, 43 MarkenG.

291 Art. 42 III 1 GMV, Regel 15 II lit. d DV. Um den Widerspruch erheben zu können, muß außerdem die Widerspruchsgebühr entrichtet worden sein, Art. 42 III GMV.

292 Art. 41 I lit. a GMV. Wenn man dem Wortlaut "sowie" folgt, muß der Lizenznehmer auch gleichzeitig mit dem Inhaber Widerspruch einlegen können und auch mehrere Ermächtigungen an verschiedene Lizenznehmer erscheinen möglich. So auch *Ingerl*, Die Gemeinschafsmarke, S. 134. Bei Widersprüchen aus sonstigen älteren, nationalen Rechten steht die Widerspruchsbefugnis denjenigen Personen zu, die nach dem anzuwendenden nationalen Recht zur Geltendmachung berechtigt sind, Art. 42 I lit. c GMV.

293 Sogenannter Nichtbenutzungseinwand im Widerspruchsverfahren, Art. 43 II 1, III GMV.

294 Zur Beweisführung siehe Regel 22 DV.

295 *Marx*, Deutsches und europäisches Markenrecht, Rn. 482. Aufgrund dieser umfassenden Prüfung im Widerspruchsverfahren ist auch weder die Eintragungsbewilligungsklage, § 44 MarkenG, noch die Löschungsklage zur Durchsetzung relativer Schutzhindernisse vor den ordentlichen Gerichten, § 55 MarkenG, im Gemeinschaftsmarkenrecht vorgesehen. Zu strategi-

komplexen, vorgeschalteten Widerspruchsverfahren, es werde dadurch die Möglichkeit zu bewußten Verzögerungen einer Eintragung durch Einreichen von Widersprüchen eröffnet, wird durch den speziellen Entschädigungsanspruch nach Veröffentlichung der Marke[296] und die Kostenregelung begegnet. Letztere legt grundsätzlich dem Unterliegenden die Kostenlast auf, einschließlich der dem anderen Beteiligten entstandenen Kosten (Amtsgebühren, Reise- und Aufenthaltskosten u.a.).[297] Die Einlegung eines Widerspruchs, nur um das Verfahren zu verzögern, kann sich somit als teure strategische Option erweisen, jedoch muß das Kostenrisiko auch vom Anmelder genau bedacht werden.

d) Verfalls- und Nichtigkeitsverfahren

Das Verfallsverfahren und das Nichtigkeitsverfahren, das auf absolute Nichtigkeitsgründe gestützt wird, ist als Popularverfahren ausgestaltet. Jedermann, natürliche und juristische Personen sowie die nach dem jeweiligen nationalen Recht prozeßfähigen Interessenverbände, können einen entsprechenden Antrag stellen.[298] Bei einem Verfahren wegen relativer Nichtigkeitsgründe ist der Kreis der Antragsberechtigten auf die Personen begrenzt, die Inhaber dieses älteren Rechts sind.[299] Ebenso wie im Widerspruchsverfahren kann auch im Nichtigkeitsverfahren der Einwand der Nichtbenutzung der älteren Marke erhoben werden.[300] Der Antrag auf Verfall bzw. Nichtigkeit bedarf der Schriftform und einer Begründung und gilt erst als gestellt, wenn die Gebühr entrichtet worden ist.[301]

Inhaltlich muß der Antrag gewisse Mindestangaben enthalten, wie zum Beispiel Angaben zur angegriffenen Marke, zum Inhaber der Marke und zum Umfang, in dem die Marke angegriffen wird.[302] Um die Nichtigkeitsverfahren wegen relativer

---

schen Aspekten des Widerspruchsverfahrens im Gemeinschaftsmarkenrecht siehe *Pagenberg*, GRUR 1998, 288.

296 Art. 9 III 2 GMV. Siehe dazu bereits oben 2. Teil, B II 2 b.

297 Art. 81 I GMV, Regel 94 VI, VII DV, mit Beschränkung auf gewisse Höchstsätze. Bei vorzeitiger Beendigung des Verfahrens, z.B. durch Rücknahme des Widerspruchs, trifft die das Verfahren beendende Partei die Kostenlast, Art. 81 III GMV. Um den Anmelder nicht durch das hohe Kostenrisiko vor der Anmeldung abzuhalten, sieht die Durchführungsverordnung gewisse Überlegungsfristen und Konzentrationsmöglichkeiten vor, vgl. Regel 19 I, III, 21 II, III IV DV und *Ingerl*, Die Gemeinschaftsmarke, S. 138 f. Anders als im deutschen Recht, wo der Beteiligte im kontradiktorischen Verfahren regelmäßig die ihm entstandenen Verfahrenskosten zu tragen hat, vgl. §§ 63, 71, 90 MarkenG. Ausführlicher noch unten 4. Teil, B II 4 B.

298 Art. 55 I GMV.

299 Siehe Art. 55 I lit. b, c GMV. Zu der Gefahr, daß diese weite Antragsbefugnis leicht zu Mißbräuchen führen kann, siehe *Ingerl*, Die Gemeinschaftsmarke, S. 140 f. und *Meister*, Mitt. 1999, 339 (342).

300 Art. 56 II, III GMV.

301 Art. 55 II 1, 2 GMV. Siehe im einzelnen noch zu den Gebühren unter 4. Teil, B II 4.

302 Regel 37 DV. Zu weiteren inhaltlichen Anforderungen an den Antrag siehe *v. Mühlendahl/Ohlgart*, Die Gemeinschaftsmarke, § 19 Rn. 91 ff.

Nichtigkeitsgründe zu konzentrieren, schreibt die Gemeinschaftsmarkenverordnung vor, daß ein späterer Nichtigkeitsantrag nicht möglich ist, wenn die geltend gemachten älteren Rechte bereits in einem früheren Nichtigkeitsantrag hätten vorgebracht werden können. Dieses "Kumulierungsgebot" ist eine Zulässigkeitsvoraussetzung des Antrages, das zur Abweisung wegen Unzulässigkeit führen kann.[303] Interessanterweise bezieht sich dieses Kumulierungsgebot nicht auf die absoluten Nichtigkeitsgründe. Grund hierfür dürfte wohl sein, daß diese als Korrektiv für Fehler beim Eintragungsverfahren, die das Allgemeininteresse betreffen, nicht durch einen solchen Einwand präkludiert werden sollen.

Die GMV verweist für das Verletzungsverfahren auf nationale Gerichte.[304] Damit stellt sich das Problem, wie der Verfalls- oder Nichtigkeitsantrag vor dem Amt zu behandeln ist, wenn der gleiche Vortrag als Verteidigung des Inhabers einer nationalen Marke bereits vorgebracht wurde.[305] Um nicht zwei widersprüchliche Entscheidungen zu verursachen, das Amt gibt dem Antrag statt und das nationale Gericht lehnt ab oder umgekehrt, ist das Amt an vorangegangene, rechtskräftige Entscheidungen von nationalen Gerichten diesbezüglich gebunden, dem Antrag ist entsprechend stattzugeben oder nicht.[306] Sofern die Gemeinschaftsmarke für verfallen erklärt wird, verliert sie ihre Wirkung ex nunc, bei Nichtigkeit ex tunc.[307]

e) Beschwerdeverfahren

Gegen die (verfahrensabschließenden) Entscheidungen der Prüfer, der Widerspruchsabteilungen, der Markenverwaltungs- und Rechtsabteilung und der Nichtigkeitsabteilung ist eine Beschwerde vor dem Amt möglich, über die die Beschwerdekammern beim Harmonisierungsamt entscheiden.[308] Die Beschwerdekammern sind Abteilungen des Amtes und werden von drei Mitgliedern besetzt,[309] sind aber sachlich unabhängig und nicht

303 Art. 52 IV GMV. Dies kann auch noch dann geschehen, wenn sich dies erst im weiteren Verlauf des Verfahrens herausstellt, *v. Mühlendahl/Ohlgart*, Die Gemeinschaftsmarke, § 19 Rn. 95.

304 Siehe sogleich unter 2. Teil, B III 2.

305 Sogenannte Löschungswiderklage, Art. 96 GMV.

306 Art. 55 III GMV. Eine Parallelregelung gilt, wenn das Amt über einen Antrag wegen desselben Anspruchs zwischen denselben Parteien bereits eine unanfechtbar gewordene Entscheidung erlassen hat, Art. 96 II GMV. Siehe noch unter 2 Teil, B III 3.

307 Art. 54 I, II GMV.

308 Rechtsgrundlagen für dieses Beschwerdeverfahren sind die Art. 57 ff., 130 ff. GMV, die Regeln 48-51 der DV und die Verordnung (EG) Nr. 216/96 der Kommission vom 52.1996 über die Verfahrensordnung vor den Beschwerdekammern des Harmonisierungsamt für den Binnenmarkt (Marken, Muster und Modelle) (Fn.10, 57, 59). Zur Entwicklung und verfahrensrechtlichen Grundprinzipien z.B. *Bender*, MarkenR 1999, 11; *Ingerl*, Die Gemeinschaftsmarke, S. 141 ff.; *v. Mühlendahl/Ohlgart*, Die Gemeinschaftsmarke, § 21 Rn. 2ff.; *Annand/Norman*, Guide to the Community Trade Mark, S. 213-230; *Angelini*, (1996) Trademark World 18.

weisungsunterworfen.[310] Diese Eingebundenheit der Beschwerdekammern in das Amt einerseits, ihre Kontrollfunktion andererseits macht eine genaue Beurteilung, ob es sich um ein Gericht oder um eine Verwaltungsinstanz handelt, nicht einfach. Angesichts der kompetenzrechtlichen Schwierigkeiten, auf der Grundlage von Art. 308 EG eine neue Gerichtsinstanz einzuführen, läßt sich institutionell nicht von einem Gericht sprechen, auch wenn in der Sache typischerweise richterliche Aufgaben wahrgenommen werden.[311]

Die genaue Geschäftsverteilung der drei Beschwerdekammern bestimmt sich nach dem vom Präsidium erlassenen Plan.[312] Die Beschwerde kann von jedermann geführt werden, der durch die Entscheidung im Ausgangsverfahren beschwert wurde,[313] wobei die vorgeschriebene Form und Frist eingehalten und die erforderliche Beschwerdegebühr bezahlt werden muß.[314] Durch die Beschwerde wird die Entscheidung suspendiert.[315] Sofern kein kontradiktorisches Verfahren vorliegt, kann die Ausgangsdienststelle innerhalb eines Monats selbst Abhilfe schaffen,[316] ansonsten können die Beschwerdekammern in der Sache entscheiden oder an die Ausgangsstelle zurückverweisen, wirksam werden die Entscheidungen aber erst mit Ablauf der Klagefrist oder mit Abweisung der erhobenen Klage.[317]

---

309 Art. 130 II 1 GMV. Davon müssen mindestens zwei rechtskundig sein, Art. 130 II 2 GMV.

310 Art. 131 GMV.

311 Zu der Schwierigkeit, die Stellung der Beschwerdekammern richtig einzuordnen, siehe auch *Gastinel*, (1998) E.B.L.R. 176 (177, 178): "Are the Boards of Appeal comparable to a judicial court? Are they simply an extension of the Office? (...) Appealing to the Boards of Appeal should be seen by interested parties as a real and effective new possibility to assert their rights and, at least, to be heard by a neutral authority and be given a fresh opportunity to convince the OHIM of their position." Vgl. die unterschiedlichen Meinungen *Ingerl*, Die Gemeinschaftsmarke, S. 142: "Die sachliche Unabhängigkeit der Mitglieder der Beschwerdekammern ändert nichts daran, daß es sich - anders als bei dem Beschwerdeverfahren vor dem BPatG - um ein Verwaltungsverfahren handelt." *V. Mühlendahl/Ohlgart*, Die Gemeinschaftsmarke, § 34 Rn. 13: "Es handelt sich bei den Beschwerdekammern um amtsinterne, mit Unabhängigkeit ihrer Mitglieder ausgestattete Verwaltungsinstanzen." *Jung*, FS für Everling, S. 611 (619) spricht von einer "quasi-richterliche(n)" Instanz. Für *Marx*, Deutsches und europäisches Markenrecht, Rn. 491, ist das Beschwerdeverfahren einer Erinnerung vor dem DPA gem. § 64 MarkenG vergleichbar. Anders aber *Bender*, MarkenR 1999, 11 (15 f.): "Die Beschwerdekammern stellen daher im System der Gemeinschaftsmarke eine vollständige und echte gerichtliche Instanz dar."

312 Art. 1 VerfO-BK.

313 Art. 58 S. 1 GMV.

314 Art. 59 GMV. Weitere Anforderungen an die Beschwerdeschrift ergeben sich aus Regel, 48, 49 VerfO- BK.

315 Art. 57 I 2 GMV.

316 Art. 60 I GMV.

317 Vgl. Art. 62 I 2, II, III GMV.

2. Gerichtlicher Rechtsschutz

Der gerichtliche Rechtsschutz im Gemeinschaftsmarkenrecht war lange zeit heftig umstritten[318] und ist in komplexer Weise geregelt worden. In Abhängigkeit des Rechtsschutzbegehrens kann es zu Verfahren vor den Gemeinschaftsgerichten, dem Europäischen Gericht erster Instanz (EuG) und dem Europäischen Gerichtshof (EuGH), oder den nationalen Gerichten kommen. Das Gemeinschaftsmarkenrecht bedient sich damit bereits bestehender Gerichte, ohne eine eigene markenrechtliche Gerichtsbarkeit auf Gemeinschaftsebene zu schaffen. Zur besseren Verständlichkeit wird zunächst zwischen der Rechtszuständigkeit von EuG und EuGH sowie den nationalen Gerichten unterschieden, bevor auf die bestehenden Vernetzungen eingegangen wird.

a) Rechtsschutz vor der Gemeinschaftsgerichtsbarkeit

Gemäß Art. 63 I GMV ist gegen die Entscheidungen der Beschwerdekammern Klage beim Gerichtshof möglich. Unter den Begriff "Gerichtshof" wird dabei nicht nur der Europäische Gerichtshof gefaßt, sondern auch das Gericht erster Instanz, was sich bereits aus den Erwägungsgründen der GMV eindeutig ergibt.[319]

Zur Anpassung der Verfahrensordnung des Gerichts erster Instanz an diese neue Zuständigkeit wurde ein neuer Titel 4 in die Verfahrensordnung des Gerichts erster Instanz aufgenommen, in dem die "Rechtsstreitigkeiten betreffend die Rechte des geistigen Eigentums" geregelt werden.[320]

Die Klage vor dem EuG,[321] die gemäß Art. 242 EG keine aufschiebende Wirkung hat,[322] hat innerhalb von zwei Monaten ab Zustellung der Beschwerdeentscheidung zu erfolgen. Allerdings werden Entscheidungen der Beschwerdekammern, gegen die eine Klage zum EuG erhoben wurde, erst mit Abweisung der Klage

---

318 Zu den unterschiedlichen Lösungsvorschlägen im Vorentwurf 1964, in der Denkschrift und im Vorentwurf 1977 siehe z.B. *v. Mühlendahl*, GRUR Int. 1978, 317 (318 f.).

319 Erwägungsgrund 13 der Verordnung (EG) 40/94: "(...) Die dem Gerichtshof durch die Verordnung übertragenen Befugnisse zur Aufhebung und Abänderung der Beschlüsse der Beschwerdekammern werden infolgedessen im ersten Rechtszug vom Gericht erster Instanz gemäß dem oben genannten Beschluß ausgeübt." Vgl. Art. 3 des Ratsbeschlusses 88/591 vom 24.10.1988 zur Errichtung des Gerichts erster Instanz in der durch den Beschluß vom 8.6.1993 geänderten Fassung, ABl.EG 1988 Nr. L 319, S. 1; Beschluß 93/350 des Rates vom 8.6.1993, ABl.EG Nr. L 144, S. 21. Siehe auch *Jung*, in FS Everling, S. 611 (615 f.).

320 Siehe Änderung der Verfahrensordnung des Gerichts erster Instanz der Europäischen Gemeinschaften vom 6.7.1995, ABl.EG Nr. L 172, S. 4 vom 22.7.1995 = ABl.HABM 1995, 218.

321 Art. 63 V GMV. Siehe zu Form und Frist der Klageschrift *v. Mühlendahl/Ohlgart*, Die Gemeinschaftsmarke, § 22 Rn. 9 ff.

322 Art. 242 EG spricht zwar nur von dem Gerichtshof, doch ist auch hiermit das Gericht erster Instanz mit einbezogen.

wirksam, Art. 63 V, 62 III GMV. Da in der Zwischenzeit der Suspensiveffekt der Beschwerde weitergilt, Art. 57 I 2 GMV, gilt für das Gemeinschaftsmarkenrecht faktisch eine Ausnahme zu Art. 242 EG.

Die Klage, die gegen das Harmonisierungsamt zu richten ist,[323] kann gem. Art. 63 II GMV ausschließlich auf vier Gründe gestützt werden: Unzuständigkeit, Verletzung wesentlicher Formvorschriften, eine Verletzung des Vertrages, der Verordnung oder einer bei ihrer Durchführung anzuwendenden Rechtsnorm oder wegen Ermessensmißbrauchs. Der dritte Klagegrund ermöglicht eine umfassende materiellrechtliche Überprüfung der betreffenden Entscheidung und dürfte daher in der Praxis die wichtigste Stellung einnehmen.[324] Urteile des Gerichthofes können die Entscheidung der Beschwerdekammer aufheben oder abändern,[325] ihnen kommt damit nicht eine bloße Kassationswirkung zu wie bei Nichtigkeitsklagen gem. Art. 230, 231 EG.

Entscheidungen des EuG können vom EuGH wiederum überprüft werden gem. Art. 225 EG, Art. 49 ff. Satzung des EuGH. Das Rechtsmittel ist aber auf Rechtsfragen beschränkt,[326] neue Tatsachenfeststellungen können daher vom EuGH nicht getroffen werden, der das Urteil des EuG nur ganz oder teilweise aufheben oder aufrechterhalten kann. Unberührt von dieser Funktion als Rechtsmittelinstanz gegen Entscheidungen des Gerichts erster Instanz kann der EuGH aber auch von nationalen Gerichten im Wege des Vorabentscheidungsverfahrens angerufen werden, Art. 234 EG, wenn es sich um Fragen über die Auslegung der Gemeinschaftsmarkenverordnung handelt. Diese Möglichkeit steht den nationalen Gerichten im Rahmen des Art. 234 EG in jeder Instanz zu, so daß auch bei Rechtsschutzersuchen vor nationalen Gerichten erster Instanz dem EuGH Fragen zum Gemeinschaftsmarkenrecht vorgelegt werden können.

b) Rechtsschutz vor den nationalen Gerichten

Abgesehen von Klagen gegen Entscheidungen des Amtes wird der Rechtsschutzsuchende bei Streitigkeiten, die die Gemeinschaftsmarke betreffen, auf die nationale Gerichtsbarkeit mit ihrem Instanzenzug verwiesen. Die Gemeinschaftsmarkenverordnung verpflichtet die Mitgliedstaaten, für ihr Gebiet

---

[323] Art. 133 § 1 VerfO des Gerichts erster Instanz (Fn. 61).

[324] Siehe dazu *v. Mühlendahl/Ohlgart*, Die Gemeinschaftsmarke, § 22 Rn. 24: "Dabei ist nicht nur das geschriebene Recht der Gemeinschaft zu berücksichtigen, sondern auch die Einhaltung von Grundrechten, allgemeinen, ggf. gewohnheitsrechtlichen anerkannten Rechtsgrundsätzen sowie von die Gemeinschaft bindenden internationalen Verträgen zu überwachen."

[325] Art. 63 II GMV. Siehe dazu auch die erste Entscheidung des EuG zum Gemeinschaftsmarkenrecht vom 8.7.1999, Rs. T-163/98 - "BABY DRY" (Fn. 102).

[326] Art. 51 I der Satzung des EuGH. Überprüft werden können nur Unzuständigkeit, Verfahrensfehler, Verletzung materiellen Gemeinschaftsrechts oder ein Ermissensmißbrauch.

eine möglichst geringe Anzahl nationaler Gerichte erster und zweiter Instanz zu benennen, die für bestimmte Aufgaben zuständig sind, die ihnen von der GMV zugewiesen werden.[327] Auch wenn diese speziellen Gerichte von der GMV als "Gemeinschaftsmarkengerichte" bezeichnet werden, handelt es sich um nationale Gerichte, die von den bereits beschriebenen Gemeinschaftsgerichten deutlich abzugrenzen sind. Nach Maßgabe des Klagebegehrens können aber auch die jeweiligen nationalen Kennzeichengerichte zuständig sein.

aa) Gemeinschaftsmarkengerichte

Gemeinschaftsmarkengerichte müssen der Kommission von dem jeweiligen Mitgliedstaat benannt werden, und zwar mit Angabe der Bezeichnung und der örtlichen Zuständigkeit.[328] In Deutschland ist als erstinstanzliches Gemeinschaftsmarkengericht das Landgericht ausschließlich zuständig,[329] in zweiter Instanz das Oberlandesgericht, in dessen Bezirk das Gemeinschaftsmarkengericht erster Instanz seinen Sitz hat[330] und als Revisionsgericht der Bundesgerichtshof.[331] Die einzelnen Landesregierungen können aufgrund der Ermächtigung des § 125e III 1 MarkenG die Zuständigkeit für Gemeinschaftsmarkenstreitsachen auf einzelne Landgerichte konzentrieren, was bereits in einzelnen Bundesländern geschehen ist.

Gemeinschaftsmarkengerichte sind aber nur zuständig, wenn die GMV ihnen Aufgaben zuweist. Diese Fälle werden in Art. 92 GMV enumerativ aufgezählt und betreffen Klagen wegen Verletzung einer Gemeinschaftsmarke,[332] Klagen auf Feststellung der Nichtverletzung,[333] Klagen auf Zahlung von Entschädigung

---

327 Art. 91 I GMV.

328 Im Sinne von Art. 92 II GMV hat Deutschland der Kommission folgende Gerichte als Gemeinschaftsmarkengerichte notifiziert: **(1. Instanz)** LG Mannheim, LG Stuttgart, LG Nürnberg-Fürth, LG München I, LG Berlin, LG Cottbus, LG Frankfurt (Oder), LG Neuruppin, LG Potsdam, LG Bremen, LG Hamburg, LG Frankfurt am Main, LG Neubrandenburg, LG Rostock, LG Schwerin, LG Stralsund, LG Braunschweig, LG Düsseldorf, LG Koblenz, LG Frankenthal (Pfalz), LG Saarbrücken, LG Leipzig, LG Magdeburg, LG Flensburg, LG Itzehoe, LG Kiel, LG Lübeck, LG Erfurt; **(2. Instanz)** OLG Karlsruhe, OLG Stuttgart, OLG Nürnberg, OLG München, Kammergericht Berlin, Brandenburgisches Oberlandesgericht Brandenburg an der Havel, Hanseatisches Oberlandesgericht Bremen, Hanseatisches Oberlandesgericht Hamburg, Oberlandesgericht Frankfurt am Main, Oberlandesgericht Rostock, OLG Braunschweig, Oberlandesgericht Düsseldorf, Oberlandesgericht Koblenz, Pfälzisches Oberlandesgericht Zweibrücken, Saarländisches Oberlandesgericht Saarbrücken, Oberlandesgericht Dresden, Oberlandesgericht Naumburg, Oberlandesgericht Schleswig, Thüringer Oberlandesgericht Jena.

329 § 125 e MarkenG.

330 Art. 101 I GMV iVm. § 125 e II MarkenG.

331 Art. 101 III GMV.

332 Art. 92 lit. a GMV. Auch bei drohender Verletzung einer Gemeinschaftsmarke, sofern das nationale Recht dies zuläßt, hierzu siehe *v. Mühlendahl/Ohlgart*, Die Gemeinschaftsmarke, § 26 Rn. 10 ff.

gemäß Art. 9 III GMV wegen Verletzungshandlungen vor Veröffentlichung der Eintragung[334] und für Löschungswiderklagen, also Widerklagen im Verletzungsverfahren, bei denen der Verfall oder die Nichtigkeit der Gemeinschaftsmarke geltend gemacht wird.[335] Für andere Rechtsschutzbe- gehren sind die Gemeinschaftsmarkengerichte nicht zuständig.

Für Fragen der internationalen Zuständigkeit von Gemeinschaftsmarkengerichten erklärt die GMV zwar das Europäische Gerichtsstands und Vollstreckungsübereinkommen für anwendbar (EuGVÜ),[336] trifft aber vorrangige Regelungen, die einen Rückgriff auf das EuGVÜ nahezu überflüssig machen.[337] Im Rahmen der internationalen Zuständigkeit gilt es zu unterscheiden zwischen den sogenannten Sitzgerichtsständen und dem Gerichtsstand am Ort der Verletzungshandlung. Diese Differenzierung ist insofern von großer Relevanz, als Sitzgerichtsstände gemeinschaftsweite Jurisdiktion haben, während das Gericht am Ort der Verletzung nur für einen Mitgliedstaat zuständig ist, Art. 94 GMV. Zwischen diesen beiden Gerichtsständen hat der Kläger die freie Wahl, wobei er gleichermaßen Vorteile von gemeinschaftsweiter Jurisdiktion und eventuelle rechtliche oder strategische Vorteile des Gerichtes am Verletzungsort bedenken sollte. Sitzgerichtsstand ist zunächst das Gericht am Beklagtenwohnsitz beziehungsweise am Ort der Niederlassung,[338] andernfalls das Gericht am Klägerwohnsitz oder der Niederlassung.[339] Haben weder Beklagter noch Kläger Wohnsitz oder Niederlassung in einem der Mitgliedstaaten, so ist das Gericht des Bezirkes zuständig, in dem das Harmonisierungsamt seinen Sitz hat.[340] Über diese Regelungen hinaus besteht die Möglichkeit, daß die Parteien ein Gemeinschaftsmarkengericht vereinbaren, das ebenfalls gemeinschaftsweite Jurisdiktion hat,[341] oder daß der Beklagte die Zuständigkeit eines Gemeinschaftsmarkengericht durch rügelose Einlassung begründet, wiederum mit der Folge gemeinschaftsweiter Jurisdiktion.[342]

---

333 Art. 92 lit. b GMV, sofern das nationale Recht dies zuläßt. In Deutschland wäre diese Klage eine negative Feststellungsklage iSv. § 256 ZPO.

334 Art. 92 lit. c GMV. Zu dem speziellen Anspruch aus Art. 9 III GMV siehe bereits oben 2. Teil, B II 2 b.

335 Art. 92 lit. d, 96 GMV.

336 Brüsseler EWG-Übereinkommen über die gerichtliche Zuständigkeit und die Vollstreckung gerichtlicher Entscheidungen in Zivil- und Handelssachen (EuGVÜ) vom 27.9.1968 (BGBl. 1972 II S. 774) idF. des 4. Beitrittsübereinkommens vom 29.11.1996 (BGBl. 1998 II S. 1411). Siehe zur internationalen Zuständigkeit auch *Schulte-Beckhausen*, WRP 1999, 330 (331 f.).

337 Art. 90 I, 93 GMV.

338 Art. 93 I GMV.

339 Art. 93 II GMV.

340 Art. 93 III GMV.

341 Art. 93 IV lit. a GMV iVm. Art. 17 EuGVÜ.

342 Art. 93 IV lit. b GMV iVm. Art. 18 EuGVÜ.

Die genaue örtliche Zuständigkeit in einem Mitgliedstaat wird nicht vom Gemeinschaftsmarkenrecht bestimmt, sondern richtet sich nach den Regelungen des Mitgliedstaates. Für das deutsche Recht verweist § 125 g S. 1 MarkenG auf die Vorschriften, die anzuwenden wären, wenn es sich um eine beim Patentamt eingereichte Anmeldung einer Marke oder um eine im Register des Patentamtes eingetragene Marke handelte. Wahlweise können also der Verletzungsgerichtsstand, § 32 ZPO, und die allgemeinen Gerichtsstände der §§ 12 ff. ZPO festgelegt werden, § 35 ZPO. [343]

bb) Sonstige Streitigkeiten über Gemeinschaftsmarken

Für die sonstigen Streitigkeiten über Gemeinschaftsmarken, die nicht von der Aufzählung in Art. 92 GMV erfaßt werden, sind die nationalen Gerichte zuständig, "die örtlich und sachlich zuständig wären, wenn es sich um Klagen handeln würde, die eine in diesem Staat eingetragene nationale Marke betreffen."[344] Zu diesen Streitigkeiten gehören zum Beispiel Klagen in bezug auf vertragliche Verpflichtungen, die die Gemeinschaftsmarke betreffen (Übertragungen, Lizenzen), Klagen betreffend die Gemeinschaftsmarke als Vermögensrecht u.a. In Deutschland läge demnach die erstinstanzliche, ausschließliche Zuständigkeit bei den Landgerichten als Kennzeichnungsgerichten.[345]

Da das Gemeinschaftsmarkenrecht neben das nationale Recht tritt und dieselben Marken sowohl als nationale als auch als Gemeinschaftsmarken geschützt werden, ist eine prozessuale Regelung für den Fall erforderlich, daß Gerichte verschiedener Mitgliedstaaten dieselben Handlungen würdigen beziehungsweise schon rechtskräftig entschieden haben, um nicht widersprüchliche Ergebnisse herbeizuführen. Für den Fall, daß während der Anhängigkeit einer Verletzungsklage aus der Gemeinschafts- oder nationalen Marke aus der jeweils anderen, identischen Marke für identische Waren oder Dienstleistungen ein Verfahren anhängig gemacht wird, bestimmt Art. 105 I lit. a GMV, daß sich das später angerufene Gericht für unzuständig zu erklären hat.[346] Sofern Markenidentität und Waren-, Dienstleistungsähnlichkeit bzw. Markenähnlichkeit und Waren-, Dienstleistungsidentität für die gleiche Konstellation vorliegt, hat das später angerufene Gericht ein Ermessen, ob es das Verfahren aussetzt.[347]

---

[343] Hilfsweise ist das Gericht örtlich zuständig, bei dem der Kläger seinen allgemeinen Gerichtsstand hat, § 125 g S. 2 MarkenG.

[344] Art. 102 I GMV.

[345] § 140 I MarkenG. Auch hier ist in § 140 II MarkenG eine Konzentrationsermächtigung vorgesehen. Entgegen einer Auffassung des OLG Dresden, WRP 1997, 577 - aba-Banderolen, schafft diese Zuständigkeitskonzentration auch eine ausschließliche Zuständigkeit, vgl. *Fezer*, NJW 1997', 2915, der im Zusammenhang mit dieser Zuständigkeitskonzentration bei einem besonders sachkundigen Gericht auch von einer Sonderzuständigkeit spricht, *Fezer*, NJW 1997, 2915 (2918).

[346] Damit nicht beide Gerichte sich für unzuständig erklären, ist alternativ die Möglichkeit der Aussetzung vorgesehen, Art. 105 I lit. a aE GMV.

Das Gericht, das wegen der Verletzung einer Gemeinschaftsmarke angerufen wurde, weist die Klage ab, wenn wegen derselben Handlung zwischen denselben Parteien ein rechtskräftiges Urteil in der Sache aufgrund einer identischen nationalen Marke für identische Waren oder Dienstleistungen ergangen ist.[348] Dasselbe gilt in dem umgekehrten Fall, daß ein rechtskräftiges Urteil wegen einer identischen Gemeinschaftsmarke für identische Waren oder Dienstleistungen vorliegt, und nun ein Gericht wegen Verletzung einer nationalen Marken angerufen wird.[349] Widersprüchliche Ergebnisse, die letztlich auf den Grundsatz der Koexistenz rückführbar wären, können somit vermieden werden.

3. Mehrspurigkeit des Rechtsschutzes

Die bisher aufgezeigten Rechtsschutzmöglichkeiten vor den jeweiligen nationalen Gerichten, den Gemeinschaftsgerichten und auch vor dem Harmonisierungsamt stehen nicht isoliert und unverbunden nebeneinander, sondern sind durchlässig und teilweise aufeinander bezogen. Die verschiedenen Einwände und Begehren können in unterschiedlichen Verfahrensstadien auftreten und dort geltend gemacht werden, weshalb man auch von der Mehrspurigkeit des Rechtsschutzes spricht.[350] Rechtsschutz im Gemeinschaftsmarkenrecht ist damit erheblich komplexer als dies bei Schutzsystemen der Fall ist, die an nationales Recht anknüpfen.

Beim Rechtsschutz gegen die Ablehnung eines Eintragungsantrages zeigt sich dies noch nicht. Zuständig sind hier die Beschwerdekammern, das Gericht erster Instanz und letztinstanzlich der EuGH. In unterschiedlichen Verfahren kann aber die Erklärung des Verfalls oder der Nichtigkeit begehrt werden, nämlich sowohl im Nichtigkeits- oder Verfallsverfahren vor dem Harmonisierungsamt als auch als Verteidigungsmittel im Verletzungsverfahren (Löschungswiderklage), indem der potentielle Verletzer der Gemeinschaftsmarke entgegenhält, die Gemeinschaftsmarke sei nichtig oder verfallen. Wenn der gleiche Einwand bereits vor dem Amt oder einen anderen Gemeinschaftsmarkengericht vorgebracht wurde, gilt der Grundsatz, daß das *später anhängige* Verfahren bis zum rechtskräftigen Abschluß des früheren Verfahrens auszusetzen ist.[351] Dies gilt auch für den umgekehrten Fall, daß zunächst der Antrag bei einem Gemeinschaftsmarkengericht und dann beim Amt gestellt wurde.[352] Zu diesem Grundsatz, daß das spätere Verfahren zugunsten des früheren ausgesetzt wird, bestehen aber zwei Ausnahmen,

---

347 Art. 105 I lit. b GMV.

348 Art. 105 II GMV.

349 Art. 105 III GMV.

350 Vgl. zu diesem Begriff auch *Jung*, in: FS für Everling, S. 611 (616).

351 Art. 100 I GMV.

352 Art. 100 II 1 GMV. Siehe auch *v. Mühlendahl/Ohlgart*, Die Gemeinschaftsmarke, § 27 Rn. 9 f.

da für die Fragen der Nichtigkeit oder des Verfalls das Amt eine größere Sachkompetenz hat. Auf Antrag einer Partei und nach Anhörung der Gegenseite kann das früher angerufene Gemeinschaftsmarkengericht das Verfahren zugunsten eines später anhängig gemachten Verfahrens beim Amt aussetzen und damit das Amt über Verfall oder Nichtigkeit der Gemeinschaftsmarke entscheiden lassen.[353] Zudem besteht die Möglichkeit, daß das Amt den Verfall oder die Nichtigkeit der Gemeinschaftsmarke zu beurteilen hat, wenn der Inhaber der Gemeinschaftsmarke nach Anhörung der anderen Partei im gerichtlichen Verfahren beantragt, daß der Beklagte und Löschungswiderkläger einen Verfalls- oder Nichtigkeitsantrag beim Amt einreicht. Wenn dieser Antrag beim Amt nicht innerhalb einer Frist gestellt wird, gilt die Widerklage als zurückgenommen.[354]

Wie bereits erwähnt[355] ist eine spätere Löschungswiderklage vom Gemeinschaftsmarkengericht abzuweisen, wenn das Amt über einen Antrag wegen desselben Anspruchs zwischen den Parteien bereits *entschieden* hat.[356] Dasselbe gilt für den umgekehrten Fall, daß ein Gemeinschaftsmarkengericht bereits entschieden hat.[357] Sofern das Amt oder ein Gemeinschaftsmarkengericht die Gemeinschaftsmarke bereits für verfallen oder nichtig erklärt hat, also nicht nur über den Verfalls- oder Nichtigkeitsgrund entschieden hat, wirkt diese Entscheidung erga omnes. Die Gemeinschaftsmarke gilt dann gegenüber jedermann als verfallen beziehungsweise nichtig.[358]

Verfalls- oder Nichtigkeitsgründe können demnach den Grund für Querverweise vom Amt zu den Gemeinschaftsmarkengerichten und umgekehrt bilden. Darüberhinaus kann in jeder Instanz der EuGH im Wege des Vorabentscheidungsverfahrens gemäß Art. 234 EG angerufen werden, um die Auslegung der GMV hinsichtlich der Verfalls- und Nichtigkeitsgründe herbeizuführen. Damit besteht auch ein Übergang von nationalen Gerichten zur Gemeinschaftsgerichtsbarkeit für Verfalls- oder Nichtigkeitsgründe.

Vorabentscheidungsverfahren zum EuGH können aber auch für die Auslegung anderer relevanter Vorschriften der GMV im Verletzungsverfahren angestrebt werden, so daß ein erhebliches Potential an Rechtsstreitigkeiten vor dem EuGH

---

353 Art. 100 II 2, 3 GMV. Sowohl für die Fälle des Art. 100 I GMV als auch 100 II GMV kann das Gemeinschaftmarkengericht für die Dauer der Aussetzung einstweilige Maßnahmen einschließlich Sicherungsmaßnahmen treffen, Art. 100 III GMV.

354 Art. 96 VII GMV.

355 Siehe oben 2. Teil, B III 1 d.

356 Art. 96 II GMV.

357 Art. 55 III GMV. Nach Sinn und Zweck dieser Normen, widersprüchliche Ergebnisse zu verhindern, ist der Parteienbegriff weit auszulegen, so daß auch nichtidentische Parteien mit gleicher Interessenlage darunterfallen, *v. Mühlendahl/Ohlgart*, Die Gemeinschaftsmarke, § 27 Rn. 17.

358 Art. 56 V 1, Art. 96 V iVm. Art. 56 V 1 GMV.

aus dem Vorabentscheidungsverfahren entstehen kann. Auch wenn für andere als Verfalls- oder Nichtigkeitsgründe keine unmittelbare Verbindung zwischen Amt und nationalen Gerichten besteht, so muß doch beachtet werden, daß Kollisionen zwischen Gemeinschaftsmarken und älteren Rechten im Widerspruchs- und Beschwerdeverfahren als auch im Verletzungsverfahren auftreten können. Grundlage zur Beurteilung dieser Kollisionen sind dabei identische Rechtsnormen, die einmal als relative Eintragungshindernisse auftreten, das andere Mal als Rechte aus der Marke.[359]

Näher betrachtet wurden bereits die Fälle der gleichzeitig und aufeinanderfolgenden Klagen aus Gemeinschaftsmarken und aus nationalen Marken des Art. 105 GMV, wodurch die nationalen Gerichte der Mitgliedstaaten miteinander verbunden sind.[360] Das Rechtsschutzsystem der Gemeinschaftsmarke stellt sich damit als außerordentlich komplex dar. Ob und inwiefern dies zu Defiziten oder Schwächen für den Markeninhaber führen kann, der seine Rechte geltend machen oder verteidigen möchte, bedarf noch einer eingehenderen Untersuchung.[361]

4. Zusammenfassende Übersicht der verfahrensrechtlichen Regelungen

Im Gemeinschaftsmarkenrecht gibt es verschiedene Verfahren, die sich in Verfahren vor dem Harmonisierungsamt und vor nationalen beziehungsweise europäischen Gerichten abgrenzen lassen. Vor dem Harmonisierungsamt in Alicante werden Anmelde-, Widerspruchs-, Verfalls-, Nichtigkeits- und Beschwerdeverfahren ausgetragen. Für das Anmeldeverfahren, in dem die Voraussetzungen für die Eintragung einer Gemeinschaftsmarke geprüft werden, sieht die GMV eine differenzierte Sprachenregelung vor. Anmeldungen können demnach in allen Amtssprachen erfolgen, das heißt in jeder Sprache der Mitgliedstaaten. Zu dieser ersten Sprache muß eine zweite Sprache gewählt werden, die eine Sprache des Amtes sein muß, also Deutsch, Englisch, Französisch, Italienisch oder Spanisch. Mit der Wahl der zweiten Sprache erklärt sich der Anmelder mit ihr als Verfahrenssprache für ein etwaiges Widerspruchs-, Verfalls- oder Nichtigkeitsverfahren einverstanden. Wenn die erste Sprache nicht eine Sprache des Amtes ist, übersetzt das Harmonisierungsamt auf seine Kosten die Anmeldung in die zweite Sprache. Die Übersetzung übernimmt die Übersetzungszentrale für die Einrichtungen der Europäischen Union in Luxemburg. Im Beschwerdeverfahren ist die Sprache des Ausgangsverfahrens maßgeblich. Neben der vorgeschriebenen Sprachwahl kann sich der Anmelder auch auf eine Amtssprache der Europäischen Gemeinschaft mit einem Beteiligten in einem Widerspruchs-, Verfalls-, Nichtigkeits- oder Beschwerdeverfahren einigen.

---

359 Siehe oben 2. Teil, B II 1 c bb und 2. Teil, B II 2 b.

360 Siehe oben 2. Teil, B III 2 b bb.

361 Siehe unten 4. Teil, B II 2.

Vor Eintragung der Gemeinschaftsmarke kann der Inhaber eines älteren Rechtes gegen die Eintragung einen Widerspruch erheben. In diesem wird dann das Bestehen eines relativen Eintragungshindernisses durch die Widerspruchsabteilungen beim Harmonisierungsamt geprüft.

Nach der Eintragung der Gemeinschaftsmarke kann jedermann, alle natürlichen und juristischen Personen sowie die nach dem jeweiligen nationalen Recht prozeßfähigen Interessenverbände, einen Antrag auf Verfall der Marke stellen, zum Beispiel weil die Inhaberschaftsvoraussetzungen weggefallen sind oder die Marke nicht in der Fünfjahresfrist benutzt wurde. Es kann aber auch ein Nichtigkeitsantrag von jedermann gestellt werden, wenn die Marke entgegen den Inhabervoraussetzungen oder trotz eines absoluten Eintragungshindernisses eingetragen wurde oder der Anmelder bösgläubig war, sogenannte absolute Nichtigkeitsgründe. Ein Nichtigkeitsantrag kann zudem auf ältere, bestehende Markenrechte gestützt werden, wie sie in den relativen Eintragungshindernissen aufgeführt werden, und desweiteren auf national geschützte Namensrechte, Rechte an der eigenen Abbildung, Urheberrechte und gewerbliche Schutzrechte, sogenannte relative Nichtigkeitsgründe. Hat der Verfallsantrag Erfolg, verliert die Gemeinschaftsmarke ihre Wirkung ex nunc. Wird sie für nichtig erklärt, entfallen die Wirkungen ex tunc.

Gegen die Entscheidungen der Widerspruchs-, Markenverwaltungs-, Rechts- und Nichtigkeitsabteilung des Amtes ist eine Beschwerde möglich, über die eine Beschwerdekammer des Harmonisierungsamtes entscheidet. Institutionell in das Amt eingegliedert übernehmen die Beschwerdekammern richterliche Aufgaben.

Gerichtlicher Rechtsschutz ist je nach dem Rechtsschutzbegehren vor dem Europäischen Gericht erster Instanz und dem Europäischen Gerichtshof oder vor nationalen Gerichten möglich. Das Gericht erster Instanz ist für Klagen gegen Entscheidungen der Beschwerdekammern zuständig. Als Rechtsmittelinstanz kann nach dem Gericht erster Instanz der Europäische Gerichtshof angerufen werden. Vornehmlich für Verletzungsklagen sind die nationalen Gemeinschaftsmarkengerichte zuständig, die von den Mitgliedstaaten bestimmt werden und im nationalen Instanzenzug entscheiden. Neben den Gemeinschaftsmarkengerichten entscheiden die nationalen Kennzeichengerichte für sonstige Klagen, zum Beispiel solche, die die Gemeinschaftsmarke als Vermögensrecht betreffen.

Die verschiedenen Rechtsschutzorgane stehen nicht unverbunden nebeneinander, der Rechtsschutz im Gemeinschaftsmarkenrecht ist vielmehr mehrspurig angelegt. Im Wege des Vorabentscheidungsverfahrens kann der Europäische Gerichtshof zur Auslegung streitiger Normen angerufen werden. Zwischen dem Harmonisierungsamt und den Gemeinschaftsmarkengerichten kann es zu gegenseitigen Verweisungen kommen, wenn über die Nichtigkeit oder den Verfall derselben Gemeinschaftsmarke bereits ein Verfahren anhängig ist. Das Gemeinschaftsmarkengericht kann auch auf Antrag den Verfall oder die Nichtigkeit vom Harmonisierungsamt prüfen lassen. Entscheidungen über den Verfall oder die Nichtigkeit der Gemeinschaftsmarke durch ein Gemeinschaftsmarkengericht oder das Amt wirken gegenüber jedermann.

Da Gemeinschaftsmarken und nationale Marken koexistieren können, also zugleich für ein Zeichen zweierlei Schutz bestehen kann, können Klagen aus identischen oder ähnlichen Gemeinschaftsmarken und nationalen Marken auftreten. Werden Verletzungsklagen zwischen denselben Parteien wegen denselben Handlungen bei Gerichten verschiedener Mitgliedstaaten anhängig gemacht, wobei ein Gericht wegen Verletzung der nationalen das andere wegen Verletzung der Gemeinschaftsmarke angerufen wird, so besteht die Gefahr von widersprüchlichen Entscheidungen. Liegen identische Marken und identische Waren oder Dienstleistungen vor, hat sich das später angerufene Gericht zugunsten des früheren für unzuständig zu erklären. Bei identischen Marken und ähnlichen Waren oder Dienstleistungen beziehungsweise bei ähnlichen Marken und identischen Waren oder Dienstleistungen kann das später angerufene Gericht das Verfahren aussetzen. Bereits ergangene Entscheidungen zwischen denselben Parteien wegen derselben Handlungen wegen der Verletzung einer nationalen Marke wirken auch in dem Prozeß wegen der Verletzung einer identischen Gemeinschaftsmarke und umgekehrt.

3. Teil: Bestehende internationale Markenschutzmöglichkeiten

Nachdem im vorangegangenen Teil das Gemeinschaftsmarkenrecht betrachtet wurde, soll die Perspektive entsprechend den einleitenden Ausführungen im 1. Teil auf die internationalen Markenschutzmöglichkeiten verlagert werden. Für Markeninhaber stellt das neugeschaffene Gemeinschaftsmarkenrecht nicht die einzige Möglichkeit dar, den landesweiten Schutz einer nationalen Anmeldung und Eintragung auf mehrere Länder auszudehnen. Vielmehr gab es bereits im 19. Jahrhundert erfolgreiche Bestrebungen, dem internationalen Transfer von Gütern auch mit völkerrechtlichen Abkommen auf dem Gebiet des geistigen Eigentums Rechnung zu tragen. So datiert das älteste internationale Abkommen, die Pariser Verbandsübereinkunft, aus dem Jahre 1883 und das Madrider Markenabkommen aus dem Jahre 1894.[362] Zusammen mit verschiedenen anderen Übereinkünften begründen PVÜ und MMA ein System internationaler Abkommen, die jeweils als völkerrechtliche Verträge abgeschlossen wurden.

Bevor jedoch auf diese eingegangen wird, soll die jüngere, spezifisch europäische Entwicklung im Markenrecht aufgezeigt werden. Diese basiert auf dem Gedanken der europäischen Integration und läßt sich in unterschiedliche Ebenen aufgliedern: Zum einen das Bemühen, die verschiedenen, nationalen Markenrechte der Mitgliedstaaten einander anzugleichen. Hierfür wurde die Harmonisierungsrichtlinie 89/104/EWG erlassen. Zum anderen muß die mittlerweile sehr nuancierte Rechtsprechung des EuGH einbezogen werden, die vor allem im Zusammenhang der Art. 28, 30 EG ergangen ist und die dem Generalanwalt *Jacobs* zufolge ein "vollständiges System" darstellt, "welches es ermöglicht, ein Gleichgewicht zwischen den Erfordernissen eines einheitlichen Marktes mit den Interessen der Inhaber von Rechten an geistigem Eigentum und der Verbraucher herzustellen."[363]

Die Gemeinschaftsmarkenverordnung ist Teil dieser Europäisierung des Markenrechts, weshalb zunächst das europäische Markenrecht ins Blickfeld gerückt wird.

---

362 Zur PVÜ und dem MMA siehe noch unter 3. Teil, B II 1, 2.

363 So der Generalanwalt in seinem Schlußantrag in der Rechtssache Rs. C-10/89 - HAG II, GRUR Int. 1990, 962 (967).

A. Europäisches Markenrecht

Zusammengesetzt aus Gemeinschaftsmarkenverordnung, Harmonisierungsrichtlinie und Rechtsprechung des EuGH greifen im europäischen Markenrecht unterschiedliche, gemeinschaftsrechtliche Handlungsformen ineinander. Gemäß Art. 220 EG dient die Rechtsprechung des EuGH der "Wahrung des Rechts bei der Auslegung und Anwendung dieses Vertrages und ist damit auf das bestehende Recht fixiert. Auch wenn der EuGH vielfach als "Motor der Integration" bezeichnet wird,[364] kommt ihm nur eine begrenzte Gestaltungskompetenz zu.

Mittels der Harmonisierungsrichtlinie 89/104/EWG ist eine direkte Einflußnahme auf die Gesetzgebung der Mitgliedstaaten möglich. Durch die Verabschiedung einer Richtlinie wird gem. Art. 249 III EG ein zweistufiges Rechtssetzungsverfahren erzeugt, nämlich zunächst der Rechtsakt an den Mitgliedstaat, der ein Pflichtenverhältnis zwischen Gemeinschaft und Adressat herstellt. Dem folgt der staatliche Umsetzungsakt, wobei dem Mitgliedstaat bei Wahl von Form und Mittel Freiheit gelassen wird. Rechtswirkungen für den Einzelnen ergeben sich erst durch die Transformation in nationales Recht, sofern nicht die vom Gerichtshof aufgestellten Voraussetzungen vorliegen, die zu einer unmittelbaren Wirksamkeit von Richtlinien führen.[365]

Für die Gemeinschaftsmarke war eine Umsetzung in nationales Recht nicht erforderlich, da hierfür die Handlungsform einer Verordnung gewählt wurde, die allgemeine Geltung besitzt und in jedem Mitgliedstaat in allen Teilen verbindlich und unmittelbar gilt, Art. 249 II EG. Im Hinblick auf diese unterschiedlichen Funktionen kann von einem einheitlichen und jederzeit zielgerichteten Prozeß zur Herbeiführung eines Europäischen Markenrechts nur eingeschränkt gesprochen werden. Es besteht vielmehr eine Gemengelage aus Rechtsprechung, harmonisierten nationalen Rechten und Gemeinschaftsmarkenrecht.

I. Harmonisierungsrichtlinie 89/104/EWG

Die erste Markenrechtsrichtlinie der Gemeinschaft ist hinsichtlich der Ermächtigung "insbesondere auf Artikel 100a" EG gestützt[366] und wurde am

---

364 Vgl. z.B. *Bleckmann*, Europarecht, Rn .431 ff.: *Streinz*, Europarecht, Rn. 394 ff.

365 Ständige Rspr. seit EuGH, Rs. 9/70, Slg. 1979, 825 (837 ff.) - Grad/Finanzamt Traunstein, "Leberpfenning"; EuGH, Rs. 41/74, Slg. 1974, 1337 - van Duyn/Home Office; EuGH, Rs. 8/81, Slg. 1982, 53 - Becker/Finanzamt Münster-Innenstadt; vgl. auch BVerfGE 75, 223 (225 ff.).

366 Siehe Erwägungsgründe zur MRRL, ABl.EG Nr. L 40/1 vom 11.2.89. Art. 249 I EGV konnte nicht als Ermächtigung herangezogen werden, da nach dem Grundsatz der begrenzten Einzelermächtigung, principe des competences d'attribution, Rechtsakte nur aufgrund

21.12.1988 vom Rat nach beträchtlichen Vorbereitungsarbeiten erlassen.[367] Den Mitgliedstaaten wurde für die Umsetzung eine Frist bis zum 31.12.1992 gesetzt, die aber nur von wenigen Ländern eingehalten wurde.[368] Wegen der vorrangigen Arbeiten am Erstreckungsgesetz konnte Deutschland die Richtlinie nicht rechtzeitig umsetzen.[369] Erst mit dem Markengesetz vom 25.10.1994, das am 1.1.1995 in Kraft trat, kam die Bundesrepublik ihrer Verpflichtung nach. Eine Anpassung an das mittlerweile ebenfalls wirksam gewordene Gemeinschaftsmarkenrecht erfolgte durch das Markenrechtsänderungsgesetz,[370] das die notwendigen Verknüpfungen zur GMV herstellte.[371]

1. Zielsetzungen der Markenrichtlinie

Die Harmonisierung der nationalen Markenrechte sollte eigentlich im Gleichklang mit der Verabschiedung der Verordnung über die Gemeinschaftsmarke erfolgen. Wegen der Uneinigkeiten über den Sitz des Harmonisierungsamtes und die Sprachenregelung wurde die Richtlinie aber bereits vorzeitig verabschiedet, auch wenn damit der intendierte Zwillingserlaß von Verordnung und Richtlinie nicht mehr möglich war. Gedacht war die Richlinie als "Begleitung" zur GMV.[372] Hieraus erklärt sich auch, daß die meisten Regelungen unmittelbar auf die der GMV rückführbar sind.

---

ausdrücklicher Rechtsgrundlagen ergehen können. Art. 100a EGV aF. entspricht Art. 95 EG.

[367] Ausführlich zur Entstehungsgeschichte der Harmonisierungsrichtlinie *Schweer*, Die erste Markenrechts-Richtlinie der Europäischen Gemeinschaft und der Rechtsschutz bekannter Marken, S. 15 ff.

[368] Ursprünglich sollten die Mitgliedstaaten die erforderlichen Rechts- und Verwaltungsvorschriften bis spätestens 28.12.1991 erlassen, Art. 16 I MRRL. Der Rat hat aber von der Möglichkeit Gebrauch gemacht, die Umsetzungsfrist auf den 31.12.1992 auszudehnen, vgl. Art. 16 II MRRL (Entscheidung 92/10/EWG des EG-Ministerrates vom 19.12.1991, ABl.EG 1992 Nr. L 6/35 = Bl.f.PMZ 1989, 189). Zuerst hat *Spanien* sein Markenrecht geändert (Gesetz Nr. 32/6/1988 - lei de marcas, in Kraft seit 12.5.1989). Anschließend folgten *Frankreich* (Gesetz Nr. 91/7/1991 vom 4.1.1991, in Kraft seit dem 28.12.1991), *Dänemark* (Gesetz Nr. 341 vom 6.6.1991, in Kraft seit dem 1.1.1992), *Griechenland* (jetzt: Markengesetz Nr. 2239/1994) und *Italien* (Decreto legislativo Nr. 480/1992, in Kraft seit dem 4.12.1992). Nicht in der erforderlichen Frist handelten die vier Beitrittskandidaten *Österreich* (Gesetz Nr. 93/109 - Markenschutzgesetz), *Finnland* (Gesetz Nr. 7/1964, zuletzt geändert durch Gesetz Nr. 1715 vom 22.12.1995), *Schweden* (Markengesetz, SFS 1960:644, zuletzt geändert durch SFS 1995:1277 und 1278 vom 15.12.1995) und *Norwegen*, die am 1.1.1994 dem EWR und ausgenommen Norwegen der EG beitraten. Desweiteren erfolgte die Umsetzung der Richtlinie für *Großbritannien* am 31.10.1994 mit dem Trade Mark Act von 1994, für *Deutschland* am 1.1.1995 mit dem Markengesetz, für *Portugal* im Juni 1995 (Decreto Ley 16/95) und für die *Benelux-Staaten* am 1.1.1996 and abschließend in *Irland* mit dem neuen Markengesetz vom 1.7.1996.

[369] Siehe bereits oben 2. Teil, A.

[370] BGBl. I 1996, 1014.

[371] Eingefügt wurden vor allem die §§ 125 a - h MarkenG. Zu dem Markenrechtsänderungsgesetz von 1996 siehe *Berlit*, EWS 1997, 9; *Vogt*, NJW 1996, 2776.

Hauptmotiv für die Harmonisierungsrichtlinie war die Angleichung der nationalen, materiellen Rechtsvorschriften, um Beschränkungen des Waren- und Dienstleistungsverkehrs im Gemeinsamen Markt zu beseitigen, die aus den verschiedenen, mitgliedstaatlichen Bestimmungen resultieren.[373] Allerdings war keine umfassende Vereinheitlichung beabsichtigt, sondern lediglich eine Annäherung der Normen, die den unmittelbarsten Bezug zu einem funktionierenden Binnenmarkt aufweisen; die damit weiter bestehenbleibenden Unterschiede zwischen den nationalen Markenrechten wurden also bewußt in Kauf genommen.[374] Gleiche Bedingungen sollten vor allem für den Erwerb, die Aufrechterhaltung und den Schutzumfang eingetragener Marken in den Mitgliedstaaten erreicht werden.[375] Der Schutz von nicht eingetragenen, durch Benutzung erworbenen Benutzungs- und Ausschlußrechten wird in der Richtlinie aber nicht verpflichtend bestimmt.[376] Angleichung wurde in diesen Bereichen nicht

---

372 Siehe *Tilmann*, ZHR 158 (1994), 371 (372): "Die Markenrechts-AngleichungsRL, als Begleiterin des EG-Markenrechts gedacht, hat ihre 'Mutter' um fünf Jahre überholt." *V. Mühlendahl*, in: Hilf/Oehler (Hrsg.), Der Schutz des geistigen Eigentums in Europa, S. 69 (75); noch deutlicher *Albert* (Berichterstatter des 10. Ringberg-Symposiums), GRUR Int. 1997, 449 (454), der davon spricht, daß die Harmonisierungsrichtlinie "eigentlich nur ein Abfallprodukt der Arbeiten an der Gemeinschaftsmarkenverordnung" gewesen sei; a.A. zu der Bedeutung der MRRL *Kunz-Hallstein*, GRUR Int. 1992, 81 (81 f.): "Daß Ende 1988 - für viele überraschend - die Verabschiedung der Richtlinie vorgezogen wurde, erklärt sich vordergründig aus den Schwierigkeiten einer Einigung über die letzten politischen Streitfragen des Gemeinschaftsmarkenprojekts: die Fragen der Sprachen und des Sitzes des Gemeinschaftsamtes. Zugleich könnte dies aber auch einen Wandel in der Beurteilung der für die Errichtung des Binnenmarktes notwendigen Erfordernisse widerspiegeln."

373 Siehe Erwägungsgrund 1 der Richtlinie: "Das gegenwärtig in den Mitgliedstaaten geltende Markenrecht weist Unterschiede auf, durch die der freie Warenverkehr und der freie Dienstleistungsverkehr behindert und die Wettbewerbsbedingungen im Gemeinsamen Markt verfälscht werden können. Zur Errichtung und zum Funktionieren des Binnenmarktes ist folglich eine Angleichung der Rechtsvorschriften der Mitgliedstaaten erforderlich."

374 Siehe Erwägungsgrund 3 der Richtlinie: "Es erscheint gegenwärtig nicht notwendig, die Markenrechte der Mitgliedstaaten vollständig anzugleichen. Es ist ausreichend, wenn sich die Angleichung auf diejenigen innerstaatlichen Rechtsvorschriften beschränkt, die sich am unmittelbarsten auf das Funktionieren des Binnenmarktes auswirken."

375 Vgl. Erwägungsgrund 7 der Richtlinie: "Die Verwirklichkung der mit der Angleichung verfolgten Ziele setzt voraus, daß für den Erwerb und die Aufrechterhaltung einer eingetragenen Marke in allen Mitgliedstaaten grundsätzlich gleiche Bedingungen herrschen (...)" und Erwägungsgrund 9 der Richtlinie: "Zur Erleichterung des freien Waren- und Dienstleistungsverkehrs ist es von wesentlicher Bedeutung, zu erreichen, daß die eingetragenen Marken in Zukunft im Recht aller Mitgliedstaaten einen einheitlichen Schutz genießen. Hiervon bleibt jedoch die Möglichkeit der Mitgliedstaaten unberührt, bekannten Marken einen weitergehenden Schutz zu gewähren." Siehe auch *Kunz-Hallstein*, GRUR Int. 1992, 81 (83).

376 Vgl. Erwägungsgrund 4 der Richtlinie: "Die vorliegende Richtlinie beläßt den Mitgliedstaaten das Recht, die durch Benutzung erworbenen Marken weiterhin zu schützen; diese Marken werden lediglich in ihrer Beziehung zu den durch Eintragung erworbenen Marken berücksichtigt." Ausführlich zu dem Schutz bekannter Marken nach der MRRL *Schweer*, Die erste Markenrechts-Richtlinie der Europäischen Gemeinschaft und der Rechtsschutz bekannter Marken; rechtsvergleichend *Weberndörfer*, Rechtsvergleich Deutschland - Vereinigtes Kö-

vorgenommen aufgrund der sehr unterschiedlichen Bestimmungen in den Markenrechten der Mitgliedstaaten, die eine sofortige Angleichung als nicht erfolgversprechend erscheinen ließen.[377]

Wegen fehlender Kompetenz der Europäischen Gemeinschaft konnten auch verfahrensrechtliche Bestimmungen nicht harmonisiert werden,[378] die verschiedenen Verfahrensarten bestimmen sich daher ausschließlich nach nationalem Recht. Es besteht jedoch dadurch indirekt die Möglichkeit, auf Verfahrensvoraussetzungen Einfluß zu nehmen, daß bestimmte Begriffe der Richtlinie einer gemeinschaftsrechtlichen Auslegung durch den Europäischen Gerichtshof zugänglich sind. Im Rahmen eines Verfahrens nach Art. 234 EG kann die Spruchpraxis des EuGH somit durch Auslegung von Begriffen wie Unterscheidungskraft, Verwechslungsgefahr unter anderem auch das nationale Verfahrensrecht beeinflussen.

2. Wesentliche Normen der Richtlinie

Die Harmonisierungsrichtlinie nimmt nur eine Teilharmonisierung vor, so daß eine Verbindung des nationalen Rechts zu der Richtlinie auf drei unterschiedliche Arten bestehen kann. Erstens liegt gar keine Bestimmung zu einem markenrechtlichen Problem in der Richtlinie vor, eine unmittelbare Ausrichtung des nationalen Rechts an europäische Vorgaben entfällt dann.[379] Zweitens kann die Normierung in der MRRL nicht verpflichtend sein, sondern sie ist nur ein Vorschlag an die Mitgliedstaaten, die auch abweichende Regelungen treffen können.[380] Nationale Abweichungen vor allem im Bereich des Sonderschutzes bekannter Marken[381] werden damit ausdrücklich ermöglicht, ebenso nationale Wertungen, ob die Eintragung der Marke auch dadurch verhindert werden kann, daß nichtmarkenrechtliche Vorschriften des jeweiligen Mitgliedstaates oder der Gemeinschaft entgegenstehen, z.B. solche des Lauterkeitsrechts, des

nigreich: Auswirkungen der Umsetzung der EG-Markenrichtlinie auf den erweiterten Schutz "bekannter" Marken.

377 Siehe *Kur*, GRUR Int. 1997, 241 (253 f.) mit einem kurzen Überblick über den unterschiedlichen Schutz der nicht eingetragenen Marken in den Mitgliedstaaten.

378 Vgl. Erwägungsgrund 5 der Richtlinie: "Den Mitgliedstaaten steht es weiterhin frei, Verfahrensbestimmungen für die Eintragung, den Verfall oder die Ungültigkeit der durch Eintragung erworbenen Marken zu erlassen. Es steht ihnen beispielsweise zu, die Form der Verfahren für die Eintragung und die Ungültigerklärung festzulegen, zu bestimmen, ob ältere Rechte im Eintragungsverfahren oder im Verfahren zur Ungültigerklärung oder in beiden Verfahren geltend gemacht werden müssen, und - wenn ältere Rechte im Eintragungsverfahren geltend gemacht werden dürfen - ein Widerspruchsverfahren oder eine Prüfung von Amts wegen oder beides vorzusehen. Die Mitgliedstaaten können weiterhin festlegen, welche Rechtswirkung dem Verfall oder der Ungültigerklärung einer Marke zukommt."

379 So z.B. für den Schutz geschäftlicher Bezeichnungen.

380 Sprachlich schlägt sich diese Option für die Mitgliedstaaten in der Formulierung "Jeder Mitgliedstaat *kann* (...)" nieder, Art. 3 II, 4 IV, VI, 5 II, V, 6 II, 9 II, 11 II, 15 MRRL.

381 Art. 5 II MRRL.

Deliktsrechts u.a.[382] Drittens können die Regelungen der Harmonisierungsrichtlinie auch verpflichtend sein, eine Berücksichtigung bei der nationalen Umsetzung ist demnach unabdingbar.

Diese unterschiedlich starke Einflußnahme der Richtlinie auf die nationalen Markenrechte zeigt bereits, daß allein mit der Richtlinie keine vollständige Vereinheitlichung auf dem Gebiet des Markenrechts erzielt worden ist. Für den Anmelder bedeutet dies, daß divergierende, nationale Regelungen immer noch in Anmeldestrategien berücksichtigt werden müssen.[383]

a) Schutz- und eintragungsfähige Zeichen

Die MRRL geht von einem sehr weiten Markenbegriff aus, der nahezu wörtlich mit Art. 4 der GMV übereinstimmt.[384] Insofern kann auf die obigen Ausführungen verwiesen werden.[385] Die Unterscheidung zwischen absoluten und relativen Eintragungshindernissen greift auch die MRRL auf. Ebenso wie im Gemeinschaftsmarkenrecht wird durch das Nichtvorliegen der Markenvoraussetzungen ein absolutes Eintragungshindernis begründet.[386] Desweiteren stehen öffentliche Interessen einer Eintragung als (absolutes) Eintragungshindernis entgegen, wenn die Marke keine Unterscheidungskraft[387] hat oder bloß beschreibenden Charakter besitzt, wenn sie irreführend ist, ärgerniserregend oder einen Verstoß gem. Art. 6ter PVÜ darstellt.[388] Fakultativ besteht für die Mitgliedstaaten die Möglichkeit, weitere Schutzhindernisse in ihr Markenrecht aufzunehmen, wie z.B. die Bösgläubigkeit des Antragstellers bei der Anmeldung.[389]

---

382 Art. 3 II lit. a MRRL.

383 Siehe zur Umsetzung der Richtlinie in verschiedenen Mitgliedstaaten *Kur*, GRUR Int. 1991, 785 (Dänemark); *Verkade*, GRUR Int. 1992, 92 (Benelux-Staaten); *Llewelyn*, GRUR Int. 1992, 97; *Jaffey*, (1997) 28 IIC 153; *Weberndörfer*, Rechtsvergleich Deutschland - Vereinigtes Königreich: Auswirkungen der Umsetzung der EG-Markenrichtlinie auf den erweiterten Schutz "bekannter" Marken, (Großbritannien); *Ubertazzi*, GRUR Int. 1992, 101 (Italien); *Cervino*, GRUR Int. 1992, 107 (Spanien); *Meyer*, GRUR Int. 1996, 592 (Frankreich).

384 Art. 4 GMV ersetzt lediglich das Wort "Marken" in Art. 2 MRRL durch "Gemeinschaftsmarken".

385 S.o. 2. Teil, B II 1 a. Vgl. auch *Kunz-Hallstein*, GRUR Int. 1990, 747 (750 f.); *Meister*, MA 1990, 60 (62); *ders.*, MA 1990, 293 (297 f.); *ders.*, MA 1990, 425 (432 f.).

386 Siehe Art. 3 I lit. a, e MRRL und als Parallelvorschrift Art. 7 I lit. a, e GMV.

387 Eine Überwindung der fehlenden Unterscheidungskraft durch Benutzung sieht Art. 3 III MRRL vor. Über den Wortlaut der Richtlinie geht der deutsche Gesetzgeber sogar noch hinaus, der nur solche Marken von der Eintragung ausschließt, denen jegliche Unterscheidungskraft fehlt, hierzu auch *Schmieder*, NJW 1994, 1241 (1242 f.); *Ingerl*, WIB 1994, 109 (110 f.).

388 Art. 3 II MRRL. Zur PVÜ siehe noch unter 3. Teil, B II 1.

389 Art. 3 II lit. d MRRL. Weitere Möglichkeiten finden sich in Art. 3 II lit. a, b, c MRRL. Eine Übersicht über Konsequenzen bösgläubiger Anmeldungen in den nationalen Rechten gibt, *Kur*, GRUR Int. 1997, 241 (243).

Auch für den Fall, daß die angemeldete Marke mit einer prioritätsälteren Markenanmeldung oder -eintragung kollidiert, ist die Eintragung ausgeschlossen, es liegt ein relatives Eintragungshindernis vor.[390] Hierbei gilt genau wie im Gemeinschaftsmarkenrecht, daß im Falle der "Doppelidentität" von Marken und den entsprechenden Waren/Dienstleistungen die Eintragung ausgeschlossen ist, sofern aber die Ähnlichkeit eines der beiden Elemente vorliegt muß Verwechslungsgefahr hinzutreten.[391]

Bei Identität oder Ähnlichkeit mit einer Gemeinschaftsmarke besteht auch außerhalb des Warenähnlichkeitsbereiches ein Eintragungshindernis, wenn die "ältere Gemeinschaftsmarke in der Gemeinschaft bekannt ist und die Benutzung der jüngeren Marke die Unterscheidungskraft oder die Wertschätzung der älteren Gemeinschaftsmarke ohne rechtfertigenden Grund in unlauterer Weise ausnutzen oder beeinträchtigen würde."[392] Den Mitgliedstaaten steht es frei, zudem andere Immaterialgüterrechte (Namensrecht, Recht an der eigenen Abbildung, Urheberrecht, gewerbliche Schutzrechte) zum Eintra-gungshindernis zu erklären.[393]

b) Rechte aus der Marke

Dem Inhaber der eingetragenen Marke steht ein Ausschließlichkeitsrecht zu, das ihm einen Unterlassungsanspruch zuweist, wenn sowohl die Marke als auch die Waren oder Dienstleistungen des Verletzers identisch sind beziehungsweise bei Ähnlichkeit eines der beiden Elemente Verwechslungsgefahr hinzutritt.[394] Inhaltlich stimmt diese Regelung also mit den Voraussetzungen eines relativen Eintragungshindernisses überein und entspricht den Bestimmungen aus dem Gemeinschaftsmarkenrecht.[395]

Der Schutz der bekannten Marke ist wiederum fakultativ, und es kann von den Mitgliedstaaten bestimmt werden, ob und inwieweit bekannte Marken außerhalb des Warenähnlichkeitsbereiches markenrechtlich geschützt werden sollen.[396] Die

---

[390] Art. 4 MRRL. Im deutschen MarkenG werden ältere Rechte in §§ 9 - 13 berücksichtigt. Zu den relativen Eintragungshindernissen in den Markenrechten der anderen Mitgliedstaaten siehe *Kur*, GRUR Int. 1997, 241 (243).

[391] Eingeschlossen wird davon die Gefahr, daß die Marke mit der älteren Marke gedanklich in Verbindung gebracht wird, Art. 4 I lit. a und b MRRL. Siehe auch *Ingerl/Rohnke*, NJW 1994, 1247 (1250 f.).

[392] Art. 4 III MRRL. Vgl. auch *Meister*, MA 1990, 60 (65 f.).

[393] Art. 4 IV MRRL. Vgl. zur Ausgestaltung in den einzelnen Mitgliedstaaten *Kur*, GRUR Int. 1997, 241 (243).

[394] Vgl. Art. 5 I MRRL.

[395] Vgl. Art. 5 I MRRL mit Art. 9 I lit. a, b GMV. Lediglich der Begriff Gemeinschaftsmarke wird in der GMV gebraucht.

[396] Siehe *Schweer*, Die erste Markenrechts-Richtlinie der Europäischen Gemeinschaft und der Rechtsschutz bekannter Marken, S. 25 ff.; *Meister*, MA 1990, 67; *ders.*, MA 1990, 294 (303 f.); *ders.*, MA 1990, 425 (439 f.). Zur Umsetzung in den nationalen Markengesetzen

in Art. 5 III MRRL aufgezählten, rechtserheblichen Benutzungshandlungen stimmen wörtlich mit denen der GMV überein.[397]

c) Schutzschranken

Die Harmonisierungsrichtlinie schreibt bestimmte Schutzschranken vor, die die Rechte des Markeninhabers begrenzen. Rechte aus der Marke können nur geltend gemacht werden, sofern der Dritte den eigenen Namen, die Anschrift oder in sonstiger Art die Marke den anständigen Gepflogenheiten in Gewerbe oder Handel entsprechend benutzt hat.[398] Auch die Erschöpfung des Markenrechts,[399] die Verwirkung durch Duldung[400] und der Benutzungszwang[401] entsprechen den bereits dargestellten Normen im Gemeinschaftsmarkenrecht.[402] Bei Nichteinhaltung des vorgeschriebenen Benutzungszwanges sieht die Richtlinie zwingend den Verfall der Marke vor, die daraufhin zu löschen ist.[403]

d) Marke als selbständiger Vermögensgegenstand

Eine umfassende Normierung der vermögensrechtlichen Aspekte der Marke wie in der GMV sieht die Harmonisierungsrichtlinie nicht vor. Sie bestimmt lediglich die grundsätzliche Zulässigkeit von Lizenzen, die ausschließlicher oder nicht ausschließlicher Natur sein können,[404] und regelt die Rechte des Lizenzgebers gegen den Lizenznehmer im Falle des Verstoßes gegen Lizenzvorschriften.[405]

3. Zusammenfassung

In einer abschließenden Betrachtung zur Harmonisierung der nationalen Markenrechte läßt sich damit festhalten, daß trotz vielfältiger Regelungsvorgaben den Mitgliedstaaten immer noch ein großer Spielraum für eigenständige Lösungen verbleibt. Dies liegt zum einen daran, daß wichtige Normen der MRRL nur fakultativ sind wie etwa der Sonderschutz bekannter Marken, zum anderen bedeutende Bereiche gar nicht vereinheitlicht wurden, so vor allem der Schutz nichteingetragener Marken und das Verfahrensrecht.[406]

---

siehe *Kur*, GRUR Int. 1997, 241 (243).

397 Vgl. Art. 5 III MRRL und Art. 9 II GMV.

398 Art. 6 MRRL.

399 Art. 7 MRRL.

400 Art. 9 MRRL.

401 Art. 10, 11, 12 I MRRL.

402 S.o. 2. Teil, B II 3.

403 Art. 12 I MRRL. In deutsches Recht ist diese Regelung mit § 49 MarkenG umgesetzt worden. Weitere Verfallsgründe regelt Art. 12 II MRRL (Wandlung zu einer Gattungsbezeichnung, Irreführungseignung nach Eintragung der Marke).

404 Art. 8 I S. 1, 2 MRRL.

405 Dem Lizenznehmer stehen die Rechte aus der Marke dann zu, Art. 8 II MRRL. Bzgl. der Übertragung von Marken findet sich zwar keine Norm in der MRRL, aber sämtliche Mitgliedstaaten treffen hierzu Regelungen, vgl. *Kur*, GRUR Int. 1997, 241 (244 l. Sp.).

Die fehlende Vereinheitlichung des Verfahrensrechts ist gerade angesichts der Tatsache bedeutsam, daß erst durch das Verfahrensrecht das materielle Recht seine Konturen gewinnt und der Markeninhaber seine Rechte durchsetzen kann. Markenrechte, die zwar materiellrechtlich nach nationalem, harmonisiertem Recht bestehen, aber in den Mitgliedstaaten nur unter Einbeziehung verfahrensrechtlicher Besonderheiten geltend gemacht werden können, stellen den Rechtsinhaber im Prozeß vor erhebliche Schwierigkeiten. Wie umfassende rechtsvergleichende und rechtstatsächliche Untersuchungen des Max-Planck-Instituts für ausländisches und internationales Patent-, Urheber- und Wettbewerbsrecht in München gezeigt haben, weisen aber die Mitgliedstaaten gerade im Bereich der gerichtlichen Zuständigkeiten, dem Verhältnis zwischen Hauptsacheverfahren und vorläufigen Verfahren, dem Ablauf dieser Verfahren, dem Verhältnis zwischen Sachentscheidungen und sonstigen Formen der Verfahrensbeendigung und schließlich bei Dauer und Kosten der Verfahren erhebliche Unterschiede auf.[407]

Der Markeninhaber, der ausschließlich internationalen Schutz über nationale Markengesetze sucht, muß daher neben einigen materiellrechtlichen Unterschieden vor allem Divergenzen in den Verfahren der Mitgliedstaaten bedenken. Von gleichen Bedingungen im europäischen Binnenmarkt kann daher hinsichtlich der Harmonisierungsrichtlinie noch nicht gesprochen werden.[408] Jedoch bietet die Richtlinie die zusätzliche Möglichkeit, daß künftig zentrale Begriffe des nationalen Markenrechts gemeinschaftsrechtlicher Herkunft und als solche einer Auslegung durch den EuGH zugänglich sind.[409]

Die Auslegung des EuGH im Wege des Vorabentscheidungsverfahrens gemäß Art. 234 EG wird zu einer weiteren Vereinheitlichung führen, was sogleich näher untersucht werden soll.

---

406 Zudem muß beachtet werden, daß nicht immer Einigkeit darüber besteht, welche Anforderungen in sachlicher Hinsicht die Richtlinie auch in verpflichtenden Teilen stellt. Kritik ist z.B. am spanischen Markengesetz mit der Begründung geübt worden, es genüge in seiner Umsetzung bestimmten Verpflichtungen der MRRL nicht. Siehe im einzelnen *Botana Agra*, GRUR Int. 1991, 527 (536 f.); *Casado Cervino*, GRUR Int. 1992, 107 (109).

407 Vgl. *Bastian/Götting/Knaak/Stauder*, Der Markenverletzungsprozeß in ausgewählten Ländern der Europäischen Wirtschaftsgemeinschaft. Eine rechtstatsächliche und rechtsvergleichende Untersuchung, passim; eine Zusammenfassung der Ergebnisse dieser Studie geben *Bastian/Knaak*, GRUR Int. 1993, 515 ff.

408 So auch *Bastian/Knaak*, GRUR Int. 1993, 515 (525 f.); *Kur*, GRUR Int. 1997, 241 (254 r. Sp.).

409 Für das Benelux-Recht verkompliziert sich dadurch der Rechtsschutz, daß bereits der Benelux-Gerichtshof für die Fragen der Auslegung und Anwendung des Benelux-Markensystems zuständig ist. Der Europäische Gerichtshof stellt somit eine zusätzliche Ebene dar, die die Frage nach dem Verhältnis von Benelux-Gerichtshof und EuGH nach sich zieht. Zu diesem Problem siehe *Verkade*, GRUR Int. 1992, 92 (97).

II. Zentrale markenrechtliche Aussagen des Europäischen Gerichtshofes

Territorial begrenzte gewerbliche Schutzrechte machen es dem Rechtsinhaber möglich, die Einfuhr von Produkten zu unterbinden, die eine Verletzung der ihm zustehenden Rechte bedeuten würden. Die Ausübung von solchen Ausschließlichkeitsrechten, wie sie durch das Markenrecht, aber auch durch das Patentrecht, Gebrauchs- und Geschmacksmusterrecht und das Urheberrecht, eingeräumt werden, steht damit fast zwangsnotwendig im Spannungsverhältnis zur Schaffung des Europäischen Binnenmarktes, der den ungehinderten Austausch von Waren und Dienstleistungen in der Europäischen Union vorsieht.[410] Wie sich nationale Schutzrechte, die als Teil der "Eigentumsordnung in den verschiedenen Mitgliedstaaten" ausdrücklick vom EG unberührt bleiben,[411] mit den Vorgaben des Gemeinschaftsrechts vereinbaren lassen, ist dem Europäischen Gerichtshof von den Mitgliedstaaten regelmäßig zur Vorabentscheidung gem. Art. 234 EG vorgelegt worden. In dessen Folge hat sich hierfür eine sehr feingliedrige Rechtsprechung entwickelt, die für den Warenverkehr zwischen den Mitgliedstaaten von ganz erheblicher Bedeutung ist.

1. Rechtsgrundlagen für die Rechtsprechung des Europäischen Gerichtshofes

Eine eindeutige gesetzliche Regelung, wie sie zum Beispiel die Andenpaktstaaten getroffen haben, indem sie dem freien Warenverkehr für das Gebiet ihrer Mitgliedstaaten den Vorzug gegenüber den nationalen Markenrechten gegeben haben,[412] stand dem EuGH für den Bereich der Europäischen Union nicht zur

---

410 Siehe Art. 14 II EG: "Der Binnenmarkt umfaßt einen Raum ohne Binnengrenzen, in dem der freie Verkehr von Waren, Personen, Dienstleistungen und Kapital gemäß den Bestimmungen dieses Vertrages gewährleistet ist."

411 Art. 295 EG: "Dieser Vertrag läßt die Eigentumsordnung in den verschiedenen Mitgliedstaaten unberührt." Daß es sich auch bei der Marke um eine Eigentumsposition iSd. Art. 14 GG handelt, wurde vom BVerfG eindeutig festgelegt, siehe BVerfGE 51, 216. Sofern die Rechtsprechung des EuGH Befugnisse des Schutzrechtsinhabers v.a. durch die gemeinschaftsweite Erschöpfung (siehe noch unter 3. Teil, A II 2 c) beeinträchtigt, liegt aber insofern kein Grundrechtsverstoß vor, da die Vorschriften des Gemeinschaftsrechts über den freien Waren- und Dienstleistungsverkehr als Inhaltsbestimmung iSd. Art. 14 I 2 GG anzusehen sind. Vgl. zu letzterem auch *Asendorf*, in: FS für Nirk, S. 13 ff.

412 Vgl. für die Andenpaktstaaten die Verordnung über die Anwendung der Normen über das gewerbliche Eigentum (Beschluß Nr. 85 der Kommission des Abkommens von Cartagena) Art. 75, GRUR Int. 1975, 13: "Der Inhaber einer Marke kann sich der Einfuhr und dem Vertrieb von Waren und Produkten aus einem anderen Mitgliedstaat, welche dieselbe Marke tragen, nicht widersetzen. Die zuständigen nationalen Behörden bestimmen, daß die eingeführten Produkte deutlich und ausreichend mit dem Hinweis auf den Erzeugermitgliedstaat unterschieden werden." Das Abkommen von Cartagena regelt ein gemeinsames Markenrecht für das Eintragungsverfahren und bestimmter materiellrechtlicher Vorschriften, ohne aber ein gemeinsames Markenamt für die Mitglieder Bolivien, Chile, Ecuador, Kolumbien, Peru und Venzuela vorzusehen. Andere regionale Zusammenschlüsse sind das bereits erwähnte Benelux-

Verfügung. Da gewerbliche Schutzrechte gem. Art. 295 EG als Teil der nationalen Eigentumsordnung auch vom EG-Vertrag respektiert werden, kann diese Spannungslage auch nicht mit einem Hinweis auf die Vorrangigkeit des Gemeinschaftsrechts vor dem nationalen Recht überwunden werden, sondern bedarf einer eigenen Lösung.[413]

Der Europäische Gerichtshof griff dabei zunächst auf die Wettbewerbsregeln zurück, beginnend mit der Entscheidung *Consten/Grundig*, in der neben den grundlegenden Aussagen zur Wettbewerbswidigkeit vertikaler Beschränkungen für die markenrechtlichen Probleme des Falles ausdrücklich Art. 81 EG als rechtlicher Bezugspunkt herangezogen wurde.[414] Allein hieran solle die Beurteilung des Konfliktes erfolgen, bestimmte der EuGH und schied explizit eine Anwendung von Art. 30 EG aus, da diese Norm nicht auf Art. 81 EG Anwendung finde, sondern nur eine Ausnahme zu den Vorschriften des freien Warenverkehrs sei.[415] Diese Orientierung an den Kartellrechtsvorschriften griff der EuGH in der bekannten *Sirena*-Entscheidung[416] auf, und prüfte auch hier die Zulässigkeit markenrechtlicher Ansprüche allein an Art. 81 und 82 EG. Zeichenrechtliche Ansprüche würden dann dem Kartellverbot unterstellt, "wenn Zeicheninhaber oder Personen, die ihr Recht von ihnen ableiten, Vereinbarungen treffen, welche die Möglichkeit bieten, Einfuhren aus anderen Mitgliedstaaten zu verhindern."[417] Sofern der Zeichenrechtsinhaber das Zeichen oder das Benutzungsrecht durch Vereinbarung erworben hat, verbiete Art. 81 EG die Berufung auf das Recht, Importe zu verhindern.[418]

Abkommen und die Vereinbarung über die Errichung eines afrikanisch-madegassischen Amtes für gewerbliches Eigentum mit Sitz in Yaoundé, Kamerun (Office Africain et Malgache de la Propriété Industrielle - O.A.M.P.I. das nunmehr seit Austritt Madagaskars O.A.P.I. heißt). Siehe *Busse/Starck*, Internationales Zeichenrecht, Vorbem. Rn. 8.

413 Mit *Fezer*, in: FS für Gaedertz, S. 153 (162), läßt sich das Problem der Vereinbarkeit von freiem Warenverkehr und nationalen Markenrechten zugespitzt so formulieren: "Der eigentliche Grund des gemeinschaftlichen Spannungszustandes zwischen der Warenverkehrsfreiheit, die ein grundsätzliches Verbot nationaler Hemmnisse verlangt, und der Territorialität des nationalen Markenschutzes, die im innergemeinschaftlichen Handelsverkehr ursächlich ist für nationale Handelsschranken, ist der Vorbehalt einer mitgliedstaatlichen Regelungskompetenz auf dem Gebiet des gewerblichen und kommerziellen Eigentums. Infolge dieser Zuständigkeitsaufteilung zwischen Gemeinschaft und mitgliedstaatlichen Regelungsvorbehalt ist die Anwendung der Vorschriften über den freien Warenverkehr auf den nationalen Markenschutz als ein Vorgang der gemeinschaftsrechtlichen Integration der nationalen Markenrechte im Gemeinsamen Markt zu verstehen." Allgemein zur Vorrangigkeit des Gemeinschaftsrechts siehe z.B. *Bleckmann*, Europarecht, Rn. 1070 ff.; *Emmert*, Europarecht, Kapitel 5 § 14; *Schweitzer/Hummer*, Europarecht, Rn. 845 ff. jeweils mwN.

414 EuGH, Rs. 56 und 58/64, Slg. 1966, 321 - Consten/Grundig.

415 EuGH, aaO. S. 394 ff.

416 EuGH, Rs. 40/70, Slg. 1971, 69. Zu Reaktionen des Schrifttums auf dieses Urteil siehe z.B. *Loewenheim*, GRUR Int. 1971, 260; *Röttger*, GRUR Int. 1971, 469.

417 EuGH, aaO. S. 83 f.

418 Bedenklich an dieser Argumenation ist v.a., daß die Monopolisierungswirkung des

Erst in der Entscheidung *Deutsche Grammophon/Metro*[419] hat der EuGH eine Direktwirkung der Grundsätze über den freien Warenverkehr angenommen. Die Ausübung von gewerblichen Schutzrechten stellen eine Beeinträchtigung des freien Warenverkehrs dar, die als solche dem Art. 28 EG unterfalle. Es findet damit aber zugleich auch Art. 30 EG Anwendung, dessen Satz 1 eine Durchbrechung des Postulats von Art. 28 EG bedeutet. Eine Beschränkung dieser Ausnahme gibt wiederum Art. 30 S. 2 EG.[420] Mit der *Dassonville*-Formel wurde maßgeblich der Anwendungsbereich von Art. 28 EG ausgeweitet. Demnach ist Maßnahme gleicher Wirkung, die den freien Warenverkehr unzulässig beeinträchtigt, "jede Handelsregung der Mitgliedstaaten, die geeignet ist, den innergemeinschaftlichen Handel unmittelbar oder mittelbar, tatsächlich oder potentiell zu behindern."[421] Die Vorschriften des freien Warenverkehrs rückten dadurch mehr und mehr in den Mittelpunkt, und der EuGH entwickelte seine Aussagen zur Vereinbarkeit von nationalem Markenrecht und Europäischem Binnenmarkt anhand des Art. 28 und 30 EG.[422] Eine weitere Rechtsgrundlage stand dem EuGH mit Verabschiedung der Harmonisierungsrichtlinie 89/104/EWG zur Verfügung. Neuere markenrechtliche Entscheidung des EuGH betreffen fast ausschließlich die Auslegung des nationalen Rechts im Hinblick auf die

---

Markenrechts allein durch eine Übertragung der Berechtigung als Kartellverstoß behandelt wird. Vgl. auch *Rupp*, FS für Lerche, S. 487 (491): "Offensichtlich scheint also der EuGH letztlich doch in der Verfügung über das Zeichenrecht als solches bereits eine gemeinschaftsrechtlich verbotene Kartellabsprache zu sehen, und zwar selbst dann, wenn diese Verfügung lange vor Inkrafttreten des EWG-Vertrages erfolgt ist. Damit verliert sich die eigentumsrechtliche Verfügungsbefugnis des Zeicheninhabers in einem Nichts, was umso bemerkenswerter ist, als es sich bei den von Sirena hergestellten und den aus Deutschland importierten Erzeugnissen nicht einmal um dieselbe Originalware handelte."

419 EuGH, Rs. 78/70, Slg. 1971, 487 = WRP 1971, 391; vgl. aus der Literatur zu dieser Entscheidung *Schröter*, WRP 1971, 356 (361 ff.). Siehe auch *Martin-Ehlers*, JA 1994, 108 (109); *Hohmann*, JA 1985, 381 (383).

420 Vgl. zur Systematik von Art. 28, 30 EG z.B. *Müller-Graff*, in: *Groeben/Thiesing/Ehlermann*, Art. 36 Rn. 2, 46; *Lenz*, Art. 36 Rn. 1; *Geiger*, Art. 36 Rn. 1, 16.

421 EuGH, Rs. 8/74, Slg. 1974, 837 = NJW 1975, 515 = RIW 1975, 284 - Dassonville. Diese weite Öffnung des Anwendungsbereiches von Art. 28 EG ist nicht unproblematisch, da dadurch auch unbedeutendere Maßnahmen zunächst einmal einen Verstoß darstellen, wenngleich sie auch gerechtfertigt sein können. Eine methodische Änderung brachte erst die sehr viel spätere Entscheidung EuGH, Rs. C-267/91 und C-268/91, Slg. 1993, I-6097 = EuZW1993, 770 = WRP 194, 99 (mit Anm. *Meyer*) = GRUR 1994, 296 (mit Anm. *Bornkamm*) = NJW 1994, 121 - Keck und Mithouard. Hierin differenziert der EuGH zwischen Verkaufsmodalitäten, die außerhalb von Art. 28 EG liegen, und produktbezogenen Beschränkungen, für die Art. 28 EG anwendbar ist. Diese Unterteilung, die von *Eric White* das erste Mal gebraucht wurde, *E. White*, In Search of the Limits to Article 30 of the EEC Treaty, (1989) 26 C.M.L.Rev. 235 (244 ff.), hat der EuGH in nachfolgenden Entscheidungen aufgegriffen und näher ausgeführt, siehe z.B. Rs. C-292/92, Slg. 1993, 6787 = EuZW 1994, 119 = WRP 1994, 297 = GRUR 1994, 299 - Hünermund; Rs. C-315/92, Slg. 1994, 330 = GRUR Int. 1994, 231 - Verband Sozialer Wettbewerb. Aus der umfangreichen Literatur zum Keck-Urteil siehe z.B. *Joliet*, GRUR Int. 1994, 979; *Weatherill*, (1996) 33 C.M.L.Rev. 749.

422 Siehe im Einzelnen sogleich unter 3. Teil, A II 2.

Richtlinie, wobei in der letzten Zeit insbesondere der Begriff der "Verwechslungsgefahr" Gegenstand von Vorabentscheidungsverfahren gewesen ist.

Angesichts dieser drei wesentlichen Rechtsgrundlagen, europäisches Wettbewerbsrecht, Art. 28, 30 EG und die Bestimmungen der Richtlinie, stellt sich die Fragen nach deren Verhältnis zueinander. Unstreitig stehen die Vorschriften des europäischen Kartellrechts neben Richtlinie und Art. 28, 30 EG. Mit *Goyder* läßt sich darüber mutmaßen, ob kartellrechtliche Vorschriften überhaupt für Fälle wie die *Sirena*-Entscheidung zur Anwendung gekommen wären, wenn zum Zeitpunkt ihres Vorbringens bereits die Dogmatik für die Bestimmungen des freien Warenverkehrs so entwickelt gewesen wäre, wie es später der Fall war.[423] In weiteren Entscheidungen schränkte der EuGH die Anwendbarkeit der Kartellrechtsvorschriften weiter ein und legte fest: "Die Ausübung des (jeweiligen Schutzrechts) kann immer dann unter diese Verbotsvorschrift fallen, wenn sich herausstellt, daß sie Gegenstand, Mittel oder Folge einer Kartellabsprache ist, die eine Aufteilung des Gemeinsamen Marktes bewirkt."[424]

Diffiziler ist jedoch das Verhältnis der Rechtsprechung des EuGH zur Markenrechtsrichtlinie, vor allem zum Erschöpfungsgrundsatz, der in Art. 7 MRRL (§ 24 MarkenG) eine ausdrückliche Regelung erfahren hat. Der Begründung zum Markengesetz ist zu entnehmen,[425] daß gerade im Hinblick auf den Grundsatz der Erschöpfung von Markenrechten die Grenzen neu zu bestimmen sind, und zwar nach Maßgabe des § 24 MarkenG, der insofern mit Art. 7 MRRL übereinstimmt. Ein Rückgriff auf die bisherigen Leitprinzipien des EuGH[426] sei nicht erforderlich, da diese bereits im Wortlaut des Art. 7 MRRL, § 24 MarkenG aufgenommen wurden. Stellen also diese gesetzlichen Bestimmungen die normative Grundlage dafür dar, vor allem den Erschöpfungsgrundsatz neu zu konturieren, demzufolge den bisherigen Prinzipien des EuGH durch die Harmonisierungsrichtlinie und deren nationale Umsetzungsakte der Boden entzogen wäre?

Diese Argumentationslinie erinnert an den Standpunkt der Bundesregierung in der Rechtssache *HAG II*[427] in bezug auf die alte Rechtsprechung des EuGH zur

423 *Goyder*, EC Competition Law, S. 290 Fn. 38: "Had the case reached the European Court at a later date, after the development of the extensive case-law (...) relating to the effect upon national intellectual property rights of Articles 30-36, it would probably have been decided (with much the same ultimate result) by reference to those Articles, rather than to Article 85."

424 Z.B. EuGH, Rs. 78/70, Slg. 1971, 487 (499) - Deutsche Grammophon/Metro; EuGH, Rs. 119/75, Slg. 1976, 1039 (1062) - Terrapin/Terranova.

425 Bt-Drucksache 12/6581 vom 14.1.1994, S. 81.

426 Zu dem gemeinschaftsrechtlichen Grundsatz der Erschöpfung des EuGH siehe noch unter 3. Teil, A II 2 c.

427 Rs. C-10/89 - HAG II, Slg. 1990, I-3711 = GRUR Int. 1990, 960 = NJW 1991, 626 = EuZW 1990, 545.

Lehre vom gemeinsamen Ursprung.[428] Damals hatte die Bundesregierung vertreten, dem Schweigen der Richtlinie könne entnommen werden, daß im Gemeinschaftsrecht für die Lehre vom gemeinsamen Ursprung kein Raum mehr sei. Rechtsmethodisch bedenklich ist bereits, das Schweigen der Richtlinie, ob die Grundsätze der EuGH Rechtsprechung weitergelten oder nicht, in eine eindeutige Richtung auszulegen und daraus zu folgern, die Rechtsprechung sei nicht mehr anwendbar. Das Schweigen einer Gesetzesnorm ist seinem Wesen nach zweideutig und kann je nach Auffassung des Interpreten für beide Auffassungen als Beleg angeführt werden.[429] Ebensogut kann damit, daß die Richtlinie mit keinem Wort die Rechtsprechung des EuGH erwähnt, gefolgert werden, diese soll selbstverständlich weitergelten. Darüberhinaus ist auch aus gemeinschaftsrechtlicher Sicht nicht nachvollziehbar, daß dem Rat die Kompetenz zustehen soll, mittels einer Richtlinie Grundsätze zu entkräften, die der Gerichthof unmittelbar dem Vertrag entnommen hat, nämlich insbesondere den Art. 28, 30 EG. Konsequenterweise haben die Grundsätze der EuGH Rechtsprechung trotz der Angleichungsrichtlinie ihre vollständige Gültigkeit behalten und sind weiterhin relevant. Harmonisie-rungsrichtlinie und EuGH Rechtsprechung stehen nicht in einem Ausschließlichkeitsverhältnis, sondern sind bei Auslegungsproblemen als Teil einer Europäisierung des Markenrechts gegenseitig zu berücksichtigen.[430]

Nach diesen grundsätzlichen Erwägungen, sollen nachfolgend die zentralen markenrechtlichen Aussagen des Europäischen Gerichtshofes betrachtet werden.

2. Kernaussagen der Rechtsprechung des Europäischen Gerichtshofes

a) Trennung zwischen Bestand und Ausübung

Nachdem der EuGH die aufgezeigte Spannungslage in den Art. 28, 30 EG schwerpunktmäßig verankert sah, stellte sich die Frage, wie die Eigentumsposition des Schutzrechtsinhabers und der freie Warenverkehr miteinander in Einklang gebracht werden konnten. Normativ mußte also bestimmt werden, wann Importverbote durch "das gewerbliche und kommerzielle Eigentum(s) gerechtfertigt sind", wie es der Art. 30 EG festlegt. Der Europäische Gerichtshof griff

---

[428] Siehe zu der aufgegebenen Lehre vom gemeinsamen Ursprung sogleich unter 3. Teil, A II 2 c, bb (2).

[429] Vgl. auch *Jacobs*, Schlußantrag in der Rechtssache HAG II, GRUR Int. 1990, 960 (971 l.Sp.) und allgemein rechtsmethodisch *Larenz/Canaris*, Methodenlehre der Rechtswissenschaft, S. 209 f.; *Bydlinski*, Juristische Methodenlehre und Rechtsbegriff, S. 476 f.; *Pawlowski*, Methodenlehre für Juristen, Rn. 488 ff.

[430] So ausdrücklich der EuGH, verb. Rs. C 427/93, C-429/93, C-436/93, GRUR Int. 1996, 1144 (1146 f.), Rn. 24-28 - Bristol-Myers Squibb. Terminologisch schlägt *Fezer*, Kommentar zum Markenrecht, § 24 Rn. 59 f. eine Unterscheidung vor zwischen europarechtlicher Erschöpfung der Kennzeichenrechte nach § 24 I MarkenG und der Lehre von der gemeinschaftsrechtlichen Erschöpfung, die sich auf die Vorschriften über den freien Warenverkehr bezieht, Art. 28, 30 EG. Siehe hierzu auch *Ingerl/Rohnke*, § 24 Rn. 16.

hierfür auf eine Formel zurück, die bereits im Fall *Consten/Grundig*[431] wenn auch im Rahmen von kartellrechtlichen Erwägungen entwickelt war. Demnach sei der *Bestand* des gewerblichen Schutzrechtes von seiner *Ausübung* zu trennen. Innerhalb der Ausübung des Rechts könne eine gemeinschaftsrechtliche Regulierung erfolgen, zugleich bleibe aber der eigentumsrechtliche Gehalt des Schutzrechtes als Bestand unberührt, wie von Art. 295 EG gefordert. In zahlreichen Entscheidungen formulierte der EuGH bezüglich der Auslegung des Art. 30 EG: "Aus dem Wortlaut, insbesondere des zweiten Satzes, und der Stellung dieses Artikels ergibt sich jedoch, daß der Vertrag zwar den Bestand der durch die nationale Gesetzgebung eines Mitgliedstaates eingeräumten gewerblichen Schutzrechte nicht berührt, die Ausübung dieser Rechte aber sehr wohl je nach den Umständen durch die Verbotsnorm des Vertrages berührt werden kann."[432]

Anknüfungspunkt für Einzelfragen, wann die Einfuhr von Produkten durch markenrechtliche Unterlassungsansprüche verhindert werden können, sei daher zunächst einmal, daß die Ausübung des Rechts beschränkt werden könne. Die Differenzierung zwischen unantastbarem Bestand eines Schutzrechtes und einschränkbarer Ausübung ist in der Literatur heftig kritisiert worden,[433] da die Anwendbarkeit des Art. 30 EG in keinster Weise dadurch deutlich wird. Zudem muß bedacht werden, daß gewerbliche Schutzrechte ihrem Inhaber Ausschließlichkeitsrechte gewähren, aber erst durch die Ausübung beziehungsweise Anwendung dieser Rechte läßt sich sinnvollerweise von einem solchen Recht überhaupt sprechen.[434] Die Abkopplung der Ausübung vom Bestand des

---

431 EuGH, Rs. 56 und 58/64, Slg. 1966, 321 (394).

432 Vgl. z.B. EuGH, Rs. 16/74, Slg. 1974, 1183 = GRUR Int. 1974, 456 - Winthrop; EuGH, Rs. 192/73, Slg. 1974, 731 = GRUR Int. 1974, 338 - HAG I; EuGH, Rs. 119/75, Slg. 1976, 1039 = GRUR Int. 1976, 402 - Terrapin/Terranova; EuGH, Rs. 102/77, Slg. 1978, 1139 = GRUR Int. 1978, 599 - Hoffmann-LaRoche/Centrafarm; EuGH, Rs. 3/78, Slg. 1978, 1823 = GRUR Int. 1979, 99 - American Home products/Centrafarm; EuGH, Rs. 1/81, Slg. 1981, 2913 = GRUR Int. 1980, 302 - Vibramycin.

433 Siehe *Beier*, GRUR Int. 1989, 603 (609 f.): "Die Unterscheidung zwischen Bestand und Ausübung ist mißverständlich und trägt wenig zur Klärung des Konflikts zwischen den Grundsätzen des freien Warenverkehrs und dem Schutz des gewerblichen Eigentums bei. Der Vorbehalt des Art. 36 EGV bezieht sich nicht nur auf die bestehenden Gesetze der Mitgliedstaaten, ist also nicht nur eine bloße 'Bestandsgarantie', sondern läßt auch für die Zukunft die Gesetzgebungsbefugnis der Mitgliedstaaten auf diesem Gebiet grundsätzlich unberührt, wenn diese auch 'gemeinschaftskonform' ausgeübt werden muß. Er bezieht sich darüber hinaus nicht nur auf die gesetzlichen Vorschriften und ihre Anwendung durch staatliche Behörden und Gerichte, sondern auch auf die nach diesen Vorschriften gewährten gewerblichen Schutzrechte und ihre Ausübung, d.h. Geltendmachung durch private Schutzrechtsinhaber." *Marenco/Banks*, (1990) E.L.Rev. 224, 226 weisen darauf hin, daß diese Trennung zwar im Rahmen von Art. 81, 82 EG sinnvoll ist, aber im Hinblick auf den freien Warenverkehr nicht paßt. Siehe auch Generalanwalt *Gulmann* in seinem Schlußantrag zur Rs. C-9/93, Slg. 1994, I-2789 (2802) - IHT/Ideal Standard: "Die Lösung hat, soweit ersichtlich, keine selbständige Bedeutung für die Lösung konkreter Abgrenzungsfragen."

434 Siehe *Oliver*, Free Movement of Goods in the European Community, S. 249: "The dis-

gewerblichen Schutzrechtes ist daher nur sprachlich möglich, entspricht aber weder seinem rechtlichen Charakter, noch kann dadurch eine Aussage über die Austarierung von freiem Warenverkehr und gewerblichen und kommerziellen Eigentum gewonnen werden.

In seiner neueren Rechtsprechung hat der EuGH die Unterscheidung von Bestand und Ausübung nicht mehr aufgegriffen[435] und arbeitet stattdessen mit dem Topos des "spezifischen Gegenstandes" des jeweiligen gewerblichen Schutzrechtes, um eine Rechtfertigung im Sinne des Art. 30 EG zu bestimmen.

b) Der spezifische Gegenstand des Markenrechts

In der bekannten *HAG II* Entscheidung[436] taucht die Terminologie Bestand und Ausübung nicht mehr auf, stattdessen ist der Ansatzpunkt des EuGH ein Ausdruck, der bereits in vorangegangenen Entscheidungen entwickelt wurde: Der spezifische Gegenstand eines Schutzrechtes. Der Begriff selbst erscheint bereits in der Entscheidung *Deutsche Grammophon/Metro*,[437] ohne aber dort näher bestimmt zu werden. Für das Markenrecht konkretisiert der Gerichtshof den spezifischen Gegenstand in der Entscheidung *Centrafarm/Winthrop*: "Im Bereich des Warenzeichenrechts läßt sich der spezifische Gegenstand des kommerziellen Eigentums namentlich dahin kennzeichnen, daß der Inhaber durch das ausschließliche Recht, ein Erzeugnis in den Verkehr zu bringen und dabei das Warenzeichen zu benutzen, Schutz vor Konkurrenten erlangt, die unter Mißbrauch der aufgrund des Warenzeichens erworbenen Stellung und Kreditwürdigkeit widerrechtlich mit diesem Zeichen versehene Erzeugnisse veräußern."[438] Sofern die Ausübung des Markenrechts als spezifischer Gegenstand des Markenrechts anzusehen sei, sei von einer gerechtfertigten Einfuhrbeschränkung iSd. Art. 30 S. 1 EG auszugehen. Lediglich im Falle der Erschöpfung der Rechte[439] oder bei einer mißbräuchlichen Ausübung[440] liege auch dann keine Rechtfertigung vor.

Auf den spezifischen Gegenstand des Schutzrechtes kam der EuGH in nachfolgenden Entscheidungen immer wieder zurück, um einen Ausgleich zwischen freiem Warenverkehr und gewerblichem Eigentum herzustellen.[441]

---

tinction between existence and exercise of rights is open to criticism in that a right can scarcely be said to exist if it cannot be exercised."

435 Vgl. HAG II (Fn. 427). Für die weitere Berechtigung der Unterscheidung Bestand-Ausübung spricht sich aber *Ebenroth*, Gewerblicher Rechtsschutz und europäische Warenverkehrsfreiheit, S. 16 f. aus.

436 HAG II (Fn. 427); aus der Literatur vgl. hierzu *Zimmer*, NJW 1991, 3057; *Oliver*, EuZW 1991, 274; *Joliet*, GRUR Int. 1991, 177.

437 Fn. 419.

438 Fn. 432. Für das Patentrecht vergleiche die Entscheidung EuGH, Rs. 15/74, Slg. 1994, 1147 (1163) - Centrafarm/Sterling.

439 Siehe 3. Teil, A II 2 c.

440 Zur mißbräuchlichen Ausübung iSd. Art. 30 S. 2 EG siehe 3. Teil, A II 2 d.

Anders als die Differenzierung in Bestand und Ausübung eines Schutzrechtes kann durch die Betrachtung des spezifischen Gegenstandes auch die Rechtsnatur des geistigen Eigentums adäquat einbezogen werden. Nur zentrale Rechte des Markeninhabers können den freien Warenverkehr unterbinden, so daß durch die Ermittlung des spezifischen Gegenstandes eine gewisse Verhältnismäßigkeit in die Beurteilung einfließen kann.[442]

c) Gemeinschaftsrechtliche Erschöpfung

aa) Ausgangsüberlegungen zur Erschöpfung
Einen weiteren Topos der EuGH-Rechtsprechung bei der Abwägung von freiem Warenverkehr und gewerblichen Schutzrechten stellt die gemeinschaftsrechtliche Erschöpfung dar, mit der anerkannte Grundsätze der Mitgliedstaaten aufgegriffen werden.[443] Gemäß der Erschöpfungslehre stehen dem Markeninhaber zwar grundsätzlich Ausschließlichkeitsrechte an Waren zu, die mit seiner Marke gekennzeichnet sind.

Diese Rechte können gegenüber unberechtigten Dritten allerdings dann nicht geltend gemacht werden, wenn die betreffenden Waren vom Zeichenberechtigten selbst oder mit seiner Zustimmung in den Verkehr gebracht worden sind. Die Rechte sind dann hinsichtlich dieser Waren erschöpft,[444] und zwar für das gesamte Gebiet der Europäischen Union bzw. des Europäischen Wirtschaftsraumes.[445] Art. 30 S. 1 EG als Rechtfertigung dafür, daß eine Beeinträchtigung des freien Warenverkehrs gem. Art. 28 EG vorliegt, greift dann nicht ein. Die

---

[441] Vgl. HAG I (Fn. 432); Terranova/Terrapin (Fn. 432); Hoffmann-LaRoche/Centrafarm (Fn. 432); American Home products/Centrafarm (Fn. 432); Vibramycin (Fn. 432); EuGH, Rs. 9/93, Slg. 1994, 2789 (2846 ff.) = GRUR Int. 1994, 614 (616 f.) = EWS 1994, 277 - IHT/Ideal Standard.

[442] Vgl. *Fezer*, FS für Gaedertz, S. 153 (166): "Allgemeiner wird man sagen können, daß die Präzisierung des spezifischen Gegenstandes der Immaterialgüterrechte auf die Rechtsgrundsätze der Verhältnismäßigkeit und Erforderlichkeit zurückgeführt werden können."

Zu dem Verhältnis von "Bestand-Ausübung" zum spezifischen Gegenstand siehe *Oliver*, Free Movement of Goods in the European Community, S. 249: "The distinction becomes more logical, if one substitutes the term 'core rights' for the concept of 'existence' and 'ancillary rights' for that of 'exercise'. The Treaty protects 'core rights', namely those which form part of the 'specific subject-matter' of each type of industrial property, i.e. patents, trade marks, copyrights etc. " Siehe auch *Matthies*, in: Grabitz, Art. 36 Rn. 21 mwN.

[443] Vgl. *Schennen*, Mitt. 1989, 7 (9 f.) mit Nachweisen zu den Erschöpfungsregelungen in den Mitgliedstaaten.

[444] Zur Besonderheit, daß dem Markeninhaber die Möglichkeit der Qualitätskontrolle erhalten bleiben muß, siehe 3. Teil, A II 2 c bb (2).

[445] Vgl. z.B. *Ebenroth/Parche*, GRUR Int. 1989, 738 (742 ff.); *Ebenroth/Hübschle*, Gewerbliche Schutzrechte und Marktaufteilung im Binnenmarkt der Europäischen Union, S. 113 ff.; *Mailänder*, in: FS für Gaedertz, S. 369; *Sack*, RIW 1994, 897 f.; *Fezer*, in: FS für Gaedertz, S. 153 (161 ff.).

gemeinschaftsrechtliche Erschöpfung erfaßt jedoch nur Behinderungen des grenzüberschreitenden Warenverkehrs in der EU und im EWR, nicht reine Inlandssachverhalte.[446]

Maßgebliches Kriterium für die Erschöpfung ist damit, ob der Inhaber dem Inverkehrbringen zugestimmt hat,[447] wobei sich diese Zustimmung auf jedes Exemplar der Ware erstrecken muß, für das die Erschöpfung geltend gemacht wird.[448] Unproblematisch ist eine Zustimmung zu bejahen, sofern zum Beispiel eine Vertriebslizenz, eine grenzüberschreitende Gemeinschaftsproduktion beziehungsweise Alleinvertriebssysteme vorliegen[449] oder die Unternehmen "rechtlich oder wirtschaftlich abhängig" voneinander sind.[450]

bb) Sonderprobleme der Erschöpfungslehre

(1) Erschöpfung bei Ursprungsgleichheit der Zeichen

In der früheren Rechtsprechung des EuGH, beginnend mit dem *HAG I* Urteil, wurde auch die sogenannte Lehre vom gemeinsamen Ursprung unter die Erschöpfungslehre gefaßt. Ursprungsgleichheit von Zeichen wurde dann angenommen, wenn der Markeninhaber in verschiedenen Ländern ursprünglich übereinstimmende oder verwechslungsfähige Zeichen hatte, die aber dann auf mehrere Inhaber verteilt wurden, wie es zum Beispiel beim Sachverhalt des *HAG I* Urteils durch Zwangsenteignung passierte. In diesem heftig kritisierten Urteil[451] befand der EuGH, daß weder der Markenerwerber den Import verwechslungsfähig gekennzeichneter Waren verhindern könne, noch umgekehrt sich der ursprüngliche Markeninhaber gegen den Import von Waren des Markenerwerbers wehren könne. Da die Marke von beiden auf einen gemeinsamen Ursprung rückführbar sei, liege ein Erschöpfungsgrund vor, der die Geltendmachung von Markenrechten verhindere.

Erst in den späteren Urteilen *HAG II*[452] und *IHT/Ideal Standard*[453] vollzog sich ein Wandel in der Rechtsprechung, der zu einer ausdrücklichen Abkehr von der Lehre vom gemeinsamen Ursprung führte. Maßgeblich für diesen Wandel war ein anderes Verständnis der Bedeutung des Markenschutzes. Der Generalanwalt

446 Für reine Inlandssachverhalte sind aber dann die nationalen Markenvorschriften einschlägig, Art. 7 I MRRL, § 24 MarkenG, vgl. *Sack*, RIW 1994, 888 (888 l.Sp.).

447 *Schennen*, Mitt. 1989, 7 (10 l.Sp.) weist daraufhin, daß der Erschöpfungsgrundsatz daher auf das Gebot des widersprüchlichen Verhaltens zurückzuführen sei.

448 Siehe EuGH, Rs. 173/98, GRUR Int. 1999, 870 - Sebago.

449 *Sack*, aaO. S. 902.

450 Vgl. HAG II (Fn. 427).

451 Umfassende Nachweise der Kritik der Literatur an HAG I gibt *Sack*, RIW 1994, 897 (904); zur zustimmenden Literatur siehe *dens.*, aaO. S. 904.

452 HAG II (Fn. 427).

453 IHT/Ideal Standard (Fn. 441).

Dutheillet de Lamothe hatte in seinem Schlußantrag zum *Sirena*-Urteil noch zugespitzt formuliert: "Die Interessen, deren Schutz die Patentgesetzgebung dient, sind wirtschaftlich und menschlich schutzwürdiger als die durch das Warenzeichenrecht geschützten (...) Rein menschlich gesehen, schuldet die Allgemeinheit dem 'Erfinder' des Wortzeichens Prep Good Morning (i.e. eine Rasiercrememarke, der Verfasser) zumindest nicht den gleichen Dank, zu dem die Menschheit dem Erfinder des Penicillins verpflichtet ist."[454] Auch dem wirtschaftlichen Argument, die Marke stelle zugleich eine erhebliche Werbeinvestition dar, maß der Generalanwalt "keine übermäßige Bedeutung" bei,[455] was vom EuGH in der bezeichneten Entscheidung übernommen wurde.[456] Markenrechte wurden als gewissermaßen minderwertige gewerbliche Schutzrechte angesehen, deren Ausübung nicht den freien Warenverkehr unterbinden dürfe.

Angeregt durch den Schlußantrag des Generalanwalts *Jacobs*[457] nahm der Gerichtshof in der *HAG II* Entscheidung Abschied von dieser abschätzigen Auffassung des Warenzeichens und erkannte: "Was das Warenzeichenrecht angeht, ist festzustellen, daß dieses Recht ein wesentlicher Bestandteil des Systems unverfälschten Wettbewerbs ist, das der Vertrag schaffen und erhalten will. In einem solchen System müssen die Unternehmen in der Lage sein, die Kundschaft durch die Qualität ihrer Erzeugnisse oder ihrer Dienstleistungen an sich zu binden, was nur möglich ist, wenn es Kennzeichen gibt, mit deren Hilfe sich diese Erzeugnisse und Dienstleistungen identifizieren lassen. Damit das Warenzeichen diese Aufgabe erfüllen kann, muß es die Gewähr bieten, daß alle Erzeugnisse, die mit ihm versehen sind, unter der Kontrolle eines einzigen Unternehmens hergestellt worden sind, das für ihre Qualität verantwortlich gemacht werden kann."[458] Der Gerichtshof änderte damit seine Sichtweise, indem er nicht mehr an die Marke selbst als Produkt einer geistigen Schöpfung anknüpfte, wie man es bei anderen gewerblichen Schutzrechten und auch dem Urheberrecht kennt, sondern auf die spezielle Funktion abstellt, die die Marke im Wettbewerb übernimmt. Die vorangegangene isolierte Betrachtung eines Wortzeichens, beispielsweise der Rasiercrememarke 'Prep Good Morning', ist allerdings nicht geeignet, die immense wirtschaftliche Bedeutung von Marken zu erklären, die in der Einleitung exemplarisch verdeutlicht wurde und auf die später noch

---

454 Siehe GRUR Int. 1971, 279.

455 GRUR Int. 1971, 279.

456 Siehe EuGH Sirena (Fn. 416) Rn. 7: "Die Ausübung des Warenzeichenrechts eignet sich ganz besonders dazu, zur Aufteilung der Märkte beizutragen und dadurch den für den Gemeinsamen Markt wesentlichen freien Warenverkehr zwischen den Staaten zu beeinträchtigen. Außerdem unterscheidet sich das Zeichenrecht von anderen Schutzrechten dadurch, daß das Schutzobjekt dieser letzteren meist von größerer Bedeutung und schutzwürdiger ist als das des Warenzeichenrechts."

457 GRUR Int. 1990, 962 (964 f.).

458 EuGH HAG II (Fn. 427), Rn. 13. Siehe auch *Fezer*, in: FS für Gaedertz, S. 153 (155 ff.); *Joliet*, GRUR Int. 1991, 177.

zurückzukommen ist.[459] Angesichts dessen ist auch die Ursprungsgleichheit von Zeichen, sei es durch Zwangsenteignung oder im Wege einer freiwilligen Markenübertragung,[460] nicht ausreichend für die Begründung, daß der Markeninhaber seine Rechte nicht gegen Importprodukte mit verletzenden Kennzeichen geltend machen kann. Auch bei ursprungsgleichen Zeichen ist die Berufung auf Markenrechte iSd. Art. 30 S. 1 EG gerechtfertigt, eine Erschöpfung der Rechte wird nicht mehr angenommen.[461]

(2) Umpacken von Originalware

Ein weiteres Sonderproblem der Erschöpfungslehre, das den Europäischen Gerichtshofes beschäftigt hat, stellt das sogenannte Umpacken von Originalware dar, bei dem ein vom Markeninhaber oder mit dessen Zustimmung auf den Markt gebrachtes Produkt in eine andere Verpackung gebracht wird. Typischerweise wird ein solches Vorgehen dann gewählt, wenn für ein bestimmtes Produkt eines Unternehmens in den verschiedenen Mitgliedstaaten der Europäischen Union beziehungsweise des Europäischen Wirtschaftsraumes unterschiedliche Verpackungsgrößen verwendet werden und zwischen den Staaten ein erhebliches Preisgefälle für das jeweilige Produkt besteht. Rechtlich stellt sich dabei die Frage, ob die Markenrechte wieder aufleben können, der Zeicheninhaber also den Import verhindern könnte, obwohl er das Produkt auf den Markt gebracht hat, seine Markenrechte demzufolge eigentlich erschöpft sein müßten.[462]

In einer ersten Entscheidung hierzu sprach der Gerichtshof dem Markeninhaber zunächst das Recht zu, sich dagegen zur Wehr zu setzen, daß ein Erzeugnis von einem Dritten auf den Markt eines anderen Mitgliedstaates gebracht wurde, nachdem es rechtmäßig mit dem Warenzeichen vom Zeicheninhaber auf den Markt gebracht wurde und von dem Dritten in eine neue Packung umgefüllt und diese mit dem Warenzeichen versehen wurde.[463] Jedoch schränkte der EuGH dieses Recht dahingehend ein, daß diese Abwehr keine verschleierte Beschränkung des Handels zwischen den Mitgliedstaaten im Sinne des Art. 30 S. 2 EG sein dürfe.[464]

---

459 Siehe unter 4. Teil, B II 2.

460 HAG II (Fn. 427) und IHT/Ideal Standard, (Fn. 441).

461 Siehe EuGH HAG II (Fn. 427), IHT/Ideal Standard (Fn. 441); *Kunze*, (1991) 22 IIC 319, 327 f.

462 Unstreitig würden ihm die Markenrechte zustehen, wenn die Qualität der Ware verändert oder verschlechtert werden würde, z.B. durch das nicht autorisierte Überfärben von Marken-Jeans, vgl. OLG Hamburg, WRP 1994, 122 ff. Explizit geregelt ist dies in Art. 7 II MRRL und § 24 II MarkenG, die insofern mit Art. 13 II GMV übereinstimmen. Siehe auch *Sack*, EWS 1994, 333 f. mwN. aus Literatur und Rechtsprechung.

463 Hoffmann-LaRoche (Fn. 432).

464 Zu den Begrenzungen des Art. 30 S. 2 EG siehe noch unter 3. Teil, A II 2 d.

Dabei ging der EuGH davon aus, daß der Erschöpfungsgrundsatz nicht das Kennzeichnungsrecht des Markeninhabers erfaßt, das heißt das Recht, unbefugten Dritten zu untersagen, seine Marke auf der Ware oder Verpackung anzubringen.[465]

Diesen Gedanken, das Kennzeichnungsrecht falle nicht unter den Erschöpfungsgrundsatz, die Ausübung könne aber nach Art. 30 S. 2 EG nicht zulässig sein, drehte der EuGH durch seine Entscheidungen vom 11.7.1996[466] in gewisser Weise um. In diesen Entscheidungen erkannte der Gerichtshof, daß auch das Kennzeichnungsrecht beim erstmaligen Inverkehrbringen erschöpft wird, da der spezifische Gegenstand des Rechtsinhabers keine Rechtfertigung dafür sei, daß die Neukennzeichnung mit der geschützten Marke anders zu behandeln sei als das Sichtbarmachen der auf der Innenverpackung angebrachten Originalmarke umgepackter Waren durch Klarsichtfenster oder in sonstiger Weise.[467]

Allerdings knüpft der EuGH sehr detaillierte Bedingungen an die Erschöpfung, die "mehr eine Gesetzgebung als eine Vertrags- und Richtlinien-Auslegung zu sein"[468] scheinen. Erschöpfung tritt demnach nur dann ein, wenn keine Beeinträchtigung des Originalzustandes der Ware vorliegt, wenn sich ein Hinweis auf der Verpackung findet, von wem das Produkt umgepackt worden ist und wer der Hersteller ist, wenn die Neuverpackung nicht rufschädigend ist und wenn der Importeur den Markeninhaber vorab vom Feilhalten des umgepackten Produktes unterrichtet und ihm auf Verlangen ein Muster der umgepackten Ware liefert.[469] Ferner darf die Geltendmachung des Markenrechts nicht zu einer künstlichen Abschottung der Märkte führen, womit die überragende Bedeutung des freien Warenverkehrs herausgehoben wird.[470] Diese Grundsätze wurden auf die Neuetikettierung von Flaschen übertragen.[471]

---

465 EuGH, Rs. 1781, Slg. 1981, 2912 (2926) - Pfizer. Siehe auch *Ebenroth/Hübschle*, Gewerbliche Schutzrechte und Marktaufteilung im Binnenmarkt der Europäischen Union, S. 115; *Sack*, GRUR Int. 1997, 1 (3 f.).

466 Bristol-Myers Squib (Fn. 430); EuGH, verbundene Rchtssachen C-71/94, C-72/94 und C-73/94, GRUR Int. 1996, 1150 - Eurim Pharm; EuGH, Rs. C-232/94, GRUR Int. 1996, 1151 - MPA Pharma. Ausführlich zu diesen Entscheidungen *Sack*, GRUR Int. 1997, 1 ff.; *Alexander*, (1998) 28 IIC 16, 18 ff.

467 EuGH, GRUR Int. 1996, 1150, Rn. 38, 39; siehe auch *Sack*, aaO. S.4.

468 *Verkade*, GRUR Int. 1996, 1152 (1153 l.Sp.).

469 Siehe Entscheidungen Bristol-Myers Squibb, MPA Pharma, Eurim Pharm (Fn. 466). Eine rufschädigende Wirkung ist aber noch nicht dann anzunehmen, wenn Luxusartikel in einem Kontext mit anderen Artikeln gleicher Art, aber nicht unbedingt gleicher Qualität beworben werden, EuGH, Rs. 337/95, GRUR Int. 1998, 140 - Dior/Evora.

470 Für den speziellen Fall, daß ein Unternehmen im Ausland das Produkt mit einer anderen Marke vertreibt als im Inland und ein Parallelimporteur das Auslandsprodukt mit der Inlandsmarke überkleben will, hat der EuGH jüngst wieder die Gefahr der künstlichen Abschottung von Märkten akzentuiert. Eine solche liegt vor, wenn der Markeninhaber den Vertrieb seiner Inlandsmarke verhindern will, obwohl die Ersetzung der ursprünglichen Marke für den

Abschließend läßt sich damit festhalten, daß der EuGH in den Fällen des Umpackens von Originalware auch vom Erschöpfungsgrundsatz ausgeht, das Vorliegen der Erschöpfung jedoch von einer sehr nuancierten Einzelfallbetrachtung abhängig macht, die es ermöglicht, im konkreten Kollisionsfall eine genaue Abwägung zwischen den Grundsätzen des freien Warenverkehrs und den Rechten des Markeninhabers vorzunehmen. Obwohl das Produkt durch den Markeninhaber oder mit dessen Zustimmung in den Verkehr gebracht wurde, tritt die Erschöpfung nur bei Hinzutreten weiterer Bedingungen ein. Dem Warenimporteur werden dadurch zusätzliche Verhaltenspflichten auferlegt, die den Grundsatz der Erschöpfung für die speziellen Fälle des Umpackens von Originalware modifizieren.

(3) Internationale Erschöpfung

Bereits im Rahmen der Erschöpfung von Gemeinschaftsmarken wurde auf die Frage eingegangen, ob Erschöpfung auch dann eintritt, wenn die gekennzeichnete Ware oder Dienstleistung außerhalb des EU bzw. EWR-Raumes auf den Markt gebracht wurde.[472] Ausdrücklich entschied der EuGH in *Silhouette*,[473] daß Artikel 7 der Harmonisierungsrichtlinie den Mitgliedstaaten bei der Umsetzung keinen Raum für die internationale Erschöpfung lasse. Erschöpfungswirkung kann damit nur dann vorliegen, wenn Ware oder Dienstleistung in der EU oder dem EWR auf den Markt gebracht wurden,[474] was kürzlich in der *Sebago* Entscheidung noch einmal bestätigt wurde.[475]

Importeur "objektiv notwendig" war. Siehe Urteil vom 12.10.1999, EuGH, Rs. 397/97 = WRP 1999, 1264 = GRUR Int. 2000, 159, - Pharmacia & Upjohn S.A (http://curia.eu.int/de/jurisp/index.htm). Dazu auch F.A.Z. vom 10.12.1999, S. 22: "Importeur darf Marke nicht überkleben."

471 EuGH, C-349/95, GRUR Int. 1998, 145 - Loendersloot/Ballantine.

472 Siehe oben 2. Teil, B II 3 a.

473 Rs. C-355/96, Slg. 1998, I-4799 = GRUR Int. 1998, 695 = WRP 1998, 851 = ABl.HABM 1998, 1010. Kritisch hierzu und für eine Wiedereinführung der internationalen Erschöpfung *Rohnke*, WRP 1999, 889. Siehe zu einer detaillierten wirtschaftlichen Analyse der Auswirkungen von EU/EWR weiter und internationaler Erschöpfung den für die Generaldirektion XV angefertigten Bericht: N/E/R/A (National Economic Research Associates), The Economic Consequences of the Choice of Regime of Exhaustion in the Area of Trademarks, Final Report for DG XV of the European Commission, 8 February 1999, http://europa.eu.int/comm/dg15. Siehe zu dem "Silhouette" - Urteil auch *Pagenberg*, (1999) 30 IIC 19, 20 ff.

474 Eine andere Auffassung vertrat der EFTA-Gerichtshof in der Rechtssache Maglite, wonach Norwegen nach dem Inkrafttreten der Markenrechtsrichtlinie weiterhin berechtigt sei, die internationale Erschöpfung vorzusehen, E-2/97 vom 3.12.1997 - Mag Instrument inc./ California Trading Company Norway, Ulstein, GRUR Int. 1998, 309. Zum Verhältnis von EFTA-Gerichtshof zum EuGH siehe *Joller*, GRUR Int. 1998, 751 (764 r.Sp.).

475 EuGH, Rs.173/98, GRUR Int. 1999, 870 - Sebago. Interessanterweise zeigt sich eine gewisse Tendenz, die internationale Erschöpfung quasi durch die Hintertür wieder einzuführen in einem Urteil von *Justice Laddie*, Zino Davidoff SA v. A & G Imports Ltd., (1999) 3 All ER 711 (Ch.D), indem der Begriff der impliziten Zustimmung für Importe außerhalb des EWR

d) Mißbräuchliche Ausübung iSd. Art. 30 S. 2 EG

In verschiedenen Entscheidungen hat der Gerichtshof Bezug auf Art. 30 S. 2 EG genommen, der wiederum eine Ausnahme von Art. 30 S. 1 EG ist.[476] Einfuhrbeschränkungen und Maßnahmen gleicher Wirkung sind danach nicht durch das gewerbliche Eigentum gerechtfertigt, wenn diese ein Mittel zur willkürlichen Diskriminierung oder eine verschleierte Beschränkung des Handels zwischen den Mitgliedstaaten darstellen.

Der EuGH führt mit der Anwendung des Art. 30 S. 2 EG zugleich zwei neue, antinomische Begriffe ein, nämlich die berechtigte und unberechtigte, i.e. mißbräuchliche Rechtsausübung. Von Art. 30 S. 2 EG werde eine mißbräuchliche Ausübung erfaßt, "die geeignet ist, künstliche Abschottungen innerhalb des Gemeinsamen Marktes beizubehalten oder zu schaffen."[477] In der Entscheidung *Hoffmann-La Roche*, bei der es um den Import eines umgepackten Arzneimittels ging, beschränkte der EuGH die Abwehrbefugnisse des Markeninhabers auf den Fall, daß "die Geltendmachung des Warenzeichenrechts durch den Inhaber unter Berücksichtigung des von ihm angewandten Vermarktungssystem zur künstlichen Abschottung der Märkte zwischen den Mitgliedstaaten beitragen würde."[478]

Einen Schritt weiter ging der EuGH in der Entscheidung *Centrafarm/American Home Products*, in der der Gerichtshof eine verschleierte Beschränkung des Handels zwischen den Mitgliedstaaten annahm, wenn "eine solche Praktik vom Inhaber der Warenzeichen im Rahmen eines Vertriebssystems befolgt wird, das darauf *abzielt* (Hervorhebung durch den Verfasser), die Märkte künstlich abzuschotten."[479]

Über die objektive Marktabschottung scheint damit ein subjektiv-intentionales Verhalten erforderlich, wie es von der Literatur vielfach bei der Auslegung des Art. 30 S. 2 EG gefordert wurde.[480] Jedoch hat der EuGH in seinen Urteilen vom

---

sehr weit gefaßt wird. Dadurch, daß der Kläger Produkte in Asien auf den Markt gebracht hat, ohne ausdrücklich die Wiedereinfuhr nach Europa zu verbieten, liege eine implizite, vertragliche Zustimmung vor, die die Geltendmachung von Markenrechten verhindere. Es bleibt abzuwarten, ob diese Argumentation im Hinblick auf die eindeutige EuGH Rechtsprechung in "Silhouette" Bestand haben wird. Siehe hierzu "The Times" vom 24.5.1999, Limit to trade mark rights, *Stamatoudi/Torremans*, (2000) 31 IIC 123 und *Ohly*, (1999) 30 IIC 512, 528 ff.

[476] Zur systematischen Stellung des Art. 30 S. 2 EG bereits oben 3. Teil, A II 1. Siehe auch *Martin-Ehlers*, JA 1994, 108 (112).

[477] EuGH, Rs. 119775, Slg. 1976, 1060 (1062 f.) - Terrapin/Terranova; zu Art. 30 S. 2 EG in dieser Entscheidung siehe *Reisch*, GRUR Int. 1982, 151 (154 f.); *Beier*, GRUR Int. 1989, 603 (610 f.).

[478] EuGH, Rs. 102/77, Slg. 1978, 1139 (1165 f.). Zu dem geänderten dogmatischen Ansatz des EuGH in den Umpackfällen siehe bereits unter 3. Teil, A II 2 c bb (2).

[479] Siehe Fn. 432.

[480] Siehe v.a. *Beier*, in: FS für Vieregge, S. 45 ff.

11.7.1996 auf ein solches subjektives Kriterium ausdrücklich verzichtet.[481] Genügend für die Anwendbarkeit des Art. 30 S. 2 EG ist damit einzig die objektive Marktabschottung.

e) Der Begriff der Verwechslungsgefahr

Wie bereits bei der Darstellung des Gemeinschaftsmarkenrechts hervorgehoben,[482] handelt es sich bei dem Begriff der Verwechslungsgefahr nicht nur um ein entscheidendes Tatbestandsmerkmal innerhalb der relativen Eintragungshindernisse und der Verletzungshandlungen, sondern in seiner inhaltlichen Festlegung spiegelt sich auch das Verständnis des markenrechtlichen Schutzes wider. Traditionen und Grundverständnisse beeinflussen in den Mitgliedstaaten maßgeblich die Auslegung und führen zu einer sehr weiten Interpretation, wie es namentlich in den Beneluxstaaten der Fall ist, oder zu einer zurückhaltenderen Annahme der Verwechslungsgefahr.[483] An nationale Gepflogenheiten gewöhnt, bricht sich daher des öfteren an Entscheidungen aus anderen Mitgliedstaaten das Unverständnis, wie es etwa an der humorvollen Kritik des Generalanwaltes *Jacobs* in seinem Schlußantrag in der Rechtssache *HAG II* bzgl. einer Entscheidung des BPatG zum Ausdruck kommt: "In einem nur zu bekannten Fall (...)[484] hat das BPatG entschieden, daß die Marke 'Lucky Whip' mit der Marke 'Schöller Nucki' leicht zu verwechseln sei, eine Entscheidung, die wohl einen Verbraucherstamm voraussetzt, der unter einer akuten Form der Legasthenie leidet."[485]

Aus der Perspektive des Benelux-Rechts, das bereits das bloße Assoziieren mit einer Marke genügen läßt, ohne daß beim Verbraucher Verwechslung hinzukommen muß, ist es unverständlich, daß *Justice Laddie* in der *Wagamama* Entscheidung[486] ausdrücklich Verwechslung auf Seiten des Verbrauchers als Kriterium verlangt hat, und eine solche Forderung wurde als Rückfall in die "Dark Ages of Trade Mark Law" gewertet.[487]

Andererseits ist aber auch das Benelux-Konzept, bloße Assoziation ausreichen zu lassen, aus britischer Sicht als zu weitgehend und im Ergebnis unverständlich kritisiert worden: "Although the Benelux Court of Justice may have famously supported the decision to enjoin KLAREIN (for detergent) because of the danger

---

481 Bristol -Myers Squibb (Fn. 430), 3. Leitsatz 1.Spiegelstrich aE.

482 Siehe oben 2. Teil, B II 1 c, bb und 2. Teil, B II 2 a bb.

483 Für einen kursorischen Überblick über Grundeinstellungen in den Mitgliedstaaten siehe *Kur*, MarkenR 1999, 2 (3 f.). Aufgegriffen wird dieser Gedanke von traditionsbedingten Unterschieden bei der Auslegung durch mitgliedstaatliche Gerichte im 4. Teil, B II 2 b.

484 BPatG GRUR 1975, 74.

485 GRUR Int. 1990, 960 (968 r.Sp.).

486 Wagamama v. City Centre Restaurants (1995) F.S.R. 713 (Justice Laddie).

487 Siehe *Kampermann Sanders*, The Wagamama Decision: Back to the Dark Ages of Trade Mark Law, (1996) E.I.P.R. 3 und die Erwiderung von *Prescott*, Think before you Waga Finger, (1996) E.I.P.R. 317.

of diluting CLAERYN (for gin) by stating that 'the consumer should not, for one moment, get the taste of soap in his mouth when drinking gin', the writer for one has never got the taste of JIF bathroom cleaner in his mouth when eating JIF lemon juice on his pancakes!"[488]

Wie der Begriff der Verwechslungsgefahr im Sinne der Harmonisierungsrichtlinie auszulegen sei, ist daher dem EuGH in verschiedenen Verfahren zur Vorabentscheidung gem. Art. 234 EG vorgelegt worden. Grundsätzliche Erwägungen hat der EuGH in dem Fall *Sabel*[489] hierzu angestellt, in dem es um die Verwechslungsfähigkeit einer springenden Raubkatze ging, die in einer Bildmarke von der Firma Puma eingetragen war und für die die niederländische Firma Sabel in einer Wort-Bildmarke Schutz in Deutschland suchte.[490] Der Europäische Gerichtshof hat einfaches Assoziieren mit einer anderen Marke nicht ausreichen lassen, vielmehr sei das gedankliche Inverbindungbringen mit einer anderen Marke als ein Unterfall der Verwechslung zu sehen. Gleichzeitig stellte der EuGH allgemeine Grundsätze auf, wie die Kollision von Marken zu handhaben ist. Demnach komme es für das Vorliegen von Verwechslung entscheidend auf den Gesamteindruck der Marken an, wobei eine umfassende Beurteilung in bildlicher, klanglicher oder begrifflicher Hinsicht gerade auch im Hinblich auf unterscheidende und dominierende Elemente zu erfolgen habe. Es müsse geprüft werden, wie die Marke auf den Durchschnittsverbraucher dieser Art von Waren/Dienstleistungen wirke, wobei Verwechslungsgefahr umso eher anzunehmen sei, je stärker die Kennzeichnungskraft der älteren Marke ist.[491]

In der nachfolgenden Entscheidung *Canon*[492] spezifizierte der Gerichtshof diese Ausführungen. Verwechslungsgefahr liege danach vor, wenn die betreffenden Verkehrskreise denken könnten, daß die in Frage stehenden Waren/Dienstleistungen aus demselben Unternehmen oder gegebenenfalls aus wirtschaftlich miteinander verbundenen Unternehmen stammen. Innerhalb der umfassenden Beurteilung der Verwechslungsgefahr sei zu beachten, daß eine Wechselbeziehung zwischen den Faktoren bestehe, vor allem der Ähnlichkeit der Marken und der Ähnlichkeit der Waren/Dienstleistungen. Liege lediglich ein geringer Grad der Ähnlichkeit von Waren/Dienstleistungen vor, so könne dieser durch einen hohen

---

488 *Pickering*, Trade Marks in Theory and Praxis, S. 123, der damit die *Klaryn/Claeryn* Entscheidung vom 1.3.1975, (1975) Nederlandse Jurisprudentie 472 = GRUR Int. 1975, 399, aufgreift, und deren Grundsätze auf den bekannten britischen Fall *Reckitt & Colman v. Borden*, (1990) 1 W.L.R. 491 (House of Lords) überträgt.

489 EuGH, Rs. 251/95, Slg. 1997, I-6191 = GRUR Int. 1998, 56 = GRUR 1998, 387 = WRP 1998, 39 = Mitt. 1997, 395 = ABl.HABM 1998, 78.

490 Aus der Literatur zu diesem Urteil siehe z.B. *Kur*, MarkenR 1999, 2 (4 f.); *Preglau/Neuffer*, MarkenR 1999, 41 (43 f.); *Annand*, GRUR Int. 1998, 656.

491 Sabel (Fn. 489) - Rn. 22 ff.

492 EuGH, Rs. C-39/97, Slg. 1998, I-5507 = GRUR Int. 1998, 875 = GRUR 1998, 922 = WRP 1998, 922 = Mitt. 1998, 427 = MarkenR 1999, 22 - Canon.

Grad der Ähnlichkeit der Marken ausgeglichen werden und umgekehrt. Verwechslungsgefahr sei umso größer, je stärker die Kennzeichnungskraft der älteren Marke sei, was aber nicht die Ähnlichkeit von Waren/Diensteistungen vollständig ersetzen könne.[493]

Wiederum bestätigt und weiter fortgeführt wurden diese Prinzipien durch die Entscheidung *Lloyd*,[494] in der explizit die Möglichkeit einer klanglichen Verwechslungsgefahr bejaht wurde. Für die Bestimmung der Kennzeichnungskraft sei die Eignung der Marke zu prüfen, die Waren oder Dienstleistungen, für die sie eingetragen worden ist, als von einem bestimmten Unternehmen stammend zu kennzeichnen und sie damit von anderen Unternehmen zu unterscheiden. Bei dieser Beurteilung müßten sämtliche maßgebende Faktoren und vor allem die Eigenschaften berücksichtigt werden, die die Marke besitze, einschließlich des Umstandes, ob sie beschreibende Elemente in bezug auf die Waren/Dienstleistungen, für die sie eingetragen worden sei, aufweise. Durch allgemeine Angaben, zum Beispiel prozentuale Bekanntheit in den beteiligten Verkehrskreisen, könne dies nicht bestimmt werden.[495]

Auch in Zukunft wird der EuGH den Begriff der Verwechslungsgefahr weiter ausführen und damit das Verständnis von Markenschutz in Europa prägen.

3. Zusammenfassung

Bei dauernder Markenbenutzung und Verlängerung des Schutzantrages monopolisieren Marken für ihren Inhaber den Gebrauch der geschützten Elemente, was aufgrund der gewährten Ausschließlichkeitsrechte der Marke zu ganz erheblichen Beeinträchtigungen des Waren- und Dienstleistungsaustausches in den Mitgliedstaaten führen kann. Das Bedürfnis, Markenrechte zur Schaffung eines gemeinsamen Marktes in Europa zu vereinheitlichen, ist daher genauso verständlich wie die Tatsache, daß sich der EuGH häufig mit dem Spannungsverhältnis zwischen gewerblichen Schutzrechten und freiem Warenverkehr auseinandersetzen mußte. Schwerpunktmäßig macht der Gerichtshof das Problem an den Art. 28, 30 EG fest, wobei diese Aussagen nach Erlaß der Harmonisierungsrichtlinie im Lichte der Vorschriften der Richtlinie gesehen werden müssen.

Die Unterscheidung zwischen Bestand und Ausübung, die entwickelt wurde, um die respektierte Eigentumsposition von gewerblichen Schutzrechten herauszuarbeiten, dürfte bei der Problemlösung heute keine Rolle mehr spielen, wie auch der Präsident des EuGH hervorgehoben hat.[496] Die Blickrichtung der

---

493 Canon, Rn. 17 ff. (Fn. 492).

494 Urteil vom 22.6.1999, EuGH, Rs. C-342/97, GRUR Int. 1999, 734 .

495 Lloyd, Rn. 17 ff. (Fn. 494).

Rechtsprechung ist auf den schutzwürdigen Wesensgehalt des jeweiligen Schutzrechtes gerichtet, dessen spezifischer Gegenstand insofern eine Rechtfertigung der Beeinträchtigung des freien Warenverkehrs im Sinne des Art. 30 S. 2 EG darstellt.

Eine Ausübung der Ausschließlichkeitsrechte des Markenrechts entfällt aber dann, wenn die gekennzeichnete Ware bereits durch den Rechtsinhaber oder mit dessen Zustimmung in einem EU oder EWR Mitgliedstaat in den Verkehr gebracht worden ist. Die vielerörterten Probleme der Ursprungsgleichheit und des Umpackens von Originalware sind Sonderprobleme zur Erschöpfungslehre. Hierbei zeigt sich, daß der EuGH die Bedeutung des Markenrechts im Laufe seiner Rechtsprechung erheblich aufgewertet hat. Die Lehre vom gemeinsamen Ursprung wurde durch den EuGH ausdrücklich aufgegeben. Für die Fälle des Umpackens von Originalware gelten sehr nuancierte Bedingungen.

Das zuweilen gebrauchte Kriterium der mißbräuchlichen Ausübung gemäß Art. 30 S. 2 EG stellt einen Gesichtspunkt dar, mit dem der EuGH Fälle behandelt, die sich nicht mit Hilfe der sonstigen Topoi lösen lassen, die aber angesichts der Bedeutung des freien Warenverkehrs einer gesonderten Behandlung bedürfen. Noch im Fluß ist die Auslegung des Begriffes der Verwechslungsgefahr anhand der Harmonisierungsrichtlinie. Grundsätze, die der EuGH hier entwickelt, werden nicht nur für das Verständnis der harmonisierten, nationalen Markenrechte der Mitgliedstaaten von größter Wichtigkeit sein, sondern auch das Gemeinschaftsmarkenrecht mit den insofern wortgleichen Vorschriften determinieren.[497]

B. Internationale Verträge

I. Die Erforderlichkeit von multilateralen Übereinkommen

Das Zeitalter der Industrialisierung brachte nicht nur eine grundlegende Veränderung der Produktionsbedingungen und der Struktur der Volkswirtschaften, sondern führte auch mehr und mehr zu einer Vernetzung der Handelsbeziehungen unter den Ländern. Warenaustausch orientierte sich stärker auf Absatzgebiete außerhalb des nationalen Territoriums und der Export von Gütern in Nachbarländer wurde erheblich forciert. Gerade für diese neuen Verflechtungen bot sich die Marke als internationales Kennzeichnungs- und Werbemittel an,

---

[496] Vgl. *Rodriguez Iglesias*, Die Bedeutung der Rechtsprechung des Europäischen Gerichtshofes für die Errichtung des Binnenmarktes, in: Jürgen Schwarze (Hrsg.), Unverfälschter Wettbewerb und Arzneimittel im europäischen Binnenmarkt, S. 20.

[497] Siehe 4. Teil, A I 1.

da sie weitgehend unabhängig von einzelnen Landessprachen und somit in besonderer Weise hierfür geeignet ist.[498] Schutz der Marke vor Nachahmung oder sonstigem unzulässigen Gebrauch wurde deshalb sowohl in nationalem als auch internationalem Rahmen immer wichtiger.[499] Erste Bemühungen um einen internationalen Schutz der Marke erfolgten in der zweiten Hälfte des 19. Jahrhunderts durch zweiseitige Verträge, die regelmäßig Teil von Handelsverträgen waren. Die Defizite dieser zweiseitigen Abkommen, die vor allem darin begründet lagen, daß die Verträge von jederzeit kündbaren Handelsverträgen abhingen und zudem nur einen sehr begrenzten und uneinheitlichen Schutz ermöglichten,[500] gaben den Anlaß zu flächendeckenden Regelungsversuchen.

Auf dem Wiener Patentkongreß wurde 1873 mit diesen Arbeiten begonnen, die 10 Jahre später mit der Pariser Verbandsübereinkunft zum Schutze des gewerblichen Eigentums (PVÜ) zum ersten multilateralen Übereinkommen auf dem Gebiet des gewerblichen Rechtsschuztes führten.[501]

II. Die wichtigsten internationalen Verträge

1. Pariser Verbandsübereinkunft (PVÜ)

Bei der Pariser Verbandsübereinkunft handelt es sich um das älteste internationale Schutzabkommen. Der Text wurde auf der Diplomatischen Konferenz in Paris am 20.3.1883 von elf Staaten unterzeichnet und wurde nach Beitritt dreier weiterer Staaten 1884 nach entsprechender Ratifikation für 14 Staaten wirksam.[502] Entsprechend den Vorgaben der PVÜ fanden regelmäßige Revisionskonferenzen statt, die Verbesserungen am Regelwerk vornahmen.[503]

498 Anders noch begründete *Kohler*, Das Recht des Markenschutzes 1884, S. 412 f., den internationalen Bezug, der dem Markenrecht inhärent ist, mit dem Charakter der Marke als Persönlichkeitsrecht: "(...) das Markenrecht als das Recht der Persönlichkeit auf ihre Geltung und Manifestierung ist, wie alle Persönlichkeitsrechte, an keine localen Schranken gebunden, da das Individuum in thesi für alle seine Actionen, nicht nur für die innerhalb eines bestimmten Rechtsgebietes stattfindenden, die Rechte des Individuums beanspruchen kann: die geistige Kraft des Menschen ist local unbeschränkt und das Recht auf Anerkennung ist darum ein Recht, das an keine Gränzen geknüpft sein soll."

499 Siehe zu der Entwicklung des englischen Markenrechts im Zeitalter der Industrialisierung *Cornish*, Intellectual Property, S. 516 ff. Eingehend zum Schutz von Marken in Deutschland im 19. Jahrhundert, *Wadle*, Fabrikzeichenschutz und Markenrecht. Geschichte und Gestalt des deutschen Markenschutzes im 19. Jahrhundert, 2 Bände.

500 Zu den zweiseitigen Verträgen siehe auch *Beier*, FS für Strömholm, S. 85 (88 f.).

501 Ausführlich zur Entstehungsgeschichte der PVÜ *Bodenhausen*, Pariser Verbandsübereinkunft zum Schutz des gewerblichen Eigentums, S. 3 f.; *Beier*, GRUR Int. 1983, 339 f.

502 Und zwar für Belgien, Brasilien, Frankreich, Guatemala, Italien, Niederlande, Portugal, San Salvador, Serbien, Spanien und die Schweiz. Großbritannien, Irland und Tunesien traten bis zur Ratifikation bei.

Das Deutsche Reich trat der PVÜ am 1.5.1903 bei.[504] Maßgeblich ist für Deutschland heute die Stockholmer Fassung vom 14.7.1967.[505]

a) Zielsetzungen der PVÜ

Das Bedürfnis nach internationalem Markenschutz prägte die Hauptziele der PVÜ: Vornehmlich sollte gewerblicher Rechtsschutz in einer größtmöglichen Zahl von Ländern ermöglicht werden, und zwar nicht nur für Inländer. Darüber hinaus sollte aber auch auf die nationalen Markenrechte durch Normen Einfluß genommen werden, die sowohl den Schutz vereinheitlichen als auch verbessern sollten. In verfahrensrechtlicher Hinsicht war von Anfang an eine Vereinheitlichung des Anmeldeverfahrens intendiert.[506]

b) Wesentliche Bestimmungen der PVÜ

Die Pariser Verbandsübereinkunft hat sich auf "eine im Kern fremdenrechtliche Lösung"[507] geeinigt, d.h. es wurde kein supranationales Recht geschaffen oder das jeweilige Recht des Ursprungslandes für maßgeblich erklärt. Es wurde vielmehr der in Art. 2 PVÜ festgehaltene Grundsatz der Inländerbehandlung, wonach die Angehörigen eines jeden Verbandslandes in den übrigen Verbandsländern den gleichen Schutz genießen, wie die Staatsangehörigen des betreffenden Schutzlandes.

Über die Regelung hinaus, welches Recht zur Anwendung kommen soll, bestimmt die PVÜ auch einen gewissen Mindestschutz. Sofern ein Verbandsland dahinter zurückbleibt, muß dem verbandsangehörigen Ausländer zumindest der in der Konvention bestimmte Mindestschutz zuteil werden.

---

503 Vgl. Art. 18 I PVÜ in der Stockholmer Fassung vom 14.7.1967: "Diese Übereinkunft soll Revisionen unterzogen werden, um Verbesserungen herbeizuführen, die geeignet sind, das System des Verbandes zu vervollkommnen." Revisionskonferenzen fanden statt in Rom 1886, Madrid 1890 und 1891, in Brüssel 1897 und 1900, in Washington 1911 (die jeweils angenommenen Fassungen sind aber für keinen Mitgliedstaat mehr verbindlich). Es folgten weitere Revisionen 1925 in Den Haag, 1934 in London, 1958 in Lissabon und 1967 in Stockholm.

504 Zu den Gründen für diesen späten Beitritt siehe *Wadle*, Fabrikzeichenschutz und Markenrecht. Geschichte und Gestalt des deutschen Markenschutzes im 19. Jahrhundert, 1. Band, S. 36 ff.

505 Stockholmer Fassung vom 14.7.1967 (BGBl. 1970 II, S. 293, 391). Die Stockholmer Fassung ist gemäß Bekanntmachung vom 13.10.1970 (BGBl. II S. 1073, ber. 1971 II S. 1015) am 10.9.1970 für die Bundesrepublik Deutschland in Kraft getreten. Zuletzt wurde sie geändert durch Beschluß vom 2.10.1979, in Kraft seit dem 3.6.1984 (Bek. vom 20.8.1984, BGBl. II S. 799).

506 Siehe z.B. *Beier*, in: FS für Strömholm, S. 85 (91 ff.); *Kur*, MA 1994, 560 f.

507 *Beier*, in: FS für Strömholm, S. 85 (91 ff.). Zu den anderen diskutierten Lösungsmöglichkeiten siehe *dens.*, GRUR Int. 1983, 339 (342 ff.).

aa) Grundsatz der Inländerbehandlung

Der in der PVÜ verankerte Grundsatz der Inländerbehandlung[508] stellt den Verbandsangehörigen dem Inländer gleich und bildet damit den Kern der PVÜ. Die Inländerbehandlung wird dabei ohne Rücksicht darauf gewährt, ob die Angehörigen des Schutzlandes im Heimatland des Schutzsuchenden den gleichen oder einen vergleichbaren Schutz bekommen, es wird also bewußt auf jede Gegenseitigkeit verzichtet. Allerdings gilt der Schutz vorbehaltlich der in der PVÜ geregelten Mindestanforderungen, so daß sich der verbandsangehörige Ausländer auf den Schutz der PVÜ berufen kann, wenn der Mindestschutz weiter reicht als der nationale Standard.

Die Gleichstellung betriff jedoch nur einseitig die Rechtsposition des Verbandsausländers zu den Angehörigen des Schutzstaates; umgekehrt kann sich der Inländer nicht auf die Rechte des Ausländers berufen, da die PVÜ als völkerrechtlicher Vertrag grundsätzlich auf Inländer keine Anwendung findet. Dem Inländer müssen die Rechte aus der PVÜ durch nationales Recht erst eingeräumt werden.[509] Aus diesem Grunde ist es auch möglich, daß dem Ausländer eine bessere Rechtsposition eingeräumt wird als dem Inländer. Eine unzulässige Diskriminierung[510] ist darin aber nicht zu sehen, da keine willkürliche Schlechterstellung des Inländers erfolgt, sondern mit der besseren Rechtsposition aus der PVÜ den Besonderheiten des internationalen Warenverkehrs Rechnung getragen wird.[511]

bb) Unionspriorität

Um in dem Bereich der Verbandsländer einen einheitlichen Zeitvorrang zu erhalten, bestimmt der Grundsatz der Unionspriorität,[512] daß die ordnungsgemäße

---

508 Vgl. Art. 2 I PVÜ: "Die Angehörigen eines jeden der Verbandsländer genießen in allen übrigen Ländern des Verbandes in bezug auf den Schutz des gewerblichen Eigentums die Vorteile, welche die betreffenden Gesetze den eigenen Staatsangehörigen gegenwärtig gewähren oder in Zukunft gewähren werden, und zwar unbeschadet der durch diese Übereinkunft besonders vorgesehenen Rechte. Demgemäß haben sie den gleichen Schutz wie diese und die gleichen Rechtsbehelfe gegen jeden Eingriff in ihre Rechte, vorbehaltlich der Erfüllung der Bedingungen und Förmlichkeiten, die den eigenen Staatsangehörigen auferlegt werden." - Der Grundsatz der Inländerbehandlung wird auch als Grundsatz der Gleichstellung oder Assimilation bezeichnet, siehe *Bodenhausen*, Pariser Verbandsübereinkunft zum Schutz des gewerblichen Eigentums, S. 20.

509 *Miosga*, Internationaler Marken- und Herkunftsschutz, S. 18; *Kunz-Hallstein*, GRUR Int. 1977, 293.

510 Entgegen Art. 3 GG oder Art. 12 EG.

511 BGH GRUR 1976, 355 - P-tronics; siehe auch *Fezer*, Markenrecht, Art. 2 PVÜ, Rn. 2; *Busse/Starck*, Art. 2 PVÜ Rn. 1; kritisch zu dem Argument des BGH, es liege ein anderer Sachverhalt vor, der eine andere Behandlung rechtfertige, *Droste/Busch*, GRUR 1976, 338 (340 l.Sp.).

512 Art. 4 PVÜ. Zu den einzelnen Voraussetzungen von Erst- und Zweitanmeldung siehe *Fezer*, Markenrecht, Art. 4 PVÜ, Rn. 2 f.; *Busse/Starck*, Art. 4 PVÜ, Rn. 2 ff.

(Erst-)Anmeldung einer Fabrik- oder Handelsmarke den Zeitvorrang für eine gewisse Frist sichert. Wer innerhalb dieser Prioritätsfrist[513] seine Marke in einem anderen Verbandsland anmeldet (Zweitanmeldung), wird so behandelt, als ob die spätere Anmeldung am Tag der Erstanmeldung vorgenommen worden wäre. Ausdrücklich ausgenommen hiervon sind die Dienstleistungsmarken,[514] die Verbandsstaaten können aber ein Prioritätsrecht für Dienstleistungsmarken anerkennen.[515]

cc) Schutz der notorisch bekannten Marke

Um das unterschiedliche Schutzniveau der Länder etwas auszugleichen, das durch den Grundsatz der Inländerbehandlung bewußt unangetastet bleibt, trifft die PVÜ neben der Regelung über den Zeitvorrang noch andere materiellrechtliche Bestimmungen. Hierzu gehört auch der Schutz der notorisch bekannten Marke gem. Art. 6bis PVÜ, durch den die Mitgliedstaaten verpflichtet werden, die Eintragung von Marken zurückzuweisen, zu löschen und die Benutzung zu untersagen, die mit einer notorisch bekannten Marke verwechslungsfähig sind. Der Schutz bezieht sich dabei nicht auf Dienstleistungsmarken und setzt Warengleichartigkeit voraus.[516] Notorietät wird allerdings nicht einheitlich in den verschiedenen Verbandsländern verstanden. Nach deutschem Verständnis wird eine allgemeine Kenntnis der Marke innerhalb der beteiligten Verkehrskreise verlangt. Eine Weltmarke muß nicht vorliegen, es genügt notorische Bekanntheit in einem Verbandsland.[517] Über die Notorietät, die keine Eintragung der Marke voraussetzt, wird somit unmittelbar Einfluß auf das nationale Markenrecht genommen.

dd) Telle-quelle-Klausel

Eine weitere wichtige Regelung sieht Art. 6quinquies mit der sogenannten telle-quelle-Klausel vor, nach der eine vorschriftmäßig im Ursprungsland eingetragene Marke Auslandsschutz "so, wie sie ist" (= telle-quelle) genießt.[518] Normzweck

---

513 Für Fabrik- oder Handelsmarken beträgt die Prioritätsfrist gem. Art. 4 C I PVÜ 6 Monate.

514 *Fezer*, Markenrecht, Art. 4 PVÜ, Rn. 1 mwN.; a.A. *Mitscherlich*, GRUR Int. 1979, 26 (28).

515 *Bodenhausen*, Pariser Verbandsübereinkunft zum Schutz des gewerblichen Eigentums, S. 30; vgl. für Deutschland § 34 I MarkenG.

516 *Bodenhausen*, Pariser Verbandsübereinkunft zum Schutz des gewerblichen Eigentums, Art. 6bis PVÜ, Rn. c, h; *Fezer*, Markenrecht, Art. 6bis PVÜ, Rn. 9 f.

517 *Heydt*, GRUR 1952, 321 (323 f.); *Fezer*, Markenrecht, Art. 6bis PVÜ, Rn. 5. Zu anderen Auslegungen siehe *Fezer*, Art. 6bis PVÜ, Rn. 4. Zur Abgrenzung der notorisch bekannten Marke von der bekannten Marke im MarkenG siehe *Kur*, GRUR 1994, 330; *Fezer*, Markenrecht, § 14 Rn. 416.

518 Allerdings unter den Vorbehalt des Art. 6quinquies B PVÜ. Hierzu im einzelnen siehe *Fezer*, Markenrecht, Art. 6quinquies PVÜ, Rn. 5 ff.; *Bodenhausen*, Pariser Verbandsübereinkunft zum Schutz des gewerblichen Eigentums, S. 96 ff.; *Busse/Starck*, Art 6quinquies PVÜ,

ist es, Markenschutz auch dann zu gewähren, wenn nach dem Recht des Schutzlandes aufgrund eines anderen Markenbegriffs bereits keine schutzfähige Marke vorliegen würde. Die telle-quelle-Klausel schafft also die Voraussetzung dafür, daß der Grundsatz der Inländerbehandlung zur Anwendung kommen kann, da es den nationalen Behörden nicht mehr zusteht, das Zeichen daraufhin zu prüfen, ob überhaupt eine schutzfähige Marke vorliegt.[519]

ee) Benutzungszwang

In Art. 5 C PVÜ ist ein Benutzungszwang aufgenommen, dessen wesentliche Ausgestaltung dem nationalen Gesetzgeber anheim gestellt wird, insbesondere was die "angemessene Frist" auf die Rechtfertigung des Nichtgebrauchs betrifft.[520] Auch der geforderte Benutzungszwang bezieht sich nur auf Fabrik- und Handelsmarken, nicht aber auf Dienstleistungsmarken.

c) Zusammenfassung

Zusammenfassend läßt sich feststellen, daß das erste internationale Abkommen zum Ausgang des 19. Jahrhunderts eine ganz erhebliche Verbesserung des Schutzes gewerblicher Rechte bedeutete. Die einheitliche Fassung zentraler, markenrechtlicher Probleme ermöglicht es, bei international ausgerichteten Schutzgesuchen einen gewissen Mindestschutz bei den Verbandsländern vorauszusetzen.[521]

Von der Pflicht, bei der zuständigen Stelle des jeweiligen Verbandsstaates separat Markenschutz zu beantragen, entbindet die Zugehörigkeit zur PVÜ jedoch nicht. Der Schutzsuchende muß sich an die Zentralstelle für den gewerblichen Rechtsschutz des jeweiligen Staates wenden, die betreffenden formalen Voraussetzungen beachten, modifiziert durch gewisse Bestimmungen der PVÜ wie vor allem den Grundsatz der Inländerbehandlung, die Unionspriorität und die telle-quelle-Klausel. Auch der Schutz nach Eintragung unterliegt grundsätzlich dem nationalen Recht, gegebenenfalls nuanciert durch die aufgezeigten Besonderheiten der Pariser Verbandsübereinkunft.

Rn. 5 ff.

519 Siehe BPatGE 7, 215; *Busse/Starck*, Art. 6quinquies PVÜ, Rn. 2; *Fezer*, Markenrecht, Art. 6quinquies PVÜ, Rn. 4; a.A. *Miosga*, Internationaler Marken- und Herkunftsschutz, S. 68. Eine andere Frage ist, wie die telle-quelle-Marke von der Eintragung im Ursprungsland abhängt und wie sich der Wegfall wegen Nichtverlängerung, Verzicht oder Löschung im Ursprungsland auf die jeweiligen Schutzstaaten auswirkt. Dazu *Godemeyer/Weber*, Mitt. 1993, 321, die davon ausgehen, daß mit der Lissaboner Revisionskonferenz mit Art. 6quinquies D PVÜ eine unbeschränkte Abhängigkeit der telle-quelle-Marke eingeführt werden sollte.

520 Art. 5 C I PVÜ. *Bodenhausen*, Die Pariser Verbandsübereinkunft zum Schutz des gewerblichen Eigentums, Art. 5 C, Rn. c, d.

521 Der Pariser Verbandsübereinkunft sind heute 151 Staaten beigetreten, vgl. *Fezer*, Markenrecht, Internationales Markenrecht, Rn. 2.

2. Das Madrider Markenabkommen (MMA)

Das Madrider Markenabkommen ist ein Sonderabkommen der PVÜ,[522] das am 15.4.1891 in Madrid abgeschlossen und ebenso wie die PVÜ einer Reihe von Revisionen unterworfen wurde.[523] Das Deutsche Reich trat dem Madrider Markenabkommen mit Wirkung vom 1.12.1922 bei,[524] für die Bundesrepublik ist das MMA heute in seiner Stockholmer Fassung vom 14.7.1967 verbindlich.[525]

a) Zielsetzungen des MMA

Zwar bestand mit der PVÜ schon vor dem MMA ein internationaler Vertrag, der Markenschutz über die Landesgrenze hinaus ermöglichen konnte, doch mußte nach der PVÜ immer eine separate Anmeldung in dem Land vorgenommen werden, auf das sich der Schutz erstrecken sollte. Der Markeninhaber war somit gezwungen, nach den jeweiligen Formvorschriften vor den betreffenden nationalen Einrichtungen Schutz zu erhalten, was sich als wirtschaftlich und zeitlich sehr belastend erwies. Es rückte damit die bereits bei den Verhandlungen zur PVÜ erhobene Forderung in den Mittelpunkt, Schutz durch lediglich eine Hinterlegung in allen Vertragsstaaten zu bekommen.[526] Intendiert war also eine erhebliche Vereinfachung des Anmeldeverfahrens.

b) Struktur des MMA

Die Mitgliedstaaten des Madrider Markenabkommens bilden einen eigenen Markenverband innerhalb der Pariser Union mit eigener Rechtspersönlichkeit und eigenen Organen (union particulière). Eine Mitgliedschaft im Pariser Verband ist Voraussetzung.[527]

---

522 Vgl. Art. 19 PVÜ: "Es besteht Einverständnis darüber, daß die Verbandsländer sich das Recht vorbehalten, einzeln untereinander Sonderabkommen zum Schutz des gewerblichen Eigentums zu treffen, sofern diese Abkommen den Bestimmungen dieser Übereinkunft nicht zuwiderlaufen."

523 Das Markenabkommen und die Ausführungsordnung wurden revidiert in Brüssel am 14.12.1900, in Washington am 2.6.1911, in Den Haag am 6.11.1925, in London am 2.6.1934, am 15.6.1957 in Nizza und in Stockholm am 14.7.1967.

524 Beitrittsgesetz vom 12.7.1922, RGBl. 22 II S. 669 = Bl.f.PMZ 1922, 93. Zu den Gründen für diesen späten Beitritt siehe *Beier/Kur*, GRUR Int. 1991, 677 (678 ff.), aus der damaligen Diskussion über einen etwaigen Beitritt siehe z.B. *Isay*, GRUR 1905, 231; *ders.*, GRUR 1920, 137; *Osterrieth*, GRUR 1909, 194.

525 Siehe BGBl. 1970 II S. 418, geändert am 2.10.1979 (BGBl. 1984 II S. 799). Das MMA ist heute in 51 Staaten wirksam, siehe *Fezer*, Markenrecht, Internationales Markenrecht, Rn. 4.

526 Vgl. *Beier*, in: FS für Strömholm, S. 85 (98); *Miosga*, Internationaler Marken- und Herkunftsschutz, S. 145 f.

527 Art. 1 I MMA. Vgl. auch *Miosga*, Internationaler Marken- und Herkunftsschutz, S. 145.

aa) Hinterlegung der eingetragenen, nationalen Marke

Um Schutz im Markenverband zu erhalten, sieht das MMA die Hinterlegung einer national bereits eingetragenen Marke bei der Weltorganisation für geistiges Eigentum in Genf vor.[528] Dabei ist der Schutzsuchende zunächst auf die jeweilige nationale Behörde verwiesen, bei der das internationale Registrierungsgesuch eingereicht wird, das dann von der Behörde des Ursprungslandes an das Internationale Büro in Genf weitervermittelt wird.[529] Mit der Registrierung beim Internationalen Büro in Genf erhält der Markeninhaber in jedem Markenverbandsstaat den gleichen Schutz, als wenn die Marke dort unmittelbar hinterlegt worden wäre.[530] Die Eintragung im internationalen Markenregister begründet ein Bündel nationaler Marken,[531] deren Schutzinhalt und -umfang sich nach dem nationalen Recht des einzelnen Markenverbandsstaates bemißt. Die nationale Warenzeichenbehörde darf die Schutzverweigerung der IR-Marke nicht auf nationale Vorschriften stützen, sondern es greift auch hier der Schutz der sogenannten "telle-quelle-Marke".[532] Die zentrale Verwaltung dieser IR-Marke obliegt der WIPO.

bb) Abhängigkeit von der Ursprungsmarke

Für international registrierte Marken beträgt die Schutzdauer zwanzig Jahre,[533] die aber beliebig oft um weitere zwanzig Jahre verlängert werden kann.[534] In den ursprünglichen Fassungen sah das MMA eine vollständige Abhängigkeit der IR-Marke von der Eintragung im Ursprungsland vor, es bestand damit die Möglichkeit, durch einen "Zentralangriff" (central attack) auf die Basismarke für sämtliche Vertragsstaaten auch noch nach langer Zeit den Schutz zu entziehen, sogar wenn der betreffende Grund nur in dem Ursprungsland vorlag. Diese vollständige Akzessorietät wurde jedoch auf der Revisionskonferenz von Nizza (1957) eingeschränkt, auf der man sich auf eine fünfjährige Abhängigkeit von der

528 Art. 1 II MMA. Vorläufer der Weltorganisation für geistiges Eigentum, der WIPO (World Intellectual Property Organisation) bzw. OMPI (Organisation Mondiale de la Propriété Intellectuelle), waren bis zur Revisionskonferenz von 1967 in Stockholm die Vereinigten Internationalen Büros zum Schutz des geistigen Eigentums mit Sitz in Bern, BIRPI (Bureaux internationaux réunis pour la protection de la propriété intellectuelle), vgl. auch das Abkommen zur Errichtung einer Weltorganisation für geistiges Eigentum, GRUR Int. 1967, 528.

529 Zu den Einzelheiten der Eintragung siehe Art. 3 MMA. Deutsche Markenanmelder müssen daher zunächst beim Deutschen Patenamt einen Antrag einreichen, § 108 I MarkenG. Die Schutzausdehnung auf weitere Verbandsländer nach der internationalen Registrierung sieht Art. 3ter II MMA vor, vgl. §§ 110 f. MarkenG.

530 Art. 4 MMA mit der Möglichkeit der Unionspriorität, Art. 4 II MMA iVm. Art. 4 PVÜ.

531 Siehe BGHZ 18, 1 (13) - Hückel; BGHZ 39, 220 (228) - Waldes-Koh-i-noor; BGH GRUR 1960, 235 - Toscanella.

532 Art. 5 I 2 MMA iVm. Art. 6quinquies PVÜ. Schutzversagungsgründe können daher nur die des Art. 6quinquies PVÜ sein, vgl. *Gruber*, CR 1991, 10 (12 l.Sp.).

533 Art. 6 I MMA.

534 Art. 7 I MMA.

Basismarke einigte.[535] Nach Ablauf dieser fünf Jahre kann die Löschung der Marke im Ursprungsland nicht mehr zur Löschung der IR-Marke führen. Die Löschung der IR-Marke muß dann in jedem Verbandsland einzeln versucht werden.

cc) Fakultative, territoriale Beschränkung

Ebenfalls auf der Nizzaer Revisionskonferenz wurde der bis dahin gültige Grundsatz durchbrochen, wonach sich mit der internationalen Registrierung der Markenschutz automatisch auf alle Markenverbandsstaaten erstreckt. Dieses Prinzip bedeutete einerseits einen erheblichen Verwaltungsaufwand und belastete andererseits Staaten mit wenigen eigenen Anmeldungen und vielen fremden Schutzrechtsprüfungen (passive Staaten). Es wurde deshalb dahingehend verändert, daß der Markeninhaber explizit die gewünschten Schutzländer benennen kann.[536] Der Markeninhaber kann damit seinen Antrag auf "pays intéressés" beschränken, und Schutz wird nur auf ein Verbandsland bei dessen ausdrücklicher Benennung gewährt.[537]

c) Zusammenfassung

Das Madrider Markenabkommen schafft mit dem Erwerb einer international registrierten Marke durch Hinterlegung einer nationalen, eingetragenen Marke eine erhebliche Vereinfachung des Verfahrens. Dem Anmelder wird ein Bündel nationaler Rechte zugesprochen, ohne daß hierfür eine Sonderanmeldung in den einzelnen Staaten notwendig ist. Es wird ihm dadurch ein großer Verwaltungsaufwand abgenommen, der nicht nur eine schnellere Schutzerstreckung bedeutet, sondern auch eine beträchtliche Kostenersparnis. Supranationales Recht wird aber durch das MMA nicht geschaffen, der Schutz bestimmt sich ausschließlich nach nationalem Recht. Die Eigenheiten der Mitgliedstaaten können daher nicht ausgeklammert bleiben.

---

535 Vgl. *Kur*, MA 1994, 560 (563); *Beier/Kur*, GRUR Int. 1983, 677 (681 f.). Weitere wichtige Neuerungen brachte die Nizzaer Revisionskonferenz durch die Einführung einer Registrierung nach Klassen (Abkommen von Nizza über die internationale Klassifikation von Waren und Dienstleistungen für die Eintragung von Marken vom 15.6.1957, revidiert in Stockholm am 14.7.1967 und in Genf am 13.5.1977, BGBl. 1981 II S. 359, geändert am 2.10.1979, BGBl. 1984 II S. 799) und eine Erhöhung der internationalen Gebühren, siehe *Richter*, GRUR Int. 1957, 519 (524).

536 Vgl. Art. 3bis MMA: "Jedes Verbandsland kann jederzeit dem Generaldirektor der Organisation (im folgenden als 'der Generaldirektor' bezeichnet) schriftlich notifizieren, daß sich der Schutz aus der internationalen Registrierung auf dieses Land nur dann erstreckt, wenn der Inhaber der Marke es ausdrücklich beantragt." Eine solche Erklärung haben mittlerweile sämtliche Vertragsstaaten des MMA abgegeben, siehe *Fezer*, Markenrecht, Art. 3bis MMA, Rn. 1.

537 Art. 3ter MMA.

3. Ergänzungen zum Madrider Markenabkommen

Trotz der evidenten Vorteile des MMA, in einem einfachen Verfahren binnen relativ kurzer Frist und mit verhältnismäßig geringen Gebühren Schutz für eine Vielzahl von Ländern zu erhalten, blieben eine Reihe von wichtigen Wirtschaftsnationen dem Abkommen fern, wie etwa die USA, Kanada, Großbritannien, Japan und die skandinavischen Staaten. Hauptgrund hierfür waren die nationalen Eintragungsvoraussetzungen dieser Länder, die einen engen Markenbegriff und vor einer Eintragung eine strenge Vorprüfung auf absolute und relative Eintragungshindernisse haben (Vorprüfungsländer). Im Vergleich zu Ländern wie etwa Frankreich, Italien und den Beneluxstaaten, die einen weiten Markenbegriff und liberale Schutzvoraussetzungen ohne ausführliche Vorprüfung haben (Hinterlegungsländer), konnten Vorprüfungsländer Basismarken nur schwer erhalten, ein erheblicher Wettbewerbsnachteil, da zugleich die Gefahr bestand, von den international registrierten Marken aus Hinterlegungsländern geradezu "überschwemmt" zu werden.[538]

a) Der Trademark Registration Treaty

Um auch die Länder, die dem MMA bisher nicht beigetreten waren, in einen Verbund des internationalen Markenschutzes aufzunehmen, wurden Anfang der 70er Jahre auf Bestrebungen der WIPO neue Versuche unternommen, ein multilaterales Vertragssystem zu schaffen. Das Ergebnis dieser Bemühungen war der Trademark Registration Treaty (TRT),[539] der auf der Wiener Diplomatenkonferenz vom 17.5. bis 12.6.1973 von acht Staaten unterzeichnet wurde.[540] Der TRT, der auch eine unmittelbare Hinterlegung beim internationalen Büro in Genf vorsah,[541] ist zwar 1980 in Kraft getreten, hat aber in der Praxis keine Bedeutung gewonnen.[542]

---

538 Vgl. zu dem Interessengegensatz von Vorprüfungsländern und Hinterlegungsländern *Beier*, in: FS für Strömholm, S. 85 (99 f.); *Kur*, MA 1994, 560 (563); *Beier/Kur*, GRUR Int. 1991, 677 (678 f.). Aus amerikanischer Sicht siehe auch *Derenberg*, GRUR Int. 1973, 101.

539 Englischer Vertragstext in Industrial Property 1973, 215; französischer Text in La Propriété Industrielle 1973, 241; vgl. auch den Entwurf eines Vertrages über die internationale Registrierung von Marken, WIPO-Dokument TRT/DC/1 vom 30.7.1972, abgedruckt in GRUR Int. 1973, 456.

540 Und zwar von den USA, Großbritannien, der Bundesrepublik Deutschland, Ungarn, Italien, Portugal, Monaco und San Marino, zu nachfolgenden Beitritten siehe *Fezer*, Markenrecht, Vorb. MMA, Rn. 4.

541 Zu den inhaltlichen Bestimmungen des TRT siehe *Fezer*, Markenrecht, Vorb. MMA, Rn. 5; *Tilmann/von Schleusner*, GRUR Int. 1972, 441; *Steup/Tilmann*, GRUR Int. 1974, 155; *Derenberg*, GRUR Int. 1973, 101.

542 Siehe *Kur*, MA 1994, 560 (563); *Beier*, in: FS für Strömholm, S. 85 (102); *Beier/Kur*, GRUR Int. 1991, 677 (682 r.Sp.); *Over*, MA 1994, 552 (554 f.).

b) Das Madrider Protokoll zum MMA (MMP)

Erst eine geraume Zeit später bemühte sich die WIPO, die Regelungen des Madrider Markenabkommens zu modifizieren. Neben dem Ziel, die Attraktivität des MMA für verschiedene Staaten zu erhöhen, galt es vor allem, eine Verbindung zu dem sich abzeichenden Gemeinschaftmarkenrecht, einen sogenannten "link", vorzubereiten, da den internationalen Verträgen bis dato nur Staaten, nicht aber zwischenstaatliche Organisationen beitreten konnten. Nach vorangegangenen Expertengesprächen in den Jahren 1985-1987 fand vom 12. bis 28.6.1989 in Madrid eine Diplomatische Konferenz zum Abschluß eines Protokolls zum Madrider Markenabkommen statt. Das Protokoll, bei dem es sich entgegen seiner Bezeichnung um einen völkerrechtlichen Vertrag handelt, wurde schließlich am 28.6.1989 durch 19 Staaten beschlossen.[543] Das Protokoll ist am 1.4.1996 in Kraft getreten und enthält entsprechend seiner Zielsetzung gegenüber dem MMA eine Reihe von Besonderheiten.

aa) Mitgliedschaft

Als völkerrechtlicher Vertrag bedarf das MMP der Ratifikation des Beitrittsstaates. Vertragsparteien können dabei nicht nur Mitgliedstaaten der PVÜ werden,[544] sondern auch zwischenstaatliche Organisationen, wodurch der gewünschte "link" zum Gemeinschaftsmarkenrecht erreicht werden soll.[545] Die Parteien des MMP werden Mitglieder derselben internationalen Union, der Madrider Union im Rahmen der Pariser Verbandsübereinkunft, auch wenn sie nicht Vertragsstaaten des MMA sind.[546] Die Angelegenheiten des MMP werden von denselben Organisationen verwaltet wie die des MMA.[547]

---

543 Vgl. zur Vorgeschichte des Protokolls zum MMA *Kunze*, Mitt. 1996, 190 ff.; *Schlei*, Das Protokoll betreffend das Madrider Abkommen über die internationale Registrierung von Marken, S. 31 ff.; *Krieger/v. Mühlendahl*, GRUR Int. 1989, 734 f.; *Gruber*, CR 1991, 10 (13). Zu völkerrechtlichen Fragen einer Änderung des MMA siehe *Kunz-Hallstein*, GRUR Int. 1988, 809, der nicht von einem neuen Vertrag ausgeht, sondern das MMP für eine Revision des MMA hält, das damit einer einstimmigen Annahme bedarf. Das MMP gilt heute in 37 Staaten, siehe *Fezer*, Markenrecht, Internationales Markenrecht Rn. 6.

544 Art. 14 (1) a MMP.

545 Jedoch mit der Einschränkung, daß die zwischenstaatliche Organisation ein eigenes Markenschutzsystem hat, vgl. Art. 14 (1) b MMP: "Ferner kann auch jede zwischenstaatliche Organisation Vertragspartei dieses Protokolls werden, wenn die folgenden Voraussetzungen erfolgt sind:

i) mindestens einer der Mitgliedstaaten der betreffenden Organisation ist Vertragspartei der Pariser Verbandsübereinkunft zum Schutz des gewerblichen Eigentums,

ii) die betreffende Organisation hat eine regionale Behörde für die Zwecke der Eintragung von Marken mit Wirkung im Gebiet der Organisation, soweit diese Behörde nicht Gegenstand einer Notifikation nach Artikel 9quater ist."

546 Art. 1 MMP; siehe auch *Krieger/v. Mühlendahl*, GRUR Int. 1989, 734 (735 f.); *Gruber*, CR 1991, 10 (13).

547 Vgl. Art. 10 ff. MMP.

bb) Internationale Registrierung auf der Grundlage einer Marken*anmeldung*
Um den Interessen der Vorprüfungsländer besser entsprechen zu können, genügt im Rahmen einer internationalen Registrierung nach dem MMP bereits die Marken*anmeldung*. Der Umfang der nationalen Prüfung, bevor es zu einer Eintragung kommt, gewinnt somit anders als nach dem MMA keine Bedeutung.[548]

cc) Schutzdauer und Schutzverweigerungsfrist
Entgegen der zwanzigjährigen Schutzfrist des MMA legt das Protokoll die Dauer auf 10 Jahre fest,[549] womit einer Forderung verschiedener Länder auf Herabsetzung der Schutzdauer entsprochen wurde.[550] Eine zeitliche Änderung hat sich ebenfalls ergeben für die Schutzverweigerungsfrist: Die Vertragsparteien können die normale Jahresfrist, während der eine vorläufige Schutzverweigerung mit vollständiger Begründung vorgenommen werden muß, durch eine 18-Monatsfrist ersetzen.[551]

dd) Umwandlung
Damit zum einen die Folgen des erfolgreichen Zentralangriffs gegen die Basismarke abgemildert werden, aber auch damit die erhöhten Risiken einer bloßen Markenanmeldung als Basisgesuch abgefedert werden, sieht das MMP eine Umwandlung der international registrierten Marke in eine nationale Marke vor. Die Priorität der internationalen Eintragung bleibt der nationalen Marke aber erhalten.[552] Insofern besteht also die gleiche Möglichkeit wie nach dem Gemeinschaftsmarkenrecht.[553]

ee) Gebühren
Anders als das MMA, das eine einheitliche Erstreckungsgebühr für den Schutz auf den Gebieten der Vertragsstaaten bestimmt, sieht das Protokoll auch eine individuelle Gebührenberechnung für die Vertragsstaaten vor. Für die Erstreckung auf ihr Territorium können also die Vertragsstaaten des MMP eine individuelle Gebühr verlangen, die aber nicht höher als die einer nationalen oder regionalen Eintragung sein darf.[554]

---

548 Art. 2 MMP; vgl. auch *Schlei*, Das Protokoll betreffend das Madrider Abkommen über die internationale Registrierung von Marken, S. 35 f., 72 ff.

549 Art. 6 I MMP, zur fünfjährigen Abhängigkeit der IR-Marke von der nationalen Marke siehe Art. 6 II MMP.

550 Vgl. *Krieger/v. Mühlendahl*, GRUR Int. 1989, 734 (736); zu Argumenten für eine verkürzte Schutzdauer siehe *Schlei*, Das Protokoll betreffend das Madrider Abkommen über die internationale Registrierung von Marken, S. 76 f.

551 Art. 5 (2) b MMP; bei einem Widerspruch kann diese Frist unter den Voraussetzungen des Art. 5 (2) c um weitere 7 Monate verlängert werden.

552 Art. 9quinquies MMP.

553 Art. 108 GMV, siehe oben 2. Teil, B II 4 b bb.

554 Art. 8 VII MMP, dazu auch *Krieger/v. Mühlendahl*, GRUR 1989, 734 (736 r.Sp.); *Kunze*, Mitt. 1996, 190 (193 l.Sp.); *Schlei*, Das Protokoll betreffend das Madrider Abkommen

c) Zusammenwirken von MMA und MMP

Sowohl bei dem MMA als auch bei dem MMP handelt es sich um einen selbständigen Vertrag, der autonom ausgelegt werden kann. Dennoch bestehen eine Reihe von Überschneidungen, die darin zum Ausdruck kommen, daß die Marken des MMA und des MMP in das gleiche Register eingetragen werden und im gleichen Organ veröffentlicht werden, daß die Vertragspartner Mitglieder des gleichen Verbandes sind und daß die gleiche Stelle beide Verträge verwaltet.[555]

Es besteht eine Ausführungsordnung (GAFO),[556] die die beiden Verträge miteinander verzahnt. Anwendung findet aber immer nur ein Vertrag. Der gemeinsamen Ausführungsordnung kommt hierbei die Funktion zu, die Verträge miteinander zu koordinieren und zu harmonisieren.[557] Eine weitere Verbindung der beiden Schutzsystem schafft die sogenannte "safeguard clause", Art. 9sexies MMA, die zur Sicherung des MMA bestimmt, daß in Fällen, in denen Ursprungsbehörde und das gewünschte Schutzland beide dem MMA und dem MMP angehören, nur das MMA und nicht das MMP anzuwenden ist.[558]

Eine Schutzausdehnung im Rahmen einer internationalen Registrierung ist nicht möglich, wenn das Land der Usprungsbehörde und das gewünschte Land keine gemeinsame Vertragsbasis haben, zum Beispiel Ursprungsland dem MMP aber Zielland nur dem MMA beigetreten ist. Die freie Übertragbarkeit der internationalen Registrierung, die anwendbar wäre, wenn zum Beispiel Ursprungsland MMP und MMA, und Zielland dem MMP beigetreten wäre, kommt dann nicht zur Anwendung.[559]

über die internationale Registrierung von Marken, S. 41, 89 ff.

555 Siehe bereits die Ausführungen unter 3. Teil, B II 2 b aa und 3 b aa.

556 Gemeinsame Ausführungsordnung zum Madrider Abkommen über die internationale Registrierung von Marken und zum Protokoll zu diesem Abkommen vom 18.1.1996, BGBl. 1996 II S. 563; vgl. zur Vorgeschichte dieser gemeinsamen Ausführungsordnung *Schlei*, Das Protokoll betreffend das Madrider Abkommen über die internationale Registrierung von Marken, S. 51 ff.

557 Zu den inhaltlichen Bestimmungen der gemeinsamen Ausführungsordnung im Einzelnen siehe *Schlei*, Das Protokoll betreffend das Madrider Abkommen über die internationale Registrierung von Marken, S. 54 - 70.

558 Vgl. Art. 9sexies MMA: "Ist in bezug auf ein bestimmtes internationales Gesuch oder eine bestimmte internationale Registrierung die Ursprungsbehörde die Behörde eines Staates, der Vertragspartei sowohl dieses Protokolls als auch des Madrider Abkommens (Stockholmer Fassung) ist, so hat dieses Protokoll keine Wirkung im Hoheitsgebiet eines anderen Staates, der ebenfalls Vertragspartei sowohl dieses Protokolls als auch des Madrider Abkommnes (Stockholmer Fassung) ist." Für eine graphische Übersicht zum Verhältnis von MMA und MMP *Bock*, GRUR Int. 1996, 991 (992, 995).

559 Siehe für eine Darstellung der verschiedenen Kombinationsmöglichkeiten von Ursprungsbehörde und gewünschter Schutzausdehnung, *Bock*, GRUR Int. 1996, 991 (993).

d) Zusammenfassung

Da das Madrider Markenabkommen als Basismarke eine nationale Markeneintragung verlangt, blieben wichtige Wirtschaftsnationen, die eine strenge Vorprüfung für die Eintragung einer Marke haben, sogenannte Vorprüfungsländer, dem MMA fern. Im Vergleich zu Ländern, die ohne ausführliche Vorprüfung eine nationale Marke eintragen, Hinterlegungsländer, bestand der Nachteil, selbst nur schwer eine Basismarke zu erhalten und gleichzeitig mit Marken aus anderen Ländern überhäuft zu werden. Veränderungen waren daher erforderlich, um das Madrider System auch für Vorprüfungsländer interessant zu machen.

Als gescheitert kann der Trademark Registration Treaty betrachtet werden, der keine Bedeutung in der Praxis gewinnen konnte. Erst das Protokoll zum Madrider Markenabkommen, das am 1.4.1996 in Kraft getreten ist, brachte einen deutlichen Fortschritt. Das MMP ist ein selbständiger Vertrag, besteht aber im Verband des Madrider Systems und wird wie das MMA von der World Intellectual Property Organisation verwaltet. Dem MMP beitreten können auch zwischenstaatliche Organisationen, womit die Voraussetzungen geschaffen wurden, das Gemeinschaftsmarkenrecht mit dem Madrider System zu verbinden. Als Basismarke genügt eine Markenanmeldung, um den Interessen der Vorprüfungsländer Rechnung zu tragen. Die Schutzfrist ist auf zehn Jahre bestimmt, wobei die international registrierte Marke wie auch beim MMA fünf Jahre von dem Bestand der Basismarke abhängig bleibt. Wird die Basismarke in dieser Zeit unwirksam, fällt aber nicht automatisch die internationale Registrierung weg. Vielmehr besteht die Möglichkeit für eine Umwandlung in nationale Marken, wobei die Priorität der internationalen Registrierung erhalten bleibt.

Um die beiden Verträge, MMA und MMP, miteinander in Einklang zu bringen, besteht eine Gemeinsame Ausführungsordnung. Wenn das Land, in dem eine Basismarke registriert wurde, und der Verbandsstaat auf den sich die internationale Registrierung erstrecken soll, jeweils beiden Verträgen angehören, greift die sogenannte "safeguard clause" des Art. 9sexies MMA. Anwendung findet dann nur das MMA.

4. Das TRIPs-Abkommen

Eine weitere Säule im Bereich des internationalen Markenschutzes stellt das Übereinkommen über handelsbezogene Aspekte der Rechte des geistigen Eigentums dar (Agreement on Trade-related Aspects of Intellectual Property Rights - TRIPs).[560] Beschlossen wurde das TRIPs-Abkommen als Anhang 1 C des

---

[560] Agreement on Trade-related Aspects of Intellectual Property Rights. Including Trade in Counterfeit Goods. BGBl. 1994 II S. 1565 (englisch), 1730 (deutsch), GRUR Int. 1994, 128 (englisch).

Übereinkommens zur Errichtung der Welthandelsorganisation vom 15.4.1994,[561] mit dem zugleich die im September 1986 eingeleitete Uruguay-Runde des GATT mit der Umformung des Weltfreihandelsabkommens (GATT) in die Welthandelsorganisation (World Trade Organisation - WTO) endete.[562] Bei dem TRIPs-Abkommen handelt es sich also nicht um einen selbständigen, völkerrechtlichen Vertrag, sondern TRIPs ist institutionell im Rahmen der World Trade Organisation zu sehen.[563]

Grund für das erneute internationale Zusammenarbeiten auf dem Gebiet des geistigen Eigentums war die vor allem in den 80er Jahren gewachsene Besorgnis über die weltweite Markenpiraterie,[564] aber auch das Ziel, Verzerrungen und Behinderungen des Handels zu verringern.[565] Hierbei werden durch das TRIPs-Abkommen nur Mindestverpflichtungen postuliert,[566] den Mitgliedstaaten steht es aber frei, diesen Schutzstandard zu überschreiten. Die Übereinkunft gliedert sich in allgemeine Bestimmungen, Teil I, und in materiellrechtliche, verfahrensrechtliche Bestimmungen, die Durchsetzung sowie den Erwerb und die Aufrechterhaltung des geistigen Eigentums, Teile II-V. An diese Systematik lehnt sich auch die nachstehende Darstellung an.

---

[561] WTO-Übereinkommen, amtlicher deutscher Text BGBl. 1994 II S. 1730, dem WTO-Übereinkommen stimmten der Bundestag und der Bundesrat mit Wirkung vom 10.9.1994 zu (vgl. BGBl. 1994 II, S. 1438).

[562] Vgl. zum Schutz des geistigen Eigentums als Gegenstand der Uruguay-Rundes des GATT *Christians*, Immaterialgüterrechte und GATT, S. 154 ff. Zur Einordnung des GATT in die Systematik des internationalen Wirtschaftsrechts siehe *dens.*, aaO. S. 59: "Das GATT sucht die monopolisierenden Möglichkeiten der Nationalstaaten zu beschneiden durch das Gebot des Abbaus von Handelsschranken in Gestalt von Zöllen und nicht-tarifären Handelshemmnissen (non-tariff barriers - NTB) und die Gestaltung des Gleichbehandlungsprinzips in Gestalt der Meistbegünstigung nach außen und der Inländerbehandlung nach innen." Siehe auch *Fikentscher*, Wirtschaftsrecht Band 1, S. 209. Das TRIPs-Abkommen ist heute in 134 Staaten in Kraft, siehe *Fezer*, Markenrecht, Internationales Markenrecht Rn. 17.

[563] *Drexl*, GRUR Int. 1994, 777 (778 l.Sp.).

[564] Siehe *Kur*, GRUR Int. 1994, 987 (988 l.Sp.); *Beier*, in: FS für Strömholm, S. 85 (103 f.); ausführlich zu den Gründen des TRIPs-Abkommens *Katzenberger/Kur*, in: Beier/Schricker (Hrsg.), From GATT to TRIPs, S. 2 (7 ff.).

[565] Vgl. Präambel des Übereinkommens über handelsbezogene Aspekte der Rechte des geistigen Eigentums (TRIPs), und v.a. Art. 7 TRIPs: "Der Schutz und die Durchsetzung von Rechten des geistigen Eigentums sollen zur Förderung der technischen Innovation sowie zur Weitergabe und Verbreitung von Technologie beitragen, dem beiderseitigen Vorteil der Erzeuger und Nutzer technischen Wissens dienen, in einer dem gesellschaftlichen und wirtschaftlichen Wohl zuträglichen Weise erfolgen und einen Ausgleich zwischen Rechten und Pflichten herstellen."

[566] Art. 1 I 2 TRIPs.

a) Allgemeine Bestimmungen
In den Artikeln 1 bis 8 sind die allgemeinen Bestimmungen von TRIPs aufgeführt. Herausragende Bedeutung kommt hier vor allem dem Grundsatz der Inländerbehandlung[567] und dem Prinzip der Meistbegünstigung zu.[568]

Die Anwendung des Grundsatzes der Inländerbehandlung, wonach jeder Angehörige eines TRIPs-Mitgliedstaates hinsichtlich des Schutzes seines gewerblichen Eigentums den Angehörigen des Mitgliedsstaates gleichsteht, dessen Schutz er beansprucht, ergibt sich bereits daraus, daß die entsprechende Norm der PVÜ in das TRIPs-Abkommen inkorporiert wurde.[569] Soll durch den Grundsatz der Inländerbehandlung die Diskriminierung ausländischer Markeninhaber gegenüber Inländern beseitigt werden, so verfolgt das Meistbegünstigungsprinzip eine andere Zielrichtigung. Nach dem Meistbegünstigungsprinzip müssen vorteilhafte Rechtspositionen, die von einem Mitglied den Angehörigen eines Landes gewährt werden, den Angehörigen aller Mitgliedstaaten in einem anderen Mitgliedstaat gleichermaßen zuteil werden. Damit soll die Diskriminierung unter Ausländern vorbehaltlich explizit geregelter Ausnahmen unterbunden werden.[570]

b) Spezielle markenrechtliche Bestimmungen
Dem Markenrecht räumt das TRIPs-Abkommen einen eigenen Abschnitt ein. In diesem werden die materiellrechtlichen Grundnormen festgelegt, die materiellrechtliche Bestimmungen über die Voraussetzungen, den Umfang und die Einschränkung von Markenschutz betreffen.[571]

aa) Schutzgegenstand
Bei der Festlegung, welche Marken geschützt werden sollen, knüpft Art. 15 TRIPs vornehmlich an die Unterscheidungskraft des Zeichens an,[572] wobei von einer abstrakten Unterscheidungseignung ausgegangen wird, die aber gegebenenfalls durch Unterscheidungskraft im Wege der Benutzung ersetzt werden kann.[573] Im Vergleich zu den Vorgaben der Harmonisierungsrichtlinie und der Gemeinschaftsmarkenverordnung, die jeweils beim Markenbegriff auf die graphische Darstellbarkeit abstellen,[574] bedeutet die Unterscheidungskraft als entscheidendes

---

567 Art. 3 TRIPs.
568 Art. 4 TRIPs.
569 Art. 2 I TRIPs iVm. Art. 2 PVÜ. Zu dem Grundsatz der Inländerbehandlung in der Pariser Verbandsübereinkunft siehe bereits oben 3. Teil, B II 1 b aa.
570 Siehe Art. 4 S. 2 TRIPs.
571 Art. 15 - 21 TRIPs. Siehe hierzu auch *Kur*, GRUR Int. 1994, 987 (990 ff.); *Fezer*, Markenrecht, Internationales Markenrecht, Rn. 21 ff.
572 Vgl. Art. 15 I 1 TRIPs: "Alle Zeichen und alle Zeichenkombinationen, die geeignet sind, die Waren oder Dienstleistungen eines Unternehmens von denen anderer Unternehmen zu unterscheiden, können eine Marke darstellen."
573 Art. 15 I 3 TRIPs.
574 Art. 2 MRRL, Art. 4 GMV. S.o. 2. Teil, B II 1 a und 3. Teil, A I 2 a.

Kriterium dafür, wann eine Marke vorliegt, einen enger umgrenzten Schutzgegenstand. Die Eintragung als Marke kann generell ausgeschlossen werden, wenn die Zeichen nicht visuell wahrnehmbar sind, wie Duft- und Hörzeichen.[575] Andere Zurückweisungsgründe können vorgesehen werden, sie dürfen aber nicht den Bestimmungen der Pariser Verbandsübereinkunft entgegenlaufen. Möglich ist daher die Zurückweisung, wenn die Eintragung der Marke in dem betreffenden Land Rechte von dritten Personen verletzen würde, wenn sie nicht unterscheidungskräftig ist oder nur aus beschreibenden Angaben besteht, oder wenn sie gegen die guten Sitten oder die öffentliche Ordnung verstößt, vor allem wenn sie das Publikum täuschen kann.[576]

Eine Besonderheit für die Eintragung als Marke stellt die Regelung des Art. 15 III TRIPs dar. Danach kann die Eintragung von der Benutzung abhängig gemacht werden, wobei die tatsächliche Benutzung keine Voraussetzung für die Einreichung einer Anmeldung sein darf. Diese Bestimmung geht auf den Einfluß der Vereinigten Staaten zurück, die als einziges Industrieland eine vorherige Benutzung für eine Eintragung verlangen, Sec. 44 Lanham Act. Allerdings genügt gemäß Sec. 1 (b) Lanham Act auch die Einreichung einer nicht benutzten Marke, wenn die Benutzungsabsicht ("intent of use") versichert wird[577]. Diesen speziellen amerikanischen Forderungen trägt Art. 15 III TRIPs Rechnung.

bb) Schutzumfang

Inhalt und Umfang des Schutzes werden in Art. 16 TRIPs nur recht allgemein umschrieben. Dem Inhaber einer eingetragenen Marke wird ein ausschließliches Recht zugesprochen, unberechtigten Dritten die Benutzung zu untersagen, sofern dies eine Gefahr von Verwechslungen nach sich ziehen würde.[578] Der nationale Schutz von Rechten aufgrund von Benutzung bleibt ausdrücklich unbenommen.[579]

Hervorzuheben ist der Schutz notorisch bekannter Marken im Sinne von Art. 6bis PVÜ, die auch für den Bereich von Waren, die nicht identisch oder ähnlich sind, Schutz bietet. Es genügt bereits, daß die Markenbenutzung durch den Dritten als Hinweis auf das Bestehen einer Verbindung zum Markeninhaber aufgefaßt werden könnte, wenn die Interessen des Markeninhabers dadurch wahrscheinlich verletzt werden.[580] Besondere Anforderungen an die Bekanntheit im Sinne eines besonders hohen Bekanntheitsgrades der Marke werden nicht gestellt. Anders als im Gemeinschaftsmarkenrecht kann die notorisch bekannte

---

575 Art. 15 I 4 TRIPs.

576 Art. 15 II TRIPs iVm. Art. 6quinquies B PVÜ.

577 Siehe *Kur*, GRUR Int. 1994, 987 (992 f.).

578 Art. 16 I 1 TRIPs.

579 Art. 16 I 3 TRIPs.

580 Art. 16 III TRIPs.

Marke aber nicht als Widerspruch gegen eine Eintragung gebraucht werden, sondern sie kann nur im Löschungs- und Verletzungsverfahren geltend gemacht werden.[581]

Die Laufzeit der ursprünglichen Eintragung und jeder Verlängerung der Eintragung ist auf mindestens sieben Jahre festgelegt mit einer unbegrenzten Verlängerungsmöglichkeit.[582]

cc) Schutzschranken

Explizit werden die Schutzschranken der Markenrechte im TRIPs-Abkommen nicht geregelt, es werden lediglich Rahmenbestimmungen getroffen, die aber die konkrete Ausgestaltung den nationalen Gesetzen vorbehalten. So können begrenzte Ausnahmen von den Rechten aus einer Marke durch die Mitgliedstaaten getroffen werden, "wie etwa eine lautere Benutzung beschreibender Angaben, wenn diese Ausnahmen die berechtigten Interessen des Inhabers der Marke und Dritter berücksichtigen."[583] Hierunter fällt auch die Duldungspflicht aufgrund von Verwirkung, wie sie Artikel 9 der Harmonisierungsrichtlinie und § 23 des deutschen Markengesetzes bezeichnen.[584]

Die grundsätzliche Zulässigkeit, den Markenschutz mit der weiteren Benutzung der Marke zu verbinden, wird in Art. 19 TRIPs bestimmt. Anders als nach europäischem Recht wird nicht ein Zeitraum von 5 Jahren als zulässige Nichtbenutzung gewählt, sondern ein "Zeitraum der Nichtbenutzung von 3 Jahren." Ausgenommen bleiben Fälle, in denen ein triftiger Grund für die Nichtbenutzung vorlag.[585] Sonstige Erfordernisse an die Benutzung werden ausdrücklich als unzulässig erklärt.[586]

dd) Lizenzen und Übertragungen

Die genauen gesetzlichen Regelungen, wann und wie Lizenzen vergeben werden können, überläßt das TRIPs-Abkommen den Mitgliedern. Ausgeschlossen ist aber die Zwangslizenzierung von Marken.[587] Damit können dem Lizenznehmer auch Einwirkungsmöglichkeiten in Form von Qualitätsvorgaben an den

---

581 Vgl. Art. 8 II lit. c GMV und oben 2. Teil, B II 1 c bb.

582 Art. 18 TRIPs.

583 Art. 17 TRIPs.

584 Siehe *Kur*, GRUR Int. 1994, 987 (994 f.).

585 Art. 19 I 2 TRIPs nennt hier beispielhaft Einfuhrbeschränkungen oder sonstige staatliche Auflagen für durch die Marke geschützte Waren oder Dienstleistungen.

586 Art- 20 TRIPs. Bekanntes Beispiel für ein solches zusätzliches Benutzungserfordernis stellt Art. 127 des mexikanischen Gesetzes über Erfindungen und Marken vom 30.12.1975 dar (GRUR Int. 178, 20 ff.), wonach die Marke eines ausländischen Lizenzgebers nicht isoliert, sondern nur zusammen mit der Marke des einheimischen Lizenznehmers auf dem in Lizenz gefertigten Produkt angebracht werden durfte, vgl. *Kur*, GRUR Int. 1994, 987 (995 f.).

587 Vgl. Art. 21 TRIPs.

Lizenznehmer national eingeräumt werden.[588] Gleichzeitig wird die Aufgabe des Bindungsprinzips und damit die freie Übertragbarkeit der Marke unabhängig von einem Geschäftsbetrieb verbindlich festgeschrieben.[589]

c) Durchsetzung von Rechten des geistigen Eigentums nach TRIPs

Anders als in den anderen internationalen Abkommen hat die Durchsetzung von Rechten des geistigen Eigentums in TRIPs eine Rahmenregelung erfahren.[590] Grund hierfür war die Überzeugung, daß die Festlegung der erwünschten Schutzstandards alleine noch nicht genüge, sondern zudem die Durchsetzung der Rechte eingehender Vorgaben bedarf. Der Teil III des TRIPS-Abkommens bestimmt daher in den Artikeln 41 bis 61 Maßgaben, die hierfür zu beachten sind, wobei neben allgemeinen Pflichten,[591] Anforderungen an die Zivil- und Verwaltungsverfahren und deren Rechtsbehelfe,[592] ferner einstweilige Maßnahmen,[593] bestimmte Grenzmaßnahmen[594] und sogar Strafverfahren[595] geregelt werden können.[596]

Überwiegend handelt es sich hierbei um Rahmenbestimmungen, die die genaue Austarierung den nationalen Gesetzgebern überlassen. Im Vergleich zu den bisherigen Abkommen, die die Durchsetzung der Rechte weitgehend ausklammern, heben sich diese Bestimmungen ab.

d) Zusammenfassung

Das TRIPs-Abkommen stellt vor allem dadurch eine Neuerung dar, daß nicht nur materiellrechtlich Fragen geregelt werden, sondern auch deren Durchsetzung allgemein umrissen wird. Beitrittsländer können damit auf einen materiellrechtlichen Standard im Geltungsbereich des Abkommens vertrauen wie auch auf Durchsetzungsmöglichkeiten. Das Verhältnis zur Pariser Verbandsübereinkunft wird häufig als "Paris-Plus-Ansatz" charakterisiert. TRIPs inkorporiert über Artikel 2 alle materiellen Normen der Pariser Verbandsübereinkunft auch für solche

588 Anders als im europäischen Markenrecht, vgl. *Kur*, GRUR Int. 1994, 987 (996).

589 Zur freien Übertragbarkeit im Gemeinschaftsmarkenrecht siehe bereits oben unter 2. Teil, B II 4.

590 So regelt die Pariser Verbandsübereinkunft in Art. 9 lediglich die Grenzbeschlagnahme widerrechtlich mit einer Marke oder einem Handelsnamen versehener Erzeugnisse. Gemäß Art. 10 gilt dies auch in bezug auf den mittelbaren oder unmittelbaren Gebrauch einer falschen Angabe.

591 Art. 41 TRIPs. Hervorzuheben ist die Verpflichtung, die von TRIPs geschützten Rechte wirksam mit verfahrensgerechten, gerichtlich nachprüfbaren Möglichkeiten zu schützen.

592 Art. 42-49 TRIPs.

593 Art. 50 TRIPs.

594 Art. 51-60 TRIPs.

595 Art. 61 TRIPs.

596 Ausführlich zu dem materiellen Regelungsgehalt der Art. 41-61 TRIPs *Dreier*, GRUR Int. 1996, 205 (210 ff.); *ders.*, in: *Beier/Schricker* (Hrsg.), From GATT to TRIPs, S. 248 (259 ff.).

Länder, die nur TRIPs beigetreten sind, und enthält außerdem weitere Bestimmungen.[597] Zum Madrider Markenabkommen ergeben sich keine inhaltlichen Überschneidungen, da TRIPs keine Regelungen über das Verfahren einer internationalen Registrierung enthält. Im Gegensatz zu dem Trademark Law Treaty[598] bezieht sich TRIPs nicht nur speziell auf das Markenrecht, sondern regelt umfassend die Rechte des geistigen Eigentums.

5. Der Trademark Law Treaty

Parallel zu den Verhandlungen über das TRIPs-Abkommen wurde der Markenrechtsvertrag (Trademark Law Treaty) verhandelt,[599] der am 27. Oktober 1994 mit einer Ausführungsordnung in Genf beschlossen wurde. Mit der erforderlichen Ratifikation eines fünften Staates am 1. Mai 1996 durch Großbritannien[600] ist der Trademark Law Treaty drei Monate später am 1.8.1996 in Kraft getreten.

a) Zielsetzung

Usprünglich lag dem Markenrechtsvertrag die ehrgeizige Absicht zugrunde, zentrale Bestimmungen des Markenrechts zu vereinheitlichen. Es zeigte sich aber sehr bald, daß wegen der grundverschiedenen, weltweiten Schutzsysteme eine materiellrechtliche Annäherung nicht realisierbar war.[601] Hauptanliegen wurde daher eine Vereinfachung und Beschleunigung nationaler Registrierungsverfahren, deren Unterschiede stets eine erhebliche finanzielle und zeitliche Mehrbelastung für den Anmelder bedeuteten.[602]

b) Wichtigste Regelungen

Entsprechend dieser Zielsetzung kommt dem Markenrechtsvertrag vor allem in verfahrensrechtlicher Hinsicht Bedeutung zu. Für das materielle Markenrecht relevant sind lediglich die generelle Anwendung auf Dienstleistungsmarken und die Bestimmung, daß die Vertragsparteien die Vorschriften der Pariser Verbandsübereinkunft, die Produktmarken betreffen, auch auf Dienstleistungsmarken

---

597 Siehe *Fezer*, Markenrecht, Internationales Markenrecht, Rn. 29; *Kur*, GRUR Int. 1994, 987 (989 f.).

598 Dazu noch sogleich unter, 3. Teil, B II 5.

599 Abgedruckt sind der Vertrag und die Ausführungsordnung in W.I.P.R. 1994 (8), 362 (englische Fassung).

600 Vor Großbritannien hatten den Markenrechtsvertrag noch Moldavien, Sri Lanka, die Tschechische Republik und die Ukraine ratifiziert. Heute gilt der Markenrechtsvertrag in 21 Staaten, siehe *Fezer*, Markenrecht, Internationales Markenrecht Rn. 13.

601 Vgl. *Beier*, in: FS für Strömholm, S. 85 (107); ausführlich zur Entwicklung des Markenrechtsvertrages *Kunze*, WRP 1996, 982 f.; *Kunz-Hallstein*, GRUR Int. 1992, 763.

602 Die Vereinheitlichung des materiellen Rechts wurde aber trotzdem nicht vollständig aufgegeben. Dies wird nicht zuletzt daran deutlich, daß mit Art. 18 TLT die Möglichkeit besteht, eine weitere Vereinheitlichung sowohl des materiellen als auch des formellen Rechts vorzunehmen. Vgl. auch *Kunze*, WRP 1996, 982 (983).

anzuwenden haben,[603] und die einheitliche Bestimmung der Schutzdauer von 10 Jahren.[604] Ansonsten beschränkt sich der Markenrechtsvertrag auf Regelungen des Verfahrens, die die Formalitäten für die Eintragung beschränken.[605] Außerdem legt der Trademark Law Treaty die Voraussetzungen für die Zuerkennung eines Anmeldetages,[606] die Teilung von Anmeldungen,[607] die Durchführung von Änderungen und Berichtigungen[608] sowie Sammelanmeldungen[609] und Schutzrechtsverlängerungen[610] einheitlich fest.

Bedeutung gewinnt der Markenrechtsvertrag insbesondere für Länder, die ganz besondere formelle Voraussetzungen für die Markeneintragung verlangen, was zum Teil zu einer Modernisierung der nationalen Markenrechte geführt hat.[611] Für den Anmelder, der seine Schutzerstreckung auf den europäischen Binnenmarkt konzentrieren möchte, hat der Markenrechtsvertrag aber keine große Bedeutung.[612]

6. *Zusammenfassung*

Zusammenfassend läßt sich sagen, daß der internationale Wirtschaftsverkehr mit immer stärker werdenden Vernetzungen der Volkswirtschaften auch im Bereich des Markenrechts eine stärkere Zusammenarbeit erforderte. Bereits Ende des 19. Jahrhunderts wurden daher für den Schutz von Marken Schutzstandards in der Pariser Verbandsübereinkunft geregelt, und mit den Grundsätzen der Inländerbehandlung und der Unionspriorität Voraussetzungen geschaffen, um über die nationalen Grenzen hinaus mit gekennzeichneten Produkten ungehindert Handel zu treiben. Durch das Madrider Markenabkommen wurden verfahrensrechtliche Vereinfachungen vorgenommen. Eine internationale Registrierung kann beantragt werden, die auf der Grundlage der Markeneintragung im Ursprungsland eine Schutzerstreckung auf andere Länder ermöglicht, ohne daß sich Antragsteller

---

603 Art. 16 iVm. Art. 2 II lit. a TLT.

604 Siehe auch *Kunze*, WRP 1996, 982 (984).

605 In Art. 3 TLT werden Form und Inhalt der Anmeldung bestimmt, zudem werden über den Artikel 8 IV TLT bestimmte Formvoraussetzungen verboten, wie zum Beispiel die Bestätigung, die notarielle Beglaubigung, die Bescheinigung der Echtheit, die Legalisation oder irgendeine andere Form, die Beurkundung einer Unterschrift zu verlangen.

606 Art. 5 TLT.

607 Art. 7 TLT.

608 Art. 11 TLT.

609 Art. 12 TLT.

610 Art. 13 TLT. Vgl. *Fezer*, Markenrecht, Internationales Markenrecht, Rn. 14; *Kur*, MA 1994, 560 (567 f.); eine Kommentierung der wichtigsten Normen gibt *Kunze*, WRP 1996, 982 (984 ff.).

611 *Kunze*, WRP 1996, 982 (989) sieht daher auch einen wesentlichen Erfolg des Trademark Law Treaty darin, daß Japan zur Überzeugung gebracht wurde, sein Markengesetz zu modernisieren.

612 Mit Ausnahme von Irland gehören alle EU-Staaten zu den 51 Unterzeichnerstaaten.

jeweils an die Zentralbehörden für den gewerblichen Rechtsschutz in den gewünschten Ländern wenden müssen. Entscheidende Veränderungen zum Madrider Markenabkommen bringt das Protokoll zum Madrider Markenabkommen, das als selbständiger Vertrag mit dem Madrider Markenabkommen einen Verbund bildet, in dem Markenschutz in den Verbandsländer ersucht werden kann, sofern zwischen Ursprungsland und Zielland eine gemeinsame Vertragsbasis besteht. Als Basismarke genügt eine Markenanmeldung. Eine fehlgeschlagene internationale Registrierung kann prioritätserhaltend in eine nationale Marke umgewandelt werden.

Anders als diese drei Verträge und auch der weniger bedeutsame Markenrechtsvertrag, die alle von der World Intellectual Property Organization verwaltet werden, ist das TRIPs-Abkommen ein Teilabkommen zur Errichtung der Welthandelsorganisation. In dem TRIPs-Abkommen wird allgemein das geistige Eigentum erfaßt, wobei dem Markenrecht ein eigener Abschnitt eingeräumt wird. Neben Mindeststandards bezüglich des Schutzumfanges und der Schutzschranken wird auch die Durchsetzung von Rechten des geistigen Eigentums in Rahmenbestimmungen aufgegriffen.

Allgemein gesprochen bildet der Markenschutz nach den dargestellten internationalen Verträgen ein sehr komplexes Bild, wobei sich teilweise die Festsetzungen von Mindestanforderungen überschneiden und die Möglichkeit einer internationalen Registrierung zur Verfahrensvereinfachung bestimmt wird. Einfluß auf die nationalen Markenrechte wird nur im Wege dieser Mindeststandards genommen, so daß grundsätzlich Markenschutz nach nationalen Vorgaben erfolgt.

4. Teil: Die Gemeinschaftsmarke im System des internationalen Markenschutzes

Bereits vor der Einführung des Gemeinschaftsmarkenrechts standen dem Markeninhaber damit eine Vielzahl von Möglichkeiten offen, seine Rechte auch dann zu schützen, wenn das gekennzeichnete Produkt oder die betreffende Dienstleistung über die nationalen Grenzen hinaus gehandelt werden sollte. Die Gemeinschaftsmarke als supranationales Schutzrecht überwindet die Schranken der Territorialität durch die neue dogmatische Ausformung als europäisches Recht. Doch welche Vorzüge bieten sich daraus für den Anmelder? Dieser Frage möchte der vierte Teil der Untersuchung nachgehen. Entsprechend der methodischen Leitlinie der Arbeit,[613] nicht eine isolierte Betrachtung des Gemeinschaftsmarkenrechts anzustellen, muß dafür zunächst betrachtet werden, in welcher Form die Gemeinschaftsmarke mit den bestehenden anderen Markenschutzsystemen verknüpft ist. Wie stark werden andere Systeme aufgegriffen? Wird auf internationale Standards verwiesen? Lassen sich Schutzsysteme kumulieren?

Nachdem diese Beziehungen näher betrachtet werden, sollen die Vor- oder Nachteile des Gemeinschaftsmarkenrechts gewürdigt werden.

A. Verbindungen zu bestehenden Markenschutzmöglichkeiten

Wie bereits im dritten Teil wird zunächst das europäische Markenrecht aufgegriffen und die Bezüge des Gemeinschaftsmarkenrechts zur Rechtsprechung des Europäischen Gerichtshofes und den harmonisierten Markengesetzen der Mitgliedstaaten herausgearbeitet. Im Anschluß daran werden die internationalen Verträge behandelt. Einer gesonderten Betrachtung bedarf die Frage, welche unterschiedlichen Kombinationsmöglichkeiten sich zwischen dem Gemeinschaftsmarkenrecht und dem Madrider Markensystem eröffnen. Da die Europäische Union beabsichtigt, dem Madrider Markenprotokoll beizutreten, so daß Basis für eine international registrierte Marke auch eine Gemeinschaftsmarke sein kann beziehungsweise umgekehrt die Europäische Union auch als Schutzgebiet einer international registrierten Marke benannt werden kann, ergeben sich hier ganz neue Optionen, die das Gemeinschaftsmarkenrecht in einem neuen Kontext erscheinen lassen.

---

613 Siehe bereits 1. Teil, C.

I. Europäisches Markenrecht

1. Rechtsprechung des Europäischen Gerichtshofes

Der Europäische Gerichtshof ist bisher mit Auslegungsfragen des Gemeinschaftsmarkenrechts noch nicht befaßt gewesen.[614] Allerdings sind die dargestellten, zentralen Aussagen des Gerichtshofes, die dieser im Rahmen von Art. 28, 30 EG oder der Harmonisierungsrichtlinie 89/104/EWG getroffen hat, auch für das Gemeinschaftsmarkenrecht von erheblicher Relevanz, wie noch zu zeigen sein wird. Dabei muß einschränkend bedacht werden, daß es in der Entwicklung der höchstrichterlichen Prinzipien schwerpunktmäßig um die Vereinbarkeit zweier konfligierender Interessen ging, nämlich dem Ausgleich zwischen territorial begrenzten Ausschließlichkeitsrechten und der Gewährleistung des freien Warenverkehrs und damit der Herstellung des europäischen Binnenmarktes. Bei der Gemeinschaftsmarke fällt diese territoriale Komponente weg, da sie "einheitliche Wirkung für die gesamte Gemeinschaft" besitzt.[615] Mit der Festlegung des Schutzes auf das gesamte Gebiet der Europäischen Union stellt sich somit der binnenmarkterhebliche Konflikt nicht mehr in der Form. Die Prüfung, ob und wie der "spezifische Gegenstand" des Markenrechts[616] betroffen sein könnte, ist daher auf das Gemeinschaftsmarkenrecht nicht übertragbar.

Dagegen ist die Rechtsprechung des Gerichtshofes zur Erschöpfung auch für das supranationale Recht der Gemeinschaftsmarke von Bedeutung. Ausdrücklich in der Gemeinschaftsmarkenverordnung geregelt[617] ergeben sich zwei Anknüpfungspunkte, die Rechtsprechung des Gerichtshofes auf das Gemeinschaftsmarkenrecht zu übertragen. Zum einen stellt sich auch für ein einheitliches, europäisches Recht die Frage der internationalen Erschöpfung, das heißt einer Erschöpfung für die Fälle, daß außerhalb der Europäischen Union beziehungsweise des Europäischen Wirtschaftsraumes eine gekennzeichnete Ware von dem Markeninhaber oder mit seiner Zustimmung auf den Markt gebracht wurde. Insofern steht die eindeutige Rechtsprechung des Gerichtshofes, wie sie in den Urteilen *Silhouette*[618] und *Sebago*[619] Ausdruck gefunden hat, der Annahme einer internationalen Erschöpfung entgegen. Für Gemeinschaftsmarken kann es daher ebenfalls keine internationale Erschöpfung geben.[620]

---

614 Wie gezeigt wäre dies als Rechtsmittelinstanz gem. Art. 63 GMV möglich oder im Wege einer Vorlage nach Art. 234 EG im Verletzungsverfahren vor den nationalen Gerichten der Mitgliedstaaten, siehe bereits 2. Teil, III 2.

615 Art. 1 II 1 GMV.

616 Siehe oben 3. Teil, A II 2 b.

617 Art. 13 GMV. Siehe oben 2. Teil, B II 3 a.

618 Fn. 473.

619 Fn. 448.

620 Siehe auch *v. Mühlendahl/Ohlgart*, Die Gemeinschaftsmarke, § 7 Rn. 13.

Zum anderen ist die Rechtsprechung des Gerichtshofes heranzuziehen, wenn es um die Grenzen der Erschöpfung der Markenrechte geht. Keine Erschöpfung tritt dann ein, "wenn berechtigte Gründe es rechtfertigen, daß der Inhaber sich dem weiteren Vertrieb der Waren widersetzt, insbesondere wenn der Zustand der Waren nach Inverkehrbringen verändert oder verschlechtert ist."[621] Vor allem für die Frage, wann eine Veränderung oder Verschlechterung vorliegt, kann auf die Grundsätze zum Umpacken von Originalware und den entsprechenden Nachfolgeentscheidungen zurückgegriffen werden.[622] Die Auslegung der Gemeinschaftsmarkenverordnung richtet sich damit bei diesen beiden Kernproblemen der Erschöpfungslehre nach der Rechtsprechung des Gerichtshofes.

In einem weiteren wichtigen Bereich wird die bisherige Rechtsprechung des Gerichtshofes sich unmittelbar auf das Gemeinschaftsmarkenrecht auswirken: für die Handhabung des Begriffes der "Verwechslungsgefahr". Sofern Identität von Marken und Ähnlichkeit von Waren oder Dienstleistungen gegeben ist (beziehungsweise Ähnlichkeit von Marken und Identität von Waren oder Dienstleistungen), kann ein relatives Eintragungshindernis für eine Gemeinschaftsmarke bestehen,[623] die Gemeinschaftsmarke ist möglicherweise verletzt ,[624] oder aber es liegt ein relativer Nichtigkeitsgrund vor,[625] wenn zudem Verwechslungsgefahr anzunehmen ist.

Der Begriff der Verwechslungsgefahr gewinnt damit an wichtigen Stellen Bedeutung, deren gemeinschaftsmarkenrechtlicher Inhalt von der bisherigen Rechtsprechung des Gerichtshofes näher bestimmt wird. Die Widerspruchs- und Nichtigkeitsabteilungen des Amtes werden sich bei der Auslegung dieses Begriffes ebenso wie die nationalen Gerichte im Verletzungsverfahren an den Maßstäben der Urteile *"Sabel"*,[626] *"Canon"*[627] und *"Lloyd"*[628] orientieren, die sich mit den wortgleichen Vorschriften der Harmonisierungsrichtlinie befassen.

Die Rechtsprechung des Gerichtshofes, die im Rahmen von Art. 28, 30 EGV beziehungsweise anhand der Harmonisierungsrichtlinie entwickelt wurde, ist damit keineswegs losgelöst vom Gemeinschaftsmarkenrecht, sondern beeinflußt dessen Ausgestaltung erheblich. Die Auslegung von Richtlinie, Art. 28, 30 EG und den Normen der Gemeinschaftsmarkenverordnung ist damit wechselbezüglich. Auch

---

621 Art. 13 II GMV.

622 Siehe oben 3. Teil, A II 2 c bb (2).

623 Art. 8 I lit. b GMV. Siehe auch zur Anwendung der EuGH Rechtsprechung im Widerspruchsverfahren *Preglau/Neuffer*, MarkenR 1999, 41.

624 Art. 9 lit. b GMV.

625 Art. 52 I lit. a GMV.

626 Fn. 489.

627 Fn. 492.

628 Fn. 494.

umgekehrt wird die Auslegung der Verordnung durch die Beschwerdekammern, das Gericht erster Instanz und den Europäischen Gerichtshof bei der Interpretation von nationalen, markenrechtlichen Fragen heranzuziehen sein, sobald hierzu erste Prinzipien entwickelt werden.

2. Harmonisierte, nationale Markengesetze

Im Verhältnis zu den harmonisierten, nationalen Rechten und der Gemeinschaftsmarke gilt das Koexistenzprinzip, das heißt Gemeinschaftsmarken treten grundsätzlich neben die nationalen Marken, ohne diese zu ersetzen oder sie zu verdrängen.[629] Die gleiche Marke kann auch "Doppelschutz" genießen als geschützte nationale Marke und als Gemeinschaftsmarke. Unter den besonderen Voraussetzungen der bereits dargestellten "Seniorität" kann diese nationale Marke gewissermaßen als "Geistermarke" weiterexistieren, die die gleichen Rechte entfalten kann, ohne aber noch als nationale Marke eingetragen zu sein.[630]

Ausdruck des Nebeneinanderstehens von nationalen Marken und Gemeinschaftsmarken ist auch der Umstand, daß ältere, nationale Rechte für die Eintragung von Gemeinschaftsmarken relative Eintragungshindernisse darstellen beziehungsweise relative Nichtigkeitsgründe, die im Nichtigkeitsverfahren zu berücksichtigen sind.[631] Gerade diese Verknüpfung von nationalen Rechten mit dem Entstehen beziehungsweise Weiterbestehen der Gemeinschaftsmarke erscheint für den Anmelder der Gemeinschaftsmarke besonders beachtenswert, da sich hier erhebliche Risiken für ihn verbergen könnten. Es bedarf noch einer eingehenderen Betrachtung, ob damit nicht der Wert eines supranationalen Schutzrechtes erheblich eingeschränkt wird.[632]

Weil Harmonisierungsrichtlinie und Gemeinschaftsmarkenverordnung parallel erlassen werden sollten, entsprechen sich die materiellrechtlichen Vorschriften weitgehend.[633] Für das Verfahrensrecht macht sich das System der Gemeinschaftsmarke im Rahmen des Verletzungsverfahrens die mitgliedstaatlichen Gerichte zu Nutze. Angesichts der Tatsache, daß die Harmonisierungsrichtlinie nicht zu einer Vereinheitlichung der Verfahren geführt hat, muß daher die Durchsetzung der Gemeinschaftsmarke von dem Markeninhaber besonders beachtet werden. Auch hieraus könnten sich für den Rechtsschutzsuchenden zusätzliche Gefahren ergeben.

---

629 *Ingerl*, Die Gemeinschaftsmarke, S. 28 f.; *v. Mühlendahl/Ohlgart*, Die Gemeinschaftsmarke, S. 10 f.; siehe auch bereits oben 2. Teil, B I 3.

630 Art. 34, 35 GMV. Siehe bereits oben 2. Teil, B III 1 b.

631 Art. 8 GMV bzw. Art. 52 GMV.

632 Dazu noch unter 4. Teil, B II 1 b.

633 Siehe bereits 3. Teil, A I 2.

Das Zusammenspiel von nationalen, harmonisierten Markengesetzen und dem Gemeinschaftsmarkenrecht wird also entscheidend durch den Grundsatz der Koexistenz geprägt. Weiterbestand von älteren, nationalen Marken und die gerichtliche Durchsetzung der Gemeinschaftsmarke sind dabei die augenscheinlichsten Konsequenzen, die der Anmelder beziehungsweise Inhaber einer Gemeinschaftsmarke in seine Überlegungen einbeziehen muß.

II. Internationale Verträge

1. Pariser Verbandsübereinkunft (PVÜ)

Die Bestimmungen des Gemeinschaftsmarkenrechts waren von vorneherein auf die Einpassung in das System der Pariser Verbandsübereinkunft bedacht.[634] Dies zeigt sich einerseits daran, daß ausdrücklich auf die PVÜ verwiesen wird (dazu unter a), andererseits daran, daß die Gemeinschaftsmarkenverordnung materiellrechtlichen Verpflichtungen der PVÜ genügt (dazu unter b).

a) Ausdrückliche Verweise der GMV auf die PVÜ

In der Gemeinschaftsmarkenverordnung werden vielfach Bestimmungen der Pariser Verbandsübereinkunft aufgegriffen, woran bereits die konzeptionelle Vernetzung dieser beiden Schutzsysteme deutlich wird.

Den beiden grundlegenden Bestimmungen der Pariser Verbandsübereinkunft, dem Grundsatz der Inländerbehandlung und dem der Unionspriorität,[635] trägt das Gemeinschaftsmarkenrecht Rechnung. Daß die Verbandsangehörigen der PVÜ und die ihnen gleichgestellten Personen alle Rechte in Anspruch nehmen dürfen, die die Verbandsländer ihren eigenen Angehörigen gewähren (Grundsatz der Inländerbehandlung), zeigt sich an dem erweiterten Kreis der Personen, die eine Gemeinschaftsmarke innehaben können. Ausdrücklich umfaßt von dem berechtigten Personenkreis werden Angehörige anderer Vertragsstaaten der PVÜ als der Mitgliedstaaten der Europäischen Union und die ihnen gleichstehenden Personen.[636] Mit der Regelung, daß dem Markeninhaber auf der Basis einer ersten Anmeldung in einem Verbandsland der Pariser Verbandsübereinkunft ein Prioritätsrecht gegeben wird, das heißt es kann die Priorität der früheren Anmeldung für die Gemeinschaftsmarke gebraucht werden, entspricht das Gemeinschaftsmarkenrecht dem Grundsatz der Unionspriorität.[637] Den beiden grundlegenden Prinzipien der PVÜ wird die GMV damit voll gerecht.

---

[634] *V. Mühlendahl/Ohlgart*, Die Gemeinschaftsmarke, S. 11.

[635] Art. 2 bzw. 3 PVÜ, Art. 4 PVÜ, siehe oben 3. Teil, B II 1 b aa, bb.

[636] Art. 5 I lit. b, c GMV, siehe bereits oben 2. Teil, B II 1 b.

[637] Allerdings nur, wenn die Frist von sechs Monaten nach Einreichung der ersten Anmeldung eingehalten wird, Art. 29 GMV. Zur Ausstellungspriorität vergleiche Art. 33 GMV mit

Ebenfalls ausdrückliche Erwähnung finden die notorisch bekannte Marke im Sinne des Art. 6bis PVÜ und der Schutz staatlicher Hoheitszeichen.[638] Die Hoheitszeichen, die von der PVÜ als geschützt erfaßt werden, stellen im Gemeinschaftsmarkenrecht für die Eintragung ein absolutes Eintragungshindernis dar.[639] Die notorisch bekannte Marke ist dagegen ein relatives Eintragungshindernis, das durch den Berechtigten im Widerspruchsverfahren geltend gemacht werden muß.[640]

b) Sonstige Verpflichtungen aus der PVÜ

Aber auch dann, wenn nicht explizit auf die entsprechenden Vorschriften der PVÜ verwiesen wird, zeigt sich der Bezug des Gemeinschaftsmarkenrechts auf die Pariser Verbandsübereinkunft. Dem in der PVÜ geforderten Schutz der Dienstleistungsmarke[641] kommt die GMV mit dem bereits dargestellten weiten Markenbegriff nach.[642] Der Verpflichtung zum Schutz von Kollektivmarken im Pariser Verband[643] entspricht die GMV mit ihren ausführlichen Regelungen in Art. 64 ff. Auch für gesetzwidrige Waren ist ein gemeinschaftsweiter Schutz möglich, das heißt solche Marken sind ebenfalls schutzfähig, die Waren kennzeichnen, deren Herstellung oder Vertrieb in dem betroffenen Mitgliedsland unzulässig ist.[644] Wie in der PVÜ[645] wird auch in der Gemeinschaftsmarkenverordnung ein Benutzungszwang bestimmt, wobei die Benutzungsschonfrist in der GMV mit fünf Jahren den Anforderungen der PVÜ genügt.[646]

Art. 11 PVÜ.

638 Art. 6ter PVÜ (Verbot der Eintragung und des Gebrauchs von Hoheitszeichen, amtlichen Prüf- und Gewährzeichen und von Kennzeichen zwischenstaatlicher Organisationen).

639 Es sei denn, die zuständigen Stellen haben einer markenmäßigen Verwendung zugestimmt, Art. 7 I lit. h GMV. Vgl. auch *v. Mühlendahl/Ohlgart*, Die Gemeinschaftsmarke, § 4 Rn. 44; zu Art. 6ter PVÜ siehe *Fezer*, Markenrecht, Art. 6ter PVÜ Rn. 1 ff.; *Bodenhausen*, Pariser Verbandsübereinkunft zum Schutz des gewerblichen Eigentums, S. 79 ff.; *Ronga*, GRUR Int. 1966, 148.

640 Art. 8 II lit. c GMV. Vgl. auch *v. Mühlendahl/Ohlgart*, Die Gemeinschaftsmarke, § 5 Rn. 6 ff.

641 Art. 6sexies PVÜ, eine Verpflichtung, die Dienstleistungsmarken zur Eintragung zuzulassen, begründet diese Vorschrift nicht, vgl. *Bodenhausen*, Pariser Verbandsübereinkunft zum Schutz des gewerblichen Eigentums, S. 103 f.; *Fezer*, Markenrecht, Art. 6sexies PVÜ, Rn. 1; nach der Rspr. des BGH genügt auch ein wettbewerbsrechtlicher Schutz, BGHZ 42, 44 (52) - Scholl.

642 Art. 4 GMV, siehe oben 2. Teil, B II 1 a.

643 Art. 7bis PVÜ.

644 Vgl. Art. 7 PVÜ: "Die Beschaffenheit des Erzeugnisses, auf dem die Fabrik- oder Handelsmarke angebracht werden soll, darf keinesfalls die Eintragung der Marke hindern."

645 Art. 5 C PVÜ, siehe oben 3. Teil, B II 1 b ee.

646 Vgl. Art. 5 C PVÜ "angemessene Frist". Zur Rechtfertigung für die Nichtbenutzung siehe Art. 5 C I aE PVÜ und Art. 15 I aE GMV. Vgl. auch die fast wortgleichen Regelungen Art. 5 C (2) PVÜ, Art. 15 I lit. a GMV.

Mit der vollständig unabhängigen Übertragbarkeit der Gemeinschaftsmarke geht das Gemeinschaftsmarkenrecht sogar noch über die Parallelvorschrift in der PVÜ hinaus.[647] Die zentrale Norm der "telle-quelle-Klausel" wurde in die GMV nicht übernommen. Allerdings bestimmt die GMV einen weiten Markenbegriff, und die absoluten und relativen Eintragungshindernisse gehen nicht über Art. 6quinquies PVÜ hinaus, so daß eine entsprechende Regelung überflüssig war.[648]

Trotz verschiedener Zielsetzungen und strukturell andersartigem Schutz gibt es damit eine Reihe von Überschneidungen zwischen GMV und PVÜ, die zeigen, daß das Gemeinschaftsmarkenrecht ein exakt ausgearbeiteter Baustein im internationalen System des Markenschutzes ist. Für den Anmelder, der den Schwerpunkt seiner wirtschaftlichen Tätigkeit auf den europäischen Binnenmarkt legen will, relativieren sich die Vorteile der PVÜ sehr stark dadurch, daß zum einen die nationalen Rechtsordnungen harmonisiert wurden. Der einheitliche, weite Markenbegriff, der so Eingang in die nationalen Gesetze gefunden hat, läßt einen Rückgriff auf die attraktive "telle-quelle-Marke" überflüssig erscheinen. Auch der Grundsatz der Inländerbehandlung gewinnt bei vereinheitlichten Markenrechten von vorneherein nicht die Bedeutung, wie er sie bei verschiedenartigen Schutzsystemen hätte.

Zum anderen gibt das Gemeinschaftsmarkenrecht mit einer einmaligen Anmeldung beim Harmonisierungsamt einen verfahrensrechtlichen Vorteil gegenüber der getrennten Anmeldung nach der Pariser Verbandsübereinkunft. Der Schutzstandard wird zudem, was den Benutzungszwang und den der bekannten Marke betrifft, gewährleistet, teilweise auch überschritten, wie sich am Beispiel der Dienstleistungsmarke zeigen läßt.

2. Das TRIPs-Abkommen

Das Wirksamwerden von TRIPs am 15.4.1994 hatte unmittelbare Auswirkungen auf das Gemeinschaftsmarkenrecht: Da die Europäische Union selbst Vertragspartei des WTO-Übereinkommens ist, waren Änderungen der bisherigen GMV erforderlich, die mit einer entsprechenden Verordnung[649] vorgenommen wurden (siehe unter a). In seinen materiellen Regelungen orientiert sich TRIPs weitgehend am Europäischen Markenrecht (siehe unter b).

---

647 Vgl. Art. 17 GMV mit Art. 6quater PVÜ, wonach es zur Rechtsgültigkeit der Übertragung genügt, "daß der in diesem Land befindliche Teil des Unternehmens oder Geschäftsbetriebes mit dem ausschließlichen Recht, die mit der übertragenen Marke versehenen Erzeugnisse dort herzustellen oder zu verkaufen, auf den Erwerber übergeht."

648 *V. Mühlendahl/Ohlgart*, Die Gemeinschaftsmarke, S. 13.

649 Verordnung (EG) Nr. 3288/94 des Rates vom 22.12.1994 zur Änderung der Verordnung (EG) Nr. 40/94 über die Gemeinschaftsmarke zur Umsetzung der im Rahmen der Uruguay-Runde geschlossenen Übereinkünfte (Fn. 10).

a) Änderungen der GMV

Um den Maßgaben des TRIPs-Übereinkommens zu entsprechen, waren in erster Linie Ergänzungen der GMV notwendig.[650] So wurde der Personenkreis, der Inhaber von Gemeinschaftsmarken werden kann, dahingehend erweitert, daß auch natürliche oder juristische Personen beziehungsweise Körperschaften des öffentlichen Rechts aus Vertragsstaaten des Übereinkommens zur Errichtung der Welthandelsorganisation Markeninhaber sein können.[651] Ebenso können Gemeinschaftsmarken Angehörigen von Staaten erteilt werden, die weder Staatsangehörige im Gebiet des Pariser Verbandes sind noch dort ihren Sitz, Wohnsitz oder eine Handelsniederlassung haben beziehungsweise nicht Angehörige eines Staates des WTO-Übereinkommens sind, wenn sie den Angehörigen aller EU-Mitgliedstaaten markenrechtliche Gleichbehandlung mit ihren Inländern gewähren und dies in einer veröffentlichten Feststellung der Kommission festgehalten ist.[652]

Für die Vertragsstaaten des WTO-Übereinkommens wurde ein Prioritätsrecht eingräumt,[653] das auch für Staaten gilt, die nicht der PVÜ oder WTO angehören, aber ihrerseits ein entsprechendes Prioritätsrecht gewähren.[654] Insofern stellt die Bestimmung über das Prioritätsrecht für Staaten auf Gegenseitigkeit eine Parallelregelung zur eben erwähnten Inhaberberechtigung dar. Eine weitere Veränderung der Gemeinschaftsmarkenverordnung machte der Schutz der geographischen Angaben für Weine und Spirituosen in TRIPs erforderlich.[655] Mit Artikel 7 I lit. j GMV wurde für diese speziellen Fälle ein neues absolutes Eintragungshindernis aufgenommen.

---

650 Vgl. Erwägungsgrund 2 der Verordnung (EG) Nr. 3288/94: "Um sicherzustellen, daß alle einschlägigen Rechtsvorschriften der Gemeinschaft mit dem TRIPs-Übereinkommen im Einklang stehen, muß die Gemeinschaft bestimmte Maßnahmen in bezug auf die geltenden Gemeinschaftsrechtsakte über den Schutz der Rechte des geistigen Eigentums treffen. Zu diesen Maßnahmen gehört in einigen Fällen die Änderung von Gemeinschaftsrechtsakten. Zu diesen Maßnahmen gehört auch die Ergänzung der geltenden Gemeinschaftsrechtsakte."

Siehe auch *Marx*, Deutsches und europäisches Markenrecht, S. 383 ff., der bei seinem Abdruck der VO 40/94 die Änderungen der VO Nr. 3288/94 durch Kursivschrift heraushebt.

651 Vgl. Art. 5 I lit. b GMV.

652 Art. 5 I lit. d GMV.

653 Siehe Art. 29 I GMV.

654 Art. 29 V GMV. Zur Feststellung der Gegenseitigkeit siehe Regel 101 DV.

655 Vgl. Art. 22 ff., vor allem Art. 23 II TRIPs, siehe auch Erwägungsgrund 4 der VO 3288/94: "Nach Art. 23 Absatz 2 des TRIPs-Übereinkommens können Marken, die eine falsche geographische Angabe für Weine und Spirituosen enthalten oder aus ihr bestehen, zurückgewiesen oder für ungültig erklärt werden, unabhängig davon, ob eine Irreführung des Publikums möglich ist. Dem Artikel 7 Absatz 1 der Verordnung (EG) Nr. 40/94 ist daher ein Buchstabe j anzufügen."

b) Vergleich der zentralen materiellen Regelungen

Das TRIPs-Abkommen knüpft nicht an die graphische Darstellbarkeit bei der Bestimmung des Markenbegriffs an, sondern an die Unterscheidungskraft und ist damit enger als der weite Schutzgegenstand in der GMV.[656] Die Besonderheit von TRIPS, daß die Eintragung von einer vorherigen Benutzung abhängig gemacht werden kann,[657] ist im Gemeinschaftsmarkenrecht nicht vorgesehen.

Dem Inhaber der eingetragenen Marke steht sowohl nach TRIPs als auch nach der GMV ein ausschließliches Recht zu, womit der unberechtigte Gebrauch des Markenrechts unterbunden werden kann, bestehende ältere Rechte aber unbeeinträchtigt bleiben.[658]

Der Schutz notorisch bekannter Marken im Sinne des Art. 6bis PVÜ, den Art. 16 II TRIPs auch auf Dienstleistungsmarken ausweitet, wird durch die GMV als relatives Eintragungshindernis gewährt.[659] Auch was die Schutzdauer betrifft, befinden sich beide Schutzsysteme in Übereinstimmung miteinander: Dem in TRIPS geforderten Mindestschutz von sieben Jahren mit Verlängerungsmöglichkeit kommt die GMV mit einer zehnjährigen Laufzeit mit der gleichen Option nach.[660]

Im Rahmen der Benutzung verlangt das TRIPs-Abkommen eine Benutzungsschonfrist von mindestens 3 Jahren, wobei die Nichtbenutzung gegebenenfalls gerechtfertigt sein kann.[661] Dieser Mindestanforderung wird mit dem fünfjährigen Zeitraum in der GMV genügt.[662] Die Möglichkeit zur Lizenzierung und Übertragung der Marke sehen TRIPs und die GMV gleichermaßen vor.[663]

Insgesamt läßt sich damit festhalten, daß nicht zuletzt durch die Änderung der Gemeinschaftsmarkenverordnung das TRIPS-Abkommen und das

---

656 Vgl. Art. 15 I TRIPs mit Art. 4 GMV und siehe bereits oben 3. Teil, B II 4 b aa.

657 Vgl. Art. 15 III TRIPs. Die Vorschrift erklärt sich vornehmlich aus den Normen des Lanham Act des amerikanischen Markenrechts, siehe *Kur*, GRUR Int. 1994, 987 (992 f.) mwN.; *dies.*, in *Beier/Schricker*, From GATT to TRIPs, S. 93 (101 ff.).

658 Vgl. Art. 16 I TRIPs mit Art. 9 I GMV, siehe oben 3. Teil, B II 4 b bb.

659 Art. 8 II lit. c GMV. Zu weiteren Bestimmungen des Art. 16 TRIPs im Vergleich zur GMV siehe *v. Mühlendahl/Ohlgart*, Die Gemeinschaftsmarke, S. 15 f. Mögliche Ausnahmen vom Markenschutz wie etwa eine lautere Benutzung finden sich gleichermaßen in der GMV, Art. 12 ff., wie in dem TRIPS-Abkommen, Art. 17 TRIPs.

660 Vgl. Art. 18 TRIPs mit Art. 46 f. GMV.

661 Art. 19 I TRIPs.

662 Siehe Art. 15 I GMV, in dem auch die berechtigten Gründe der Nichtbenutzung erwähnt werden. Zur nahezu wortgleichen Regelung der Benutzung durch einen Dritten mit Zustimmung des Rechtsinhabers vgl. Art. 19 II TRIPs mit Art. 15 III GMV.

663 Vgl. Art. 21 TRIPs und Art. 17 GMV. Erschwernisse einer Benutzung, die von Art. 20 TRIPs verhindert werden sollen, enthält die GMV nicht, siehe auch *v. Mühlendahl/Ohlgart*, Die Gemeinschaftsmarke, S. 16 f.

Gemeinschaftsmarkenrecht zwei aufeinander abgestimmte Schutzssysteme bilden. Im Vergleich zum Gemeinschaftsmarkenrecht bringen die markenrechtlichen Regelungen von TRIPs keinen attraktiveren Schutz. In bezug auf den Markenbegriff geht das europäische Markenrecht sogar mit seinem Anknüpfungspunkt der graphischen Darstellbarkeit einen deutlichen Schritt weiter. Die Regelungen des TRIPS-Abkommens werden vielfach als Nachbildung des europäischen Markenrechts bezeichnet.[664] Bedeutung gewinnt das TRIPs-Abkommen damit weniger für den Anmelder, der den europäischen Binnenmarkt als Schutzgebiet anvisiert, sondern eher in bezug auf außereuropäische Länder.[665]

3. Madrider Markenabkommen und Protokoll zum Madrider Markenabkommen[666]

Schutz nach dem Madrider Markenabkommen und dem Protokoll zum Madrider Markenabkommen bedeutet für den interessierten Anmelder vor allem eine Vereinfachung des Verfahrens dadurch, daß eine Marke bei dem Büro der World Intellectual Property Organisation in Genf hinterlegt werden kann. Erforderlich hierfür ist eine eingetragene (beziehungsweise beim MMP angemeldete) Basismarke.

In der Gemeinschaftsmarkenverordnung zeigt sich die Verknüpfung von Madrider System und Gemeinschaftsmarkenrecht bereits darin, daß international registrierte Marken auch für den Zeitranganspruch einer Gemeinschaftsmarke die Grundlage sein können. Das heißt unter den speziellen Voraussetzungen der Artikel 34, 35 GMV kann für die Gemeinschaftsmarke der Zeitrang der älteren Marken bezüglich Mitgliedstaaten beansprucht werden, in dem oder für den die international registrierte Marke nach dem Madrider System eingetragen ist.[667] International registrierte Marken nach dem Madrider Markenabkommen oder dem Madrider Markenprotokoll können zudem relative Eintragungshindernisse[668] und relative Nichtigkeitsgründe[669] für eine Gemeinschaftsmarke darstellen.

---

664 So die Bundesregierung in ihrer Stellungnahme zu dem markenrechtlichen Teil von TRIPs, BT-Drucksache, 12/7655 (neu), S. 345; *Beier*, in: FS für Strömholm, S. 85 (104, 108); *Kur*, GRUR Int. 1994, 987 (997 l.Sp.).

665 *Kur*, GRUR Int. 1997, 987 (997 l.Sp.).

666 Angesichts der überwiegend verfahrensrechtlichen Bedeutung des Trademark Law Treaty (TLT) erfolgt keine gesonderte, vergleichende Darstellung zur GMV. Hervorzuheben ist jedoch, daß die Einschränkungen der zulässigen Förmlichkeiten für den Erwerb und den Schutz von Marken in der Durchführungsverordnung zur GMV berücksichtigt sind. *V.Mühlendahl/Ohlgart*, Die Gemeinschaftsmarke, S. 17, weisen zudem daraufhin, daß sogar die vom Amt herausgegebenen Formblätter mit Musterformularen des TLT im Einklang stehen. Lediglich die gemäß Art. 7 TLT mögliche Zulässigkeit der Teilung von Anmeldung oder Eintragung sind im Gemeinschaftsmarkenrecht nicht vorgesehen.

667 Ausführlich zu der Zeitrangregelung der Art. 34, 35 GMV *v. Mühlendahl/Ohlgart*, Die Gemeinschaftsmarke, § 13 Rn. 66 ff.; *Muhlberg*, 1995 (76) Trademark World 23.

Eine noch bedeutendere Verbindung der beiden Schutzsysteme zeichnet sich für die Zukunft ab. Da die Europäische Gemeinschaft beabsichtigt, dem Protokoll zum Madrider Markenabkommen beizutreten,[670] eröffnen sich für den Markeninhaber ganz neue Kombinationsmöglichkeiten, die zugleich die Attraktivität des gemeinschaftlichen Markensystems erhöhen sollen.[671] Prinzipiell sind dabei zwei unterschiedliche Konstellationen denkbar: Zum einen kann auf der Grundlage einer nationalen Marke(nanmeldung) bei dem Gesuch um internationale Registrierung auch die EU als Vertragspartei des Protokolls benannt werden. Damit würde sich der Schutz automatisch auf alle Staaten der EU erstrecken (dazu unter a).[672]

Zum anderen kann aber auch die Gemeinschaftsmarke selbst als Basis für eine internationale Registrierung bei der World Intellectual Property Organisation gewählt werden (dazu unter b).

a) Schutzerstreckung auf die Europäische Union

Durch den geplanten Beitritt der Europäischen Gemeinschaft zum Protokoll des Madrider Markenabkommens wird eine entsprechende Änderung der

---

668 Art. 8 II lit. a iii GMV.

669 Art. 52 I lit. a iVm. Art. 8 II lit. a iii GMV.

670 Ein solcher Beitritt zum MMP wäre der Europäischen Gemeinschaft als zwischenstaatlicher Organisation auch wegen der Regelung des Art. 14 I lit. b MMP möglich, der auch zwischenstaatliche Organisationen als Vertragspartei zuläßt, siehe bereits oben 3. Teil, B II 3 b aa.

671 Vgl. den Vorschlag für eine Entscheidung des Rates über die Genehmigung des Beitritts der Europäischen Gemeinschaft zum Protokoll zum Madrider Abkommen über die internationale Registrierung von Marken, angenommen in Madrid am 27.6.1989, Dok. Kom (96) 367 endg. = ABl.EG vom 5.10.1996, Nr. C 293/11 = ABl.HABM 1997, 440.

Erwgägungsgrund 8 des Vorschlages: "Das Markensystem der Gemeinschaft und das nach dem Madrider Protokoll bestehende internationale Registrierungssystem ergänzen sich. Damit die Unternehmen die Vorteile der Gemeinschaftsmarke im Rahmen des Madrider Protokolls und umgekehrt nutzen können, müssen die Anmelder und Inhaber von Gemeinschaftsmarken die Möglichkeit erhalten, den internationalen Schutz für ihre Marken durch eine internationale Anmeldung gemäß dem Madrider Protokoll zu beantragen und müssen Inhaber einer internationalen Registrierung aufgrund des Madrider Protokolls den Schutz für ihre Marken gemäß dem gemeinschaftlichen Markensystem beantragen können."

Erwägungsgrund 9: "Die Kopplung des Markensystems der Gemeinschaft an das internationale Registrierungssystem des Madrider Protokolls würde zu einer harmonischen Entwicklung der Wirtschaft beitragen, Wettbewerbsverfälschungen beseitigen, kosteneffizient sein und die Integration und Funktionsweise des Binnenmarkts fördern; der Beitritt der Gemeinschaft zum Madrider Protokoll ist also notwendig, damit das gemeinschaftliche Markensystem an Attraktivität gewinnt."

672 Unbeachtlich ist dabei, daß es für das Land, in dem bereits nationaler Schutz besteht oder ersucht wird, zu einem Doppelschutz kommen kann, da die Gemeinschaftsmarkenverordnung eindeutig einen Doppelschutz zuläßt. Vgl. auch *Kunze*, GRUR 1996, 627 (628 l.Sp.).

Gemeinschaftsmarkenverordnung erforderlich. Vorgesehen ist die Einfügung eines dreizehnten Titels "Internationale Registrierung von Marken."[673]

aa) Prinzielle Kombinationsmöglichkeiten

Durch den Beitritt der Europäischen Union zum Madrider Markenprotokoll wird eine Verbindung zwischen international registrierter Marke und Gemeinschaftsmarke geschaffen, die dem Markeninhaber ganz neue Strategien gibt, die im Einzelnen zu untersuchen sind.[674]

Eine bedeutende Neuerung ergibt sich daraus, daß nun ein deutscher Anmelder[675] auf EU-Staaten, die dem MMA und dem MMP angehören,[676] Markenschutz auf der Grundlage einer bloßen Marken*anmeldung* beantragen kann. Eine Markeneintragung statt einer Anmeldung war bisher entweder deswegen erforderlich, weil die Anwendbarkeit des MMA durch die Sicherungsklausel ("safeguard clause") des Art. 9sexies MMP bestimmt wurde, so daß gemäß dem MMA nur eine eingetragene Marke als Basismarke fungieren konnte. Da die Europäische Union Mitglied des MMP werden soll, wäre für einen deutschen Anmelder die gemeinsame Vertragsbasis das MMP und mithin eine bloße Marken*anmeldung* ausreichend. Diese strukturelle Neuerung, Schutzausdehnung auf einen MMA-Mitgliedstaat der Europäischen Union auf der Grundlage einer Marken*anmeldung*, wäre nicht nur für die Mitgliedstaaten der Europäischen Union möglich, die MMA und MMP unterzeichnet haben,[677] sondern auch für diejenigen, die nur das MMP unterzeichnet haben.[678]

---

673 Die Schlußbestimmungen des bisherigen Titels XIII werden in Titel XIV gefaßt. Vgl. Vorschlag für eine Verordnung (EG) des Rates zur Änderung der Verordnung (EG) Nr. 40/94 über die Gemeinschaftsmarke, damit der Beitritt der Europäischen Gemeinschaft zum Protokoll zum Madrider Abkommen über die internationale Registrierung von Marken, unterzeichnet in Madrid am 27.6.1989, wirksam wird, Dok. Kom (96) 372 endg. = ABl.EG vom 10.10.1996, Nr. C 300/11 = ABl.HABM 1997, 480.

Der Vorschlag unterscheidet zwischen den beiden denkbaren Konstellationen, daß die internationale Registrierung auf der Grundlage einer Anmeldung einer Gemeinschaftsmarke vorgenommen wird, Art. 141 - 145, beziehungsweise eine internationale Registrierung erfolgt, bei der die Europäische Gemeinschaft benannt wird, Art. 146 - 157.

674 Vgl. zu dieser Konstellation, daß die Europäische Union als Bestimmungsgebiet angegeben wird *Kunze*, GRUR 1996, 627 (628 ff.); *v. Bomhard*, Pharma Recht 1997, 331 (333 f.). Zu den anfallenden Gebühren siehe noch unter 4. Teil, B II 4 b.

675 Deutschland ist Mitgliedstaat des MMA und des MMP, vgl. Übersicht 2. Zur Schutzerstreckung nach dem Gemeinschaftsmarkenrecht siehe Übersicht 1.

676 Belgien, Deutschland, Frankreich, Italien, Luxemburg, Niederlande, Österreich, Portugal und Spanien, vgl. Übersicht 2.

677 Vgl. Übersicht 2.

678 Dänemark, Finnland, Schweden, Vereinigtes Königreich, siehe Übersicht 2. Die Anwendbarkeit des MMP würde sich dann daraus ergeben, daß gemeinsame Vertragsbasis von MMP-Staat und EU das MMP ist, vgl. *Bock*, GRUR Int. 1996, 991 (993, 995).

Ein deutscher Anmelder, der eine internationale Registrierung mit dem Gemeinschaftsmarkenrecht kombinieren wollte, müßte folgendermaßen vorgehen. Zunächst müßte ein internationales Gesuch beim Deutschen Patentamt in München gestellt werden, das innerhalb von zwei Monaten an das Internationale Büro in Genf weitergeleitet wird.[679] Sofern die Europäische Union als Vertragspartei als Schutzgebiet bestimmt wird, prüft das Harmonisierungsamt für den Binnenmarkt, ob die Voraussetzungen für die Eintragung einer Gemeinschaftsmarke vorliegen würden. Wird keine Schutzverweigerung erklärt,[680] so entfaltet die internationale Registrierung auf die Europäische Union ihre Wirkung.[681]

Probleme können aber dann auftreten, wenn der Schutz für die Erstreckung auf die Europäische Union versagt wird oder die Basismarke wegfällt.

bb) Problematische Konstellationen bei dem Zusammenwirken von Madrider System und Gemeinschaftsmarkenrecht

Für das Zusammenwirken von Gemeinschaftsmarkenrecht und Madrider Markensystem lassen sich Problemfälle denken, die zum einen das Ineinandergreifen der unterschiedlichen Schutzsysteme veranschaulichen, zum anderen die vielfältigen, neugeschaffenen Kombinationsmöglichkeiten deutlicher werden lassen. Der bereits oben hervorgehobene Vorteil, daß eine Vernetzung der beiden Systeme ganz neue Optionen und Chancen für den Markeninhaber bedeuten kann, läßt sich durch die unterschiedlichen Wechsel von Gemeinschaftsmarkenrecht und Madrider System aufzeigen. Als Kehrseite dieser Medaille muß aber auch die größere Komplexität von Markenschutzüberlegungen unterstrichen werden, die ein Markeninhaber anstellen muß.

Als erster Sonderfall ist zu untersuchen, welche Auswirkungen der Wegfall der Basiseintragung nach erfolgter internationaler Registrierung hat.[682] Sofern die Basismarke erst fünf Jahre nach der internationalen Registrierung wegfällt, hat dies keine Auswirkungen auf die internationale Registrierung, da mit dem Ablauf der Fünfjahresfrist die international registrierte Marke von der Basismarke unabhängig wird.[683] Anders ist aber der Fall zu behandeln, daß die Basiseintragung innerhalb dieser Abhängigkeitsfrist wegfällt. Angenommen ein deutsches

---

679 § 120 I MarkenG.

680 Vgl. Art. 5 MMP und Art. 146 II des Änderungsvorschlages zur GMV(Fn. 673).

681 Vgl. Erwägungsgrund 11 des Änderungsvorschlages zur GMV und im Einzelnen die Bestimmungen in Art. 149 ff. des Änderungsvorschlages (Fn. 673).

682 Für den Fall einer deutschen Eintragung käme ein solcher Wegfall der deutschen Basismarke etwa aufgrund eines Widerspruchs in Betracht, der im deutschen Recht anders als im Gemeinschaftsmarkenrecht der Eintragung nachgeschaltet ist, siehe bereits oben 2. Teil, B II 1 c bb.

683 Art. 6 II MMP, Art. 6 II-IV MMA.

Unternehmen möchte seinen Markenschutz auf das Gebiet der Europäischen Union erstrecken und zusätzlich auf Italien und Dänemark durch eine internationale Registrierung, um im Vergleich zu dem langen Schutzbewilligungsverfahren des Harmonisierungsamtes schnellen Schutz zu erhalten, da beide Länder für die speziellen Markenprodukte von besonderer Bedeutung sind. Da Italien genau wie Deutschland Mitglied des MMA und des MMP ist, wäre für Italien gemeinsame Vertragsbasis das MMA. Eine Umwandlung bei Wegfall der Basismarke in eine nationale Markenanmeldung wäre nicht möglich, da das MMA keine Umwandlung kennt. Dänemark ist nur Mitglied des MMP, so daß das MMP zur Anwendung kommt, das wiederum eine Umwandlung in ein nationales Gesuch vorsieht.[684] Schutz für das Gebiet von Dänemark wäre damit noch denkbar, und zwar mit der Priorität der internationalen Registrierung.[685]

Ebenfalls eine Umwandlung wäre für das Gebiet der Europäischen Union möglich, wenn der Beitritt zum Madrider Markenprotokoll vollzogen ist. Eine Umwandlung ließe sich dann aus denselben Erwägungen vornehmen, nur daß nicht eine nationale Marke wie in Dänemark ersucht würde, sondern eine Gemeinschaftsmarke beim Harmonisierungsamt in Alicante.[686] Über den Schutz der Gemeinschaftsmarke wäre dann doch wieder die Erfassung von Italien möglich, und zwar mit der Priorität der internationalen Registrierung.[687] Die Inanspruchnahme der Priorität der internationalen Registrierung im Falle der Umwandlung stellt damit einen entscheidenden strategischen Vorteil dar gegenüber dem bisherigen, unverbundenen Nebeneinanderstehen von Madrider Markensystem und Gemeinschaftsmarkenrecht und gegenüber der - natürlich immer noch möglichen - Anmeldung bei der nationalen (italienischen) Behörde. Bei der letzteren würde erst der Anmeldetag bei der nationalen Behörde über die Priorität entscheiden.

---

684 Art. 9quinquies MMP, siehe oben 3. Teil, B II 3 b dd.

685 Soweit die Voraussetzungen des Art. 9quinquies MMP eingehalten wurden, nämlich
i) das Gesuch innerhalb von drei Monaten nach dem Zeitpunkt eingereicht wird, zu dem die internationale Registrierung gelöscht wurde,
ii) die im Gesuch aufgeführten Waren und Dienstleistungen in bezug auf die betroffene Vertragspartei tatsächlich von der in der internationalen Registrierung enthaltenen Liste der Waren und Dienstleistungen erfaßt sind und
iii) dieses Gesuch allen Vorschriften des geltenden Rechts einschließlich der Gebührenvorschriften entspricht.

686 Siehe auch Artikel 156 des Verordnungsvorschlages: "(1) Vorbehaltlich Absatz 2 gelten die für die Anmeldungen von Gemeinschaftsmarken anwendbaren Vorschriften entsprechend für Anträge auf Umwandlung einer internationalen Registrierung in eine Anmeldung einer Gemeinschaftsmarke gemäß Artikel 9quinquies des Madrider Protokolls. (2) Betrifft der Umwandlungsantrag eine internationale Registrierung, in der die Europäische Gemeinschaft benannt ist und deren Einzelheiten gemäß Artikel 147 Absatz 2 veröffentlicht worden sind, so sind die Artikel 38 bis 43 nicht anwendbar."

687 Art. 9quinquies MMP.

Übersicht 1: Schutzerstreckung der Gemeinschaftsmarke in der EU

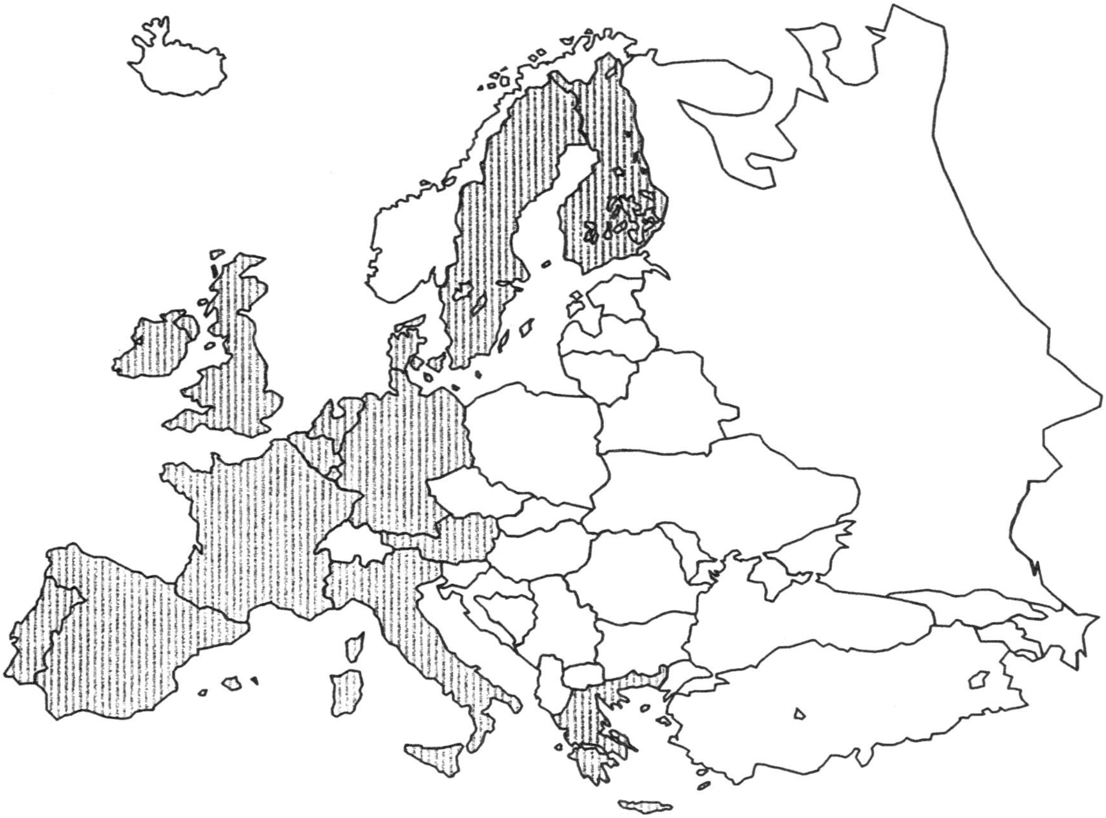

Übersicht 2: EU-Mitgliedstaaten von MMA und MMP
EU-Mitgliedstaaten nur von MMP

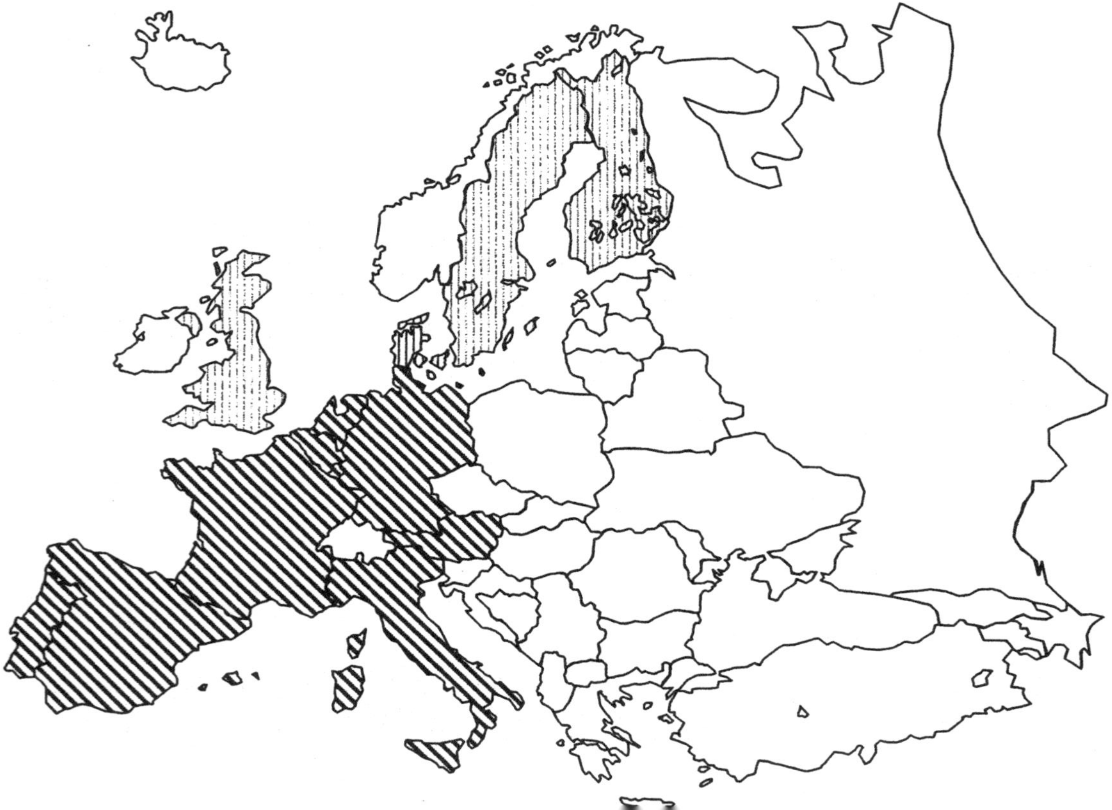

Untersucht man den weiteren Ablauf in dem gewählten Beispiel, so ließe sich als weiterer Problemfall denken, daß die Eintragung der (umgewandelten) Gemeinschaftsmarke wegen eines Eintragungshindernisses nicht möglich ist. Eine Gemeinschaftsmarke könnte dann nicht mehr erwirkt werden, doch besteht auch hier die Möglichkeit einer Umwandlung. Dies wäre dann eine Umwandlung in nationale Anmeldungen nach den einschlägigen Vorschriften der GMV.[688] In einem Antrag beim Amt können die Mitgliedstaaten benannt werden, in denen die Einleitung des Verfahrens zur Eintragung einer nationalen Marke gewünscht wird.[689] Auch für die Umwandlung gemäß Art. 108 ff. GMV von der Gemeinschaftsmarkenanmeldung in nationale Marken gilt immer noch die Priorität der internationalen Registrierung, so daß der Markeninhaber während des gesamten Zeitraumes von internationaler Registrierung bei der World Intellectual Property Organisation in Genf, der Umwandlung in eine Gemeinschaftsmarkenanmeldung bis zur Umwandlung in die gewünschten nationalen Marken vor nachfolgenden, markenverletzenden Eintragungen vor Konkurrenten geschützt ist und gegebenenfalls gegen diese prioritätsjüngeren Marken vorgehen kann.[690]

Probleme könnten sich aber auch bei einer Markenanmeldung, die im Zusammenspiel von Madrider Markensystem und Gemeinschaftsmarkenrecht erfolgt, an einer anderen Stelle entstehen. Angenommen es wird eine internationale Registrierung gestützt auf eine nationale Basismarke betrieben, so stellt sich die Frage, welche Folgen das Fehlschlagen der Schutzausdehnung auf das Gebiet der Europäischen Union hat.[691] Eine solche Schutzausdehnung kann zum Beispiel mißlingen, wenn absolute Eintragungshindernisse bestehen und ein erfolgreicher Widerspruch erhoben wurde.[692]

---

688 Art. 108 ff. GMV. Ausführlich zu den einzelnen Anforderungen der Umwandlung nach Art. 108 ff. GMV siehe *Schennen*, Mitt. 1998, 121.

689 Art. 109 I S. 1 GMV. Der Antrag gilt erst als gestellt, wenn die Umwandlungsgebühr entrichtet worden ist, Art. 109 I S. 2 GMV.

690 Siehe Erhaltung der Priorität Art. 108 III GMV.

691 Dieser Fall wird nicht etwa von Art. 152 des Verodnungsvorschlages (Fn. 673) erfaßt. Dort wird der Ersatz einer Gemeinschaftsmarke durch eine internationale Registrierung nach Art. 4bis Madrider Protokoll bestimmt, wenn die Gemeinschaft Gegenstand eines Gesuchs um territoriale Schutzausdehnung, einschließlich eines nach der internationalen Registrierung gestellten Gesuches (Art. 3ter Abs. 2 MMP) ist, und wenn die internationale Registrierung nach der Eintragung der Gemeinschaftsmarke und zugunsten desselben Inhabers und für alle in der Gemeinschaftsmarke aufgeführten Waren und Dienstleistungen erfolgt. Auf Antrag trägt das Amt diese Ersetzung auch in das Register ein, Art. 152 des Verordnungsvorschlages, siehe dazu *Schennen*, Mitt. 1998, 121 (130 r.Sp.).

692 Wie bereits oben erwähnt, hat die internationale Registrierung einer Marke, deren Schutz sich auf die Europäische Gemeinschaft erstreckt, dieselbe Wirkung wie die Eintragung einer Gemeinschaftsmarke, wenn keine Schutzverweigerung gemäß Art. 5 Abs. 1 und 2 des Madrider Protokolls mitgeteilt oder eine solche Verweigerung widerrufen wurde, Art. 146 II Verordnungsvorschlag. Davor, also zum Zeitpunkt der Registrierung gemäß Art. 3 IV des Madrider Protokolls oder vom Tag der nachträglichen Benennung der Europäischen Gemein-

Einer Umwandlung nach Gemeinschaftsmarkenrecht steht entgegen, daß gerade keine Gemeinschaftsmarkenanmeldung vorliegt, sondern lediglich eine Schutzausdehnung auf die Europäische Union.[693] Auch eine Umwandlung nach dem MMP[694] ist ausgeschlossen, da damit nur eine Gemeinschaftsmarkenanmeldung erreicht werden könnte, deren Eintragung aber aus den gleichen Gründen wie die Schutzausdehnung auf die Europäische Union scheitern würde.

Wie kann also das Risiko eines Markeninhabers, ohne Schutz dazustehen, aufgefangen werden? Der Verordnungsvorschlag sieht insofern eine Umwandlung in eine nationale Markenanmeldung vor, wobei die Umwandlungsvorschriften des Gemeinschaftsmarkenrechts als entsprechend anwendbar erklärt werden.[695] Eine Umwandlung in nationale Markenanmeldungen ist damit auch für den Fall möglich, daß die Schutzausdehnung auf die Europäische Union fehlschlägt.

Allerdings bleiben Bedenken, da durch die Umwandlung in nationale Markenanmeldungen Mitgliedstaaten der Europäischen Union in das Madrider Markensystem einbezogen würden, die bewußt dem MMA beziehungsweise dem MMP ferngeblieben sind.[696] Diesem Widerspruch, einerseits ist eine Umwandlungsmöglichkeit unabdingbar, da sonst das Risiko der Schutzausdehnung nicht zu akzeptieren wäre, andererseits können nicht Staaten quasi durch die Hintertür in das Madrider Markensystem aufgenommen werden, die gar nicht Mitglied werden wollten, trägt der Verordnungsvorschlag mit einer Wahlmöglichkeit Rechnung. Eine Umwandlung ist möglich, und zwar entweder in eine nationale Markenanmeldung oder in eine territoriale Ausdehnung auf einen Mitgliedstaat, der Vertragspartei des Madrider Protokolls oder des

---

schaft gemäß Art. 3ter Absatz 2 des Madrider Protokolls, hat die internationale Registrierung, in der die Europäische Gemeinschaft benannt wird, dieselbe Wirkung wie die Anmeldung einer Gemeinschaftsmarke.

Damit sind aber auch Überprüfungen auf absolute Eintragungshindernisse und Widersprüche gegen internationale Registrierungen möglich, vgl. Art. 149 I Verordnungsvorschlag (Fn. 673): "Internationale Registrierungen, in denen die Europäische Gemeinschaft benannt ist, werden ebenso wie Anmeldungen von Gemeinschaftsmarken auf absolute Eintragungshindernisse geprüft." Zu Einzelheiten siehe Art. 149 II - IV.

Art. 151 I Verordnungsvorschlag: "Gegen internationale Registrierungen, in denen die Europäische Gemeinschaft benannt ist, kann ebenso Widerspruch erhoben werden wie gegen veröffentlichte Anmeldungen von Gemeinschaftsmarken." Zu Einzelheiten siehe Art. 151 II-IV.

693 Art. 108 ff. GMV können also keine direkte Anwendung finden.

694 Art. 9quinquies MMP.

695 Art. 154 I S. 2 Verordnungsvorschlag (Fn. 673). Vgl. auch bereits die Forderung von *Kunze*, GRUR 1996, 627 (639 l.Sp.).

696 Dem MMA und dem MMP bisher nicht beigetreten sind Griechenland und Irland, vgl. Übersicht 2 und 3. Zu diesem Aspekt auch *Kunze*, GRUR 1996, 627 (630 l.Sp.) und *Winter*, Mitt. 1985, 231. Die Ausführungen von *Winter* haben jedoch durch den Beitritt von Dänemark und dem Vereinigten Königreich zum MMP ihre Bedeutung verloren.

Madrider Abkommens ist.[697] Für den Markeninhaber stellt sich jedoch die Frage, warum er diesen Weg gehen soll, der neben Mühen auch noch zusätzliche Gebühren bedeuten kann.[698] Da es ihm jederzeit freisteht, eine nationale Markenanmeldung beziehungsweise ein Schutzausdehnungsgesuch nach dem MMA beziehungsweise dem MMP einzureichen,[699] könnte der Verknüpfung von MMP und Gemeinschaftsmarkenrecht von vorneherein das Bedürfnis und damit auch die Attraktivität fehlen.

Strategischer Vorteil der dargestellten Umwandlung ist aber auch hier die Möglichkeit, eine frühere Priorität für den Markenschutz zu beanspruchen, nämlich "das Datum der Benennung der Europäischen Gemeinschaft, wenn diese Benennung nach der internationalen Registrierung erfolgte, oder den Prioritätstag dieser Eintragung und gegebenenfalls den nach Artikel 148 beanspruchten Zeitrang einer Marke dieses Staates."[700] Diese Möglichkeit besteht weder bei einer separaten nationalen Markenanmeldung noch bei einem Schutzausdehnungsgesuch nach MMA oder MMP,[701] so daß dieser rechtliche Vorteil eine besondere Würdigung bei etwaigen Markenschutzkonzepten erfahren sollte.

Abschließend soll noch ein letzter Fall beleuchtet werden, der zwar wohl selten vorkommt, aber doch das Bedürfnis aufzeigt, eine Wahlmöglichkeit bei der eben dargestellten Umwandlung in entweder eine nationale Markenanmeldung oder in eine territoriale Ausdehnung auf die Mitgliedstaaten aufzunehmen. Angenommen nach erfolgter Umwandlung der fehlgeschlagenen Schutzausdehnung auf die Europäische Union fällt die Basismarke weg,[702] so fragt sich, welche Konsequenzen dies für die vorgenommenen Umwandlungen hat. Sofern in eine nationale Markenanmeldung gewandelt wurde, hat der Wegfall der Basismarke keinerlei Aus-

---

697 Vgl. Art. 154 I S. 1 des Verordnungsvorschlages: "Wurde eine internationale Registrierung, in der die Europäische Gemeinschaft benannt ist, zurückgewiesen oder hat diese ihre Wirkung verloren, so kann der Inhaber der internationalen Registrierung beantragen, daß seine internationale Registrierung, in der die Europäische Gemeinschaft benannt ist, entweder in eine Anmeldung für eine nationale Marke oder gemäß Artikel 3ter Absatz 2 des Madrider Protokolls bzw. Artikel 3ter Absatz 2 des Madrider Abkommens über die internationale Registrierung von Marken, unterzeichnet in Madrid am 14.4.1891, in seiner revidierten und geänderten Fassung (nachstehend das 'Madrider Abkommen' genannt) in eine territoriale Ausdehnung auf einen Mitgliedstaat, der Vertragspartei des Madrider Protokolls oder des Madrider Abkommens, umgewandelt werden."

698 Zu den Gebühren siehe noch unter 4. Teil, B II 4 a.

699 Vgl. Art. 3ter MMP, Art. 3ter MMA.

700 Art. 154 II des Verordnungsvorschlages.

701 Vgl. für das deutsche Recht § 33 I MarkenG: "Der Anmeldetag einer Marke ist der Tag, an dem die Unterlagen mit den Angaben nach § 32 II beim Patentamt eingegangen sind." Für das Schutzausdehnungsgesuch siehe ausdrücklich Art. 3ter Absatz 2 MMP und Art. 3ter Absatz 2 MMA.

702 Zum Beispiel dadurch, daß ein langwieriges Widerspruchsverfahren gegen die eingetragene deutsche Marke erfolgreich ist.

wirkungen auf die nationale Marke, da diese nicht mehr Bestandteil der internationalen Registrierung ist und der Wegfall auch nur Wirkung ex nunc zeitigen kann.[703] Etwas anderes ergibt sich jedoch für den Fall, daß die Umwandlung in Form einer territorialen Ausdehnung auf Mitgliedstaaten des MMA oder MMP erfolgte. Wenn sich die Ausdehnung nach dem MMA richtete, ist eine erneute Umwandlung in eine nationale Marke wegen Wegfalls der Basis nicht mehr möglich.[704] Anders bei der Schutzausdehnung nach dem MMP. Hier kann zwar noch umgewandelt werden,[705] es muß aber eine erneute Gebühr entrichtet werden.

Da mit der Umwandlung zugleich auch die alte Priorität beansprucht werden kann, ist die Alternative - nationale Markenanmeldung oder internationale Ausdehnung nach MMA oder MMP - ein Vorteil für den Markeninhaber. Dies ist vor allem dann der Fall, wenn ein Widerspruchsverfahren gegen die Basiseintragung anhängig ist, dessen Ausgang noch unklar ist.

b) Gemeinschaftsmarke als Basis für eine internationale Registrierung
Eine zweite Möglichkeit, die internationale Registrierung mit dem Gemeinschaftsmarkenrecht zu verknüpfen, besteht darin, die Gemeinschaftsmarke als Basis für eine internationale Registrierung zu benutzen. Auch diese Konstellation wird in dem angesprochenen Verordnungsvorschlag behandelt.[706]

Die Vorgehensweise des interessierten Markeninhabers verändert sich dahingehend, daß nicht bei der jeweiligen nationalen Zentralbehörde für den gewerblichen Rechtsschutz, zum Beispiel dem Deutschen Patentamt, um eine Basismarke(nanmeldung) und die internationale Registrierung ersucht wird, sondern entsprechend beim Amt in Alicante.[707] Wegen des beabsichtigten Beitritts der Europäischen Union zum MMP genügt als Basis für eine internationale Registrierung auch eine bloße Anmeldung der Gemeinschaftsmarke.[708] Es wird

---

703 Siehe auch *Kunze*, GRUR 1996, 627 (630 r.Sp.).

704 Das MMA sieht eine Umwandlung gerade nicht vor, siehe oben 3. Teil, B II 3 b dd.

705 Art. 9quinquies MMP.

706 Siehe 2. Abschnitt des vorgesehenen Titels XIII, Art. 141 - 145 Verordnungsvorschlag (Fn. 673).

707 Art. 141 I Verordnungsvorschlag (Fn. 673). Zur erforderlichen Form und dem Inhalt der internationalen Registrierung siehe Art. 142, zur Eintragung in die Akte und in das Register vgl. Art. 143. Die anfallenden Gebühren aufgrund des Madrider Protokolls sind jedoch gemäß Art. 145 unmittelbar an das Internationale Büro zu entrichten.

708 Jedoch wird als Eingang der internationalen Anmeldung das Datum der Eintragung der Gemeinschaftsmarke von dem Verordnungsvorschlag festgelegt. Vgl. Art. 141 II Verordnungsvorschlag: "Wird eine internationale Registrierung auf der Grundlage einer Gemeinschaftsmarke beantragt und die internationale Anmeldung vor Eintragung der Marke als Gemeinschaftsmarke eingereicht, so gilt für den Eingang der internationalen Anmeldung das Datum der Eintragung der Gemeinschaftsmarke."

damit möglich, daß ein Markeninhaber, der in einem Mitgliedsland des MMA und des MMP ansässig ist,[709] seine internationale Registrierung auf der Grundlage einer Basis*anmeldung* vornehmen und auf Länder erstrecken kann, die ebenfalls Mitglied des MMA und des MMP sind. Die Wirkung der "safeguard clause" kann also ausgeschlossen werden. Ohne diese Neuerung des Verordnungsvorschlages wäre der Rechtsinhaber auf die Marken*eintragung* als Basismarke angewiesen.[710]

Diesem Vorteil steht aber auch der größere "Angriffsbereich" der Basismarke gegenüber: Ein Widerspruch gegen die Eintragung der Gemeinschaftsmarke kann von jedem Mitgliedstaat aus erfolgreich durchgeführt werden. Die Gefahr eines "Zentralangriffs" gegen die Basismarke, wodurch auch die für fünf Jahre von ihr abhängige, internationale Registrierung zum Erlöschen gebracht werden kann, ist damit deutlich gesteigert.[711] Zudem muß der Rechtsinhaber noch bedenken, daß es den Mitgliedsländern des MMP freigestellt ist, individuelle Gebühren zu erheben.[712] Regelmäßig dürfte damit der Kombination von Madrider System und Gemeinschaftsmarkenrecht, bei der die Gemeinschaftsmarke die Basis für die internationale Registrierung bildet, geringere Bedeutung zukommen.[713]

Nunmehr soll der Fall betrachtet werden, daß ein Angriff gegen die Basismarke erfolgreich ist. Angenommen im Vereinigten Königreich wird innerhalb der fünfjährigen Abhängigkeitsfrist erfolgreich ein Widerspruch gegen die Eintragung als Gemeinschaftsmarke geführt, so ist die Gemeinschaftsmarke nicht mehr eintragbar, und es fällt zugleich die Basis für die internationale Registrierung und damit die international registrierte Marke weg. Dem Markeninhaber stehen jetzt zwei Möglichkeiten zur Verfügung: Er kann zum einen in einem Zeitraum von drei Monaten beim Harmonisierungsamt einen Umwandlungsantrag nach Gemeinschaftsmarkenrecht stellen, wodurch die anfangs zugeteilte Priorität erhalten bleibt. Anstelle der Gemeinschaftsmarke kann der Markenschutz in nationale

---

709 Belgien, Frankreich, Deutschland, Italien, Luxemburg, Niederlande, Österreich, Portugal und Spanien, vgl. Übersicht 2.

710 Die Schutzerstreckung nach dem Madrider System ist natürlich auch auf die Mitgliedstaaten der Europäischen Union denkbar, die zugleich Mitglied im MMP sind. Hierbei handelt es sich entgegen der Formulierung in Art. 3ter MMP nicht um eine "territoriale Ausdehnung", sondern um eine bloße Erstreckung des Schutzes auf die bezeichneten Mitgliedstaaten. Im Vergleich zum bereits erfaßten Gebiet der Europäischen Union ist es terminologisch unscharf von einer Ausdehnung zu sprechen, wenn nur ein bereits abgedeckter Teil erfaßt wird, siehe auch dazu *Kunze*, GRUR 1996, 627 (631 f.).

711 Aus diesem Grund hält *v. Bomhard*, Pharma Recht 1997, 331 (333 r.Sp.) diese Option der Gemeinschaftsmarke als Basis für eine internationale Registrierung für wenig ratsam.

712 Art. 8 VII MMP.

713 Im Ergebnis auch kritisch zu der Möglichkeit, eine Gemeinschaftsmarke als Grundlage für die internationale Registrierung zu nutzen, *van Kaam*, VPP-Rundbrief Nr. 2/97, S. 40 (43 l.Sp.).

Markenanmeldungen bezüglich aller Mitgliedstaaten der Europäischen Union gewandelt werden mit der Ausnahme des Vereinigten Köngreiches, wo schließlich der Widerspruch geführt wurde.[714] Zum anderen kann ein Umwandlungsantrag gemäß dem Madrider Markenprotokoll geführt werden,[715] dieser würde jedoch nur möglich sein für Mitgliedstaaten der Europäischen Union, die zumindest dem MMP beigetreten sind. Diejenigen Staaten, die dem MMP nicht beigetreten sind, könnten nicht erfaßt werden. Hierfür wäre eine separate nationale Markenanmeldung erforderlich, wobei allerdings eine neue Priorität verteilt würde.

III. Zusammenfassung

Die zentralen Aussagen des Europäischen Gerichtshofes, die dieser anhand von Art. 28, 30 EG und Richtlinie 89/104/EWG entwickelt hat, sind weitgehend auf das Gemeinschaftsmarkenrecht übertragbar. Der Grundsatz der internationalen Erschöpfung, der in *Silhouette*[716] und *Sebago*[717] bestimmt wurde, gilt damit auch für die Gemeinschaftsmarke. Ebenfalls zur Anwendung kommen die Maßstäbe, die der Gerichtshof für die Grenzen der Erschöpfung aufgestellt hat, nämlich bei Verschlechterung oder sonstigen Veränderung des Produktes, wie es in *Hoffmann LaRoche,*[718] *Bristol-Myers Squibb,*[719] *Eurim Pharm*[720] und *Pharmacia & Upjohn*[721] entschieden wurde. Für die Auslegung des wichtigen Begriffes der Verwechslungsgefahr bei Kollisionstatbeständen ist im Gemeinschaftsmarkenrecht auf die Kriterien zurückzugreifen, die in *Sabel,*[722] *Canon*[723] und *Lloyd*[724] aufgestellt wurden. Nicht für das Gemeinschaftsmarkenrecht nutzbar sind die Entscheidungen zum "spezifischen Gegenstand des Markenrechts", da hiermit ein Ausgleich von nationalen Ausschließlichkeitsrechten und den Grundsätzen des freien Warenverkehrs erreicht wird. Diese Spannung, die aus dem

---

714 Vgl. Art. 108 II lit. b GMV. Bedenken dahingehend, daß durch diesen Umwandlungsantrag Staaten in ein Schutzsystem eingebunden würden, dem sie bewußt nicht beigetreten sind, sind unbegründet. Denn bei einem erfolgreichen "central attack" gegen die Gemeinschaftsmarke würde eine internationale Registrierung sowieso wegfallen, jedenfalls in der fünfjährigen Abhängigkeitsfrist. Außerhalb der fünfjährigen Abhängigkeit würde die internationale Registrierung zwar nach Angriff auf die Gemeinschaftsmarke weiterbestehen, die dann umgewandelte nationale Markenanmeldung wäre aber nicht mehr Basis für die IR-Marke. Eine Einbindung in ein (unerwünschtes) Schutzsystem ist damit ausgeschlossen.

715 Art. 9quinquies MMP.

716 Fn. 473.

717 Fn. 448.

718 Fn. 432.

719 Fn. 430.

720 Fn. 466.

721 Fn. 470.

722 Fn. 489.

723 Fn. 492.

724 Fn. 494.

Territorialitätsprinzip nationalen Markenschutzes resultiert, tritt bei der supranationalen Gemeinschaftsmarke von vorneherein nicht auf. Bezüglich der nationalen, harmonisierten Markengesetze gilt der Grundsatz der Koexistenz. Konsequenterweise können daher nationale Marken relative Eintragungshindernisse und relative Nichtigkeitsgründe für eine Gemeinschaftsmarke sein. Einen besonderen Anreiz für die Inhaber nationaler Marken, auf das Gemeinschaftsmarkenrecht zu wechseln, gibt die Regelung der "Seniorität". Danach kann der Zeitrang einer nationalen Marke für eine Gemeinschaftsmarke verwendet werden. Materiellrechtliche Normen der nationalen Markengesetze entsprechen weitgehend dem Gemeinschaftsmarkenrecht. Allerdings sind die nationalen Verfahrensrechte, auf die die GMV für die Durchsetzung bei Verletzungsansprüchen verweist, nicht angeglichen worden.

Die Schutzstandards der Pariser Verbandsübereinkunft und des TRIPs-Abkommens werden von der Gemeinschaftsmarkenverordnung entweder durch ausdrückliche Verweisungen aufgegriffen oder zeigen sich in dem materiellen Regelungsgehalt der GMV. Das Gemeinschaftsmarkenrecht fügt sich damit nahtlos in den bestehenden internationalen Markenschutz ein. Eine Verbindung des Gemeinschaftsmarkenrechts zum Madrider Markensystem besteht bereits dadurch, daß international registrierte Marken relative Eintragungshindernisse und relative Nichtigkeitsgründe für eine Gemeinschaftsmarke sein können. Internationale registrierte Marken können auch die Grundlage für einen Zeitranganspruch sein.

Noch stärker wird die Verknüpfung von Madrider System und Gemeinschaftsmarkenrecht, wenn die Europäische Union dem Madrider Markenprotokoll beitritt. Hieraus würden sich ganz neue Kombinationsmöglichkeiten ergeben, indem entweder die Europäische Union als Erstreckungsgebiet der internationalen Registrierung benannt wird[725] oder aber die Gemeinschaftsmarke(nanmeldung) selbst die Basis für eine internationale Registrierung wird. Vorteile dieser Verbindung der beiden Markenschutzsysteme für den Markeninhaber wären vor allem die größere Flexibilität, bestehenden Markenschutz auf das jeweils andere System zu erweitern und so die Vorteile von beiden zu nutzen. Die Erhaltung der Priorität bei dem Gebrauch des jeweils anderen Schutzsystems stellt dabei den augenscheinlichsten Vorteil dar. Doch auch die Möglichkeit, bereits auf der Grundlage einer Anmeldung Schutz für Länder zu beantragen, bei denen sonst eine eingetragene Marke Basismarke sein mußte, ist als strategische Überlegung zu bedenken.

Die aufgezeigten Problemfälle lassen aber auch deutlich werden, daß sich zukünftig internationaler Markenschutz erheblich komple-xer gestalten wird.

---

725 Basismarke wäre dann eine nationale Marke(nanmeldung).

Schutzhindernisse können in verschiedenen Konstellationen auftreten und Beratung im internationalen Markenrecht wird eine zunehmende Bedeutung gewinnen, damit der Markeninhaber die Stärken von Madrider Markensystem und Gemeinschaftsmarkenrecht kumulieren kann und nicht seiner Rechte wieder verlustig wird.

B. Vorzüge des Gemeinschaftsmarkenrechts im Vergleich zu anderen Schutzmöglichkeiten

Die zentrale Frage für den einzelnen Markeninhaber ist die nach den Vorteilen, die ihm durch eine Gemeinschaftsmarke zuteil werden. Welche Gründe sprechen dafür, daß sich ein Unternehmen dafür entscheidet, seine Marke in Alicante und nicht etwa in Genf, München, Paris etc. schützen zu lassen?

Eine verallgemeinernde Antwort hierauf erscheint aus verschiedenen Gründen sehr schwierig. Angesichts der Komplexität der unterschiedlichen, teilweise ineinander verzahnten Schutzsysteme fällt es schwer, dergestalt Vor- und Nachteile zu betrachten, daß eine eindeutige Antwort möglich wird. Bisherige Stellungnahmen aus der Praxis zeigen auch deutlich, daß bei anderen Akzenten in der Bewertung abweichende Ergebnisse über die Gemeinschaftsmarke entstehen können, die ein großes Meinungsspektrum abdecken: "in erster Linie für größere, europaweit agierende Unternehmen" interessant und auch nur "für bereits existierende, EU-weit eingeführte oder in der EU bisher nicht verwendete, unterscheidungskräftige Kennzeichen"[726]; "die Gemeinschaftsmarke ist für Unternehmer, die überwiegend im Europäischen Binnenmarkt tätig sind, in Summe günstiger"[727]; die "zahlreichen langfristig-strategischen Vorteile (sind) in die Entscheidung über den richtigen Weg zu einem optimalen, das heißt in bester Weise bedarfsadäquaten Markenschutz stets einzubeziehen",[728] man sollte Gemeinschaftsmarken "anmelden, zumindest neue Markenprojekte."[729]

Neben der Komplexität bestehender Markenschutzmöglichkeiten muß die Intention des Markeninhabers entsprechend gewürdigt werden: Welche Märkte sollen schwerpunktmäßig erschlossen werden? Ist ein möglichst schneller oder möglichst kostengünstiger Weg erstrebt? Können Waren mit dieser Marke von Anfang an benutzt werden ? Die Vielfalt von potentiellen Interessen, die auf eine Fülle von bestehenden Systemen trifft, steht allgemeinen Aussagen entgegen.

---

726 So *Lindner/Schrell*, WRP 1996, 94 (98 r.Sp.), die dabei hauptsächlich auf das "aufwendige Verfahren mit unsicherem Ausgang und erheblichem Kostenrisiko" abstellen.

727 *Mayer*, ecolex 1994, 687 (691 r.Sp.).

728 *Harte-Bavendamm/v. Bomhard*, WRP 1996, 534 (539 r.Sp.).

729 *Over*, WRP 1996, 274 (279 r.Sp.); ähnlich positiv in seiner Bewertung der Gemeinschaftsmarken *Kunze*, GRUR 1996, 627 (634 r.Sp.).

Allerdings können bestimmte Regelungen bezüglich ihrer Vor- und Nachteile für den Markeninhaber betrachtet werden, die in ihrer Gesamtheit die Attraktivität des Gemeinschaftsmarkenrechts indizieren. Dies soll nachfolgend unternommen werden, wobei nach materiellen (dazu I.) und verfahrensrechtlichen Normen (dazu II.) unterteilt wird.

Von einem Vergleich zwischen Madrider Markensystem und Gemeinschaftsmarkenrecht, wie er zuweilen in Vergleichstabellen angestellt wird,[730] soll dabei abgesehen werden. Eine solche gegenüberstellende Bewertung ist unscharf, da dadurch die nicht übereinstimmenden Zielsetzungen und Entwicklungen sowie ihre bestehenden Verknüpfungen ausgeklammert werden.[731] Eine letztverbindliche, generalisierende Bewertung kann also weder für den Anmelder noch bezüglich der Markenschutzsysteme als solcher getroffen werden. Unter diesen Prämissen sollen nachfolgende Überlegungen stehen.

I. Materiellrechtliche Bestimmungen

1. Grundsatz der Einheitlichkeit

Nach dem Grundsatz der Einheitlichkeit kann eine Gemeinschaftsmarke nur für das gesamte Gebiet der Gemeinschaft erworben, übertragen, für verfallen beziehungsweise für nichtig erklärt werden.[732] Hierbei handelt es sich um einen wesentlichen Grundsatz des Gemeinschaftsmarkenrechts, das heißt dem Prinzip der Einheitlichkeit kommt sowohl in materiellrechtlicher als auch in verfahrensrechtlicher Hinsicht Bedeutung zu. Die verfahrensrechtliche Komponente vor allem bezüglich des Eintragungsverfahrens soll an anderer Stelle behandelt werden.[733]

---

[730] Siehe *Hansmann/Schmetz*, Mitt. 1990, 221 (229); *Davies*, (1994) E.I.P.R. 47, 49.

[731] Vgl. auch die Nachbemerkung des Generaldirektors der WIPO *Bogsch*, zu *Hansmann/Schmetz*, Mitt. 1990, 221, in Mitt. 1990, 228 (r.Sp.): "(...) from our point of view, the comparison between the Madrid Agreement and the Madrid Protocol on the one hand, and the Community trademark on the other hand, is somewhat unbalanced if the Madrid Agreement and the Madrid Protocol are only considered as a means of obtaining trademark protection in the 12 countries of the European Community. As you know, the Madrid Agreement has a much larger scope, including in particular some of the EFTA member countries, namely Austria and Switzerland, and a number of Eastern European Countries (...). As regards the various possibilities offered by the Protocol your text only takes into account the use of the Protocol for obtaining registrations at the national level. However, one of the main purposes of the Protocol is to establish a link with the future Community trademark system in combination - a possibility which will be particularly advantageous if the intended coverage of trademark protection includes the European Community plus a number of other countries."

[732] Art. 1 II GMV, siehe bereits oben 2. Teil, B I 3.

[733] Siehe sogleich unter 4. Teil, B II 1.

Selektiver Schutz nur für einzelne Mitgliedstaaten, wie es etwa nach dem Madrider System möglich ist, kann der Markeninhaber nicht beantragen, die Gemeinschaftsmarke kann nur für den gesamten Bereich der Europäischen Union erworben werden. Diese Lösung, die zuweilen als "Alles-oder-Nichts-Prinzip" bezeichnet wird,[734] könnte aber die Attraktivität einer Gemeinschaftsmarke für diejenigen Unternehmen schmälern, deren Interesse nicht an dem gesamten europäischen Binnenmarkt liegt, sondern sich auf zwei oder drei Mitgliedstaaten konzentriert. Schutz im gesamten Gebiet der Europäischen Union wäre für ein Unternehmen, das seinen Sitz in Portugal hat und gekennzeichnete Waren nach Spanien exportiert, zu weitgehend. Warum sollte dieses Unternehmen an einem Markenschutzsystem interessiert sein, das es ihm erlaubt seine Markenrechte auch in Nordschweden oder Südgriechenland durchzusetzen?

Auf den ersten Blick erscheint Markenschutz in der gesamten Union als zu weitreichend für Unternehmen, die nur einen Absatzmarkt von zwei oder drei Mitgliedstaaten haben.[735] Es muß aber bedacht werden, daß gerade dieser weiterreichendere Markenschutz dem Unternehmen langfristig Expansionsmöglichkeiten offenhält und zu einem sehr frühen Zeitpunkt den Schutz der Marke gewährt. Außerdem sind Märkte wie Portugal oder Spanien nicht in sich abgeschlossen, sondern stehen in einer globalisierten Wirtschaft zu den europäischen Nachbarländern in dauernder Austauschbeziehung. Der Schutz vor Produktpiraterie kann sich daher nicht nur an den geographischen Grenzen der momentanen wirtschaftlichen Aktivitäten orientieren. Effektiver Markenschutz fällt nicht mit den Absatzflächen der Markenprodukte zusammen, so daß auch für ein Unternehmen mit der gerade beschriebenen Wirtschaftstätigkeit die Gemeinschaftsmarke als Schutzoption nicht kategorisch auszuschließen ist.

Ebenfalls bedenklich erscheint, ob nicht für Unternehmen, die weltweit tätig sind, die Beschränkung der Gemeinschaftsmarke auf das Gebiet der Europäischen Union einen Nachteil gegenüber dem weltweiten Markenschutz nach dem Madrider System darstellt.[736] Solange die Europäische Union nicht dem Madrider Markenprotokoll beigetreten ist, bestehen zwischen Gemeinschaftsmarkenrecht und Madrider System keine Übergänge. Dann wären weltweit agierende Unternehmen eher nach Genf als nach Alicante zu verweisen. Die geplante Verbindung der beiden Systeme würde aber gerade eine Kombination dieser beiden Schutzoptionen ratsam erscheinen lassen, um die Vorzüge von beiden zu verbinden.[737]

---

[734] *Schwanhäuser*, WRP 1984, 1.

[735] So auch *Kunze*, GRUR 1996, 627 (635 l.Sp.), der für diese Unternehmen das Madrider Markenabkommen empfiehlt.

[736] Zu europaweitem Schutz nach MMA und MMP siehe Übersicht 2.

[737] *Kunze*, GRUR 1996, 627 (635 f.). Zur Kombination von Gemeinschaftsmarkenrecht und internationaler Registrierung siehe bereits oben 4. Teil, A II 3.

Der Grundsatz der Einheitlichkeit fällt für den Markeninhaber positiv ins Gewicht durch die vielfältigen Vereinfachungen, die er mit sich führt. So muß nur ein einziges Recht verwaltet werden, um Schutz für den europäischen Binnenmarkt zu erhalten, und nur einmal müssen Verlängerungsgebühren bezahlt werden, anders also als bei Schutz nach den nationalen Markengesetzen.[738] Diesbezüglich besteht zwar noch kein Vorteil gegenüber dem Madrider Markensystem, das mit der World Intellectual Property Organisation in Genf eine zentrale Verwaltungsstelle hat, doch ist nach dem Gemeinschaftsmarkenrecht die Überwachung und Verteidigung des Markenschutzes gegenüber dem MMA und dem MMP leichter. Da das Madrider System lediglich eine Verfahrensvereinfachung, aber keine materiellrechtliche Neuerung bringt, ist der Schutzsuchende verpflichtet, in jedem einzelnen Land getrennt eine etwaige Verletzung festzustellen und seine Rechte dort geltend zu machen.

Dadurch ist eine ständige, qualifizierte Präsenz in den geschützten Ländern erforderlich, die nicht nur organisatorische, sondern auch finanzielle Aufwendungen nötig werden lassen. Dem Inhaber einer Gemeinschaftsmarke wird die Überwachung seiner Rechte zumindest in bezug auf potentiell verletzende Gemeinschaftsmarken erleichtert: Die Anmeldung einer Gemeinschaftsmarke wird veröffentlicht,[739] und der Inhaber kann in seiner Sprache prüfen, ob eine Kollisionslage vorliegt. Gegebenenfalls kann der gemeinschaftsrechtliche Unterlassungsanspruch und der spezielle Entschädigungsanspruch geltend gemacht werden.[740] Allerdings muß bei Verletzungen durch nationale Marken weiterhin eine nationale Überwachung bestehen, und gerade die Geltendmachung der materiellen Rechte vor den nationalen Gerichten erfordert wiederum die Sachkompetenz spezieller Berater, die mit den Eigenarten des jeweiligen Landes vertraut sind. Auf prozessualer Ebene zerfällt daher die gemeinschaftsrechtliche Konzeption wieder in nationale Teilstücke, und die Vorteile der Überwachung existieren damit nur solange, als es nicht zur prozessualen Durchsetzung kommt.

Eingeschränkt werden muß auch der Ansatz, eine einheitliche europäische Marke stelle einen Vorzug für das Marketing dar, da gerade die Globalisierung der Märkte globalen Marken entgegenkomme. Neuere betriebswirtschaftliche Untersuchungen[741] haben ergeben, daß die Ansicht von globalen Märkten mit

---

738 Hier muß jeweils bei der Zentralstelle des gewerblichen Rechtsschutzes das Schutzrecht verwaltet und Verlängerungsgebühren dort bezahlt werden. Vgl. für Deutschland § 47 II - VI MarkenG.

739 Art. 40 GMV.

740 Art. 9 I, III 2 GMV, ergänzt durch die landesrechtlichen Ansprüche, siehe oben 2. Teil, B II 2 b.

741 Siehe für eine Darstellung der wirtschaftswissenschaftlichen Kontroverse um globale Märkte und Marken *Sosnitza*, Nationales, gemeinschaftsweites und internationales Markenrecht, in: Jahrbuch junger Zivilrechtswissenschaftler, S. 181 (183 ff.) mwN.

einheitlichen Konsumentengewohnheiten in dieser Allgemeinheit nicht zutreffend ist. Zwar ist es vorteilhaft, für den europäischen Binnenmarkt einheitlich ein Produkt mit einer Marke zu plazieren, doch werden dadurch auch regionale Besonderheiten vernachlässigt, die das Produkt erst auf den örtlichen Markt erfolgreich werden lassen. Als Beispiel[742] kann hier ein Weichspüler von Unilever angeführt werden, der mit der einheitlichen Werbebotschaft von Weichheit, Vertrauen etc. und jeweils mit einem Teddybären vorne abgebildet, in den verschiedenen Ländern aber mit unterschiedlichen Marken bedacht wurde. In Deutschland wurde der Markenname "Kuschelweich", in Italien "Coccolino", in Frankreich "Cajoline", in Australien "Huggy" und in den USA "Snuggles" gewählt.

Ein einheitlicher Markenname hätte hier nicht die regionale Akzeptanz gehabt wie es die Berücksichtigung von sprachlichen Besonderheiten hatte. Aus Gesichtspunkten der Vermarktung des Produktes birgt daher eine einheitliche Marke, die für den gesamten europäischen Binnenmarkt gilt, die Gefahr, regionale Besonderheiten zu vernachlässigen. Aus diesem Grunde neigen das wirtschaftswissenschaftliche Schrifttum und die Praxis dazu, lediglich die Kernelemente einer Marke zu standardisieren, für die übrigen Elemente aber lokale Unterschiede zu berücksichtigen. Für diese Kernelemente eignet sich dann aber die Gemeinschaftsmarke als einheitliches, flächendeckendes Recht in besonderer Weise.

Der Charakter der Gemeinschaftsmarke als einheitliches, europaweites Schutzrecht muß damit an unterschiedlichen Stellen Berücksichtigung finden: Für den räumlichen Anwendungsbereich bedarf es einer vorherigen Klärung, ob wirklich der gesamte Binnenmarkt geschützt werden soll, unter Umständen auch erst im Rahmen einer langfristigen Strategie, und ob vielleicht bei weltweiten, wirtschaftlichen Tätigkeiten das Gemeinschaftsmarkenrecht mit dem Madrider System kombiniert werden sollte. Bezüglich der Überwachung und Verteidigung der Rechte ist ein einheitliches Recht zunächst einmal vorteilhaft, da für den Inhaber einige Vereinfachungen in organisatorischer und finanzieller Hinsicht auftreten. Dieser Vorteile kann der Gemeinschaftsmarkeninhaber allerdings wieder verlustig gehen durch die Verweisung auf nationale Gerichte zur Durchsetzung seiner Rechte, da hier die nationalen Eigenheiten erneut berücksichtigt werden müssen. Aus betriebswirtschaftlicher Sicht muß bedacht werden, daß gerade Wortmarken sich auch regionalen (Sprach)Gewohnheiten anpassen müssen. Gegebenenfalls kann daher ein einheitlicher Markenname nicht die gleiche Akzeptanz hervorrufen, wie es ein nach der Örtlichkeit differenzierter Markenname hätte.

---

742 Beispiel nach *Sosnitza*, aaO. S. 186, siehe auch S. 202 f.

2. Markenbegriff

Der prinzipielle Zugang zum Markenschutz, die Markenfähigkeit, wird im Gemeinschaftsmarkenrecht sehr weit gefaßt, indem auf die graphische Darstellbarkeit und die Unterscheidungskraft eines Zeichens abgestellt wird.[743] In den bisherigen Entscheidungen der Beschwerdekammern zeigt sich darüber hinaus eine sehr liberale Handhabung, die gerade ungewöhnliche Markenformen wie zum Beispiel den Geruch von "frisch geschnittenem Gras"[744] ermöglichen. Obwohl nach der Harmonisierung der nationalen Markengesetze durch die Richtlinie 89/104/EWG die Vorschriften der Gemeinschaftsmarkenverordnung mit denen der nationalen Gesetze übereinstimmen,[745] geht die Auslegung der Beschwerdekammern im Vergleich zu den nationalen einen Schritt weiter und zeigt eine deutlich liberalere Tendenz.[746]

Für den Anmelder bietet sich daher die Möglichkeit mit einer Markenform, die nach nationalem Recht nicht eingetragen werden würde, nach Alicante zu gehen und dort automatisch für den gesamten Bereich der Europäischen Union Schutz zu erhalten.[747] Für "Orchideenmarken" ist daher Alicante ein besonders interessanter Ort für Markenschutz.[748]

3. Aufrechterhaltung des Schutzes durch rechtserhaltende Benutzung

Dem Inhaber einer Gemeinschaftsmarke obliegt es nach Ablauf einer Schonfrist von fünf Jahren, die Marke ernsthaft zu benutzen, wobei auch die Benutzung mit Zustimmung des Inhabers genügt.[749] Das Gemeinschaftsmarkenrecht will damit verhindern, daß das Register mit einer Fülle von Marken besetzt wird, die nicht im Markt konkret zur Kennzeichnung dienen, ebenso wie die vergleichbaren Regelungen im nationalen Recht,[750] in der PVÜ[751] beziehungsweise dem TRIPs-

---

743 Art. 4, 7 I lit. a GMV, siehe oben 2. Teil, B II 1.

744 Entscheidung vom 11.2.1999, R 156/98-2, MarkenR 1999, 142 - "The smell of fresh cut grass".

745 Siehe oben 3. Teil, A II 2 a.

746 Siehe zum Beispiel für Farbmarken die Entscheidungen des BPatG, GRUR 1996, 881 - Farbmarke; BPatGE 39, 145 - Schwarz/Zink-Gelb; BPatGE 39, 247 - Magenta/grau.

747 Siehe auch F.A.Z. vom 22.6.1999, S. 3: "Neue Spielregeln. Liberale Eintragungspraxis macht die Gemeinschaftsmarke erfolgreich."

748 Bei diesen "exotischeren" Markenformen handelt es sich aber um einen verschwindend kleinen Prozentsatz der bisher angemeldeten Marken. Die Statistiken über die Anmeldungen von Gemeinschaftsmarken zeigen für den Zeitraum von 1.1.1996 bis zum 31.1.1999 aufgeschlüsselt nach Art der Marke folgendes Bild: Wortmarken 66.792 Anmeldungen (63,93 %), Bildmarken 35.744 (34,21 %), dreidimensionale Marken 1.062 (1,02 %), sonstige Markenformen 881 (0,84 %), Quelle: Statistiken des Harmonisierungsamtes für den Binnenmarkt.

749 Art. 15 III GMV, vgl. zu weiteren Formen der Benutzungserleichterung Art. 15 II GMV und bereits oben 2. Teil, B II 3 b.

750 Vgl. Art. 10 MRRL und § 26 MarkenG.

Abkommen.[752] Stellt also das Erfordernis der rechtserhaltenden Benutzung keine prinzipielle Neuerung dar, so ergibt sich gegebenenfalls doch aus dem räumlichen Umfang der Benutzung ein strategischer Vorteil für den Inhaber einer Gemeinschaftsmarke. Unstreitig hat die Benutzung in dem gewünschten Land zu erfolgen, sofern sich der Schutz nach nationalem Recht richtet.[753] Wird also in München, Rom oder Paris jeweils eine nationale Marke beantragt und eingetragen, so muß die Marke zur Aufrechterhaltung des Schutzes auch nach Maßgabe des deutschen, italienischen und französischen Rechts in den einzelnen Ländern benutzt werden.

Bei einer international registrierten Marke nach dem Madrider Markensystem gilt hierfür nichts anderes. Da lediglich die Anmeldung durch die Hinterlegung einer Basismarke vereinfacht wird, bemißt sich der Schutz selbst nach nationalem Recht. Damit muß aber auch in jedem Land, auf das der Schutz erstreckt wird, die Marke benutzt werden.[754] Das gilt gleichermaßen für die international registrierten Marken als auch für die zugrundeliegende Basismarke. Die Auslandsbenutzung kann nicht an die Stelle der fehlenden Inlandsbenutzung treten.[755] Der Rechtsinhaber ist daher verpflichtet, in jedem Land, in dem er den Schutz aufrechterhalten möchte, die Marke zu benutzen. Kommt er dem nicht nach, so wird der Schutz für das Gebiet entzogen, in dem nicht benutzt wurde.[756]

Hiervon abweichend bietet das Gemeinschaftsmarkenrecht einen entscheidenden strategischen Vorteil. Zwar unterliegt auch die Gemeinschaftsmarke dem Benutzungszwang,[757] doch erstreckt sich ihr Schutz einheitlich auf das gesamte Gebiet der Europäischen Union, unabhängig von den Landesgrenzen der Mitgliedstaaten. Aufgrund dessen bemißt sich die erforderliche "ernsthafte Benutzung" in der Gemeinschaft für die Gemeinschaftsmarke nicht danach, ob in jedem einzelnen Mitgliedstaat benutzt wurde. Nach der hier vertretenen Auffassung[758] hat sich die

---

751 Siehe oben 3. Teil, B II 1 b ee.

752 Siehe oben 3. Teil, B II 4 b cc.

753 Vgl. für das deutsche Recht *Ingerl/Rohnke*, Markengesetz, § 26 Rn. 104; *Fezer*, Markenrecht, § 26 Rn. 37.

754 *Fezer*, Markenrecht, § 26 Rn. 75 f.; *ders.*, Markenrecht, Art. 4 MMA Rn. 2.

755 *Schricker*, GRUR Int. 1969, 14 (24 f.); *Fezer*, Markenrecht, § 26 Rn. 75. Der Auslandsbenutzung kommt nur eine gewisse Bedeutung zur Beurteilung einer ernsthaften Benutzung zu, BGH GRUR 1969, 48 - Alcacy; BGH GRUR 1980, 52 - Contiflex.

Eine Sonderregelung besteht lediglich im Verhältnis zur Schweiz: Hier ist nach Art. 5 S. 1 des Übereinkommens zwischen dem Deutschen Reich und der Schweiz betreffend dem gegenseitigen Patent-, Muster- und Markenschutz vom 13.4.1892 (RGBl. 1894, 511) in der Fassung des Abkommens vom 26.5.1902 (RGBl. 1903, 1819) die Benutzung einer Marke in der Schweiz rechtserhaltend, vgl. dazu *Ingerl/Rohnke*, Markengesetz, § 26 Rn. 107 mwN.

756 Siehe für das deutsche Markenrecht § 115 MarkenG.

757 Art. 15 GMV.

758 Siehe bereits oben 2. Teil, B II 3 B.

Bestimmung für den territorialen Umfang der Benutzung überhaupt nicht an den Grenzen eines Mitgliedstaates zu orientieren. Dem räumlichen Benutzungsgebiet muß nur eine gewisse Mindestbedeutung zukommen, ansonsten gewinnt der räumliche Benutzungsumfang lediglich bei der Frage der Ernsthaftigkeit der Benutzung als Teilaspekt Bedeutung.

Um den Schutz der Gemeinschaftsmarke im gesamten Gebiet der Europäischen Union aufrechtzuerhalten, muß die Marke also nicht separat in jedem einzelnen Mitgliedstaat benutzt werden. Benutzung etwa im Rhein-Main Gebiet erhält den Markenschutz in Spanien, Italien, Frankreich etc., wodurch es dem Markeninhaber ermöglicht wird, langfristige Unternehmensstrategien und Expansionspläne zu realisieren. Auch wenn zum Zeitpunkt der Gemeinschaftsmarkeneintragung nur der Markt Spaniens oder Frankreichs ins Auge gefaßt wird, aber noch keine wirtschaftlichte Aktivitäten dort unternommen werden, kann Markenschutz schon mit der Gemeinschaftsmarkeneintragung für sehr viel spätere Tätigkeiten in diesen Märkten quasi reserviert werden.[759]

Insbesondere bei kennzeichnungskräftigen und innovativen Marken ist diese Möglichkeit interessant, die zu einem sehr frühen Zeitpunkt Märkte markenrechtlich sichert. Dieser Vorteil besteht dabei nicht nur, wenn in dem Zielland noch gar keine Betätigung vorliegt, sondern auch dann, wenn andere Produktbereiche vom Markenrecht einbezogen werden sollen.[760] Die Regelung des Benutzungszwanges im Gemeinschaftsmarkenrecht muß daher als beachtenswerter Vorteil gegenüber bestehenden Systemen hervorgehoben werden.

4. Vermögensrechtliche Bestimmungen

In größerem Umfang als die Harmonisierungsrichtlinie[761] enthält die Gemeinschaftsmarkenverordnung Bestimmungen, die die Marke als Vermögensgegenstand betreffen.[762] Das bedeutet aber nicht, daß das Gemeinschaftsmarkenrecht in vermögensrechtlicher Hinsicht den Markeninhaber unbedingt besser stellt. Zwar ermöglicht die GMV eine sogenannte "Leerübertragung", das heißt die Gemeinschaftsmarke kann unabhängig von der Übertragung des Unternehmens für alle oder einen Teil der Waren oder Dienstleistungen, für die sie eingetragen ist, Gegenstand eines Rechtsübergangs sein.[763] Jedoch ist die Loslösung der Marke

---

[759] Dieser Aspekt wird in der Bewertung der Gemeinschaftsmarke von *Lindner/Schrell*, WRP 1996, 94 gänzlich ausgeblendet. Als entscheidenden Vorteil der Gemeinschaftsmarke heben dies hervor *Harte-Bavendamm/v.Bomhard*, WRP 1996, 535, *Kunze*, GRUR 1996, 627 (635 l.Sp.), *Over*, WRP 1996, 274 (276 l.Sp.).

[760] Sogenanntes Merchandising, vgl. *Harte-Bavendamm/v. Bomhard*, WRP 1996, 535.

[761] Nur Art. 8 MRRL enthält hinsichtlich der Lizenzen eine vermögensbezogene Regelung.

[762] Art. 16 ff. GMV, siehe bereits oben 2. Teil, B II 4 a.

vom Geschäftsbetrieb in allen Markengesetzen der Mitgliedstaaten vorgesehen,[764] auch wenn dies nicht extra in der Markenrechtsrichtlinie aufgeführt wurde. Die Bestimmung in der GMV entspricht daher den nationalen Normen und privilegiert den Gemeinschaftsmarkeninhaber nicht.

Hinsichtlich der Bestellung dinglicher Rechte, der Verpfändung der Gemeinschaftsmarke,[765] ihrer Zwangsvollstreckung[766] und im Konkurs[767] bildet die GMV lediglich den äußeren Rahmen, verweist aber ansonsten für die Durchführung auf die nationalen Markengesetze. Es gilt damit nationales Recht.

Abweichungen zeigen sich jedoch für die Lizenzierung des Markenrechts. Die Lizenz kann nach nationalem Recht ebenso wie im Gemeinschaftsmarkenrecht bezüglich der Waren und Dienstleistungen aber auch hinsichtlich des von der Lizenz erfaßten Gebietes beschränkt werden,[768] wobei der Lizenzgeber auch gegenüber dem Lizenznehmer die Rechte aus der Marke geltend machen kann.[769] Übereinstimmend mit nationalem Recht[770] kann der einfache Lizenznehmer nur mit Zustimmung des Markeninhabers ein Verletzungsverfahren anhängig machen.[771]

Unterschiede ergeben sich aber bei der Rechtsstellung des Lizenznehmers. Nach Gemeinschaftsmarkenrecht kann jeder Lizenznehmer mit Ermächtigung des Gemeinschaftsmarkeninhabers Widerspruch erheben[772] und ein Nichtigkeitsverfahren aus relativen Gründen betreiben[773] Bei einer Exklusivlizenz kann der Lizenznehmer auch ein Verletzungsverfahren anhängig machen, wenn der Inha-

---

763 Art. 17 I GMV. Einen Überblick über die Gesetzgebungsgeschichte dieser Norm gibt *Schönfeld*, Die Gemeinschaftsmarke als selbständiger Vermögensgegenstand, S. 59 f.

764 *V. Mühlendahl/Ohlgart*, Die Gemeinschaftsmarke, § 9 Rn. 5. Vgl. für das deutsche Recht § 27 MarkenG.

765 Art. 19 GMV.

766 Art. 20 GMV.

767 Art. 21 GMV. Für das deutsche Recht enthält § 125 h MarkenG die Zuständigkeitsregelung für das Eintragungsersuchen an das Harmonisierungsamt. Bis zum Inkrafttretem der Insolvenzrechtsreform am 1.1.1999 war aber § 125 h MarkenG gemäß § 165 MarkenG mit der Maßgabe anzuwenden, daß an die Stelle des Insolvenzverfahrens das Konkursverfahren, an die Stelle des Insolvenzgerichts das Konkursgericht, an die Stelle der Insolvenzmasse die Konkursmasse und an die Stelle des Insolvenzverwalters der Konkursverwalter tritt.

768 Vgl. Art. 8 I MRRL, § 30 I MarkenG, Art. 22 I GMV.

769 Vgl. Art. 8 II MRRL, § 30 II MarkenG, Art. 22 II GMV.

770 § 30 III MarkenG.

771 Art. 22 III 1 GMV, siehe auch *Schönfeld*, Die Gemeinschaftsmarke als selbständiger Vermögensgegenstand, S. 119 f.; *v. Mühlendahl/Ohlgart*, Die Gemeinschaftsmarke, § 9 Rn. 40; *Ingerl*, Die Gemeinschaftsmarke, S. 111. Gemäß Art. 22 III 1 GMV gilt dies aber nur "unbeschränkt des Lizenzvertrages".

772 Art. 42 I lit. a GMV.

773 Art. 55 I lit. b GMV.

ber der Gemeinschaftsmarke nach Aufforderung nicht selber innerhalb einer angemessenen Frist Verletzungsklage erhoben hat.[774]

Diese Stärkung der Lizenznehmerstellung dürfte aber nur bei sehr speziellen Markenkonzepten eine Rolle spielen oder sich gar als Vorteil erweisen. Ansonsten läßt sich aus den vermögensrechtlichen Bestimmungen kein Argument für oder gegen die Attraktivität der Gemeinschaftsmarke gewinnen.

II. Verfahrensrechtliche Regelungen

1. Eintragungsverfahren

Vor der Eintragung der Gemeinschaftsmarke erfolgt eine Prüfung des angemeldeten Zeichens, ob absolute Eintragungshindernisse vorliegen,[775] gegebenenfalls werden in einem Widerspruchsverfahren ältere Rechte als relative Eintragungshindernisse überprüft.[776] Für den Markeninhaber von besonderem Interesse ist natürlich, wie seine Erfolgsaussichten für eine Eintragung sind oder ob nicht die Überprüfung auf Eintragungshindernisse im gesamten Gebiet der Europäischen Union ein unverhältnismäßiges Risiko darstellt. Vorbehaltlich einer späteren Prüfung der Sprachenregelung und der entstehenden Kosten für eine Anmeldung, die eine separate Betrachtung erfordern,[777] sollen diese Risiken der absoluten und relativen Eintragungshindernisse abgewogen werden.

a) Absolute Eintragungshindernisse

Absolute Eintragungshindernisse werden vom Harmonisierungsamt von Amts wegen geprüft, wobei es genügt, wenn das Eintragungshindernis nur in einem Teil der Gemeinschaft vorliegt.[778] Für den Anmelder einer Gemeinschaftsmarke könnten hierin besondere Unwägbarkeiten stecken, da er mit einer Anmeldung die gesamten Gefahren in anderen Mitgliedstaaten abschätzen muß. Von besonderem Interesse sind auch hier Wortmarken, die in der Heimatsprache eine sinnvolle Kennzeichnung des Produktes sein können, in einer anderen Sprache aber für einen Begriff stehen, der nicht eintragungsfähig ist.[779] Zum Beispiel kann

[774] Art. 22 III 2 GMV. Siehe auch *v. Mühlendahl/Ohlgart*, Die Gemeinschaftsmarke, § 9 Rn. 44; *Schönfeld*, Die Gemeinschaftsmarke als selbständiger Vermögensgegenstand, S. 108 ff. zu Art. 21 III a S. 2 des Vorschlages zu einer Verordnung über die Gemeinschaftsmarke von 1988.

[775] Art. 7 GMV, siehe oben 2. Teil, B II 1 c aa.

[776] Art. 8 GMV, siehe oben 2. Teil, B II 1 c bb.

[777] Dazu noch unter 4. Teil, B II 3 und 4.

[778] Art. 7 II GMV.

[779] Beispiele für solche nicht vorhergesehenen Nebenbedeutungen einer Wortmarke in einer anderen Sprache gibt *Sosnitza*, Nationales, gemeinschaftsweites und internationales Markenrecht, in: Jahrbuch junger Zivilrechtswissenschaftler, S. 181 (203). Zum Beispiel der Mar-

die Bedeutung eines Wortzeichens in der Sprache eines Mitgliedstaates eine beschreibende Angabe und damit nicht schutzfähig sein, während es in einer andern Sprache durchaus als kennzeichnungskräftiges Zeichen tauglich ist.[780] Der Anmelder kann also bei der Prüfung auf absolute Eintragungshindernisse sehr überrascht werden mit der Folge, daß eine Eintragung insgesamt abgelehnt wird und nicht nur für das betreffende Land, bei dem ein Schutzhindernis vorliegt, wie es bei nationalen Eintragungen beziehungsweise der internationalen Registrierung nach dem Madrider System der Fall ist.

Allerdings müssen diesen Bedenken einige Erwägungen entgegengehalten werden. Zunächst einmal ist es wohl nicht als typischer Fall anzusehen, daß ein englisches Phantasiewort eine überraschende, finnische Nebenbedeutung hat, die einer Eintragung als Gemeinschaftsmarke entgegensteht. Regelmäßig werden sich solche Nebenbedeutungen nicht finden, die auch zugleich ein absolutes Eintragungshindernis begründen können. Denn die Nebenbedeutung in einer anderen Sprache muß zugleich auch ein absolutes Eintragungshindernis im Hinblick auf die betreffenden Waren oder Dienstleistungen besitzen. So wurde zum Beispiel der Markenname "BASIC" eines deutschen Anmelders für eine Gemeinschaftsmarke trotz seiner englischen Bedeutung als schutzwürdig angesehen, da hinsichtlich der betreffenden Waren, nämlich Heizungsanlagen einschließlich Heizkörper, insbesondere Badezimmerheizkörper, keine unmittelbare beschreibende Angabe anzunehmen sei.[781]

Im übrigen ist die Entwicklung von Markennamen nicht vollständig der Zufälligkeit unterworfen, sondern Aufgabengebiet einer eigenen Dienstleistungsbranche, die nicht nur mit der kreativen Entwicklung eines neuen Markennamens betraut ist, sondern häufig auch die zeichenrechtliche Überprüfung und ihren Test am Markt anbietet.[782] Desweiteren sieht die Gemeinschaftsmarkenverordnung rechtliche Möglichkeiten vor, um die Konsequenzen einer Ablehnung zu mildern. Sofern die Marke bereits durch ihre tatsächliche Benutzung Unterscheidungskraft gewonnen hat, können die wichtigsten absoluten Eintragungshindernisse überwunden werden, die fehlende Unterscheidungskraft, die beschreibenden Angaben und die Gattungsbezeichnung einer Marke.[783] Sollte auch keine tatsächliche Unterscheidungskraft vorliegen, kann der Anmelder immer noch erklären, daß er kein ausschließliches Recht an dem nicht unterscheidungskräftigen Bestandteil

kenname "Bosch" ein französisches Schimpfwort (Boche) für Deutsche, die von Colgate-Palmolive eingeführte Zahnpasta mit dem Namen "Cul" stellt ein französisches, pornographisches Wort dar.

780 Siehe *v. Einem*, WIB 1996, 553 (556 l.Sp.); *Lindner/Schrell*, WRP 1996, 94 (96 l.Sp.).

781 Rs 129/1999-3, Mitt. 1999, 473 = GRUR 2000, 52 = MarkenR 1999, 414 - BASIC.

782 Siehe *Sosnitza*, aaO. S. 202 f. mwN.

783 Siehe Art. 7 II, I lit. b, c, d GMV.

des Zeichens in Anspruch nehmen wird. Er kann also den in der Gemeinschaftsmarkenverordnung vorgesehenen "disclaimer" gebrauchen.[784] Wenn auch diese Möglichkeit nicht zu einem zufriedenstellenden Ergebnis führt, steht der Anmelder nicht zwangsnotwendig vor einem Scherbenhaufen, sondern er kann die Anmeldung der Gemeinschaftsmarke in nationale Markenanmeldungen umwandeln, und zwar mit der Priorität der Gemeinschaftsmarkenanmeldung.[785]

Nach Abwägung dieser Besonderheiten ist das Risiko für eine Anmeldung, an unvorhergesehenen, absoluten Eintragungshindernissen in einem Teil der Gemeinschaft zu scheitern, nicht so groß, als daß ein Markeninhaber nachhaltig von einer Gemeinschaftsmarkenanmeldung abgeschreckt werden sollte. Eine gewisse Gefahr, mit dem Schutzantrag abgelehnt zu werden, läßt sich - wie bei allen solchen Vorgängen - aber natürlich auch bei der Gemeinschaftsmarkenanmeldung nicht vollständig ausschließen.

b) Relative Eintragungshindernisse

Diffiziler ist die Eintragung einer Gemeinschaftsmarke hinsichtlich entgegenstehender Rechte Dritter. Für den Anmelder einer Gemeinschaftsmarke besteht dabei nicht nur die Gefahr, aufgrund eines erfolgreichen Widerspruches keinen Schutz zugesprochen zu bekommen und seine Anmeldegebühren umsonst entrichtet zu haben. Zudem müßte er noch die Kosten für das Widerspruchsverfahren tragen, da im Gemeinschaftsmarkenrecht bei der Kostenverteilung das Unterliegensprinzip gilt.[786] Dabei erscheint das Konfliktpotential, das zu einer Abweisung der Eintragung als Gemeinschaftsmarke führen kann, sehr groß. Ältere Marken, die ein relatives Eintragungshindernis sein können, sind nicht nur eingetragene Gemeinschaftsmarken,[787] sondern auch in einem Mitgliedstaat beziehungsweise beim Benelux-Markenamt eingetragene Marken,[788] mit Wirkung für einen Mitgliedstaat international registrierte Marken[789] und die notorisch bekannten Marken im Sinne von Art. 6bis PVÜ.[790]

Ferner können im Widerspruchsverfahren auch ältere *nicht* eingetragene Marken oder sonstige im geschäftlichen Verkehr benutzte Kennzeichenrechte von mehr als lediglich örtlicher Bedeutung geltend gemacht werden, wenn nach dem für den Inhaber maßgeblichen Recht Unterlassungsansprüche verliehen werden.[791]

---

784 Art. 38 II GMV.

785 Art. 108 ff. GMV.

786 Art. 81 GMV, zur Kostenregelung siehe noch 4. Teil, B 4 b.

787 Art. 8 II lit. a i GMV.

788 Art. 8 II lit. a ii GMV.

789 Art. 8 II lit. a iii GMV, zu diesen eingetragenen Gemeinschaftsmarken, nationalen und international registrierten Marken kommen noch die Anmeldungen der aufgeführten Marken vorbehaltlich ihrer Eintragung, Art. 8 II lit. b GMV.

790 Art. 8 II lit. c GMV.

Diese umfassende Berücksichtigung von Rechten Dritter, die die Eintragung einer Gemeinschaftsmarke verhindern können, scheint damit eine inakzeptable Gefahrenpotenzierung zu bedeuten, die noch durch die Kostenlast des Widerspruchsverfahrens verschlimmert wird.[792]

Nicht mehr kalkulierbare Risiken der Gemeinschaftsmarkenanmeldung würden die Attraktivität einer Gemeinschaftsmarke erheblich schmälern. Daher wurde mit der Amtsrecherche[793] ein Vorgang geschaffen, der dem Anmelder helfen soll, die Gefahren aus bestehenden, älteren Rechten für seine Anmeldung besser abzuschätzen. Nachdem ein Anmeldetag festgelegt und überprüft wurde, ob der Anmelder überhaupt Inhaber einer Gemeinschaftsmarke sein kann,[794] erstellt das Harmonisierungsamt einen Gemeinschaftsrecherchenbericht, in dem ältere Gemeinschaftsmarken beziehungsweise Gemeinschaftsmarkenanmeldungen aufgeführt werden.[795] Ein Exemplar der Anmeldung wird durch das Harmonisierungsamt der Zentralbehörde für den gewerblichen Rechtsschutz übermittelt, die wiederum einen Recherchenbericht, diesmal für ältere, nationale Rechte, die als relative Eintragungshindernisse geltend gemacht werden können, erstellt.[796] Die nationalen Recherchenberichte müssen innerhalb von drei Monaten nach dem Tag, an dem die Anmeldung einer Gemeinschaftsmarke bei der nationalen Zentralbehörde eingegangen ist, an das Harmonisierungsamt zurückgesandt werden.[797]

Die nationalen Recherchenberichte als auch der Gemeinschaftsrecherchenbericht sind anschließend dem Anmelder der Gemeinschaftsmarke zu übermitteln, der damit Gelegenheit erhält, seine Anmeldung entsprechend einzuschränken oder sogar ganz zurückzunehmen.[798] Durch dieses Verfahren wird es dem Anmelder frei gestellt, nach einem Überblick über etwaige Risiken die Anmeldung weiterzubetreiben.

Vollständig sind diese Berichte über bestehende Rechte Dritter jedoch nicht. Zum einen führen Deutschland, Frankreich und Italien keine Recherche durch, es

---

791 Art. 8 IV GMV. Ältere Rechte von lediglich örtlicher Bedeutung geben nur einen Unterlassungsanspruch für das betreffende Gebiet, vgl. Art. 107 GMV.

792 So *Lindner/Schrell*, WRP 1996, 94 (96 f.), die daher das Gemeinschaftsmarkensystem nur "starken Marken empfehlen, das heißt solchen, die "aufgrund ihres früheren Zeitranges und/oder hervorragender Originalität in allen Ländern der Europäischen Gemeinschaft voraussichtlich Rechtsbestand haben" werden.

793 Art. 39 GMV.

794 Art. 5 GMV, siehe oben 2. Teil, B II 1 a.

795 Art. 39 I GMV.

796 Art. 39 II GMV.

797 Art. 39 III GMV.

798 Art. 39 V GMV. *V. Mühlendahl/Ohlgart*, Die Gemeinschaftsmarke, § 13 Rn. 118; *Ingerl*, Die Gemeinschaftsmarke, S. 129.

fehlen damit Angaben über die Eintragungen in drei wichtigen Industrienationen.[799] Zum anderen beziehen sich die Recherchen nur auf eingetragene Rechte, es werden also von vorneherein die nicht eingetragenen Marken, die bekannten Marken und die von mehr als lediglich örtlicher Bedeutung ausgeblendet.[800]

Schwierig dürfte es auch sein, durch Rechercheberichte verwechslungsfähige Zeichen ausfindig zu machen, da wegen der Natur der Registerrecherche und dem bestehenden Zeitdruck eine genauere Prüfung kaum möglich ist. Unterschiedliche Qualitäten der nationalen Recherchenberichte vermindern zusätzlich die Aussagekraft für den Anmelder. Ob sich die Amtsrecherche dauerhaft bewährt, soll fünf Jahre nach dem Zeitpunkt, von dem an beim Amt Anmeldungen eingereicht werden können, überprüft werden.[801] In dieser Vorschrift der Gemeinschaftsmarkenverordnung kommt bereits eine gewisse Skepsis an der Amtsrecherche zum Ausdruck. Es muß aber festgehalten werden, daß mit der vorgesehenen Amtsrecherche dem Anmelder nicht alle Risiken vor Augen geführt werden können, ihm aber doch ein hilfreicher Überblick über potentielle, relative Eintragungshindernisse gegeben wird.

Sofern ein Widerspruch Erfolg hat, fällt die Anmeldung insgesamt weg, auch wenn das relative Schutzhindernis nur für ein Land besteht. Ein Verzicht auf das Land, in dem das Hindernis vorliegt, ist nicht vorgesehen, da dies dem Grundsatz der Einheitlichkeit widersprechen würde.[802] Sobald aber tatsächlich ein Widerspruch gegen die Gemeinschaftsmarkenanmeldung eingereicht wird, erfährt der Anmelder hiervon durch das Amt, das ihn auffordert, in einer gesetzten Frist Stellung zu nehmen und ihm mitteilt, daß das Widerspruchsverfahren in zwei Monaten eröffnet wird. In dieser als "cooling-off" bezeichneten Zweimonatsfrist kann der Anmelder sich mit dem Widersprechenden verständigen, unter Umständen seine Anmeldung zurücknehmen oder einschränken.[803] Sofern sich der Anmelder mit dem Widersprechenden gütlich einigt oder seine Anmeldung einschränkt oder zurücknimmt erstattet das Harmonisierungsamt die Widerspruchsgebühr dem Widersprechenden[804] und da noch kein Widerspruchsverfahren eröffnet wurde, hat keine Partei die Kosten zu tragen. Die Gefahr, die Kosten von zahllosen, nicht vorhersehbaren Widersprüchen tragen zu müssen, wird mit dieser Regelung

---

799 *Over*, WRP 1996, 274 (276 r.Sp.); *Ingerl*, Die Gemeinschaftsmarke, S. 130; *v. Mühlendahl/Ohlgart*, Die Gemeinschaftsmarke, § 13 Rn. 116.

800 Diese können von den Recherchen gar nicht erfaßt werden, die Einbeziehung von Art. 8 V GMV in Art. 39 GMV muß daher als Redaktionsversehen angesehen werden, vgl. *Ingerl*, Die Gemeinschaftsmarke, S. 131.

801 Art. 39 VII GMV.

802 Anschaulich spricht *Over*, WRP 1996, 274 (277 l.Sp.) davon, daß ein "territorialer disclaimer" nicht erteilt werden kann.

803 Siehe zur "cooling-off"-Frist Regel 19 DV, *v. Mühlendahl/Ohlgart*, Die Gemeinschaftsmarke, § 14 Rn. 22 ff.

804 Regel 18 III DV.

vom Anmelder genommen. Sollte es dennoch zum Widerspruchsverfahren kommen und der Anmelder dort verlieren, treffen ihn zwar die Kosten gemäß dem Unterliegensprinzip im Widerspruchsverfahren,[805] die Höhe der Kostenerstattung wird aber durch die Durchführungsverordnung auf Maximalbeträge beschränkt, die sehr gemäßigt sind.[806]

Auch nach verlorenem Widerspruchsverfahren kann die Anmeldung prioritätswahrend in nationale Markenanmeldungen umgewandelt werden.[807] Der Anmelder bleibt daher nicht schutzlos, es fallen aber neue Kosten für die Umwandlungsgebühr und das nationale Eintragungsverfahren an, das sich der Umwandlung anschließt. Unter Einbeziehung dieser Umwandlungsmöglichkeit zeigt sich, daß der Anmelder keine rechtliche Schlechterstellung befürchten muß, wohl aber können ihm erneute Kosten und Mühen entstehen.[808]

Für den Anmelder positiv wird sich auch auswirken, daß die Schutzhindernisse einheitlich vom Harmonsierungsamt geprüft werden. Die dadurch entstehende einheitliche Spruchpraxis gewährt ein höheres Maß an Vorhersagbarkeit und Berechenbarkeit als es die verschiedenen Zentralbehörden der Mitgliedstaaten geben können. Weniger bei besonders kennzeichnungskräftigen und innovativen Marken wird sich dies auswirken, als vielmehr bei solchen Marken, deren Eintragungsfähigkeit mit gewissen Zweifeln behaftet ist.

Unter Berücksichtigung der Regelungen, die das Gemeinschaftsmarkenrecht getroffen hat, um die Position des Anmelders zu stärken, sind daher die relative Eintragungshindernisse für den Anmelder auch keine enorme Hürde, deren exakte Höhe nicht einmal abschätzbar ist. Amtsrecherche, "cooling-off"-Frist, Begrenzung der Kosten im Widerspruchsverfahren und die Umwandlungsmöglichkeit in nationale Markenanmeldungen reduzieren erheblich das Maß der Abschreckung, die von unbekannten, älteren Rechten aus den Mitgliedstaaten ausgehen könnte.

c) Zeitaufwand für eine Eintragung

Die Gemeinschaftsmarke ist ein reines Registerrecht, das heißt sie wird erst durch Eintragung erworben.[809] Erst ab diesem Zeitpunkt kann sie Dritten entgegengehalten werden,[810] weshalb der zeitliche Umfang des Eintragungsverfahrens entscheidend ist.

---

805 Art. 81 GMV.

806 Siehe im Einzelnen zu diesen Kosten Regel 94 DV.

807 Art. 108 ff. GMV.

808 Siehe noch zu den Kosten 4. Teil, B II 5.

809 Art. 6 GMV.

810 Lediglich der spezielle Entschädigungsanspruch gemäß Art. 9 III 2 GMV gewährt für den Zeitraum nach Veröffentlichung der Anmeldung und vor Veröffentlichung der Eintragung einen Entschädigungsanspruch.

Als Zeitverzögerung könnte sich vor allem auswirken, daß die komplizierte Sprachenregelung des Gemeinschaftsmarkenrechts[811] eine Übersetzung der Anmeldung in alle elf Amtssprachen der Mitgliedstaaten erfordert, die von dem Übersetzungszentrum für die Einrichtungen der Europäischen Union in Luxemburg vorgenommen wird.[812]

Zusätzlich könnte das Eintragungsverfahren in die Länge gezogen werden, da der Eintragung der Gemeinschaftsmarke anders als im deutschen Recht das Widerspruchsverfahren vorgeschaltet ist. Die Behauptung von älteren Rechten Dritter würde damit die Sicherung der Rechtsposition verzögern.

Von einem systematischen Blockieren der Eintragung dadurch, daß Widersprüche eingelegt werden, kann aber nicht ausgegangen werden. Die Gefahr der Kostentragung im Falle des Unterliegens,[813] die nicht nur die entstandenen Kosten des Amtes umfassen, sondern auch die des Gegners einschließlich der Anwaltskosten, dürfte vor allzu unüberlegten Widersprüchen genügend warnen. Eine große zeitliche Mehrbelastung im Anmeldeverfahren ist durch die Vorschaltung des Widerspruchverfahrens daher nicht zu befürchten.

Für die Dauer bis zur Registrierung muß zudem noch beachtet werden, daß der Verfahrensablauf vollständig EDV-gestützt abläuft[814] und das Anmeldungsverfahren auf vielfältige Formalitäten verzichtet, die bei nationalen Behörden verlangt werden.[815] Insgesamt kann daher das Eintragungsverfahren nicht als dergestalt lang angesehen werden, daß es einen Interessierten von der Anmeldung einer Gemeinschaftsmarke abhalten sollte. Genauere Angaben hierüber werden aber erst bei einer gewissen Routine und in Abhängigkeit der jährlichen Anmeldungen möglich sein.

2. Gerichtlicher Rechtsschutz

Der gerichtliche Rechtsschutz im Gemeinschaftsmarkenrecht erfolgt vor den Gerichten der Gemeinschaft, dem Gericht erster Instanz und dem Europäischen Gerichtshof, oder den Gerichten der Mitgliedstaaten, die als Gemeinschaftsmarkengerichte beziehungsweise nationale Kennzeichnungsgerichte tätig werden. Zusätzlich dazu müssen die Beschwerdekammern im Harmonisierungsamt

---

811 Hierzu noch sogleich im 4. Teil, B II 3.

812 Art. 117 GMV. Siehe auch *v. Mühlendahl*, MA 1996, 526 (532); *Over*, WRP 1996, 274 (276 l.Sp.).

813 Art. 81 I GMV.

814 Zu den einzelnen Abschnitten im Eintragungsverfahren und ihrer technischen Handhabung siehe *v. Mühlendahl*, MA 1996, 526 (530 ff.).

815 Zum Beispiel die Beglaubigungen der Vertreterbefugnis und Auszüge aus dem Handelsregister, siehe *Over*, WRP 1996, 274 (276 l.Sp.).

erwähnt werden, die in der Sache richterliche Aufgaben übernehmen, institutionell jedoch in das Amt eingegliedert sind.[816]

Die Durchsetzung von Markenrechten und die richterliche Überprüfung von Entscheidungen über die Eintragungsfähigkeit und den Bestand einer Gemeinschaftsmarke sind für den Anmelder besonders wichtig. Materiellrechtliche Vorteile könnten ansonsten leicht ihre Anziehungskraft verlieren, weil der Markeninhaber befürchten muß, bei der gerichtlichen Überprüfung vor unvorhersehbare oder nicht zeitgerechte Ergebnisse gestellt zu werden. Untersucht werden soll daher, ob Rechtsschutz im Gemeinschaftsmarkenrecht zeitnah möglich ist und ob angesichts der unterschiedlichen Rechtsprechungsorgane mit einer einheitlichen Rechtsauslegung zu rechnen ist.

a) Verfahrensdauer im Gemeinschaftsmarkenrecht

Wie oben dargestellt[817] ist der Rechtsschutz im Gemeinschaftsmarkenrecht mehrspurig angelegt, und je nach Begehren sind die Beschwerdekammern des Harmonisierungsamtes, die Gerichte der Mitgliedstaaten oder das Gericht erster Instanz oder der Europäische Gerichtshof zuständig. Dabei bestehen gerade für Fragen der Nichtigkeit und des Verfalls der Marke Verweisungsmöglichkeiten zwischen dem Amt und dem jeweiligen nationalen Gericht, das sich mit dem Bestand der Gemeinschaftsmarke im Verletzungsverfahren im Rahmen einer Löschungswiderklage beschäftigen kann.[818] Darüberhinaus besteht die Möglichkeit, den Europäischen Gerichtshof im Wege des Vorabentscheidungsverfahrens gemäß Art. 234 EG über die Auslegung von Verfalls- und Nichtigkeitsgründen oder allgemein über Vorschriften der Gemeinschaftsmarkenverordnung anzurufen.

Angesichts dieser Ausgestaltung drängt sich die Frage auf, ob übermäßige Verfahrensdauern nicht schon im Rechtsschutzsystem angelegt sind. Die Komplexität der getroffenen Regelung und die dadurch verursachte Verzögerung bis zum Abschluß des Verfahrens soll an einem Beispiel verdeutlicht werden. Ein Gemeinschaftsmarkeninhaber befürchtet die Verletzung durch den Gebrauch einer nationalen Marke in Berlin. Er erhebt deshalb Verletzungsklage vor dem zuständigen nationalen Gemeinschaftsmarkengericht, dem Landgericht Berlin.[819] Im Verletzungsprozeß erhebt der potentielle Verletzer die Widerklage, daß die Gemeinschaftsmarke für nichtig zu erklären sei (Löschungswiderklage).[820] Auf Antrag des Klägers und nach Anhörung des Beklagten setzt das Landgericht Berlin nun das Verletzungsverfahren aus, und die Erklärung der Nichtigkeit der

---

816 Siehe zum gerichtlichen Rechtsschutz im Gemeinschaftsmarkenrecht oben 2. Teil, B II 2.

817 2. Teil, III 3.

818 Art. 96 GMV.

819 Art. 92 I lit. a GMV.

820 Art. 96 I GMV.

Gemeinschaftsmarke wird bei der Nichtigkeitsabteilung des Harmonisierungsamtes beantragt.[821] Die Nichtigkeitsabteilung des Harmonisierungsamtes entscheidet, daß die betreffende Gemeinschaftsmarke nichtig ist. Hiergegen wendet sich nun der Gemeinschaftsmarkeninhaber mit einer Beschwerde an die Beschwerdekammern.[822] Die zuständige Kammer bekräftigt die Entscheidung der Nichtigkeitsabteilung und weist die Beschwerde zurück.

Nunmehr klagt der Gemeinschaftsmarkeninhaber gegen die Entscheidung der Beschwerdekammer mit einer Klage vor dem Gericht erster Instanz.[823] Das Gericht erster Instanz gibt dem Gemeinschaftsmarkeninhaber recht, daß die Gemeinschaftsmarke wirksam ist, und hebt die Entscheidung der Beschwerdekammer auf.[824] Gegen die Entscheidung des Gerichs erster Instanz wendet sich nun der nationale Markeninhaber mit der Revision zum Europäischen Gerichtshof, die aber zurückgewiesen wird.[825] Damit wäre der Instanzenzug ausgeschöpft, allerdings nur für die Frage, ob die betreffende Gemeinschaftsmarke nichtig ist oder nicht.

Vor dem Landgericht Berlin wird nun der Verletzungsprozeß fortgesetzt, wobei die Wirksamkeit der Gemeinschaftsmarke zugrundegelegt wird. Das Landgericht Berlin entscheidet nach der üblichen Verfahrensdauer, daß die Klage unbegründet ist und keine Verletzung der Gemeinschaftsmarke vorliegt. Gegen die Entscheidung des Landgerichts Berlin legt der Gemeinschaftsmarkeninhaber Berufung vor dem Kammergericht Berlin ein,[826] das die Entscheidung des Landgerichts bestätigt. Als letztes Mittel bliebe dem Gemeinschaftsmarkeninhaber dann Revision zum Bundesgerichtshof.[827] Weitere Verzögerungen könnten sich daraus ergeben, daß im Wege des Vorabentscheidungsverfahrens gemäß Art. 234 EG der Europäische Gerichtshof angerufen wird.

Dieser beispielhafte Extremfall zeigt, daß die Verfahrensdauer in einer Weise ausgedehnt werden kann, die schwerlich mit den Mindestanforderungen eines effektiven Rechtsschutzes und damit den Erfordernissen von Artikel 6 der Europäischen Menschenrechtskonvention zu vereinbaren ist.[828]

---

821 Art. 96 VII GMV.
822 Art. 57 I S. 1 GMV.
823 Art. 63 GMV iVm. Art. 225 EG, Art. 130-136 Verfahrensordnung des Gerichts erster Instanz der Europäischen Gemeinschaften (Fn. 61).
824 Art. 63 III GMV.
825 Art. 225 EGV, Art. 49 ff. Satzung des Europäischen Gerichtshofes.
826 Art. 101 I GMV.
827 Art. 101 III GMV.
828 Konvention zum Schutze der Menschenrechte und Grundfreiheiten vom 4.11.1950, BGBl. 1952 II S. 685, 953, letzte Änderung durch das Protokoll Nr. 11 vom 11.5.1994, BGBl. 1995 II S. 579.

Für den Gemeinschaftsmarkeninhaber, der sich während der gesamten Verfahrensdauer in einem Zustand der Ungewißheit befindet, werden damit materiellrechtliche Vorteile entwertet. Potentielle Verzögerungen des Verfahrens, wie sie vor allem aus den Aussetzungsregeln und dem Vorabentscheidungsverfahren resultieren, schmälern damit im erheblichen Maße den Wert einer Gemeinschaftsmarke. Auf etwaige Verbesserungen dieses Zustandes ist noch einzugehen, sobald das Problem der einheitlichen Rechtsauslegung erörtert wurde.

b) Einheitliche Rechtsauslegung beim gerichtlichen Rechtsschutz

Die Gemeinschaftsmarke ist als einheitliches, europäisches Recht zur Verbesserung der binnenmarktähnlichen Verhältnisse gedacht und realisiert worden. Abgesehen von geringfügigen Ausnahmen[829] ist dieser supranationale Charakter im materiellen Recht gewahrt worden. Schwieriger gestaltet sich dagegen die einheitliche Rechtsauslegung im gerichtlichen Rechtsschutz. Die Gemeinschaftsmarkenverordnung erklärt allgemein das Verfahrensrecht des Mitgliedstaates für anwendbar.[830] Es findet damit zunächst einmal nationales Recht Anwendung. Wie ausgeführt[831] verweist die Gemeinschaftsmarkenverordnung für die Durchsetzung der Rechte aus der Gemeinschaftsmarke im Verletzungsprozeß auf die nationalen Markenrechte der Mitgliedstaaten.[832] Damit werden die Anspruchsgrundlagen der Mitgliedstaaten für maßgeblich erklärt, da die Gemeinschaftsmarkenverordnung nur den Unterlassungsanspruch und den Entschädigungsanspruch bei Verletzung der Gemeinschaftmarke zwischen der Veröffentlichung der Anmeldung und der Veröffentlichung der Eintragung vorschreibt.[833]

Für alle weiteren Ansprüche, insbesondere den Schadensersatzanspruch und hierfür erforderliche Auskunftsansprüche, ist das Recht der Mitgliedstaaten ausschlaggebend. Bei der Durchsetzung der Rechte aus der Gemeinschaftsmarke zeigen sich damit zunächst einmal zwei Aspekte, die einer einheitlichen Rechtsauslegung im gerichtlichen Verfahren entgegenstehen. Die jeweiligen Eigenheiten der Verfahrensvorschriften der Mitgliedstaaten, die wie gezeigt mangels Kompetenz des europäischen Gesetzgebers für das Verfahren der Mitgliedstaaten nicht von der Richtlinie harmonisiert werden konnten,[834] und die inhaltliche Ausgestaltung der Ansprüche bei einer Markenverletzung. Daß sich bei den Verfahrensregelungen in den Mitgliedstaaten erhebliche Unterschiede auftun, die sich vor allem bei den gerichtlichen Zuständigkeiten, dem Verhältnis zwischen Hauptsacheverfahren und vorläufigen Verfahren, dem Ablauf dieser Verfahren, dem

---

[829] Siehe Art. 106, 107 GMV.

[830] Art. 97 III GMV, soweit sich nichts anderes aus der Verordnung ergibt, zum Beispiel Art. 105 GMV.

[831] Siehe oben 2. Teil, B III 2 b.

[832] Art. 14 I iVm. Art. 98 II GMV.

[833] Art. 9 I, III 2 GMV, siehe oben 2. Teil, B II 2 b.

[834] Siehe oben 3. Teil, A I.

Verhältnis zwischen Sachentscheidung und sonstigen Formen der Verfahrensbeendigung und schließlich bei Dauer und Kosten des Verfahrens widerspiegeln, wurde in einer umfangreichen Untersuchung des Max-Planck-Instituts für ausländisches und internationales Patent-, Urheber- und Wettbewerbsrecht gezeigt.[835]

Aufgrund dieser fehlenden Harmonisierung des Verfahrensrechts kann eine gänzlich einheitliche Rechtsauslegung im Verletzungsprozeß von vorneherein nicht gewährleistet werden. Ob eine Harmonisierung der Verfahren erst im Zuge eines europäischen Zivilprozeßrechts oder bereits in Form einer weiteren Harmonisierung der nationalen Markenrechte erreicht werden kann, ist momentan noch nicht abzusehen. Wünschenswert wäre eine baldige Angleichung zumindest erheblich voneinander abweichender Prozeßvorschriften, da ansonsten der Europäisierung nicht nur des Markenrechts eine dauerhafte Schranke gesetzt ist.

Innerhalb dieses äußeren Rahmens divergierender Verfahrensvorschriften in den Mitgliedstaaten lassen sich aber auch bei den nationalen Ansprüchen Unterschiede erkennen, die dem Konzept eines einheitlichen, europäischen Rechts zuwiderlaufen. So knüpfen die einzelnen Mitgliedstaaten unterschiedliche Voraussetzungen an die Sanktionsmöglichkeiten einer Markenverletzung. Dies wird besonders deutlich bei dem wichtigen Schadensersatzanspruch,[836] der zwar in allen Mitgliedstaaten gewährt wird, aber teilweise unterschiedlich ausgestaltet ist. So weichen die Berechnungsmethoden für die Höhe des Schadens voneinander ab.[837] In manchen Staaten besteht eine Relation zwischen dem Grad des Verschuldens und dem Umfang des Schadens.[838] Anders als nach deutschem Markenrecht, wo ein Schadensersatzanspruch nur bei schuldhafter (vorsätzlicher oder fahrlässiger) Markenverletzung gegeben wird,[839] wird in anderen Mitgliedstaaten eine Schadensersatzpflicht auch bei unverschuldetem Verhalten begründet.[840] Ein Auskunftsanspruch zur Berechnung der Schadenshöhe ist nicht in allen Mitgliedstaaten bekannt.[841] In verschiedenen Ländern der Europäischen Union ist ein

---

835 Vgl. *Bastian/Götting/Knaak/Stauder*, Der Markenverletzungsprozeß in ausgewählten Ländern der Europäischen Wirtschaftsgemeinschaft. Eine rechtstatsächliche und rechtsvergleichende Untersuchung, 1993; zusammenfassend *Bastian/Knaak*, GRUR Int. 1993, 515.

836 Ausführlich zum Recht der Mitgliedstaaten siehe *Bumiller*, Die Durchsetzung der Gemeinschaftsmarke in der Europäischen Union, S. 67 ff.; zu einer vergleichenden Übersicht zum Schadensersatzanspruch in den Mitgliedstaat siehe *dies.*, aaO. S. 201 ff.

837 Die Grundsätze, den Schaden im Wege einer analogen Lizenzanalogie zu berechnen, werden nicht in allen Mitgliedstaaten anerkannt, siehe *Schulte-Beckhausen*, WRP 1999, 330 (333 r.Sp.).

838 So zum Beispiel in Finnland und Portugal, siehe *Bumiller*, aaO. S. 205, 208.

839 § 14 VI, VII MarkenG.

840 Zum Beispiel in Dänemark, Finnland, Österreich, siehe *Bumiller*, aaO. S. 204, 205, 207.

841 Zum Beispiel in Finnland, Schweden, Spanien, siehe *Bumiller*, aaO. S. S. 205, 208 f.

Anspruch auf Vernichtung der markenverletzenden Ware nur auf strafrechtlicher Ebene möglich, so daß mangels Kompetenz des Gemeinschaftsgesetzgebers auf dem Gebiet des Strafrechtes die Verweisung nach Art. 98 II GMV nicht ausreicht.[842]

Ebenfalls abweichend voneinander sind die nationalen Verjährungsvorschriften für die Ansprüche aus der Gemeinschaftsmarke.[843] Es kann also durchaus vorkommen, daß ein Unterlassungsanspruch in einem Mitgliedstaat durchgesetzt werden kann, der in einem anderen bereits verjährt ist.

Angesichts dieser vielfältigen Unterschiede bei der Durchsetzung der Gemeinschaftsmarke ist die Gefahr einer prozessualen Aufspaltung des materiellrechtlich einheitlichen Gemeinschaftsmarkenrechtes sehr real. Zwar haben die Gemeinschaftsmarkengerichte für den gesamten Bereich der Europäischen Union Jurisdiktion, wenn sie als Sitzgerichtsstand zuständig sind.[844] Alternativ hierzu kann jedoch die Gerichtszuständigkeit am Verletzungsort mit begrenzter Jurisdiktion auf diesen Mitgliedstaat begründet werden.[845] Ein Unsicherheitsfaktor, welches Gericht angerufen wird, besteht daher. Für den Anmelder sind damit die Nachteile der Unberechenbarkeit und erhöhter Aufmerksamkeit auf nationale Eigenarten des Prozeßrechtes verbunden. Eine Verbesserung dieses Zustandes ließe sich nur dadurch bewirken, daß bereits in der Gemeinschaftsmarkenverordnung die Rechte exakt aufgeführt werden, die dem Inhaber einer Gemeinschaftsmarke zustehen. Erst dadurch könnte im Verletzungsverfahren eine einheitliche Rechtsgrundlage herangezogen werden, und die soeben beschriebenen Nachteile behoben werden.

Zu diesen beiden Gesichtspunkten, die eine einheitliche Rechtsauslegung im Gemeinschaftsmarkenrecht beeinträchtigen, kommt ein weiterer hinzu. Nicht nur die verschiedenen Verfahrensvorschriften der Mitgliedstaaten und die zwar vergleichbaren, national gewährten Ansprüchen, die aber unterschiedlich ausgestaltet sind, verhindern eine einheitliche Rechtsauslegung. Darüber hinaus sind Bedenken angebracht, die die einheitliche Interpretation von Vorschriften der Gemeinschaftsmarkenverordnung betreffen. Es wurde bereits ausgeführt, daß verschiedene Gerichte und Stellen des Harmonisierungsamtes gleichlautende Vorschriften der Gemeinschaftsmarkenverordnung auszulegen haben. So kann die Kollision von Marken in den Widerspruchsabteilungen und auf Beschwerde von den Beschwerdekammern überprüft werden oder als relativer Nichtigkeitsgrund in der Nichtigkeitsabteilung des Harmonisierungsamtes.[846] Die gleichen

842 Etwa in Österreich und Portugal, siehe *Bumiller*, aaO. S. 158, 164.

843 *Schulte-Beckhausen*, WRP 1999, 330 (334 f.).

844 Art. 94 I GMV, siehe oben 2. Teil, B III 2 b aa.

845 Art. 94 II GMV, siehe oben 2. Teil, B III 2 b aa.

846 Siehe oben 2. Teil, B III 1 c, e.

Kollisionsregeln können aber auch im Verletzungsverfahren von den nationalen Gerichten überprüft werden, wobei auch über die Nichtigkeit oder den Verfall der Gemeinschaftsmarke entschieden werden kann, wenn sich der potentielle Verletzer mit einer Löschungswiderklage zur Wehr setzt.[847] Welche Auswirkung hat nun diese Zuweisung an verschiedene Stellen, nämlich an solche des Harmonsierungsamtes und an nationale Gerichte?

Eine einheitliche Rechtsauslegung wäre ohne Zweifel gewährleistet, wenn derjenige, der eine Rechtsnorm interpretiert, nichts anderes tut, als ihren objektiven Aussagegehalt zur Sprache zu bringen. Der Richter wäre dann nur "la bouche qui prononce les paroles de la loi", wie es bereits *Montesquieu* gefordert hat.[848] Daß ein solches Verständnis dem Wesensgehalt des Auslegungsvorganges einer Norm nicht gerecht wird, hat insbesondere die Hermeneutik gezeigt. Auslegung ist immer abhängig von der Bewußtseinslage der jeweiligen Person und ist damit nicht ein bloß mechanischer Vorgang, sondern ein aktiver Prozeß, wie es *Gadamer* beschrieben hat.[849] In diesem Prozeß gewinnen die Realitäten des Auslegenden, seine Vorstellungen, Überzeugungen, aber vor allem auch die Traditionen, in denen er aufgewachsen und sozialisiert wurde, einen starken Einfluß. Das Vorverständnis, wie es *Esser*[850] bezeichnet hat, ist damit ein maßgeblicher Faktor bei der Interpretation einer Rechtsnorm. Es spiegelt sich nicht nur in der Methodenwahl wieder, sondern auch in der Bewertung von tatsächlichen und rechtlichen Faktoren im Subsumtionsprozeß.

Die Zuweisung an nationale Gerichte, die von sehr unterschiedlichen Rechtstraditionen und Gewohnheiten ausgehen, begründet damit die ernsthafte Gefahr, daß gleichlautende Vorschriften unterschiedlich ausgelegt werden, je nachdem welches Gericht zuständig ist. Dieses Phänomen, daß identische Normen abweichend verstanden werden, läßt sich bei der Auslegung des Europäischen

---

847 Siehe oben 2. Teil, B III 2 b aa.

848 *Montesquieu*, De l'Esprit des lois, XI. Buch, 6. Kapitel. Siehe hierzu auch *Kaufmann*, Grundprobleme der Rechtsphilosophie, 5. Kapitel, I.

849 *Gadamer*, Wahrheit und Methode, S. 335: "Die Idee einer vollkommenen Rechtsdogmatik, durch die jedes Urteil ein bloßer Subsumtionsakt würde, ist unhaltbar." Vgl. auch dazu *Kaufmann*, Über den Zirkelschluß in der Rechtsfindung, in: *ders.*, Jurstische Hermeneutik, S. 65 (67); *Schroth*, Philosophische und juristische Hermeneutik, in: *Kaufmann/Hassemer*, Einführung in die Rechtsphilosophie und Rechtstheorie der Gegenwart, S. 344 ff.

850 *Esser*, Vorverständnis und Methodenwahl in der Rechtsfindung, siehe zum Beispiel S. 45: "Das führt unsere Vorstellung von der vis ac potestas legum aus einer überhistorischen Ebene in die des historischen Bewußtseins zurück. Die Rechtsnormen 'existieren' ja auch nur in diesem Bewußtseinsbereich, in dem wir geistige Realitäten feststellen, nicht aber 'schlechthin', also nicht unbesehen ihrer aktuellen Auffassung und der daraus folgenden Praktizierung. Sie sind daher auch nicht schlechthin 'als solche' anwendbar, vielmehr muß sich schon ihre 'buchstäbliche' Anwendung nach dem geltenden Vorverständnis und nach der jeweiligen Auffassung von der Ordnungsbedürftigkeit der hier gemeinten Konfliktlage richten."

Patenübereinkommens[851] beobachten. Im schlimmsten Fall kann dies sogar dazu führen, daß ähnlich oder gleichgelagerte Fälle unterschiedlich bewertet werden und im Ergebnis differieren.[852] Übertragen auf das Gemeinschaftsmarkenrecht wäre der Anmelder mit dem Risiko konfrontiert, bei der prozessualen Durchsetzung seiner Rechte je nach zuständigem Gericht unterschiedlich Schutz zugesprochen zu bekommen, der wiederum im Spannungsverhältnis zu den Rechtsansichten des Harmonisierungsamtes in Alicante stehen kann.

Diese Bedenken, daß sich in den Mitgliedstaaten verschiedene Rechtsansichten bei der Auslegung und Handhabung von Vorschriften der Gemeinschaftsmarkenverordnung herausbilden können, werden dadurch unterstützt, daß die genaue Bedeutung einer Marke in den Mitgliedstaaten anders bemessen wird. Allgemein ist die Bedeutung von Markenschutz und damit die juristische Rechtfertigung dafür, bestimmte Elemente vor allem der Sprache zur Kennzeichnung einer Ware oder Dienstleistung zu monopolisieren, in den Mitgliedstaaten von der Funktionenlehre geprägt.[853]

Hiernach übernimmt die Marke bestimmte Funktionen, indem sie dem Verbraucher die Möglichkeit gibt, die betriebliche Herkunft der gekennzeichneten Ware oder Dienstleistung zu ermitteln (Herkunftsfunktion). Durch die Marke ist eine Unterscheidung von Konkurrenzprodukten gegeben (Unterscheidungsfunktion), und der Verbraucher kann auf gleichbleibende Qualität der betreffenden Waren/Dienstleistungen vertrauen (Qualitätsfunktion, auch Garantie-, Güte- oder Vertrauensfunktion genannt).[854] Indem die Marke stellvertretend für das Produkt beim Verbraucher in Erscheinung tritt, kann über die Marke der Hersteller auf das Produkt aufmerksam machen und dafür werben (Werbefunktion).[855] So anschaulich diese Erklärung für Markenschutz ist, so sehr

---

851 Übereinkommen über die Erteilung europäischer Patente vom 5.10.1973 (Fn. 67).

852 Eingehend hierzu, *Sherman*, (1991) 54 Modern Law Review 499.

853 Siehe zur Funktionenlehre nur *Fezer*, Markenrecht, Einleitung Rn. 30 ff.; *Ingerl/Rohnke*, Markenrecht, Einleitung Rn. 33 ff.; *Cornish*, Intelletual Property, 15.21; *Kampermann/Sanders*, (1993) 11 E.I.P.R. 406. Ausdrücklich für einen Paradigmenwechsel in der Funktionenlehre dahin, daß alle ökonomischen Funktionen einer Marke rechtlich schutzwürdig sind *Fezer*, WRP 2000, 1.

854 Siehe speziell zur Werbefunktion *Brown*, (1948) 57 Yale Law Journal 1166,

855 Anschaulich wird dieser Vorgang beschrieben von *Schechter*, (1927) 40 Harvard Law Review 813, 818: "The fact that through his trademark the manufacturer or importer may reach over the shoulder of the retailer and across the latter's counter straight to the consumer cannot be over-emphasized, for therein lies the key to any effective scheme of trademark protection." Die Betriebswirtschaft unterscheidet zwischen fünf Zielen der Markenpolitik. Demnach soll die Marke ein gutes Kommunikationsmittel gegenüber den Konsumenten und ein Differenzierungsmittel schaffen, beim Konsumenten soll Markentreue aufgebaut werden, eine absatzfördernde Wirkung soll erzielt, ein preispolitischer Spielraum geschaffen und die differenzierte Marktbearbeitung ermöglicht werden. Siehe *Meffert*, Marketing, S. 409; *Meffert/Bruhn*, Marketingstrategien im Wettbewerb, S. 15 ff.

eröffnet sie die Möglichkeit im Rahmen dieser Kategorisierung andere Schwerpunkte zu setzen.[856] Es wurde bereits darauf hingewiesen, daß im Beneluxbereich der "goodwill", der einer Marke anhaftet, besonders betont wird, weshalb tendenziell ein größerer Schutzbereich dem Markeninhaber eingeräumt wird.[857] Gerade im angloamerikanischen Rechtsverständnis hat die ökonomische Betrachtungsweise von rechtlichen Bestimmungen einen starken Einfluß. Die Funktion einer Marke wird auch und vor allem darin gesehen, dem Konsumenten Kosten dadurch zu ersparen, daß er auf eine Marke vertraut und damit Aufwendungen für Nachfragen und weitere Erfahrungen mit dem Produkt unterlassen kann. Eine wirtschaftliche Betrachtungsweise ist damit Bestandteil der Schutzwürdigkeit und -bedürftigkeit einer Marke,[858] auch wenn sich das Markenverständnis in Großbritannien stark an der traditionellen Herkunftsfunktion orientiert.[859]

Divergierende Anschauungen der Marke als gewerbliches Schutzrecht potenzieren damit die Gefahr der unterschiedlichen Auslegung gleichlautender Vorschriften, die ohnehin schon durch abweichende Verfahrensvorschriften und Rechtstraditionen besteht.

Beispielshaft läßt sich dies an bisherigen Entscheidungen zu gleichlautenden nationalen Bestimmungen verdeutlichen. So mußte sich *Justice Jacob* in dem Verletzungsverfahren *Phillips v. Remington*[860] mit der Frage beschäftigen, ob Phillips rechtmäßig eine Marke für das Bild der bekannten, dreieckig angeordneten, runden Rasierklingen zugesprochen wurde. Anders als das Gericht in Schweden, das mit der gleichen Frage beschäftigt war,[861] verneinte *Jacob J.* die Eintragungsfähigkeit als Marke und wies die Verletzungsklage von Phillips gegen Remington, die ähnliche Elektrorasiererklingen an ihren Apparaten verwendet hatten, zurück. In einem Vortrag wies der Richter am Bundesgerichtshof *Bornkamm*[862] darauf hin, daß verschiedene Entscheidungen,[863] die zum

[856] Zur Kritikt an der Funktionenlehre siehe zum Beispiel *Fezer*, WRP 2000, 1; *Schweer*, Die erste Markenrechts-Richtlinie der EG, S. 31 ff.mwN; speziell zur Herkunftfunktion *Vanzetti*, GRUR Int. 1999, 205; sehr weitgehend in seiner Kritik *Pickering*, Trade Marks in Theory and Practice, S. 43 ff.

[857] Siehe oben 3. Teil, A II 2 e.

[858] *Landes/Posner*, (1988) 78 Trade Mark Reporter, 267, 270; *Carter*, (1990) 99 Yale Law Journal 759, 762 f.; *Cornish/Phillips*, (1982) 13 IIC 41.

[859] Siehe zum Beispiel British Sugar v. James Robertson, (1996) R.P.C. 281 (Jacob J.); Wagamama v. City Centres Restaurants, (1995) F.S.R 713 (Laddie J.)

[860] (1998) R.P.C. 283. Mittlerweile hat der Court of Appeal den Europäischen Gerichtshof im Wege des Vorabentscheidungsverfahrens nach Art. 234 EG angerufen, Phillips v. Remington, Rs. 103/98. Vgl. *Jacob*, MarkenR 2000, 7 (8 f.).

[861] Siehe hierzu (1998) R.P.C. 283.

[862] The Stephen Stewart Memorial Lecture, gehalten im Hong Kong Theater der London School of Economics am 4. März 1999, siehe *Bornkamm*, Harmonising Trademark Law in Europe, (1999) Intellectual Property Quarterly 283.

[863] So vor allem der Fall British Sugar plc. v. James Robertson & Sons Ltd. (1996) R.P.C.

englischen Trade Marks Act 1994 ergangen sind, vom deutschen Rechtsverständnis her anders zu behandeln gewesen wären, obwohl die betreffenden Normen nach der Harmonisierung der nationalen Markenrechte doch gleichlautend sind.

Identische Rechtsvorschriften haben damit nicht zur Folge, daß einheitliche Ergebnisse zu erwarten sind. Dies mag bei harmonisierten, nationalen Rechten noch hinnehmbar sein. Für ein einheitliches, europäisches Recht, wie es die Gemeinschaftsmarke ist, bedeutet es aber, daß der Anmelder bei der Durchsetzung seiner Markenrechte weiterhin die nationalen Eigenheiten berücksichtigen muß. Das materiellrechtlich supranational ausgestaltete Schutzrecht zerfällt dann aber im Prozeß in nationale Teilbestände.

c) Veränderungen des bestehenden Rechtsschutzsystems?

Zu überlegen bleibt, wie den aufgezeigten Problemen im gerichtlichen Rechtsschutz wirksam entgegengewirkt werden kann. Bestehende Unterschiede in den Verfahrensvorschriften der Mitgliedstaaten ließen sich wohl erst im Wege einer Harmonisierung der Verfahrensrechte beseitigen, die möglicherweise nicht erst bei der Schaffung eines Europäischen Zivilprozeßrechts, sondern schon bei einer weiteren Angleichung der nationalen Markenrechte einzubeziehen wären. Um Differenzen in den Mitgliedstaaten bei den Ansprüchen aus einer Marke einzuebnen, wäre eine gemeinschaftsrechtliche Konkretisierung der Rechte aus der Gemeinschaftsmarke wünschenswert, die nicht nur die genauen Ansprüche aufführen, sondern außerdem deren tatbestandliche Voraussetzungen festsetzen sollte. Abweichungen in den Mitgliedstaaten, wie zum Beispiel bei der Frage, ob und bis zu welchen Maße ein Verschulden für einen Schadensersatzanspruch vorliegen muß, ließen sich dadurch vermeiden.[864]

Damit blieben jedoch noch zwei Schwierigkeiten: Die Gefahr, daß vor allem durch Querverweise von den mitgliedstaatlichen Gerichten zum Harmonisierungsamt Prozesse zeitlich erheblich aufgebläht werden können, und die der uneinheitlichen Rechtsauslegung von Vorschriften in der Gemeinschaftsmarkenverordnung.

Wendet man sich zunächst dem zweiten Aspekt, der uneinheitlichen Rechtsanwendung zu, ließe sich entgegenhalten, daß auch im Gemeinschaftsmarkenrecht die Möglichkeit besteht, von dem Vorabentscheidungsverfahren nach Art. 234 EG Gebrauch zu machen.

Siehe hierzu *Bornkamm*, (1999) Intellectual Property Quarterly 283, 302.

864 Siehe zu weiteren beispielhaften Abweichungen in den Mitgliedstaaten bereits 4. Teil, B II 2 b.

Sollten tatsächlich Divergenzen zwischen den Gerichten der Mitgliedstaaten oder dem Harmonisierungsamt auftreten, so kann der Europäische Gerichtshof angerufen werden, der eine verbindliche Auslegung der fraglichen Vorschrift bestimmt.

Zudem könnte die Gefahr von unterschiedlichen Entscheidungen dadurch vermieden werden, daß nationale Gerichte stärker noch als bisher ausländische Rechtsentwicklungen bei ihren Entscheidungen berücksichtigen. Letzteres erscheint aber unrealistisch. Ob bei nationalen Gerichten die Bereitschaft, ausländische Rechtsentwicklungen zu beobachten, nachzuvollziehen und zu berücksichtigen besonders ausgeprägt ist, ist bereits fraglich. Jedenfalls würde die konsequente Einbeziehung der Judikatur aller Mitgliedstaaten für das mit einem Fall befaßte Gericht weit über den Rahmen des Möglichen liegen. In welchem Maße etwa ein spanisches, erstinstanzliches Gericht, sich die aktuelle Rechtsprechung in Skandinavien bei seiner Urteilsfindung vergegenwärtigt, braucht hier nicht ernsthaft weiterverfolgt zu werden.

Damit bliebe immer noch das Vorabentscheidungsverfahren zur Vereinheitlichung bestehen. Aber auch diesbezüglich bestehen erhebliche Bedenken. Der Europäische Gerichtshof wird in einem Vorabentscheidungsverfahren nur dann angerufen, wenn das jeweilige nationale Gericht dies für seine Entscheidung erforderlich hält.[865] Eine Vorlagepflicht besteht nur für ein letztinstanzliches Gericht[866] und für nicht letztinstanzliche Gerichte, wenn sie einen Rechtsakt der Gemeinschaft als ungültig ansehen und ihn deshalb nicht anwenden wollen.[867] Sieht das nationale Gericht die Vorlage für nicht notwendig an, kommt es erst gar nicht zu einer Anfrage und dem nachfolgenden Vorabentscheidungsverfahren.

Tatsächlich ist davon auszugehen, daß nur ein Bruchteil der an sich gebotenen Vorlagen dem Europäischen Gerichtshof vorgelegt werden.[868] Erschwerend kommt hinzu, daß der Europäische Gerichtshof lediglich Auslegungskriterien geben kann. Die Anwendung dieser Kriterien bleibt weiterhin den nationalen Gerichten überlassen, was der Gerichtshof angesichts der vielen, mehr auf Tatsachenfragen hinauslaufenden Vorabentscheidungsverfahren des öfteren herausgestellt hat.[869] Die aufgezeigten Probleme der Auslegung bleiben damit aber bestehen.

---

865 Art. 234 II EG.

866 Art. 234 III EG.

867 EuGH Urteil vom 22.10.1987, Rs. 314/85, Slg. 1987, 4199 - Foto-Frost.

868 Siehe hierzu *Everling*, DRiZ 1993, 5 (11 f.) mwN.

869 Vgl. zum Beispiel Rs. C-342/97, GRUR Int. 1999, 734 Rn. 11 - Lloyd; Rs. C-320/88, Slg. 1990, I-285 Rn. 11 - Shipping and Forwarding Enterprise Safe; Rs. C-7/97, GRUR Int. 1999, 262 = WRP 2000, 167, Rn. 12 ff. - Oscar Bronner.

Weitere Faktoren lassen daran zweifeln, ob das Vorabentscheidungsverfahren dafür ausreicht, für eine einheitliche Rechtsanwendung im Gemeinschaftsmarkenrecht zu sorgen. Trotz der Einführung des Gerichts erster Instanz hat sich die Arbeitsbelastung des Gerichtshofes stetig vergrößert. Mit Verfahrensdauern von zwei Jahren und mehr muß schon heute gerechnet werden.[870] Die geplante Erweiterung der Europäischen Union wird diesen Prozeß noch verstärken. Angesichts dieser Arbeitsbelastung ist die Befürchtung von *Weiler*[871] verständlich, daß die Qualität der Entscheidungen leiden muß. Für den speziellen Bereich des Gemeinschaftsmarkenrechts, der gerade erst seine judikative, inhaltliche Ausgestaltung erfahren soll, ist damit das Vorabentscheidungsverfahren nur sehr bedingt geeignet. Zwar kann für bestimmte markenrechtliche Fragen, wie vor allem auf die Auslegung des Begriffes der Verwechslungsgefahr auf bereits anhand der Richtlinie 89/104/EWG entwickelte Kriterien zurückgegriffen werden,[872] speziell gemeinschaftsmarkenrechtliche Aspekte fallen aber hierbei heraus.

Ist die Konsequenz, daß sich das Gemeinschaftsmarkenrecht prozessual in mitgliedstaatliche Eigenheiten aufspalten wird, nun unumgänglich? Meiner Ansicht nach können die aufgezeigten Gefahren umschifft werden, indem ein alter Vorschlag, der im Zusammenhang mit dem Gemeinschaftspatent zuerst geäußert wurde, für das Gemeinschaftsmarkenrecht nutzbar gemacht wird, nämlich die Einführung einer eigenen, europäischen Berufungsinstanz.[873] Diese Berufungsinstanz hätte als eigenständiges Gericht ausgestaltet sicherlich mit erheblichen politischen Durchsetzungsschwierigkeiten zu kämpfen. Vorzugswürdig erscheint daher die Einführung einer speziellen Kammer für den gewerblichen Rechtsschutz im Gericht erster Instanz.[874] Diese Kammer könnte die Aufgaben

---

870 Siehe zu der Entwicklung der Arbeitsbelastung des Gerichtshofes *Everling*, in: Festschrift für Deringer, S. 40 (42 ff.); *de la Mare*, Article 177 in Social and Political Context, in: The evolution of EU law, S. 215 (250 ff.).

871 *Weiler*, The least-dangerous branch: a retrospective and prospective of the European Court of Justice in the arena of political integration, in: *ders.*, The Constitution of Europe, S. 188, 214 f.

872 Siehe oben 3. Teil, A II 2 e.

873 Vgl. Art. 2 und 21 ff. des Protokolls über die Regelung von Streitigkeiten über die Verletzung und die Rechtsgültigkeit von Gemeinschaftspatenten (Streitregelungsprotokoll), ABl.EG vom 30.12.1989, Nr. L 401/34. Siehe hierzu *Foglia*, GRUR Int. 1991, 465. Zum Gemeinschaftspatent siehe noch unter 4. Teil, C II 3(?).

874 In diese Richtung läuft auch die Stellungnahme des Europäischen Gerichtshofes in seinem Jahresbericht 1995 - Überblick über die Tätigkeit des Gerichtshofes und des Gerichts erster Instanz der Europäischen Gemeinschaften, Luxemburg 1995, S. 74: "Zur Idee der Errichtung von spezialisierten Gerichten weist das Gericht darauf hin, daß eine solche Lösung, die erhebliche administrative sowie budgetäre Kosten nach sich ziehen würde und kaum mit dem Konzept einer allgemeinen zuständigen Gemeinschaftsgerichtsbarkeit vereinbar sein dürfte, beim gegenwärtigen Stand der Entwicklung des Rechtsschutzsystems der Gemeinschaft nicht wünschenswert erscheint, da sie nicht nur die Einheit der Gemeinschaftsgerichtsbarkeit selbst, sondern auch die Einheit der Rechtsprechung in Frage stellen würde. Dagegen steht

übernehmen, die dem Gericht erster Instanz sowieso schon durch die Gemeinschaftsmarkenverordnung zugewiesen sind, die Klagen gegen Entscheidungen der Beschwerdekammern.[875] Zudem könnte sie als Berufungsinstanz gegen Gerichtsentscheidungen der Mitgliedstaaten dienen, wenn dargelegt wird, daß ein Bedürfnis zu einer einheitlichen Entscheidung besteht, etwa weil ein anderes Gericht mit einer vergleichbaren Konstellation beschäftigt ist oder schon anders entschieden hat. Fragen, ob zum Beispiel dreieckig angeordnete Rasierklingen in einer zweidimensionalen Abbildung als Marke schutzwürdig sind,[876] die dem Grunde nach auf eine Tatsachenentscheidung hinauslaufen, könnten dann einer einheitlichen, europäischen Lösung zugeführt werden.

Auch die bestehenden Aussetzungsregeln zwischen Harmonisierungsamt und Gerichten der Mitgliedstaaten ließen sich durch eine Zuweisung an diese Spezialkammern des Gerichts erster Instanz ersetzen.[877] Es würde damit eine europäische Instanz geschaffen, bei der Fragen des Gemeinschaftsmarkenrechts konzentriert werden könnten. Vereinheitlichte Auslegungen, erhöhte Sachkompetenz und kürzere Verfahrensdauern ließen sich dadurch erzielen.

Angesichts dieser Spezialkammer wäre für gemeinschaftsmarkenrechtliche Fragen die Anwendung des Vorabentscheidungsverfahrens nicht zwingend erforderlich. Die dringend erforderliche Entlastung des Europäischen Gerichtshofes wäre die Folge, genauso wie eine Entlastung beim Gericht erster Instanz durch die Einführung einer neuen Kammer.

Auch für andere supranationale Schutzrechte, auf die noch einzugehen sein wird,[878] könnte diese Kammer zuständig sein als europäische Berufungsinstanz für den gewerblichen Rechtsschutz. Europäischer, gewerblicher Rechtsschutz, wie er materiellrechtlich mit der Gemeinschaftsmarke verwirklicht wurde und sich bezüglich weiterer gewerblicher Schutzrechte für die nahe Zukunft abzeichnet, würde damit prozessual durch die Einführung einer einheitlichen, europäischen Berufungsinstanz ergänzt.

3. Sprachenregelung

Wie bereits dargestellt[879] ist die in der Gemeinschaftsmarkenverordnung geregelte Sprachenregelung eine Kompromißlösung zwischen den

---

dieser Vorbehalt gegenüber spezialisierten Gerichten einer Einrichtung spezialisierter Kammern innerhalb des Gerichts, falls sie erforderlich werden sollten, nicht entgegen." Siehe auch S. 30 und S. 75 f. Vgl. auch allgemein *Everling*, in: FS für Deringer, S. 41 (56 ff.).

875 Art. 63 I GMV. Siehe oben 2. Teil, III 2 a.

876 Phillips v. Remington, (1998) R.P.C. 283. Siehe oben 4 Teil, B II 2 b.

877 So auch *Jung*, in: Festschrift Everling, S. 611 (627).

878 Siehe 4. Teil, C II.

Mitgliedstaaten, die zusammen mit dem Sitz des europäischen Markenamtes zu den umstrittensten Fragen bei den Vorarbeiten gehörte. Die komplizierte Regelung, die zwischen den fünf Sprachen des Amtes, Deutsch, Englisch, Französisch, Italienisch und Spanisch,[880] und den allgemeinen Amtssprachen trennt,[881] ist vor allem der Kritik ausgesetzt, zu kostenintensiv und zu zeitaufwendig zu sein.[882] Sofern eine Anmeldung in einer Amtssprache eingereicht wird, die nicht zugleich eine der fünf Sprachen des Amtes ist,[883] übersetzt das Harmonisierungsamt auf seine Ko-sten die Anmeldung in eine zweite Sprache, wobei die Übersetzung wiederum von der Übersetzungszentrale für die Einrichtungen der Europäischen Union erledigt wird.[884] Für den Anmelder könnten sich die Kosten aber langfristig gesehen dadurch ausdrücken, daß die Gebühren den erforderlichen, finanziellen Aufwendungen angepaßt und entsprechend erhöht werden. Die Kosten für die Übersetzung, die zunächst einmal das Amt trägt,[885] würden damit letztlich doch auf den Markeninhaber in Form von höheren Anmeldegebühren umgelegt werden.[886]

Das komplizierte Zusammenspiel von erster und zweiter Sprache könnte sich zudem als eine unpraktikable Lösung erweisen. Es wäre zum Beispiel denkbar, daß ein schwedisches Unternehmen seine Anmeldung in schwedisch einreicht. Schwedisch wäre dann als Amtssprache der Europäischen Gemeinschaft die erste Sprache.[887] Als zweite Sprache müßte dann eine der fünf Sprachen des Amtes gewählt werden, zum Beispiel französisch. Mit dieser Angabe der zweiten Sprache erklärt sich der Anmelder mit ihr als mögliche Verfahrenssprache in Widerspruchs-, Verfalls- und Nichtigkeitsverfahren einverstanden.[888] Neben dieser vorgeschriebenen Sprachenwahl steht es dem Anmelder frei, sich mit den Beteiligten in einem Widerspruchs-, Verfalls-, Nichtigkeits- oder Beschwerdeverfahren auf eine andere Sprache für das Verfahren zu einigen, die eine Amtssprache der Europäischen Gemeinschaft sein kann.[889] Besagtes schwedisches Unternehmen könnte sich damit mit einem niederländischen

---

879 Siehe oben 2. Teil, B III 1 a bb.

880 Art. 115 II GMV.

881 Art. 115 I GMV.

882 So vor allem *Lindner/Schrell*, WRP 1996, 95 (97); *Dreyer*, MA 1994, 83 (84); *Ingerl*, Die Gemeinschaftsmarke, S. 146.

883 Dies trifft auf die Sprachen Dänisch, Finnisch, Griechisch, Niederländisch, Portugiesich und Schwedisch zu.

884 Art. 117 GMV.

885 Art. 115 III S. 2 GMV.

886 Vgl. Art. 139 II GMV: "Die Höhe der Gebühren ist so zu bemessen, daß die Einnahmen hieraus grundsätzlich den Ausgleich des Haushaltsplans des Amtes gewährleisten." Siehe auch *Lindner/Schrell*, WRP 1996, 95 (97 r.Sp.).

887 Art. 115 I GMV.

888 Art. 115 II GMV.

889 Art. 115 VII GMV.

Widerspruchsführer auf Niederländisch als Verfahrenssprache einigen. Ein weiterer Widerspruch aus Griechenland könnte auf Griechisch durchgeführt werden und so weiter. Bereits das Eintragungsverfahren dieser einen schwedischen Anmeldung würde zu einer babylonischen Sprachverwirrung führen. Mit der Realisie-rung der geplanten Osterweiterung der Europäischen Union würde sich diese Gefahr noch potenzieren.

Dieser Extremfall, der hier dargelegt wurde, entspricht jedoch nicht den Realitäten der Anmeldepraxis. Es steht auch gar nicht im Interesse des Anmelders sich auf Sprachen zu einigen, die seine eigene Anmeldung unnötig hinauszögern würden. Tatsächlich läßt sich eine Konzentration auf wenige Sprachen beobachten. Als erste Sprache bei einer Anmeldung werden in 62 % aller Anmeldungen Englisch oder Deutsch gewählt.[890] Noch deutlicher wird dies bei der Wahl der zweiten Sprache. Hier werden bei 82 % aller Anmeldungen Englisch oder Französisch bestimmt.[891]

Die Konzentration auf wenige Sprachen entschärft zudem die Kritik, die erforderlichen Übersetzungen würden das Verfahren verzögern und unnötig die Kosten erhöhen. Da die Übersetzung einer Anmeldung von vorneherein auf die wesentlichen Angaben begrenzt ist,[892] hat sich bereits jetzt eine Routine für bestimmte, häufig vorkommende Anmeldungen herausgebildet. Ein Kompendium bereits übersetzter Begriffe soll demnächst veröffentlicht werden. Zukünftige Übersetzungsarbeit wird sich dann nur noch auf neue, nicht schon bisher beanspruchte Waren und Dienstleistungen beschränken[893] und damit noch zeitnäher erledigt werden können. Befürchtungen, die erforderlichen Übersetzungen würden sich als erheblicher Nachteil auswirken, erweisen sich in der bisherigen Praxis damit als unbegründet.[894]

---

890 Eine Aufschlüsselung der Anmeldungen nach der ersten Sprache zeigt folgendes Bild: Englisch 44.760 Anmeldungen (42,84 %), Deutsch 20.346 (19,47 %), Niederländisch 11.026 (10,55 %), Spanisch 7.211 (6,90 %), Französisch 7.586 (7,26 %), Italienisch 6.858 (6,56 %), Schwedisch 2.695 (2,58 %), Dänisch 2.077 (1,99 %), Finnisch 968 (0,93 %), Portugiesisch 733 (0,70 %), Griechisch 217 (0,21 %), Quelle: Statistiken des Harmonisierungsamtes für den Binnenmarkt (Marken, Muster und Modelle), Stand: 31.1.1999. Der erstaunlich hohe Anteil niederländischer Erstanmeldungen erklärt sich aus der starken Repräsentanz niederländischen Markenanwälten.

891 Aufgeschlüsselt nach der zweiten Sprache bei der Anmeldung ergebt sich: Englisch 54.665 Anmeldungen (52,32 %), Französisch 30.392 (29,09 %), Spanisch 9.075 (8,69 %), Deutsch 5.690 (5,45 %), Italienisch 4.602 (4,40 %). Quelle: Statistiken des Harmonisierungsamtes für den Binnenmarkt (Marken, Muster und Modelle), Stand: 31.1.1999.

892 Art. 115 III S. 2 iVm. Art. 26 I GMV. Erforderlich sind demnach nur ein Antrag auf Eintragung einer Gemeinschaftsmarke, Angaben, die es erlauben, die Identität des Anmelders festzustellen, ein Verzeichnis der Waren oder Dienstleistungen, für die die Eintragung begehrt wird und eine Wiedergabe der Marke. Vgl. auch *v. Mühlendahl*, in: FS für Beier, S. 575 (579, dort Fn. 18).

893 Siehe *Bender*, Mitt. 1999, 330 (332).

Die in der Gemeinschaftsmarkenverordung gefundene Sprachenlösung bringt auch für den Anmelder Vorzüge im Vergleich zu den bestehenden Systemen. Während die nationalen Markengesetze Anmeldungen in den jeweiligen Heimatsprachen erforderlich machen und internationale Registrierungsgesuche nach dem MMA in französischer Sprache und nach dem MMP in französischer oder englischer Sprache vorgelegt werden müssen,[895] kann eine Gemeinschaftsmarke in allen Sprachen der Europäischen Gemeinschaft eingereicht werden. Die zweite Sprache, die eine Sprache des Amtes sein muß,[896] braucht der Anmelder lediglich zu bestimmen, das heißt Anmeldungen können von jedem Mitgliestaat aus in der Heimatsprache eingereicht werden. Interessenten, die nicht Angehörige eines Mitgliedstaates der Europäischen Union sind, aber dennoch Inhaber einer Gemeinschaftsmarke sein können,[897] wird eine größere sprachliche Auswahl für die Anmeldung geboten.

Diese stärkere Flexibilität wirkt sich wiederum bei der Überwachung der Rechte aus: Da neuangemeldete Marken in allen Amtssprachen der Mitgliedstaaten veröffentlicht werden,[898] kann der Inhaber einer Gemeinschaftsmarke seine Rechte leichter wahrnehmen. Etwaige Rechtsbeeinträchtigungen kann er in seiner Heimatsprache frühzeitig bemerken.

Gerade diese sprachlichen Möglichkeiten können daher die Anmeldung einfacher gestalten, als es das komplexe Regelwerk der GMV auf den ersten Anschein vermuten läßt. Sollte sich im Einzelfall die Bestimmung der Verfahrenssprache als unnötiger und zeitaufwendiger Formalismus erweisen, besteht im übrigen immer noch die Option, daß sich die Beteiligten auf eine andere Amtssprache der Europäischen Union als Verfahrenssprache im Widerspruchs-, Verfalls-, Nichtigkeits- oder Beschwerdeverfahren einigen.[899] Auch wenn nur langjährige Erfahrungen in der Handhabung der Anmeldungen endgültige Ergebnisse über die getroffene Sprachenregelung geben können, so müssen doch die Regelungen des Gemeinschaftsmarkenrechts insgesamt als anmelderfreundlich beurteilt werden. Markenschutz kann unmittelbar in jeder Amtssprache der Europäischen Gemeinschaft beantragt werden.

---

[894] Auch zu der befürchteten Gebührenerhöhung ist es bislang nicht gekommen, siehe Art. 139 II GMV, da sich das Harmonisierungsamt bereits vollständig aus den Gebühreneinnahmen finanzieren kann. Vgl. auch F.A.Z. vom 28.8.1998, S. 26: "Gemeinschaftsweiter Markenschutz. Das Amt finanziert sich bereits vollständig aus den Gebühreneinnahmen."

[895] Vgl. *Fezer*, Markenrecht, Art. 3 MMA Rn. 2.

[896] Art. 115 III S. 1 GMV.

[897] Siehe Art. 5 I lit. b, c, d, II GMV, oben 2. Teil, B II 1 b.

[898] Art. 116 GMV iVm. Regel 85 Abs. 5 DV; siehe auch *v. Mühlendahl/Ohlgart*, Die Gemeinschaftsmarke, § 12 Rn. 95 ff.; *v. Mühlendahl*, in: FS für Beier, S. 575 (580 f.).

[899] Art. 115 VII GMV.

4. Kostenaufwand für eine Gemeinschaftsmarke

Von offensichtlichem Interesse für den Anmelder ist die Frage nach den entstehenden Kosten für den Schutz einer Gemeinschaftsmarke. Lohnt sich der Weg nach Alicante oder sind die entstehenden beziehungsweise potentiellen Kosten so hoch, daß die bisher herausgearbeiteten Vorteile doch sehr relativiert werden?[900] Wenn man sich den Kosten für eine Gemeinschaftsmarke zuwendet, lassen sich die finanziellen Aufwendungen differenzieren in die anfallenden Gebühren (unter a) und die möglichen Kostenentscheidungen in Widerspruchs-, Verfalls- oder Nichtigkeitsverfahren (unter b), die zu den bestehenden Markenschutzmöglichkeiten in bezug gesetzt werden sollen (unter c).

a) Gebühren für eine Gemeinschaftsmarke

Die Gebühren, die im Zusammenhang mit einer Gemeinschaftsmarke entstehen, werden in der Gemeinschaftsmarkenverordnung, der Durchführungsverordnung und einer speziellen Gebührenverordnung festgelegt.[901] In der Gemeinschaftsmarkenverordnung wird der jeweilige Gebührentatbestand aufgeführt, die genaueren Verfahrensbestimmungen trifft die Durchführungsverordnung, und die exakte Höhe der Gebühren findet sich dann in der Gebührenverordnung. Neben diesen Gebühren für die verschiedenen Verfahrenshandlungen[902] enthält die Gebührenverordnung die Rechtsgrundlage für die Festlegung anderer Preise für Amtshandlungen, die keine Gebühren sind, zum Beispiel die Kosten für das Amtsblatt des Harmonisierungsamtes für den Binnenmarkt (ABl.HABM). Festgesetzt werden diese Preise durch den Präsidenten des Amtes.[903]

Seit der Einführung des Euro werden die Gebühren genauso wie die Kostenentscheidungen nicht mehr in Ecu angegeben, sondern sie werden nun in Euro beziffert.[904] Zu den wichtigsten Gebühren gehören die Grundgebühr für die Anmeldung einer Gemeinschaftsmarke (975 Euro),[905] die Grundgebühr für die Eintra-

---

900 Vor einem erheblichen Kostenrisiko warnen vor allem *Lindner/Schrell*, WRP 1996, 94 (98).

901 Verordnung (EG) Nr. 2869/95 der Kommission über die an das Harmonisierungsamt für den Binnenmarkt (Marken, Muster und Modelle) zu entrichtenden Gebühren (Gebührenverordnung - GebV) vom 13.12.1995 (Fn. 58).

902 Art. 2 GebV.

903 Vgl. Art. 3 GebV.

904 Siehe Verordnung des Rates über bestimmte Vorschriften im Zusammenhang mit der Einführung des Euro, ABl.EG Nr. L 162 vom 19.6.1997, S. 1. Für diese Umstellung dürfen einer Empfehlung der Kommission vom 23.4.1998 folgend keine Gebühren erhoben werden, ABl.EG Nr. L 130 vom 1.5.1998, S. 22. Der Schuldner selbst kann jeden Betrag, der auf die nationale Währungseinheit eines bestimmten, teilnehmenden Mitgliedstaates lautet, entweder in Euro oder in der nationalen Währungseinheit bezahlen, siehe Verordnung des Rates Nr. 974/98 vom 3.5.1998 über die Einführung des Euro, ABl.EG Nr. L 139 vom 11.5.1998, S. 1.

905 Art. 26 II GMV, Regel 4 lit. a DV, Art. 2 Nr. 1 GebV. Diese Höhe gilt für eine An-

gung der Marke nach ihrer Prüfung durch das Markenamt (1100 Euro),[906] die Widerspruchsgebühr (350 Euro),[907] die Grundgebühr für die Verlängerung des Schutzes nach 10 Jahren (2500 Euro),[908] die Gebühr für den Antrag auf Erklärung des Verfalls oder der Nichtigkeit (700 Euro),[909] die Beschwerdegebühr (800 Euro)[910] und die Umwandlungsgebühr (200 Euro).[911]

Um die Einteilung von Waren und Dienstleistungen zu erleichtern, wurde am 15. Juni 1957 das Nizzaer Klassifikationsabkommen als Sonderabkommen des Art. 19 PVÜ geschlossen.[912] Danach wurde eine internationale Klassifikation von Waren und Dienstleistungen, eine Einteilung nach Klassen und eine alphabetische Liste von Waren und Dienstleistungen geschaffen. Auch das Harmonisierungsamt wendet wie alle Mitgliedstaaten der Europäischen Union das Klassifikationsabkommen an.[913]

Sofern die Gemeinschaftsmarkenanmeldung unbeanstandet geblieben ist, betragen die Gebühren für den Schutz in allen Mitgliedstaaten der Europäischen Union für bis zu drei Waren- oder Dienstleistungsklassen für eine Schutzdauer von zehn Jahren 2075 Euro, was ungefähr 3900 DM entspricht.

b) Kostenentscheidungen

Anders als im deutschen Markenrecht[914] bestimmt das Gemeinschaftsmarkenrecht, daß im zweiseitigen Verfahren nicht jede Partei ihre Kosten trägt, sondern es wird in Art. 81 GMV das Unterliegensprinzip normiert, das in der Durchführungsverordnung näher ausgeführt wird.[915] Der unterliegende Beteiligte trägt grundsätzlich die Kosten des oder der obsiegenden Beteiligten, wobei der erstattungspflichtige Beteiligte dabei nicht nur die Gebühren tragen muß, die der andere für den Widerspruch, den Antrag auf Erklärung des Verfalls oder der Nichtigkeit und für die Beschwerde zu entrichten hatte, sondern darüberhinaus alle für die Durchführung des Verfahrens notwendigen Kosten, die dem anderen

---

meldung für bis zu drei Waren- bzw. Dienstleistungsklassen.

906 Art. 45 GMV, Regel 23 I lit. a DV, Art. 2 Nr. 7 GebV.

907 Art. 42 III GMV, Regel 18 DV, Art. 2 Nr. 5 GebV.

908 Art. 47 I GMV, Regel 30 Abs. 2 lit. a DV, Art. 2 Nr. 12 GebV für ein Anmeldung für bis zu drei Waren- bzw. Dienstleistungsklassen. Die Gebühr für jede weitere Waren- und Dienstleistungsklasse beträgt ab der vierten Klasse 500 Euro, Art. 47 I GMV, Regel 30 Abs. 2 lit. b DV, Art. 2 Nr. 13 GebV.

909 Art. 55 II GMV, Regel 39 Abs. 2 DV, Art. 2 Nr. 17 GebV.

910 Art. 59 GMV, Regel 49 Abs. 1 DV, Art. 2 Nr. 18 GebV.

911 Art. 109 I GMV, Regel 45 Abs. 2 DV, Art. 2 Nr. 20 GebV.

912 Zum Nizzaer Klassifikationsabkommen siehe *Fezer*, Markenrecht, Art. 19 PVÜ, Rn. 1.

913 Siehe Regel 2 DV. *V. Mühlendahl/Ohlgart*, Die Gemeinschaftsmarke, S. 19.

914 Vgl. §§ 63, 71, 90 MarkenG.

915 Regel 94 DV.

Beteiligten entstanden sind. Hierzu zählen auch die Reise- und Aufenthaltskosten sowie die Kosten der Bevollmächtigten, Beistände und Anwälte.[916]

Für den Markeninhaber besteht also die Gefahr, zu den entstandenen Gebühren für die Anmeldung noch mit späteren Kostenentscheidungen belastet zu werden, was den Kostenaufwand für eine Gemeinschaftsmarke erheblich in die Höhe steigen ließe. Diese Gefahr erscheint für die Gemeinschaftsmarke zunächst einmal groß, da Widersprüche, Verfalls- oder Nichtigkeitsanträge von allen Mitgliedstaaten aus erhoben werden können. Das Kostenrisiko einer Gemeinschaftsmarke hätte dann eine ernstzunehmende, Abschreckungswirkung.[917]

Im Gemeinschaftsmarkenrecht selbst sind allerdings einige Regelungen vorgesehen, die dieses Risiko begrenzen, auf die teilweise schon im Zusammenhang mit den relativen Eintragungshindernissen eingegangen wurde.[918] Zunächst einmal wird die Höhe der Kosten beschränkt, indem zum Beispiel die Kosten für die Vertretung im Widerspruchsverfahren auf 250 Euro festgelegt werden,[919] und nur die Kosten für erstattungsfähig erklärt, die ausdrücklich in der Durchführungsordnung mit entsprechenden Höchstsätzen aufgeführt werden.[920] Die Höchstsätze sind verhältnismäßig niedrig angesetzt und liegen unter den tatsächlich entstehenden Kosten.[921]

Einer besonderen Berücksichtigung bedarf der Umstand, daß der Anmelder nicht unversehens zahllosen Widersprüchen gegen seine Anmeldung ausgesetzt werden kann. Ihm wird vielmehr in einem speziellen Mitteilungsverfahren ("cooling-off-period") Gelegenheit gegeben, sich mit den Widersprechenden zu verständigen und seine Anmeldung entsprechend auf Waren oder Dienstleistungen zu begrenzen beziehungsweise seine Anmeldung ganz zurückzunehmen.[922] Sofern der Anmelder sich mit dem Widersprechenden innerhalb der Zweimonatsfrist einigt, seine Anmeldung einschränkt oder zurücknimmt, kommt die Kostenregelung des Art. 81 GMV nicht zur Anwendung, da es noch gar nicht zur Eröffnung des Widerspruchsverfahrens gekommen ist. Dem Widersprechenden wird in diesem Fall

---

916 Regel 94 VI DV.

917 So vor allem *Lindner/Schrell*, WRP 1996, 94 (98).

918 Siehe oben 4. Teil, B II 1 b.

919 Regel 94 VII lit. f i, ii DV. Bei einer Mehrfachvertretung fallen nur die Kosten für einen Vertreter an, Regel 94 VII lit. g DV. Zu den sonstigen Höchstsätzen der erstattungsfähigen Kosten siehe Regel 94 VII lit. a-e DV und *v. Mühlendahl/Ohlgart*, Die Gemeinschaftsmarke, § 12 Rn. 39 ff.

920 Regel 94 VII lit. h DV.

921 *Harte-Bavendamm/v. Bomhard*, WRP 1996, 534 (539); *v. Mühlendahl/Ohlgart*, Die Gemeinschaftsmarke, § 12 Rn. 50.

922 Regel 19 DV. Zur "cooling-off-period" siehe *Kunze*, GRU 1996, 627 (634 l.Sp.); *v. Mühlendahl/Ohlgart*, Die Gemeinschaftsmarke, § 14 Rn. 22 ff.; *Harte-Bavendamm/v. Bomhard*, WRP 1996, 534 (539); *v. Einem*, WIB 1996, 553 (558).

die Widerspruchsgebühr durch das Amt zurückerstattet.[923] Das Risiko, die Kosten für nicht vorhersehbare, erfolgreiche Widersprüche tragen zu müssen, wird damit entscheidend vermindert, zumal die Zweimonatsfrist noch durch einen gemeinsamen Antrag von Anmelder und Widersprechendem verlängert werden kann.[924]

Außerdem ist zu beachten, daß das Unterliegensprinzip in Art. 81 I GMV nur als Grundsatz aufgestellt wird, von dem die Gemeinschaftsmarkenverordnung selbst wieder Ausnahmen zuläßt.[925] Eine andere Kostenverteilung kann von der zuständigen Widerspruchs-, Nichtigkeitsabteilung oder Beschwerdekammer vorgenommen werden, wenn "die Beteiligten jeweils in einem oder mehreren Punkten unterliegen oder soweit es die Billigkeit erfordert."[926] Hat zum Beispiel der Widerspruchsführer seinen Widerspruch auf mehrere Rechte gestützt, von denen nur ein einziges begründet ist, so kann die Widerspruchsabteilung aus Billigkeitsgesichtspunkten dem Widersprechenden nur einen Teil der Kosten zusprechen, obwohl er eigentlich obsiegende Partei ist. Billigkeitsentscheidungen sind auch dann möglich, wenn das Verfahren auf sonstige Weise beendet wird, zum Beispiel dadurch, daß der Anmelder die Anmeldung nach Verfahrenseröffnung zurücknimmt oder auf die Eintragung der Gemeinschaftsmarke verzichtet.[927] In anderen Fällen der Einstellung des Verfahrens kann die Kostenentscheidung durch die zuständige Stelle nach freiem Ermessen vorgenommen werden.[928]

Unter Einbeziehung dieser speziellen Bestimmungen erscheint das Risiko potentieller Kostenentscheidungen nicht unverhältnismäßig hoch. Kostenerwägungen sollten daher - vorbehaltlich der nachfolgenden Betrachtung - den Markeninhaber nicht von der Anmeldung einer Gemeinschaftsmarke abhalten.

c) Vergleichende Betrachtung des Kostenaufwandes für eine Gemeinschaftsmarke und eine international registrierte Marke

Es wurde bereits darauf hingewiesen, daß die unterschiedliche Zielsetzung und Entstehungsgeschichte von Gemeinschaftsmarkenrecht und dem Madrider System einer vergleichenden Bewertung prinzipiell entgegensteht.[929] Dennoch stellt sich natürlich für den Anmelder die Frage, ob ihm der Weg nach Genf oder nach Alicante kostengünstigeren Schutz gibt, sofern sich sein Interesse auf den

---

923 Regel 19 III DV.
924 Regel 19 II iVm. Regel 71 DV.
925 Vgl. zu diesen Ausnahmen *v. Mühlendahl/Ohlgart*, Die Gemeinschaftsmarke, § 12 Rn. 37 ff.; *Ingerl*, Die Gemeinschaftsmarke, S. 138 f.
926 Art. 81 II GMV.
927 Art. 81 III GMV.
928 Art. 81 IV GMV.
929 Siehe oben 4. Teil, B vor I.

europäischen Binnenmarkt konzentriert. Denkbar wäre auch eine separate Anmeldung in jedem einzelnen Mitgliedstaat, die aber evident zeit- und kostenintensiver wäre.

Für welchen Preis kann also die Marke im europäischen Binnenmarkt geschützt werden? Die Kosten für eine international registrierte Marke setzt sich aus mehreren Komponenten zusammen: Die Kosten für eine nationale Basismarke,[930] eine Grundgebühr für die internationale Registrierung (653 Schweizer Franken), die bei Farbmarken höher liegt (903 sFr), zusätzliche Gebühren, wenn für mehr als drei Waren- oder Dienstleistungsklassen Schutz beantragt wird (73 sFr) und eine Schutzerstreckungsgebühr für die gewünschten Länder, die entweder 73 sFr kostet oder als individuelle Gebühr festgelegt wird.[931]

Wenn sich der Markenschutz auf den gesamten Bereich des europäischen Binnenmarktes erstrecken soll, ergibt sich für den Anmelder einer einfachen, internationalen Registrierung von drei Waren- oder Dienstleistungsklassen mit einer deutschen Basismarke eine Gebühr von 3312 sFr.[932] Zu den Gebührren müssen noch die Kosten für die Basismarke addiert werden. Kein Schutz kann für Griechenland und Irland erlangt werden, da beide nicht im Madrider Verband Mitglied sind.[933] Für den gesamten europäischen Binnenmarkt erweist sich daher die Gemeinschaftsmarke als eindeutig kostengünstiger, was mit der Erweiterung der Europäischen Union noch verstärkt würde.[934]

Zu einer anderen Bewertung käme man dann, wenn Schutz nicht für den gesamten Binnenmarkt gewünscht wird, sondern nur auf einen Teil, mit dem intensive Handelsbeziehungen bestehen. Für ein deutsches Unternehmen, das Schutz im Vereinigten Königreich, Frankreich, Spanien und Italien sucht, würden für die internationale Registrierung Kosten von 1564 sFr entstehen.[935] Das Madrider

930 Entweder eine nationale Markeneintragung (nach dem MMA) oder eine nationale Markenanmeldung (nach dem MMP). Vgl. zu den Kosten für eine Anmeldung nach dem deutschen Recht § 32 I MarkenG.

931 Siehe zu den Gebühren http.//www.wipo.int/eng/main/htm. Individuelle Gebühren müssen zum Beispiel bezahlt werden für den Benelux-Bereich, China, Dänemark, Finnland, Island, Norwegen, Schweden, Schweiz und das Vereinigte Königreich.

932 Berechnung nach dem Kalkulationsprogramm, das die World Intellectual Property Organization auf ihrer homepage im internet zur Verfügung stellt. Das Kalkulationsprogramm ist unter http://www.wipo.int/eng/main.htm und zwar unter dem Punkt "International Trademark Registration Fee Calculator" zu finden (zugänglich nur in Microsoft XLS format).

933 Siehe oben Übersicht 2.

934 Weiterer Kostenfaktor zugunsten des Gemeinschaftsmarkenrechts ist die Vertretungsregelung nach Art. 88 GMV, wonach niemand verpflichtet ist, sich vor dem Amt vertreten zu lassen, es sei denn er hat weder Wohnsitz oder Sitz noch eine Niederlassung in der Europäischen Gemeinschaft. Ausführlich zu der Vertretung vor dem Amt siehe *v. Mühlendahl/Ohlgart*, Die Gemeinschaftsmarke, § 12 Rn. 98 ff.; *Schennen*, Mitt. 1996, 361.

935 Berechnung nach dem Kalkulationsprogramm der WIPO (Fn. 932).

Markensystem wäre bei einem solchen Schutzinteresse und bloßer Akzentuierung der Kosten vorzugswürdig. Allerdings würden diese Vorteile unter Umständen wieder dadurch aufgehoben, daß keine einheitliche Rechtsvertretung wie nach dem Gemeinschaftsmarkenrecht möglich ist.[936] Langfristig gesehen müßten die Vertreterkosten bei der Beobachtung und Rechtsdurchsetzung miteinbezogen werden, so daß sich auch dann die Gemeinschaftsmarke als günstiger erweisen würde, wenn sich das Interesse dauerhaft nur auf wenige Länder der Europäischen Union beschränkt.

Das Interesse eines Unternehmens könnte auch darauf gerichtet sein, weltweit unter Einbeziehung des europäischen Binnenmarktes Schutz zu beantragen. Um die rechtlichen Vorteile des Gemeinschaftsmarkenrechts zu nutzen, würde sich eine Kombination der beiden Systeme nach Beitritt der Europäischen Gemeinschaft zum Madrider Protokoll anbieten,[937] und zwar eine internationale Registrierung mit Schutzerstreckung auf die EU. Hierfür wäre eine nationale Basismarke(nanmeldung) zu bezahlen, die Grundgebühr für die internationale Registrierung und wohl eine individuelle Gebühr, die voraussichtlich nicht der vollen Anmeldegebühr einer Gemeinschaftsmarke entsprechen wird.[938] Zu beachten ist, daß bei etwaigen Schutzhindernissen, die eine Umwandlung in eine Gemeinschaftsmarke analog Art. 108 ff. GMV beziehungsweise in eine nationale Marke nach Art. 108 GMV erforderlich machen,[939] zusätzliche Umwandlungsgebühren anfallen.[940]

Wenn also bei Marketingstrategien der Kostenaufwand die zentrale Überlegung ist, sollte der Markenbesitzer sich genau überlegen, welches Gebiet für ihn bedeutend ist. Liegt sein Schwerpunkt auf dem europäischen Binnenmarkt, wäre eine Anmeldung in Alicante die eindeutig kostengünstigste Möglichkeit. Soll die Marke nur in wenigen Länder der Europäischen Union geschützt werden, erscheint zunächst einmal eine internationale Registrierung geeigneter. Allerdings lassen die geringeren Vertretungskosten die Gemeinschaftsmarke vorzügswürdig werden. In Anbetracht der geplanten Osterweiterung der Europäischen Union und damit eines größeren Schutzgebietes der Gemeinschaftsmarke dürften diese Vorteile noch deutlicher heraustreten.[941]

Bei Markenschutzkonzepten, die sich sowohl auf den europäischen als auch auf den weltweiten Markt konzentrieren, wäre es ratsam, das

---

936 Siehe bereits Fn. 919.

937 Siehe bereits oben 4. Teil, A II.

938 Siehe *Kunze*, GRUR 1996, 627 (629 l.Sp.).

939 Ausführlich oben 4. Teil, A II.

940 Zu der Höhe der Umwandlungsgebühren nach Art. 108 GMV siehe unter 4. Teil, B II 4 a.

941 Vgl. *Pretnar*, (1997) 4 E.I.P.R. 185.

Gemeinschaftsmarkensystem mit der internationalen Registrierung zu kombinieren, um sich die rechtlichen Vorteile zu sichern. Eine genaue Kostenaufstellung ist zu dem jetzigen Zeitpunkt jedoch noch nicht möglich, da noch nicht feststeht, ob und in welcher Höhe das Harmonisierungsamt individuelle Gebühren festsetzen wird.

III. Zusammenfassung der Vorzüge für den Anmelder

Markenschutzkonzepte können sehr unterschiedlicher Natur sein und andere Akzente setzen: möglichst schneller, möglichst kostengünstiger Schutz, die Option noch zu einem späteren Zeitpunkt, Waren oder Dienstleistungen auf einen Markt unter einer Marke zu vertreiben, ohne sofort die Marke benutzen zu müssen, einheitlicher Schutz in verschiedenen Ländern und anderen. Eine verallgemeinernde Aussage darüber, was die spezifischen Vorteile des supranationalen Markenschutzes für den Einzelnen sind, ist daher nicht machbar und würde auch der bestehenden Komplexität des internationalen Markenschutzes nicht gerecht werden können. Es lassen sich folglich nur Vorteile bestimmter Regelungen des Gemeinschaftsmarkenrechts bewerten, die die Attraktivität der Gemeinschaftsmarke insgesamt indizieren.

Unter diesen Voraussetzungen muß vor allem der Benutzungszwang der Gemeinschaftsmarke hervorgehoben werden. Sofern eine Gemeinschaftsmarke eingetragen wurde, besteht nicht die Verpflichtung, sie in jedem Mitgliedstaat zu benutzen, sondern es genügt ein Teilgebiet im europäischen Binnenmarkt.[942] Expansionspläne in andere Mitgliedstaaten werden dadurch erheblich erleichtert, ebenso Produktdiversifizierungen. Das Markenrecht hierfür wird frühzeitig gesichert.

Der Grundsatz der Einheitlichkeit bringt dem Markeninhaber den Vorteil, daß für ihn die Überwachung und Verteidigung seiner Rechte einfacher ist. Er braucht nicht mehr die Mitgliedstaaten einzeln zu kontrollieren, wie es bei Einzelanmeldungen oder einer internationalen Registrierung erforderlich ist, sondern kann unmittelbar seine Rechte wahrnehmen. In finanzieller und organisatorischer Hinsicht wird der Rechtsinhaber damit bessergestellt. Beachtet werden muß aber, daß im Verletzungsverfahren diese Vorteile durch die Verweisung an nationale Gerichte stark eingeschränkt werden. Für weltweit tätige Unternehmen bietet sich die Kombination mit dem Madrider Markensystem an, sobald der Beitritt der Europäischen Gemeinschaft zum MMP vollzogen worden ist. In verfahrensrechtlicher Hinsicht erscheint vor allem der Umstand, daß die Rechte Dritter in den Mitgliedstaaten einer Eintragung entgegengehalten werden können, als

[942] Zu den genauen Anforderungen siehe oben 2. Teil, B II 3 b.

schwerwiegende Hypothek. Die spezielle Kostenregelung, die Amtsrecherche und die "cooling-off-period" stärken aber hier die Position des Anmelders. Eine Gemeinschaftsmarkenanmeldung ist daher nicht mit unverhältnismäßigen Risiken verbunden.

Bedenken bestehen jedoch beim gerichtlichen Rechtsschutz. Die verschiedenen Zuständigkeitsverteilungen und Aussetzungsregeln begründen die Gefahr, daß die Verfahrensdauer erheblich in die Länge gezogen werden können. Unterschiedliche Verfahrensrechte, abweichende Voraussetzungen bei den nach nationalem Recht zu bestimmenden Ansprüchen aus der Gemeinschaftsmarke und unterschiedliche Rechtstraditionen und -gewohnheiten lassen eine einheitliche Rechtsauslegung als unwahrscheinlich erscheinen. Das Vorabentscheidungsverfahren kann für die einheitliche Auslegung nicht genügen. Vielmehr ist es wünschenswert in der Gemeinschaftsmarkenverordnung selbst die genauen Voraussetzungen der Ansprüche aus der Gemeinschaftsmarke festzulegen. Um die einheitliche Interpretation des europäischen Schutzrechtes zu gewährleisten, wird hier für die Einführung einer speziellen Berufungskammer im Gericht erster Instanz plädiert, das bezüglich der Nichtigkeit oder des Verfalls einer Gemeinschaftsmarke und wenn nationale Gerichte voneinander abweichen angerufen werden kann. Auf das Vorabentscheidungsverfahren bezüglich der Auslegung von Vorschriften der GMV könnte man dann verzichten. Neben einer Konzentration von Sachfragen des Gemeinschaftsmarkenrechts bei einer Kammer, die auch für zukünftige supranationale Schutzrechte zuständig sein könnte, wäre zugleich eine Entlastung des Europäischen Gerichtshofes und des Gerichts erster Instanz damit erzielt.

Die Sprachenregelung gibt vor allem die Möglichkeit, in der jeweiligen Heimatsprache Anmeldungen vorzunehmen und nicht bloß in französisch[943] beziehungsweise in englisch und französisch.[944] Diese größere Flexibilität für den Anmelder wirkt sich auch auf die Überwachung bestehender Rechte aus. Die gefundene Sprachenregelung muß deshalb als anmelderfreundlich bezeichnet werden.

Im Vergleich zu bestehenden, internationalen Markenschutzmöglichkeiten ist der Kostenaufwand einer Gemeinschaftsmarke niedrig. Auch etwaige Kostenentscheidungen aus kontradiktorischen Verfahren führen zu keiner anderen Bewertung. Der Anmelder, der nur an einem sehr kleinen Gebiet der Europäischen Union Interesse hat, muß aber unter Umständen höhere Kosten tragen als nach dem Madrider Markensystem. Vorteile der Gemeinschaftsmarke würden sich dann erst bei geringeren Vertretungskosten zeigen.

---

943 So das MMA.

944 So das MMP.

Sofern eine weltweite Markenstrategie verfolgt wird, empfiehlt sich eine Kombination von Gemeinschafts- markenrecht und Madrider System, sobald die Gemeinschaft dem Madrider Markenprotokoll beigetreten ist.

C. Gemeinschaftsmarkenrecht - supranationales Markenrecht als Teil einer europäischen Privatrechtsordnung

Die Vorzüge des Gemeinschaftsmarkenrechts wurden bisher aus der Perspektive des Markeninhabers untersucht, der vor der Frage steht, warum er sich nach Alicante wenden soll. Dabei wurde des öfteren von dem supranationalen Charakter des neugeschaffenen Schutzrechtes gesprochen und gerade bei Problemen des gerichtlichen Rechtsschutzes[945] darauf hingewiesen, daß sich auch für andere gewerbliche Schutzrechte die Entwicklung von europäischen Rechten abzeichnet. Der Erfolg der Gemeinschaftsmarke hat daher nicht nur für dieses spezielle Schutzrecht Bedeutung, sondern wird sich auch auf das Gemeinschaftsgeschmacks-, Gemeinschaftsgebrauchsmuster und das Gemeinschaftspatent auswirken. Wie hier der bisherige Entwicklungsstand ist, soll in dem nachfolgenden, rechtspolitischen Annex gezeigt werden (unter II). Bevor auf die Herausbildung eines europäischen, gewerblichen Rechtsschutzes eingegangen wird, soll der Begriff "europäisches Privatrecht" näher bestimmt werden und das Gemeinschaftsmarkenrecht hierunter eingeordnet werden (unter I).

I. Gemeinschaftsmarkenrecht als europäisches Privatrecht

1. Der Begriff des europäischen Privatrechts

Eine terminologische Klärung, was europäisches Privatrecht überhaupt bezeichnet, muß naturgemäß bei der Abgrenzung zum nationalen Recht ansetzen. Angesichts der vielfachen Beeinflussungsmöglichkeiten, die das nationale Recht durch die Rechtsprechung des Europäischen Gerichtshofes, durch Harmonisierungsrichtlinien und Verordnungen erfahren kann, wird jedoch schnell deutlich, daß eine Abgrenzung nicht trennscharf besteht, eine exakte Definition somit kaum möglich ist.[946]

Üblicherweise wird eine Unterscheidung von *Müller-Graff* aufgegriffen und das Europäische Privatrecht nach der Verbindlichkeit folgendermaßen unterteilt: das gemeineuropäische Privatrecht, das Konventionsprivatrecht und das Gemein-

---

945 Siehe 4. Teil, B II 2 c.

946 Siehe *Gebauer*, Grundfragen der Europäisierung des Privatrechts, S. 60; vgl. auch *Schulze*, ZEuP 1993, 442 (445 f.).

schaftsprivatrecht.[947] Unter gemeineuropäischem Privatrecht werden dabei die Übereinstimmungen in den europäischen Privatrechtsordnungen verstanden, die entweder aus der gemeinsamen Tradition des ius commune entspringen oder im Wege der Rechtsvergleichung entnommen werden können.[948] Erfaßt werden hiervon allgemeine Prinzipien und Rechtsgrundsätze.

Als zweite Erscheinungsform des Europäischen Privatrechts wird das Konventionsprivatrecht genannt, das die Regeln bezeichnet, "die außerhalb gemeinschaftsrechtlicher Verpflichtungen in völkerrechtlichen Konventionen enthalten sind."[949] An diesen Übereinkommen müssen nicht alle Mitgliedstaaten der Europäischen Gemeinschaft beteiligt sein, und es können auch Drittstaaten der Konvention beigetreten sein. Die wichtigsten Übereinkommen sind hiernach das Europäische Patentübereinkommen (EPÜ),[950] das Gemeinschaftspatentübereinkommen (GPÜ),[951] das Europäische Gerichtsstands- und Vollstreckungsübereinkommen (EuGVÜ)[952] und das Europäische Vertragsrechtsübereinkommen (EVÜ).[953]

---

947 *Müller-Graff*, Privatrecht und europäisches Gemeinschaftsrecht. Gemeinschaftsprivatrecht, passim; ders., Gemeinsames Privatrecht in der Europäischen Gemeinschaft - Ansatzpunkte, Ausgangsfragen, Ausfaltungen, in: *ders* (Hrsg.), Gemeinsames Privatrecht in der Europäischen Gemeinschaft, S. 7 (14 ff.); *ders.*, NJW 1993, 13. Zu diesen drei Unterscheidungsebenen fügt *Gebauer*, aaO. , S. 61 f., 201 ff., 222 ff., noch zwei weitere hinzu, nämlich die interne Harmonisierung durch nationale Rechtsanpassung und die Rechtsprechung des Europäischen Gerichtshofes.

Eine andere Differenzierung nimmt z.B. *Basedow*, NJW 1996, 1921 (1923 f.) vor, der eine Zweiteilung des EG-Privatrechts vorschlägt, und zwar ob Regelungen vorliegen, die Marktbürgern zu bestehenden Vorschriften der Mitgliedstaaten zur Wahl gestellt werden (fakultatives Gemeinschaftsrecht) oder ob Gemeinschaftsrecht vorliegt, das ohne weiteres Geltung beansprucht (obligatorisches Gemeinschaftsrecht). Unter das fakultative Gemeinschaftsrecht würde neben die Europäische Wirtschaftliche Interessenvereinigung (vgl. Verordnung (EWG) Nr. 2137/85 des Rates vom 25.7.1985 über die Schaffung einer Europäischen Wirtschaftlichen Interessenvereinigung (EWiV), ABl.EG 1985 Nr. L 199/1) auch das Gemeinschaftsmarkenrecht fallen.

948 *Müller-Graff*, Gemeinsames Privatrecht in der Europäischen Gemeinschaft - Ansatzpunkte, Ausgangsfragen, Ausfaltungen, in: *ders.* (Hrsg.), Gemeinsames Privatrecht in der Europäischen Gemeinschaft, S. 15 f. mwN.; *Gebauer*, aaO. S. 62 ff. mwN.

949 *Müller-Graff*, Gemeinsames Privatrecht in der Europäischen Gemeinschaft - Ansatzpunkte, Ausgangsfragen, Ausfaltungen, in: *ders.* (Hrsg.), Gemeinsames Privatrecht in der Europäischen Gemeinschaft, S. 16 ff.; *Gebauer*, aaO. S. 73 ff.

950 Übereinkommen über die Erteilung eines europäischen Patents vom 5.10.1973, in Kraft getreten am 7.10.1977 (Fn. 67).

951 Übereinkommen über das Europäische Patent für den Gemeinsamen Markt vom 15.12.1975, ABl.EG 1976, Nr. L 17/1, BGBl. 1979 II 834. Neufassung vom 21.12.1989, BGBl. 1991 II, 1361 (noch nicht in Kraft getreten).

952 Brüsseler EWG-Übereinkommen über die gerichtliche Zuständigkeit und die Vollstreckung gerichtlicher Entscheidungen in Zivil- und Handelssachen vom 27.9.1968 (Fn. 336).

953 Römisches Übereinkommen über das auf vertragliche Schuldverhältnisse anzuwendende Recht vom 19.6.1980, BGBl. 1986 II, 809.

Unter dem Gemeinschaftsprivatrecht werden "die kraft Gemeinschaftsrecht in allen oder für alle Mitgliedstaaten verbindlichen Privatrechtsregeln" verstanden.[954] Hierbei kann es sich um Normen aus dem primären Gemeinschaftsrecht handeln, Art. 81 f. EG, aber insbesondere um solche aus dem sekundären Gemeinschaftsrecht in Form von Richtlinien und Verordnungen.[955]

2. Einordnung des Gemeinschaftsmarkenrechts

Im Rahmen dieser üblichen Terminologie ist das Gemeinschaftsmarkenrecht dem Gemeinschaftsprivatrecht zuzuordnen, da es auf der Grundlage einer Verordnung geschaffen wurde und damit in den Mitgliedstaaten unmittelbar geltendes Recht schafft, ohne daß dafür ein Umsetzungsakt erforderlich ist.[956]

Diese Zuordnung zum Gemeinschaftsprivatrecht vermag aber noch nicht die Bedeutung des Gemeinschaftsmarkenrechts als supranationales Recht genau zu bestimmen, da unter Gemeinschaftsprivatrecht gleichermaßen eigenständiges, europäisches Recht wie auch die bloße Beeinflussung des nationalen Rechts zum Beispiel im Wege der Harmonisierung fällt.[957]

Bleibt man in der von *Müller-Graff* angeregten Einteilung nach der Herkunft und Verbindlichkeit der Rechtsnormen und würde man innerhalb dessen hierarchisieren, so würde das Gemeinschaftsmarkenrecht mit an oberster Stelle stehen, wohl nur noch in seiner Position übertroffen von einer einheitlichen europäischen Zivilrechtskodifikation, die nicht koexistent zum nationalen Recht ist, sondern an dessen Stelle tritt.[958] Gemeinschaftsmarkenrecht ist nicht bloß eine "Europäisierung" von nationalem Recht, sondern schafft eigenes europäisches Privatrecht,

---

954 *Müller-Graff*, NJW 1993, 13 (r.Sp.).

955 Einen Überblick über die einzelnen Ausprägungen des Gemeinschaftsprivatrechts gibt *Müller-Graff*, Gemeinsames Privatrecht in der Europäischen Gemeinschaft - Ansatzpunkte, Ausgangsfragen, Ausfaltungen, in: *ders.* (Hrsg.), Gemeinsames Privatrecht in der Europäischen Gemeinschaft, S. 19 ff. zum Vertragsrecht, Haftungsrecht, Sachenrecht, Arbeitsrecht, Handelsrecht, Gesellschaftsrecht und Unternehmensrecht, zum Recht zur Bekämpfung des unlauteren Wettbewerbs, zum Recht gegen Wettbewerbsbeschränkungen, zum gewerblichen Rechtsschutz und Urheberrecht, Internationalen Privatrecht und zu Fragen des Gerichtsstandes und der Vollstreckung. Siehe auch *Schwartz*, ZEuP 1994, 559 (561 ff.).

956 Art. 249 II EG.

957 Zur Angleichung durch die Harmonisierungsrichtlinie siehe 3. Teil, A I.

958 Vorbereitungen zu einer Kodifikation eines einheitlichen europäischen Privatrechts stellen die Ergebnisse der "Commission on European Contract Law" dar, die weithin als "Lando-Kommission" bezeichnet wird, die Gemeinsamkeiten der europäischen Rechtsordnungen sucht, um diese als Grundlage für eine einheitliche Gesetzgebung zu machen. Vgl. die deutsche Übersetzung der "Principle of European Law" Teil 1, ZEuP 1995, 864; siehe dazu *Zimmermann*, ZEuP 1995, 731; eine Übersicht der Tätigkeit der "Lando-Kommission" gibt *Tilmann*, ZEuP 1995, 535. Zum Europäischen Vertragsrecht siehe auch *Kötz*, Europäisches Vertragsrecht I, Tübingen 1996, und allgemein *Tilmann*, ZEuP 1997, 595.

das vorbehaltlich bestimmter Sonderregeln, auf die sogleich eingegangen wird, vom nationalen Recht unabhängig ist und einheitlich in ganz Europa wirkt.

3. Ausnahmen von dem Charakter als eigenes, europäisches Recht

Die soeben angesprochene Eigenständigkeit der Gemeinschaftsmarkenrechts wurde nicht in einer Reinform verwirklicht.[959] Zwar wird die Gemeinschaftsmarke häufig als vom nationalem Recht unabhängig, als autonom, bezeichnet,[960] doch enthält die Gemeinschaftsmarkenverordnung eine Reihe von Verweisen in das nationale Recht, die eine Durchbrechung dieser Eigenständigkeit bedeuten. Hierbei sind die Normen, die nationales und Gemeinschaftsrecht miteinander verschränken, weit über die GMV verstreut. Nachfolgend sollen die Übergangsstellen bezüglich des materiellen und des Verfahrensrechts beleuchtet werden.

a) Materielles Recht

Daß die Gemeinschaftsmarkenverordnung kein völlig eigenständiges Recht schafft, zeigt sich bereits darin, daß unter Umständen die Eintragung durch nationales Recht verhindert werden kann. So findet über das absolute Eintragungshindernis der "öffentlichen Ordnung"[961] nationales Recht ebenso Eingang in das Gemeinschaftsmarkenrecht wie über die relativen Eintragungshindernisse der prioritätsälteren, eingetragenen[962] beziehungsweise nichteingetragenen, im geschäftlichen Verkehr benutzten Kennzeichenrechte von mehr als lediglich örtlicher Bedeutung.[963] Bereits die Schutzvoraussetzungen können damit nicht ohne Blick auf das nationale Recht abschließend behandelt werden.

Genauso im Hinblick auf den Schutzumfang besteht die Verschachtelung von nationalem Recht und dem der Gemeinschaftsmarke. Grundsätzlich sollen sich die Wirkungen der Gemeinschaftsmarke aus der Verordnung bestimmen.[964] Da die GMV aber nur den Unterlassungs- und den speziellen Entschädigungsanspruch regelt,[965] findet für alle übrigen Sanktionen das Recht der Mitgliedstaaten Anwendung.[966] Zudem können die Klagen, die eine Gemeinschaftsmarke betreffen,

---

[959] Siehe bereits oben 2. Teil,B I 1.

[960] Vgl. *Hackbarth*, Grundfragen des Benutzungszwanges, S. 23; *Schwanhäuser*, WRP 1984, 1 (2). Kritisch hierzu *Ingerl*, Die Gemeinschaftsmarke, S. 37 ff., der sogar soweit geht, die Eigenständigkeit der Gemeinschaftsmarke überhaupt zu bezweifeln: "Die Gemeinschaftsmarkenverordnung weist jedoch so viele Verknüpfungen mit den nationalen Rechtsordnungen auf, daß man nicht mehr von einem ausschließlich dem Gemeinschaftsrecht unterworfenen Schutzrecht sprechen kann."

[961] Art. 7 I lit. f GMV. Siehe bereits oben 2. Teil, B II 1 c aa.

[962] Art. 8 II lit. a ii GMV.

[963] Art. 8 IV GMV.

[964] Art. 14 I 1 GMV.

[965] Vgl. oben 2. Teil, B II 2 b.

[966] Art. 14 I 2, 98 II GMV.

auch auf innerstaatliche Rechtsvorschriften gestützt werden, vor allem auf die zivilrechtliche Haftung und auf die des unlauteren Wettbewerbs.[967] Noch weitgehender ist die Anwendbarkeit nationalen Rechts bei älteren, nationalen Rechten: Neben dem Widerspruchsrecht und dem Nichtigkeitsantrag kann die Benutzung der Gemeinschaftsmarke in einem bestimmten Mitgliedstaat oder Gebiet der Gemeinschaft[968] und nach dem Zivil-, Straf- oder Verwaltungsrecht des Mitgliedsstaates untersagt werden.[969]

Den Inhabern von älteren Rechten örtlicher Bedeutung steht das Recht zu, die Benutzung der Gemeinschaftsmarke in dem begrenzten Gebiet zu unterbinden.[970] Auch bei den vermögensrechtlichen Bestimmungen der Gemeinschaftsmarkenverordnung[971] wird deutlich, daß eine vollständige Unabhängigkeit vom nationalen Recht nicht erreicht wurde. Als Gegenstand des Vermögens ist die Gemeinschaftsmarke stets nach dem Recht eines Mitgliedstaates zu beurteilen, des sogenannten "Ursprungsstaates", was sich wiederum danach bestimmt, wo der (Wohn-)sitz ist beziehungsweise der Inhaber seine Niederlassung hat.[972] Wenn beides nicht gegeben ist, so richten sich die vermögensrechtlichen Regelungen nach spanischem Recht als dem Recht des Mitgliedstaates, in dem das Harmonisierungsamt seinen Sitz hat.[973] Abweichend hiervon kann sich zum Beispiel für den Rechtsübergang, das Konkursverfahren oder die Lizenzierung die Anwendbarkeit des nationalen Rechts nach anderen Grundsätzen ergeben.[974]

b) Verfahrensrecht

In verfahrensrechtlicher Hinsicht können nationales und Gemeinschaftsrecht in dreierlei Beziehungen zueinander stehen: Es kann nur Gemeinschaftsrecht, nur nationales Recht oder beide nebeneinander zur Anwendung kommen.

Ausschließlich nach Gemeinschaftsrecht bestimmen sich die Verfahren vor dem Harmonisierungsamt[975] sowie die Rechtsmittelverfahren vor dem Gericht erster Instanz und dem Europäischen Gerichtshof. Das nationale Recht findet auch keine subsidiäre Anwendung, wenn eine ausdrückliche Regelung nicht besteht, sondern das Amt hat für diesen Fall gemeinschaftsrechtliche Lösungen zu

---

967 Art. 14 II GMV.

968 Art. 106 I 1 GMV.

969 Art. 106 II GMV.

970 Art. 107 GMV, jedoch muß das nationale Recht überhaupt einen Unterlassungsanspruch gegen jüngere Marken gewähren, Art. 107 I aE.

971 Art. 16 ff. GMV, vgl. oben 2. Teil, B II 4 a.

972 Art. 16 I lit. a, b GMV.

973 Art. 16 II GMV.

974 Art. 16 GMV trifft nur eine Grundsatzregelung, der die Art. 17 ff. vorgehen, siehe Art. 16 I 2 GMV.

975 Das Anmelde-, Widerspruchs-, Verfalls-, Nichtigkeits- und die Beschwerdeverfahren vor den Beschwerdekammern, siehe bereits oben 2. Teil, B III 1.

entwickeln unter Berücksichtigung der "in den Mitgliedstaaten im allgemeinen anerkannten Grundsätze des Verfahrensrechts."[976] Ausschließlich nach nationalem Recht bemißt sich vor allem das Vollstreckungsrecht, wenn die Gemeinschaftsmarke selbst Gegenstand der Zwangsvoll-streckung oder des Insolvenzverfahrens ist.[977] Auch bei der Zusammenarbeit des Harmonisierungsamtes mit den nationalen Markenbehörden, zum Beispiel bei der Amtsrecherche, wird das nationale Verfahren angewendet.[978]

Eine Zwitterstellung kommt dem Verletzungsverfahren zu: Die zuständigen Gemeinschaftsmarkengerichte[979] wenden zwar grundsätzlich ihre nationalen Verfahrensvorschriften an,[980] doch müssen bestimmte prozessuale Spezialnormen der Gemeinschaftsmarkenverordnung berücksichtigt werden.[981]

Auch bezüglich des Verfahrensrechts läßt sich damit eine vielschichtige Durchwirkung von nationalem und Gemeinschaftsrecht feststellen, die in die Betrachtung als europäisches Recht einbezogen werden muß. Das europäische Schutzrecht Gemeinschaftsrecht bestimmt sich also dem Grunde nach anhand von europäischem Recht, ist aber in seiner materiell- wie verfahrensrechtlichen Ausgestaltung nicht von nationalem Recht losgelöst.

II. Die rechtspolitische Stellung des Gemeinschaftsmarkenrechts im europäischen gewerblichen Rechtsschutz

Verengt man den Blickwinkel vom Privatrecht auf den Bereich des gewerblichen Rechtsschutzes, so bleibt zu fragen, wie die Entwicklung anderer europäischer Schutzrechte aussieht und ob der Gemeinschaftsmarke hier eine Vorreiterrolle zukommt.

Erfolg und Anziehungskraft der Gemeinschaftsmarke könnten dann eine rechtspolitische Sogwirkung entfalten, in die der gesamte Schutz des geistigen Eigentums einbezogen würde.[982] Zwar ist die Idee eines supranationalen Schutzrechtes nicht neu und stand schon mit dem Gemeinschaftspatentübereinkommen (GPÜ)

---

976 Art. 79 GMV. Siehe auch *Ingerl*, Die Gemeinschaftsmarke, S. 40.

977 Art. 16 iVm. Art. 20 III, 23 III GMV und Art. 21, 23 IV GMV, siehe *v. Mühlendahl/Ohlgart*, Die Gemeinschaftsmarke, § 9 III.

978 Siehe auch *Ingerl*, Die Gemeinschaftsmarke, S. 128 ff. Ausnahmsweise regelt aber auch das Gemeinschaftsrecht die Zusammenarbeit, so zum Beispiel für die Art der Einreichung der Anmeldung, Art. 25 GMV, Regel 5 Abs. 2 DV.

979 Art. 92 I lit. a GMV, siehe bereits oben 2. Teil, B III 2 b aa.

980 Art. 97 III GMV.

981 Vgl. zum Beispiel Art. 105 GMV.

982 Siehe zur Europäisierung der gewerblichen Schutzreche auch die Übersicht in der F.A.Z. vom 30.11.1999, S. 29: "Die Europäische Union verwirklicht den Binnenmarkt."

kurz vor der Realisierung,[983] doch stellt die Umsetzung durch eine Verordnung eine Neuheit dar, die als Modell für andere Bereiche des gewerblichen Rechtsschutzes dienen kann.

1. Gemeinschaftsgeschmacksmuster

Das Gemeinschaftsgeschmacksmusterrecht verfolgt wie auch das Gemeinschaftsmarkenrecht die Europäisierung auf zweifache Weise, nämlich durch eine Rechtsangleichung der nationalen Rechte[984] und durch eine Verordnung über das Gemeinschaftsgeschmacksmuster.[985] Die Richtlinie ist inzwischen verabschiedet worden und in Kraft getreten.[986] Die Zukunft der Gemeinschaftsgeschmackmusterverordnung ist dagegen noch nicht geklärt. Entgegen der ursprünglichen Auffassung der Kommission bietet jedoch Art. 95 EG keine ausreichende Kompetenz zum Erlaß der Verordnung, sie kann vielmehr nur durch einstimmigen Ratsbeschluß gemäß Art. 308 EG erlassen werden.[987]

Bereits diese Vorgehensweise, die nationalen Gesetze durch eine Richtlinie einander anzugleichen und das europäische Schutzrecht mithilfe einer Verordnung durchzusetzen, lehnt sich bewußt an das Markenrecht an. Hintergrund für diesen Doppelweg ist auch im Geschmackmusterrecht die Entscheidung, das neuzuschaffende Recht nicht an die Stelle der nationalen Rechte treten zu lassen, sondern beide nebeneinander bestehen zu lassen. Eine Angleichung der nationalen Rechte ist damit unabdingbar.[988]

---

983 Siehe noch sogleich 4. Teil, C II 3.

984 Siehe Vorschlag der Kommission für eine Richtlinie des Europäischen Parlaments und des Rates über den Rechtsschutz von Mustern vom 3.12.1993, (Kom), 344, ABl.EG C 345 vom 23.12.1993 = GRUR Int. 1994, 514. Geänderter Vorschlag für eine Richtlinie des Europäischen Parlaments und des Rates über den Rechtsschutz von Mustern vom 14.3.1996, Kom (96) 66.

985 Vorschläge der Kommission für eine Verordnung des Europäischen Parlaments und des Rates über das Gemeinschaftsgeschmacksmuster vom 3.12.1993, Kom (93) 342, ABl.EG C 29 vom 31.1.1994 = GRUR Int. 1994, 492. Zur historischen Entwicklung der Verordnung siehe *Kahlenberg*, Ein europäisches Geschmacksmusterrecht - Baustein im System des europäischen gewerblichen Rechtsschutzes, S. 108 ff.; *Eichmann*, GRUR Int. 1994, 859 f.

986 Richtlinie 98/71/EG des Europäischen Parlaments und des Rates vom 13.10.1998 über den rechtlichen Schutz von Mustern und Modellen, ABl.EG Nr. L 289/28 vom 28.10.1998 = GRUR Int. 1998, 959 ff. Nach Art. 20 ist die Richtlinie zwanzig Tage nach ihrer Veröffentlichung im Amtsblatt in Kraft getreten. Die Frist für die Umsetzung beträgt gem. Art. 19 drei Jahre. Für Anmerkungen zu den wichtigsten Regelungen der Richtlinie siehe *Kur*, GRUR Int. 1998, 977.

987 Siehe die Kritik an der Auffassung der Kommission von *Beier*, GRUR Int. 1994, 716 (r.Sp.).

988 Vgl. *Kahlenberg*, Ein europäisches Geschmackmusterrecht - Baustein im System des europäischen gewerblichen Rechtsschutzes, S. 113.

Die Motive, ein Gemeinschaftsgeschmacksmuster zu schaffen, um die Errichtung des europäischen Binnenmarktes zu fördern, entsprechen denen, die schon für die Schaffung des Gemeinschaftsmarke maßgeblich waren.[989]

Institutionell wird der Bezug zum Gemeinschaftsmarkenrecht dadurch ersichtlich, daß das zuständige Geschmacksmusteramt der Gemeinschaft seinen Sitz beim Harmonisierungsamt für den Binnenmarkt (Marken, *Muster und Modelle*) haben soll.[990] Für das Geschmacksmusterrecht ist die Orientierung an dem weiter fortgeschrittenen Markenrecht mithin nicht zu übersehen.

2. Gemeinschaftsgebrauchsmuster

Bestrebungen zu einem einheitlichen europäischen Schutzrecht bestehen auch für die technischen Neuerungen, deren Erfindungshöhe unter dem eines Patents liegen und die ohne vollständige Prüfung der sachlichen Schutzvoraussetzungen als Gebrauchsmuster eintragbar sind.[991] Allerdings befindet sich die Entwicklung erst im Stadium der Veröffentlichung eines Grünbuchs der Kommission,[992] das weitgehend auf dem Diskussionsentwurf für ein europäisches Gebrauchsmusterrecht des Max-Planck-Instituts für ausländisches und internationales Patent-, Urheber- und Wettbewerbsrecht aufbaut.[993]

Sowohl die Grundüberlegung, das Gemeinschaftsgebrauchsmuster auf eine Verordnung zu stützen, als auch die Argumente für die Notwendigkeit eines europäischen Gebrauchsmusters, nämlich die Integration des europäischen Binnenmarktes voranzutreiben,[994] knüpfen an das Gemeinschaftsmarkenrecht an. Die enge Verwandtschaft mit dem Patentrecht führt aber inhaltlich zu einer starken Anlehnung an das Europäische Patentübereinkommen (EPÜ) beziehungs-

[989] Vgl. Erwägungsgründe des Vorschlags für eine Verordnung des Europäischen Parlaments und des Rates über das Gemeinschaftsgeschmacksmuster, insbesondere Erwägungsgründe 1-8 (Fn. 985) und Erwägungsgründe 1-4 der Richtlinie 98/71/EG des Europäischen Parlaments vom 13.10.1998 über den rechtlichen Schutz von Mustern und Modellen (Fn. 984). Siehe auch *Kahlenberg*, Ein europäisches Geschmackmusterrecht - Baustein im System des europäischen gewerblichen Rechtsschutzes, S. 10.

[990] Siehe Art. 101 II des Vorschlages der Kommission für eine Verordnung des Europäischen Parlaments über das Gemeinschaftsgeschmackmuster (Fn. 985).

[991] Zugleich weicht das Gebrauchsmuster mit einer kürzeren Schutzdauer von dem Patent ab, vgl. §§ 1, 4 I, V, 23 II 1 GebrmG; *Bernhardt/Kraßer*, Lehrbuch des Patentrechts, S. 8 f.; *Mes*, Patentgesetz, Gebrauchsmustergesetz, § 1 Rn. 6.

[992] Dok, Kom (95) 370 vom 19.7.1995.

[993] Ausgearbeitet von der Arbeitsgruppe "Europäisches Gebrauchsmusterrecht" des Max-Planck-Instituts bestehend aus *Prof. Beier* (Vorsitz), *Prof. Kraßer*, *Dr. Haertel* und *Dr. Bodewig*, siehe GRUR Int. 1994, 569.

[994] Vgl. den Bericht von *Kern* über das Ringberg-Symposium "Europäisches Gebrauchsmusterrecht" des Max-Planck-Instituts vom 7. bis 12.11.1993, GRUR Int. 1994, 549 (553 l.Sp.).

weise an das nicht in Kraft getretene Gemeinschaftspatentübereinkommen (GPÜ).[995] Aber nicht nur hinsichtlich des Schutzgegenstandes der technischen Neuerung lehnt sich das geplante Gemeinschaftsgebrauchsmuster an das GPÜ und das EPÜ an, sondern auch bezüglich der konzeptionellen Ausrichtung gewinnt das Patentrecht eine stärkere Bedeutung. So sieht der Entwurf des Gemeinschaftsgebrauchsmusters eine Wahlmöglichkeit vor, die es dem Anmelder gestattet, den Schutz auf das gesamte Gebiet oder nur auf einzelne Mitgliedstaaten zu erstrecken,[996] wie es auch die Ausnahmeregeln des GPÜ erklären. Eine solche Option gewährt die Markenverordnung nicht.[997]

Auch die Aufgaben des Gebrauchsmusteramtes sollen nicht vom Harmonisierungsamt in Alicante, sondern von dem Europäischen Patentamt in München wahrgenommen werden,[998] um den technischen Sachverstand der dortigen Behörde für das Gebrauchsmusterrecht zu nutzen.

Für das Gemeinschaftsgebrauchsmuster zeigt sich damit eine starke Beeinflussung durch das EPÜ und das GPÜ, die mit der Natur dieser Rechtsmaterie zu begründen ist. Dennoch kann die Entwicklung im Markenrecht nicht ohne Folgen für das Gebrauchsmusterrecht bleiben. Die Grundstruktur, ein supranationales Schutzrecht durch eine Verordnung zu schaffen, bleibt jedenfalls gleich, und der Erfolg des Markenrechts kann in dieser Form Richtschnur auch für das Gebrauchsmusterrecht werden.

3. Gemeinschaftspatent

Die Entwicklung des Gemeinschaftspatents geht sehr viel früher zurück und weicht in seinem bisherigen Verlauf stark von den eben beschriebenen gewerblichen Schutzrechten ab. Erste Versuche zur Vereinheitlichung des europäischen Patentrechts und zur Schaffung eines supranationalen Schutzrechtes wurden bereits kurz nach Ende des 2. Weltkrieges unternommen, die zu einem Übereinkommen über Formerfordernisse bei Patentanmeldungen vom 11. Dezember 1953 und dem Übereinkommen zur Vereinheitlichung gewisser Begriffe des materiellen Rechts vom 27. November 1963 führten.[999]

---

[995] Vgl. auch den Text des Diskussionsentwurfs in GRUR Int. 1994, 579 ff., der bei den einzelnen Artikeln jeweils die Vorschriften nachstellt, der die Artikel des Entwurfs nachgebildet sind. Zur Entwicklung im Patentrecht siehe noch 4. Teil, C II 3.

[996] Vgl. Begründung zum Diskussionsentwurf GRUR Int. 1994, 569 (572 l.Sp.); Art. 1 II 1 Entwurft; "Das Gemeinschaftsgebrauchsmusterrecht kann entweder nur für das gesamte Gebiet der Gemeinschaft erworben werden oder für einzelne Mitgliedstaaten." Diese Möglichkeit kann aber durch Beschluß des Rates aufgehoben werden, Art. 1 III des Entwurfs.

[997] Hier gilt der Grundsatz der Einheitlichkeit, Art. 1 II GMV, siehe oben 2. Teil, B I 2.

[998] Art. 2 des Entwurfs (Fn. 995).

[999] Vgl. dazu *Krieger*, FS für Everling, S. 701 (702 ff.); *Becher*, WIR 1992, 262.

Nach Inkrafttreten des EWG Vertrages 1957 begannen 1959 konkrete Verhandlungen über ein einheitliches, europäisches Patentsystem. Ein entsprechender Vor- entwurf eines Abkommens über ein europäisches Patentrecht konnte 1962 vorgelegt werden.[1000] Der Abschluß des Europäischen Patentübereinkommens (EPÜ)[1001] vom 5.10.1979 war in dieser Entwicklung ein maßgeblicher Erfolg: Durch das neugeschaffene Europäische Patentamt in München war es möglich geworden, in einem einheitlichen Patenterteilungsverfahren europäische Patente zu erhalten, die aber nach der Erteilung in europäische Patente mit nur nationaler Schutzwirkung zerfielen (Bündelpatente). Die Erreichunng eines supranationalen Patents sollte weiterhin verfolgt werden, wobei dieses Gemeinschaftspatent neben die nationalen Patentsysteme treten sollte.[1002]

Um ein solches Patent zu schaffen, wurde am 15.12.1975 in Luxemburg das Übereinkommen über das europäische Patent für den Gemeinsamen Markt (Gemeinschaftspatentübereinkomen, GPÜ) von den damaligen neun Migliedstaaten als völkerrechtlicher Vertrag unterzeichnet.[1003] Es scheiterte jedoch daran, daß aus politischen Gründen das Übereinkommen nicht ratifiziert wurde. Auch auf der zweiten Luxemburger Konferenz 1985[1004] konnte das Gemeinschaftspatent nicht durchgesetzt werden. Erst bei der dritten Regierungskonferenz 1989 in Luxemburg wurde das umfassende Vertragswerk von allen zwölf Mitgliedstaaten der Gemeinschaft unterzeichnet, aber wiederum nicht von allen Mitgliedern ratifiziert, so daß der völkerrechtliche Versuch, ein Gemeinschaftpatent einzuführen, bisher gescheitert ist.[1005]

Die Schaffung eines Gemeinschaftspatents, das seit dem Scheitern der dritten Luxemburger Konferenz fast schon ad acta gelegt worden war, ist mit dem Grünbuch der Kommission von 1997 über das Gemeinschaftspatent und das Patentsystem in Europa[1006] und ihre Mitteilung an den Rat, das Europäische Parlament und den Wirtschafts- und Sozialausschuß[1007] wieder aktuell geworden. In dem Grünbuch wird die Rechtsform des völkerrechtlichen Vertrages als überholt erklärt, das Gemeinschaftspatent soll vielmehr als Verordnung gestützt auf Art. 308 EG verabschiedet werden, wie es auch in anderen Bereichen des

---

1000 Vgl. dazu *Haertel*, GRUR Int. 1966, 135; *Ulmer*, GRUR Int. 1962, 537.

1001 Übereinkommen über die Erteilung europäischer Patente vom 5.10.1973, BGBl. II 1976, 826, geändert durch Beschluß vom 21.12.1978, BGBl. II 1979, 350.

1002 Siehe *Haertel/Mart/Singer/Bossung*, GRUR Int. 1971, 345.

1003 Vgl. *Krieger*, in: FS für Everling, S. 701 (705).

1004 Dazu *Stauder*, GRUR Int. 1986, 302; *Haertel*, GRUR Int. 1986, 293.

1005 Siehe *Schwarze*, RIW 1996, 272; *Krieger*, in: FS für Ulrich Krieger, GRUR Int. 1998, 256.

1006 Dok. Kom (97) 314 endgültig. Zu dem Grünbuch der Kommission siehe *Schäfers*, GRUR 1999, 820; speziell zur geplanten Patentgerichtsbarkeit *Sedemund-Treiber*, Mitt. 1999, 121.

1007 Dok. Kom (99) 42 vom 2. Februar 1999.

gewerblichen Rechtsschutzes geplant oder bereits geschehen ist.[1008] Für die Durchsetzung und für die Nichtigerklärung von Patenten werden Vorschläge unterbreitet, die eine eigene europäische Patengerichtsbarkeit in unterschiedlichen Formen nahelegen, wobei Vorschläge aus dem Streitregelungsprotokoll von 1989 aufgegriffen werden, in der eine eigene, europäische Berufungsinstanz, ein Community Patent Appeal Court, eingerichtet werden sollte.[1009]

Auch wenn es noch verfrüht ist, über das Inkrafttreten des Gemeinschaftspatents zu sprechen, zeigt sich aber doch, daß die jüngsten Entwicklungen anderer, supranationaler Schutzrechte das Gemeinschaftspatent mitziehen können. Möglicherweise ließe sich die hier vorgeschlagene Einrichtung einer Spezialkammer für den gewerblichen Rechtsschutz beim Gericht erster Instanz für das Patentrecht nutzbar machen. Die Einrichtung einer eigenständigen Berufungsinstanz wäre dann überflüssig und das bisherige System von EuG und EuGH nicht um ein weiteres Gericht erweitert.

III. Zusammenfassung

Im 19. Jahrhundert wurde von *Rudolf von Jhering* die nationale Nabelschau der Rechtsentwicklung mit den scharfen Worten beschrieben: "(...) die Wissenschaft ist zur Landesjurisprudenz degradiert, die wissenschaftlichen Grenzen fallen in der Jurisprudenz mit den politischen zusammen. Eine demüthigende, unwürdige Form für eine Wissenschaft."[1010]

In dieser Form ist der gewerbliche Rechtsschutz und insbesondere das Markenrecht heutzutage nicht mehr auf das nationale Recht konzentriert. Als wichtiger Teil des europäischen Markenrechts ist das Recht der Gemeinschaftsmarke eine besondere Form des europäischen Privatrechts, das sich in der üblichen Terminologie als Gemeinschaftsprivatrecht qualifizieren läßt. Allerdings muß bei dieser Einteilung hervorgehoben werden, daß mit der Gemeinschaftsmarkenverordnung - anders als bei einer bloßen Harmonisierung der nationalen Rechte - ein unmittelbar in den Mitgliedstaaten geltendes, europäisches Recht geschaffen wurde, das zunächst einmal einem eigenständigen Normengehalt unterworfen ist.

Diese Eigenständigkeit kann aber nicht absolut verstanden werden: Die Entscheidung, nationale Markenrechte und Gemeinschaftsmarkenrecht nebeneinander

---

[1008] Abschnitt 2.4.1 Absatz 1 der Mitteilung, Dok. Kom (99) 42.

[1009] Vgl. Art. 21 ff. des Protokolls über die Regelung von Streitigkeiten über die Verletzung und die Rechtsgültigkeit von Gemeinschaftspatenten (Streitregelungsprotokoll), ABl.EG vom 30.12.1989, Nr. L 401/34.

[1010] *Von Jhering*, Geist des römischen Rechts auf den verschiedenen Stufen seiner Entwicklung, Band 1, S. 15.

stehen zu lassen, bedingt eine Reihe von gegenseitigen Berücksichtigungen und Verweisen, die in erster Linie im materiellen Gemeinschaftsrecht durch verschiedene Einzelnormen ihren Niederschlag gefunden haben. Stärker ist der Bezug zu den nationalen Markengesetzen im Verfahrensrecht, wo mit wenigen Ausnahmen nationales Recht, zum Teil unter bestimmten gemeinschaftsrechtlichen Vorgaben gilt. Ob der Zustand der Koexistenz von Dauer sein wird oder ob nicht doch in absehbarer Zeit das nationale Markenrecht durch das Gemeinschaftsmarkenrecht verdrängt wird, dürfte neben politischen Erwägungen maßgeblich von dem Erfolg der Gemeinschaftsmarke abhängen.[1011]

Speziell für den gewerblichen Rechtsschutz kann konstatiert werden, daß die Gemeinschaftsmarke als erstes europäisches Schutzrecht eine Orientierung für andere Bereiche gibt. Weder im Geschmacksmusterrecht noch im Gebrauchsmusterrecht soll der bisher erfolglose Weg eines völkerrechtlichen Vertrages beschritten werden, sondern supranationale Rechte sollen wie die Gemeinschaftsmarke durch eine Verordnung gestützt auf Artikel 308 EG geschaffen werden. Auf dieser Rechtsgrundlage soll nach Vorschlägen der Kommission auch das Gemeinschaftspatent verabschiedet werden.

Für das Gemeinschaftsgeschmacksmuster zeigt sich der Bezug auf das Markenrecht zudem durch die institutionelle Einbindung in das Harmonisierungsamt in Alicante. Aus der Natur der Sache ergibt sich für das Gebrauchsmusterrecht eine starke Fixierung auf das Patentrecht.

Die bisher guten Erfahrungen mit der Gemeinschaftsmarke und die aufgezeigten Vorteile eines supranationalen Schutzrechtes können daher rechtspolitische Auswirkungen haben, indem der Europäisierung des Markenrechts die des Geschmacksmuster-, Gebrauchsmuster- und des Patentrechts nachfolgt.

1011 *Ingerl*, Die Gemeinschaftsmarke, S. 27, bemängelt, daß nicht bereits bei der Schaffung der GMV konkret auf die Aufhebung der nationalen Rechte zugesteuert wurde.

5. Teil: Gesamtbetrachtung und Zusammenfassung der Ergebnisse

Der Begriff der "Globalisierung" ist mittlerweile schon fast zu einem geflügelten Wort geworden und signalisiert, wie eng die Wirtschaftsbeziehungen zwischen den Ländern geworden sind. Konkurrenzverhältnisse um Absatzmärkte treten nicht mehr nur regional auf, sondern sind transnational angelegt und ergreifen Gebiete, die weit über die Staatsgrenzen hinausreichen. Im Rahmen dieses Wettbewerbs wird es für Unternehmen immer wichtiger, die eigenen Produkte, seien es Waren oder Dienstleistungen, von anderen abzuheben und dauerhaft als höherwertig im Bewußtsein der Konsumenten zu bewahren. Ein sehr gutes strategisches Mittel hierfür ist die Marke, die ein komprimierter Informationsträger ist. In ihrer Funktion, eine dauerhafte Verbindung zwischen Hersteller und Verbraucher aufzubauen und zu erhalten, stellt sie einen eigenständigen, schützenswerten Vermögenswert dar, der es rechtfertigt, sich intensiv mit einem optimalen, rechtlichen Schutz der Marke zu befassen.

Dem Inhaber einer Marke stehen heute eine Reihe von unterschiedlichen Möglichkeiten offen, Markenschutz über ein Land hinaus zu erstrecken. Diese lassen sich differenzieren. Zum einen in das europäische Markenrecht, das sich neben dem Gemeinschaftsmarkenrecht zusammensetzt aus den nationalen Markengesetzen in der Ausprägung, die sie durch die Harmonisierungsrichtlinie 89/104/EWG gefunden haben. Dazu gehört auch die Rechtsprechung des Europäischen Gerichtshofes zum Verhältnis von freiem Warenverkehr und der Ausübung gewerblicher Schutzrechte. Zum anderen in verschiedene internationale Verträge, die entweder Mindeststandards setzen oder gewisse Verfahrensvereinfachungen beabsichtigen. Alle diese Systeme haben die Gemeinsamkeit, daß ihr Schutz an bestehenden nationalen Rechten ansetzt und nicht etwa ein eigenes, europäisches Recht schafft. Dies wurde erst mit der Einführung der Gemeinschaftsmarke realisiert.

Das Gemeinschaftsmarkenrecht zeigt sich in vielfältiger Weise eingebunden in das System des heutigen, internationalen Markenschutzes. Die Verbindung zu den nationalen, harmonisierten Markengesetzen folgt bereits unmittelbar aus dem Grundsatz der Koexistenz und zeigt konkrete Ausprägungen darin, daß nationale Marken relative Eintragungshindernisse oder relative Nichtigkeitsgründe für eine Gemeinschaftsmarke sein können. Der Übergang von eingetragenen, nationalen Marken zu einer Gemeinschaftsmarke wird duch die Bestimmungen über die Seniorität erleichtert. Die Durchsetzung der Rechte aus der Gemeinschaftsmarke erfolgt in der Regel nach nationalem Verfahrensrecht, das nicht harmonisiert wurde.

Erheblichen Einfluß auf die weitere Entwicklung des Gemeinschaftsmarkenrechts wird die bisherige Rechtsprechung des Europäischen Gerichtshofes zur Vereinbarkeit von Art. 28, 30 EG und der Ausübung gewerblicher Schutzrechte nehmen. Die Grundsätze der internationalen Erschöpfung, die in den Entscheidungen *Silhouette*[1012] und *Sebago*[1013] aufgestellt wurden, finden auch auf das Gemeinschaftsmarkenrecht Anwendung.

Für die Grenzen der Erschöpfung bei Veränderung oder Verschlechterung des Zustandes der Waren wird ebenfalls die Rechtsprechung des Gerichtshofes maßgeblich sein, wie sie in den Entscheidungen *Bristol-Myers Squibb,*[1014] *Eurim Pharm,*[1015] *MPA Pharma,*[1016] *Loendersloot/Ballantine,*[1017] *Pharmacia & Upjohn*[1018] u.a. niedergelegt wurde. Bei der Auslegung des zentralen Begriffes der Verwechslungsgefahr in Art. 8 I lit. b, 9 I lit. b GMV werden im Gemeinschaftsmarkenrecht die Maßstäbe aus *Sabel,*[1019] *Canon*[1020] und *Lloyd*[1021] heranzuziehen sein. Lediglich die Leitlinien des "spezifischen Gegenstandes" des Markenrechts werden für das Gemeinschaftsmarkenrecht nicht von Bedeutung sein, da hiermit gerade die konfligierenden Interessen von nationalen Ausschließlichkeitsrechten und dem Grundsatz des freien Warenverkehrs austariert werden. Bei dem supranationalen Schutzrecht Gemeinschaftsmarke besteht dieses Problem a priori nicht.

Harmonisiertes, nationales Markenrecht, die Rechtsprechung des Europäischen Gerichtshofes zur Auslegung von Art. 28, 30 EG und der Richtlinie 89/104/EWG und Gemeinschaftsmarkenrecht stellen damit wechselbezügliche Rechtsbereiche des europäischen Markenrechts dar, die sich gegenseitig beeinflussen. Nur in einer Gesamtschau werden Kernprobleme deutlich, eine isolierte Betrachtung des Gemeinschaftsmarkenrechts ist angesichts dessen nicht möglich.

Ebenso deutlich bestehen Verknüpfungen des Gemeinschaftsmarkenrechts mit internationalen Verträgen. In der Gemeinschaftsmarkenverordnung wird teilweise explizit auf diese verwiesen. Zudem wurde die GMV geändert, um dem TRIPs-Abkommen vom 15.4.1994 Rechnung zu tragen. Auch in materiellrechtlicher Sicht werden Übereinstimmungen dadurch sichtbar, daß Mindeststandards der

---

1012 Fn. 473.
1013 Fn. 448.
1014 Fn. 430.
1015 Fn. 466.
1016 Fn. 466.
1017 Fn. 471.
1018 Fn. 470.
1019 Fn. 489.
1020 Fn. 492.
1021 Fn. 494.

internationalen Verträge dem Gemeinschaftsmarkenrecht zugrundegelegt werden, international registrierte Marken relative Eintragungshindernisse oder relative Nichtigkeitsgründe für eine Gemeinschaftsmarke sein können, aber auch als Grundlage für einen Zeitranganspruch nutzbar sind.

Hinsichtlich des Madrider Systems werden sich durch den geplanten Beitritt der Europäischen Union zu dem Madrider Markenprotokoll neue Kombinationsmöglichkeiten ergeben. Gemäß dem Verordnungsvorschlag, der durch eine Änderung der Gemeinschaftsmarkenverordnung diesen Beitritt ermöglichen soll,[1022] kann entweder die Europäische Union als Vertragspartei des Protokolls bei dem Gesuch um eine internationale Registrierung benannt werden oder aber die Gemeinschaftsmarke selbst kann die Basis für eine internationale Registrierung sein. Madrider System und Gemeinschaftsmarkenrecht sind spätestens dann keine konkurrierenden Optionen mehr, sondern die Vorteile von beiden können in Kombination von den Interessenten genutzt werden. Insbesondere der prioritätserhaltende Übergang von einem Schutzsystem in das andere sollte berücksichtigt werden, wenn Marken erfolgreich in Teilgebieten angegriffen wurden. Gleichzeitig muß aber auch die Komplexität des Markenschutzes beachtet werden.

Rechtspolitisch ist das Gemeinschaftsmarkenrecht ein Teil des europäischen Privatrechts, der sich terminologisch als Gemeinschaftsprivatrecht einordnen läßt, das unmittelbar in allen Mitgliedstaaten Anwendung findet. Allerdings ist das Gemeinschaftsmarkenrecht nicht in einer Reinform verwirklicht worden, sondern es bestehen vielfältige materiellrechtliche und insbesondere verfahrensrechtliche Bezugnahmen auf nationales Recht.

Für den Anmelder präsentiert sich die Gemeinschaftsmarke als ein einheitliches, europäisches Schutzrecht. Sie ist nicht nur für Unternehmen interessant, die in allen Mitgliedstaaten tätig sind, sondern auch für solche, die nur in einigen Mitgliedstaaten Wirtschaftsbeziehungen unterhalten. Beachtet werden muß in diesem Zusammenhang die Bedeutung von Markenschutz, der nicht mit Ländergrenzen zusammenfällt und im Sinne einer umfassenden Abwehr gegen Produktpiraterie sinnvollerweise auch weitere Länder erfaßt. Wegen des Grundsatzes der Einheitlichkeit, der in Art. 1 II GMV bestimmt wird, braucht der Gemeinschaftsmarkeninhaber nicht in jedem einzelnen Mitgliedstaat seine Rechte verwalten, was einen organisatorischen und finanziellen Vorteil bedeutet. Allerdings sind für den besonders wichtigen Verletzungsanspruch die mitgliedstaatlichen Gerichte zuständig. Für Unternehmen mit weltweiten Handelsbeziehungen bietet sich eine Kombination des Gemeinschaftsmarkenrechts mit dem Madrider System an, sobald die Europäische Union dem Madrider Markenprotokoll beigetreten ist.

[1022] Fn. 673.

Kritisch zu sehen ist die getroffene Regelung des gerichtlichen Rechtsschutzes im Gemeinschaftsmarkenrecht. Aufgrund der unterschiedllichen Zuständigkeiten und der bestehenden Aussetzungsregeln können Verfahren sehr langwierig werden, was nicht im Sinne eines effektiven Rechtsschutzes ist. Noch bedenklicher erscheint, daß die Verweisung gerade für Verletzungsansprüche an nationale Gerichte zu abweichenden Auslegungen der Normen des Gemeinschaftsmarkenrechts führen wird. Bestehende Unterschiede in den Verfahrensrechten der Mitgliedstaaten, die nicht harmonisiert sind, sowie unterschiedliche Tatbestandsvoraussetzungen in den Mitgliedstaaten hinsichtlich der Ansprüche bei Verletzung der Gemeinschaftsmarke begründen die ernsthafte Gefahr, daß das supranationale materielle Gemeinschaftsmarkenrecht bei der prozessualen Durchsetzung in mitgliedstaatliche Eigenheiten zerstückelt wird.

Ausgehend von Erkenntnissen der Hermeneutik wird die Gefahr real, daß die mitgliedstaatlichen Gerichte sehr stark im Rahmen ihres traditionellen Markenverständnisses Rechte aus der Gemeinschaftsmarke zusprechen oder ablehnen werden. Das Vorabentscheidungsverfahren kann für eine Vereinheitlichung der Rechtsauslegung aus den gezeigten Erwägungen nicht genügen.

Wünschenswert wäre daher die Einführung einer europäischen Berufungsinstanz, die bei dem Gericht erster Instanz angesiedelt werden könnte, und zugleich für andere europäische, gewerbliche Schutzrechte zuständig sein könnte, deren Entwicklung sich deutlich abzeichnet. Diese Instanz könnte einheitlich über den Verfall oder die Nichtigkeit einer Gemeinschaftsmarke entscheiden und zudem von nationalen Gerichten für die Auslegung einer Norm befragt werden. Auf das Vorabentscheidungsverfahren nach Art. 234 EG ließe sich dann verzichten. Neben einer Konzentration von Sachfragen des Gemeinschaftsmarkenrechts bei dieser Kammer ließe sich zudem eine Entlastung des Europäischen Gerichtshofes und des Gerichts erster Instanz erreichen.

Daß hierfür eine gewisse Veränderung des bestehenden Rechtsschutzes erforderlich ist, sollte als Chance und integrationstypische Aufgabe begriffen werden, wie sie sich in der bisherigen Entwicklung der Europäischen Integration vielfach gezeigt hat.[1023] Etwaigen Bedenken an der politischen Duchsetzbarkeit kann man mit den Worten *Jean Monnets* entgegenhalten:

> "Wir können nicht stehenbleiben, wenn um uns herum die ganze Welt in Bewegung ist. Habe ich verständlich gemacht, daß die Ge meinschaft, die wir geschaffen haben, ihr Ziel nicht in sich selbst hat? Sie ist ein Prozeß der Transformation, der jenen anderen

---

1023 Vgl. zu den grundlegenden Umformungen durch die Europäische Integration vor allem die prägnante Darstellung von *Weiler*, The Transformation of Europe, (1991) 100 Yale Law Journal 2403.

fortsetzt, aus dem im Verlauf einer frühen Phase der Geschichte unsere Formen des nationalen Lebens hervorgegangen sind."[1024]

Ein besonderer Vorzug des Gemeinschaftsmarkenrechts ist die Regelung des Benutzungszwanges. Nach der hier vertretenen Auffassung ist für die Benutzung bereits ein Teilgebiet der Europäischen Union ausreichend, das nicht mit den Landesgrenzen eines Mitgliedstaates zusammenfallen muß. Es muß vielmehr nur eine ernsthafte Benutzung gegeben sein, wobei der territoriale Umfang lediglich ein Beurteilungskriterium liefern kann. Für den Markeninhaber besteht daher die Möglichkeit, Markenschutz frühzeitig für Länder zu reservieren, in denen noch keine wirtschaftlichen Aktivitäten bestehen. Expansionspläne und Produktdiversifizierungen können dadurch in eine Langzeitplanung für andere Mitgliedstaaten einbezogen werden.

Den Ansichten, daß die Eintragung einer Gemeinschaftsmarke nur mit unverhältnismäßigen Risiken möglich ist, muß widersprochen werden. Weder die allgemeinen noch die relativen Eintragungshindernisse, die in allen Mitgliedstaaten vorliegen können, beinhalten ein zu hohes Gefahrenpotential. Eine überraschende Nebenbedeutung einer Wortmarke in einer anderen Sprache, wodurch ein absolutes Eintragungshindernis entstehen würde, wird nicht dem Regelfall entsprechen. Die bisherige großzügige Spruchpraxis der Beschwerdekammern des Harmonisierungsamtes schwächt die Gefahr weiter ab, daß die Marke nicht eingetragen wird.

Im übrigen kann durch tatsächliche Unterscheidungskraft dieses Hindernis überwunden werden, Art. 7 III GMV, oder aber durch den Gebrauch eines "disclaimers", Art. 38 II GMV, auf den nicht unterscheidungskräftigen Bestandteil des Zeichens verzichtet werden. Den Befürchtungen, daß nationale Rechte Dritter die Position des Anmelders über die Maßen gefährden, indem sie als relatives Eintragungshindernis die Eintragung der Gemeinschafts- marke verhindern können, muß entgegengehalten werden, daß das Unterliegens- prinzip bei der Kostenregelung, die Amtsrecherche und die sogenannte "cooling-off-period" gerade die Anmelderposition stärken. Angesichts dessen ist der Anmelder einer Gemeinschaftsmarke keinen unkalkulierbaren Risiken ausgesetzt.

Die in der Gemeinschaftsmarkenverordnung getroffene Sprachenregelung, die als politischer Kompromiß eine Unterscheidung zwischen Sprachen des Amtes und Amtssprachen trifft, hat vor allem den Vorteil, daß jeder Anmelder in seiner Sprache anmelden kann und nicht auf Französisch oder Französisch und Englisch angewiesen ist wie nach dem Madrider System. Aus bisherigen Statistiken zur Sprachenwahl bei Anmeldungen läßt sich entnehmen, daß es beim Harmonisie-

---

1024 *Monnet*, Erinnerungen eines Europäers, S. 662.

rungsamt nicht zu einer babylonischen Sprachverwirrung gekommen ist, sondern sich das Anmeldeverfahren auf wenige Sprachen zuspitzt. Die Formalisierung des Übersetzungsverfahrens auf zentrale Elemente der Anmeldung begrenzt die Kosten, die dadurch nicht entscheidend ins Gewicht fallen.

Hinsichtlich der Kosten ist die Gemeinschaftsmarke die günstigste Möglichkeit, um für das Gebiet aller Mitgliedstaaten Schutz zu erhalten. Nur wenn sich das Interesse auf wenige Mitgliedstaaten konzentriert, fallen die Gebühren des Madrider Systems unter die des Gemeinschaftsmarkenrechts. Es müssen die langfristigen Einsparungen bedacht werden, die durch eine einheitliche Rechtsverwaltung und -durchsetzung erzielt werden. Erst unter Berücksichtigung dieser Rechnungsposten kann eine endgültige Aussage über Kostenvorteile eines Schutzsystems getroffen werden. Die geplante Osterweiterung der Europäischen Union wird diese Vorteile noch deutlicher sichtbar werden lassen.

Der bisherige Erfolg des ersten supranationalen Schutzrechtes kann für die weitere Entwicklung von europäischen Schutzrechten als Vorbild dienen. Deutliche Konturen eines Gemeinschaftsgeschmacksmusters, Gemeinschaftsgebrauchsmusters und Gemeinschaftspatents zeigen sich und werden nach den Vorstellungen der europäischen Rechtsetzungsorgane bald Wirklichkeit werden.

Literaturverzeichnis

- *Ackermann, Brunhilde,* Bericht zum Forum Européen de la Propriété Intellectuelle (Europäisches Forum zum gewerblichen Rechtsschutz) vom 11./12.März 1997 in Paris,

- *Albert, Florian,* Die Neuordnung des Markenrechts: Bericht über das 10. Ringberg-Symposium des Max-Planck-Instituts vom 16. bis 21.9.1996, GRUR Int. 1997, 449,

- *Albert, Florian/Heath, Christopher,* Markenrecht und Paralleleinfuhr, GRUR 1998, 642,

- *Alexander, Willy,* Intellectual Property and the Free Movement of Goods 1996 Case Law of the European Court of Justice, (1998) 28 IIC 16,

- *Althammer, Werner/ Ströbele, Paul/Klaka, Rainer,* Markengesetz Kommentar, 5. Auflage, Köln/Berlin/ Bonn/München 1997,

- *Angelini, Fabio,* The Community Trade Mark: Procedure and Function of the Boards of Appeal, (1996) Trademark World 18,

- *Annand, Ruth,* Die EuGH-Entscheidung "Springende Raubkatze" aus britischer Sicht, GRUR Int. 1998, 656,

- *Annand, Ruth/Norman, Helen,* Guide to the Community Trade Mark, London 1998,

- *Asendorf, Claus Dietrich,* Zum Bestand der gewerblichen Schutzrechte im Gemeinsamen Markt. - Eigentumsgarantie und Grundsatz des freien Warenverkehrs, in: Festschrift für Rudolf Nirk, München 1992, S. 13 ff.,

- *Basedow, Jürgen,* Europäisches Internationales Privatrecht, NJW 1996, 1921,

- *Bastian, Eva-Marina/ Götting, Horst-Peter/ Knaak, Roland/Stauder, Dieter,* Der Markenverletzungsprozeß in ausgewählten Ländern der Europäischen Wirtschaftsgemeinschaft. Eine rechtstatsächliche und rechtsvergleichende Untersuchung, Köln/Berlin/Bonn/München 1993,

- *Bastian, Eva-Marina/Knaak, Roland,* Der Markenverletzungsprozeß in Ländern der Europäischen Gemeinschaft. Ergebnisse einer rechtstatsächlich-rechtsvergleichenden Untersuchung, GRUR Int. 1993, 515,

- *Becher, Karl,* Europäisches Gemeinschaftspatent, Wirtschaftsrecht (WIR) 1992, 262,

- *Beier, Friedrich-Karl,* Ziele und Leitgedanken des europäischen Markenrechts, GRUR Int. 1976, 363,

- *Beier, Friedrich-Karl,* Hundert Jahre Pariser Verbandsübereinkunft. Ihre Rolle in Vergangenheit, Gegenwart und Zukunft, GRUR Int. 1983, 339,

- *Beier, Friedrich-Karl,* Von der EWG Marke zur Gemeinschaftsmarke -Teil I, in: Schricker, Gerhard/Beier, Friedrich-Karl (Hrsg.), Die Neuordnung des Markenrechts in Europa, S. 59 ff., Baden-Baden 1998,

- *Beier, Friedrich-Karl,* Gewerblicher Rechtsschutz und freier Warenverkehr im europäischen Binnenmarkt und im Verkehr mit Drittstaaten, GRUR Int. 1989, 603,

- *Beier, Friedrich-Karl/Kur, Annette,* Deutschland und das Madrider Markenabkommen, GRUR Int. 1991, 677,

- *Beier, Friedrich-Karl,* Der Musterschutz von Ersatzteilen in den Vorschlägen für ein europäisches Musterrecht, GRUR Int. 1994, 716,

- *Beier, Friedrich-Karl,* Entwicklung und Grundprinzipien des internationalen Markenschutzes, in: Festschrift für Stig Strömholm, Uppsala 1997, S. 85 ff.,

- *Bender, Achim,* Die Beschwerdekammern des Harmonisierungsamtes für den Binnenmarkt im Gemeinschaftsmarkensystem, Markenrecht 1999, 11,

- *Bender, Achim,* Neue Markenformen in Alicante, Markenrecht 1999, 117,

- *Bender, Achim,* Die Gemeinschaftsmarke im Lichte der Rechtsprechung der Beschwerdekammern, Mitteilungen der deutschen Patenanwälte (Mitt.) 1999, 330,

- *Benkard, Georg,* Patentgesetz, Gebrauchsmustergesetz, 9. Auflage, München 1993,

- *Berger, Mathis,* Aspekte der Bewertung von Marken im Unternehmensvermögen, Markenrecht 1999, 271,

- *Berlit, Wolfgang,* Die Gemeinschaftsmarke und das Markenrechtsänderungsgesetz 1996, EWS 1997, 9,

- *Berlit, Wolfgang,* Das neue Markenrecht, 2. Auflage, München 1997,

- *Bernhard, Wolfgang/ Kraßer, Rudolf,* Lehrbuch des Patentrechts, 4. Auflage, München 1996,

- *Bleckmann, Albert,* Europarecht, 6. Auflage, Köln/Berlin/Bonn/ München 1997,

- *Bock, Christian,* Ausgewählte Aspekte des Protokolls zum Madrider Markenabkommen und der Gemeinsamen Ausführungsordnung, GRUR Int. 1996, 991,

- *Bodenhausen, Georg Henrik Christian,* Pariser Verbandsübereinkunft zum Schutz des gewerblichen Eigentums, Kommentar, Köln/Berlin/Bonn/ München 1971,

- *Bomhard, Verena von,* Markenschutz für Arzneimittel im Binnenmarkt, Pharma Recht 1997, 331,

- *Bornkamm, Joachim,* Harmonising Trade Mark Law in Europe, (1999) Intellectual Property Quarterly 283,

- *Botana-Agra, Manuel José,* Das spanische Markengesetz von 1988 im Überblick, GRUR Int. 1991, 527,

- *Brandi-Dohrn, Matthias,* Die kommende Neuordnung des Kennzeichenrechts: Das Markenrechtsreformgesetz, BB 1994, Beilage 16,

- *Brown, Ralph,* Advertising and the Public Interest: Legal Protection of Trade Symbols, (1948) 57 Yale Law Journal 1166,

- *Bumiller, Ursula,* Die Durchsetzung der Gemeinschaftsmarke in der Europäischen Union, München 1997,

- *Busse, Rudolf/ Stark, Joachim,* Warenzeichengesetz nebst Pariser Verbandsübereinkunft und Madrider Markenabkommen, Kommentar, 6. Auflage, Berlin/New York 1991,

- *Bydlinski, Franz,* Juristische Methodenlehre und Rechtsbegriff, 2. Auflage, Wien/New York, 1991,

- *Carter, Stephen L.,* The Trouble with Trademark Law, (1990) 99 Yale Law Journal 759,

- *Christians, Andreas,* Immaterialgüterrecht und GATT. Die Initiative zur Fortentwicklung des internationalen Schutzes geistigen Eigentums im Rahmen der Uruguay-Runde, Diss. Freiburg, Frankfurt am Main/Bern/New York/Paris 1990,

- *Cervino, Alberto Casado,* Das neue Markenrecht Spaniens und der europäischen Gemeinschaft - Eine rechtsvergleichende Untersuchung, GRUR Int. 1992, 107,

- *Clayton-Chen, Jennifer,* Umwandlung von Gemeinschaftsmarken beim Deutschen Patent- und Markenamt, Mitteilungen der deutschen Patentanwälte 2000, 100,

- *Cornish, William Rodolph,* Intellectual Property: patents, copyright, trade marks and allied rights, 3rd edition, London 1996,

- *Cornish, William Rodolph/Phillips, Jennifer,* The Economic Function of Trade Marks: An Analysis With Special Reference to Developing Countries, (1982) 13 IIC 41,

- *Croon, C.,* Wege zur Vereinheitlichung des europäischen Markenrechts, GRUR Int. 1960, 341,

- *Davies, Isabel,* Are Trade Mark Owners Ready to Brave the Costa Blanca? (1994) E.I.P.R. 47,

- *Derenberg, Walter,* Der Mythos des Trademark "Registration" Treaty (TRT), GRUR Int. 1973, 101,

- *Dreier, Thomas,* TRIPS und die Durchsetzung von Rechten des geistigen Eigentums, GRUR Int. 1996, 205 = TRIPS and the Enforcement of Intellectual Property, in: Beier, Friedrich-Karl/Schricker, Gerhard (Eds.), From GATT to TRIPS, S. 248, Weinheim 1996,

- *Dreiss, Uwe,* Das neue Markenrecht, Mitteilungen der deutschen Patentanwälte (Mitt.), 1995, 1,

- *Dreiss, Uwe/ Klaka, Rainer,* Das neue Markengesetz, Bonn 1995,

- *Drescher, Thomas,* The Transformation and Evolution of Trademarks - From Signals to Symbols to Myth, (1992) The Trademark Reporter 301,

- *Drexl, Josef,* Nach "GATT und WIPO": Das TRIPs-Abkommen und seine Anwendung in der Europäischen Gemeinschaft, GRUR Int. 1994, 777,

- *Dreyer, Joachim,* EG-Marke im Mittelpunkt. Vier Fragen an Dr. Dreyer, Vorsitzender des Rechtsausschusses des Markenverbandes, MA 1994, 83,

- *Dreyfuss, Rochelle Cooper,* Expressive Genericity: Trademarks as Language In the Pepsi Generation, (1990) 65 Notre Dame Law Review 397,

- *Droste, Helmut/ Busch, Friedrich,* Zum Schutz dreidimensionaler Zeichen, Bemerkungen zur P-tronics-Entscheidung des BGH vom 14. November 1975, GRUR 1976, 338,

- *Ebenroth, Carsten Thomas/Parche, Ulrich,* Markenaufspaltung und nationale Markenrechte im Spannungsverhältnis zum Grundsatz des freien Warenverkehrs, GRUR Int. 1989, 738,

- *Ebenroth, Carsten Thomas,* Gewerblicher Rechtsschutz und europäische Warenverkehrsfreiheit, Heidelberg 1992,

- *Ebenroth, Carsten Thomas/Hübschle, Thomas,* Gewerbliche Schutzrechte und Marktaufteilung im Binnenmarkt der Europäischen Union, Heidelberg 1994,

- *Eichmann, Helmut,* Das europäische Geschmacksmusterrecht auf Abwegen? GRUR Int. 1994, 859,

- *Eichmann, Helmut,* Die dreidimensionale Marke im Verfahren vor dem DPA und dem BPatG, GRUR 1995, 184,

- *Einem, Christoph von,* Die neue EU-Gemeinschaftsmarke, WIB 1996, 552,

- *Eisenführ, Günther,* Voraussetzungen und Nachweis der Verkehrsdurchsetzung nach § 4 III WZG, GRUR 1987, 22,

- *Emmert, Frank,* Europarecht, München 1996,

- *Ernst-Moll, Jürgen,* Die berühmte und die bekannte Marke, GRUR 1993, 8,

- *Esser, Josef,* Vorverständnis und Methodenwahl in der Rechtsfindung, 2. Auflage, Frankfurt am Main, 1972,

- *Everling, Ulrich,* Justiz im Europa von morgen, DRiZ 1993, 5,

- *Everling, Ulrich,* Stand und Zukunftsperspektiven der Europäischen Gerichtsbarkeit, in: Festschrift für Arved Deringer, S. 40 ff., Baden-Baden 1993,

- *Fezer, Karl-Heinz,* Das Markenrecht im Aufwind des Europäischen Binnenmarkts, in: Festschrift für Alfred-Carl Gaedertz, . S. 153 ff., München 1992,

- *Fezer, Karl-Heinz,* Ausschließliche Zuständigkeit der Kennzeichengerichte und der Gemeinschaftsmarkengerichte, NJW 1997, 2915,

- *Fezer, Karl-Heinz,* Markenrecht, Kommentar zum Markengesetz, zur Pariser Verbandsübereinkunft und zum Madrider Markenabkommen, 2. Auflage, München 1999 (zit.: *Fezer*, Markenrecht),

- *Fezer, Karl-Heinz,* Olfaktorische, gustatorische und haptische Marken, WRP 1999, 575,

- *Fezer, Karl-Heinz,* Was macht ein Zeichen zur Marke? WRP 2000, 1,

- *Fikentscher, Wolfgang,* Wirtschaftsrecht, 2 Bände, Band 1: Weltwirtschaftsrecht, Europäisches Wirtschaftsrecht, Band 2: Deutsches Wirtschaftsrecht, München 1983,

- *Finniss, Guillaume,* Wege zur Vereinheitlichung des europäischen Markenrechts, GRUR Int. 1960, 337,

- *Foglia, Raffaele,* Zum Verfahrensrecht des Gemeinschaftspatents - Streitregelung auf dem Gebiet der Gemeinschaftspatente, GRUR Int. 1991, 465,

- *Franceschelli, Remo,* Markenfriedhöfe und -gespenster, GRUR Int. 1975, 418 (deutsch) = Riv.dir.ind. 1974, I, 5 (italienisch),

- *Franzen, Ottmar/ Trommsdorff, Volker/ Riedel, Frank,* Ansätze der Markenbewertung und der Markenbilanz, Markenartikel 1994, 372,

- *Füllkrug, Dieter,* Spekulationsmarken. Eröffnet der Wegfall des Geschäftsbetriebes die Möglichkeit, Formalrechte zu mißbrauchen? GRUR 1994, 679,

- *Füllkrug, Dieter,* Spekulationsmarken und ihre Löschung, WRP 1995, 378,

- *Gadamer, Hans-Georg,* Wahrheit und Methode, Grundzüge einer philosophischen Hermeneutik, Band I, 6. Auflage, Tübingen 1990,

- *Gamm, Otto-Friedrich Freiherr von,* Zur Warenzeichenrechtsreform, WRP 1993, 793,

- *Gastinel, Eric,* The Community Trade Mark and the OHIM Boards of Appeal, (1998) E.B.L.R. 176,

- *Gebauer, Martin,* Grundfragen der Europäisierung des Privatrechts: eine Untersuchung nationaler Ansätze unter Berücksichtigung des italienischen und deutschen Rechts, Diss. Heidelberg, Heidelberg 1998,

- *Geiger, Rudolf,* EG-Vertrag. Kommentar zu dem Vertrag zur Gründung der Europäischen Gemeinschaft, München 1993,

- *Gielen, Charles/ Strowel, Benoit,* Guide to the New Trademark Law in Europe, Mitteilungen der deutschen Patentanwälte (Mitt.) 1995, 198,

- *Godemeyer, Thomas/ Weber, Thomas,* Abhängigkeit von telle-quelle-Marken, Mitteilungen der deutschen Patentanwälte (Mitt.) 1993, 321,

- *Goyder, D.G.,* EC Competition Law, Third Edition, Oxford 1998,

- *Grabitz, Eberhard,* Kommentar zum EWG-Vertrag, Stand: 4. Ergänzungslieferung Juni 1990, München 1996,

- *Groeben, Hans von der/Boeckh, Hans von/ Thiesing, Jochen/ Ehlermann, Claus-Dieter,* Kommentar zum EWG-Vertrag, Band 1, 4. Auflage, Baden-Baden 1991,

- *Groves, Peter,* Community Trademark: Don't Be An April Fool, (1996) Business Law Review 52,

- *Gruber, Stephan,* Internationaler Markenschutz von Computerprogrammen. Die Madrider Konferenz zum Abschluß eines Protokolls zum Madrider Markenabkommen, Computer und Recht (CR) 1991, 10,

- *Hackbarth, Ralf,* Grundfragen des Benutzungszwangs im Gemeinschaftmarkenrecht, Diss. Konstanz, Köln/Berlin/Bonn/ München 1993,

- *Haertel, Kurt,* Die Bemühungen um eine Patentrechtsvereinheitlichung im Rahmen der Europäischen Wirtschaftsgemeinschaft, GRUR Int. 1966, 135,

- *Haertel, Kurt/ Mast, Heribert/ Singer, Romuald/ Bossung, Otto,* Der Stand der Arbeiten am Entwurf eines Übereinkommens über ein europäisches Patenterteilungsverfahren, GRUR Int. 1971, 345,

- *Haertel, Kurt,* Die Luxemburger Konferenz über das Gemeinschaftspatent, GRUR Int. 1986, 293,

- *Hansmann, Axel/ Schmetz, Bruno,* Supranationale Markeneintragungen, Mitteilungen der deutschen Patentanwälte (Mitt.) 1990, 221,

- *Harte-Bavendamm, Henning/Bomhard, Verena von,* Strategische Aspekte der Gemeinschaftsmarke, WRP 1996, 535

- *Heydt, Ludwig,* Zum Begriff der Weltmarke, GRUR 1952, 321,

- *Heydt, Ludwig,* Wege zur Vereinheitlichung des europäischen Markenrechts, GRUR Int. 1960, 348,

- *Heydt, Ludwig,* Der Benutzungszwang im Vorentwurf eines Übereinkommens über ein europäisches Markenrecht, GRUR Int. 1973, 540,

- *Heydt, Ludwig,* Der Benutzungszwang in der Denkschrift der EG-Kommission zur Schaffung einer EWG-Marke, GRUR Int. 1977, 47,

- *Heydt, Ludwig.* Benutzung und Benutzungszwang im europäischen Gemeinschaftsmarkenrecht, GRUR Int. 1978, 2 und 61 (2. Teil),

- *Hohmann, Harald,* Warenzeichenrecht und Europäisches Gemeinschaftsrecht, JA 1985, 381,

- *Ingerl, Reinhard,* Der Regierungsentwurf zum neuen Markengesetz: Zwischenstation auf dem Weg zum europäischen Markenrecht, WIB 1994, 109,

- *Ingerl, Reinhard/ Rohnke, Christian* Die Umsetzung der Markenrechts-Richtlinie durch das deutsche Markengesetz, NJW 1994, 1247,

- *Ingerl, Reinhard,* Die Gemeinschaftsmarke, Stuttgart/München/Hannover/Berlin/Weimar/ Dresden 1996,

- *Ingerl, Reinhard/ Rohnke, Christian,* Markengesetz, Gesetz über den Schutz von Marken und sonstigen Kennzeichen, Kommentar, München 1998,

- *Isay, Hermann,* Der Anschluß Deutschlands an das Madrider Abkommen vom 14. April 1891 betreffend die internationale Eintragung der Fabrik- und Handelsmarken, GRUR 1905, 231,

- *Isay, Hermann,* Bericht betreffend die beiden Madrider Abkommen, GRUR 1920, 137,

- *Jacob, Robin,* United Kingdom Jurisprudence after the Directive, Markenrecht 2000, 7,

- *Jaffey, Peter,* The New European Trade Marks Regime, (1997) 28 IIC 153,

- *Jhering, Rudolf von,* Geist des römischen Rechts auf den verschiedenen Stufen seiner Entwicklung, Band 1, 6. Auflage, Leipzig 1907 (1. Auflage 1852),

- *Johannes, Hartmut,* Der Bundesgerichtshof, ein Vauban der Festung Europas, BB 1989, 1627,

- *Joliet, René,* Schutz nicht eingetragener Warenzeichen und Wahrung erworbener Rechte bei der Rechtsvereinheitlichung: Das Benelux-Beispiel, GRUR Int. 1976, 10.

- *Joliet, René,* Markenrecht und freier Warenverkehr: Abkehr von HAG I, GRUR Int. 1991, 177,

- *Joliet, René,* Der freie Warenverkehr: Das Urteil Keck und Mithouard und die Neuorientierung der Rechtsprechung, GRUR Int. 1994, 979,

- *Joller, Gallas,* Zur territorialen Reichweite des Erschöpfungsgrundsatzes im Markenrecht, Silhouette einer Zwischenbilanz, GRUR Int. 1998, 751,

- *Jung, Hans,* Gemeinschaftsmarke und Rechtsschutz, in: Festschrift für Ulrich Everling, S. 611 ff., München 1995,

- *Kaam, Matthieu* van Die Gemeinschaftsmarke und Madrid - Der Standpunkt eines multinationalen Unternehmens zum Markenschutz in Europa, VPP-Rundbrief Nr. 2/1997, S. 40,

- *Kahlenberg, Sienna* Ein europäisches Geschmacksmusterrecht - Baustein im System des europäischen gewerblichen Rechts schutzes, Diss. Humboldt-Universität Berlin, Berlin 1997,

- *Kampermann Sanders, Anselm/Maniatis, Spyros,* A Consumer Trade Mark Protection Based on Origin and Quality, (1993) 11 E.I.P.R. 406,

- *Kampermann Sanders, Anselm* The Wagamama Decision: Back to the Dark Ages of Trade Mark Law, (1996) E.I.P.R. 3,

- *Katzenberger, Paul/ Kur, Annette,* TRIPs and Intellectual Property, in: Beier, Friedrich-Karl/Schricker, Gerhard (Eds.), From GATT to TRIPS, S. 1 ff., Weinheim 1996,

- *Kaufmann, Arthur,* Über den Zirkelschluß in der Rechtsfindung, in: ders., Beiträge zur juristischen Hermeneutik sowie weitere rechtsphilosophische Abhandlungen, S. 65 ff., Köln/ Berlin/Bonn/München, 1984,

- *Kaufmann, Arthur,* Grundprobleme der Rechtsphilosophie, 2. Auflage, München 1998,

- *Kellerhals, Miriam,* Der Benutzungszwang im Gemeinschaftsmarkenrecht, GRUR Int. 1999, 14,

- *Kern, Michael,* Bericht über das Ringberg-Symposium "Europäisches Gebrauchsmusterrecht" des Max-Planck-Instituts vom 7. bis 12.11.1993, GRUR Int. 1994, 549,

- *Klüpfel, Karin,* "Baby-Dry". Besprechung der EuG-Entscheidung Rs. T-163/98, Markenrecht 1999, 334,

- *Knaak, Roland,* Das Verhältnis älterer Handelsnamen zur eingetragenen Marke, GRUR Int. 1987, 560,

- *Kohler, Josef,* Das Recht des Markenschutzes, Würzburg 1884,

- *Kötz, Hein,* Europäisches Vertragsrecht, Band I, Tübingen 1996,

- *Kraßer, Rudolf/ Gotzen, Marcel,* Das Benelux-Warenzeichenrecht, GRUR Abhandlungen, Band 7, Weinheim 1973,

- *Kretschmer, Friedrich,* Aktuelle Berichte, Ministerrat verabschiedet EG-Markenrecht, GRUR 1994, 95,

- *Krieger, Albrecht,* Zur Weiterentwicklung des Markenrechts - Perspektiven aus der Sicht der Bundesregierung, GRUR Int. 1986, 75,

- *Krieger, Albrecht/ Mühlendahl, Alexander von,* Die Madrider Diplomatische Konferenz zum Abschluß eines Protokolls zum Madrider Abkommen über die internationale Registrierung von Marken, GRUR Int. 1989, 734,

- *Krieger, Albrecht,* Das Gemeinschaftspatent - ein essential des europäischen Binnenmarktes, in: Festschrift für Ulrich Everling, S. 701 ff., München 1995,

- *Krieger, Albrecht,* Wann endlich kommt das europäische Gemeinschaftspatent? in: Festschrift für Ulrich Krieger, GRUR Int. 1998, 256,

- *Kunze, Gerd F.,* Waiting for Sirena II - Trademark Assignment in the Case Law of the European Court of Justice, (1991) 22 IIC 319,

- *Kunze, Gerd F.,* Die internationale Registrierung von Marken unter der gemeinsamen Ausführungsordnung zum Madrider Markenabkommen und zum Protokoll, Mitteilungen der deutschen Patentanwälte (Mitt.) 1996, 190,

- *Kunze, Gerd F.*, Die Verzahnung der Gemeinschaftsmarke mit dem System der internationalen Registrierung von Marken unter der gemeinsamen Ausführungsordnung und dem Madrider Protokoll, GRUR 1996, 627,

- *Kunze, Gerd F.*, Der Markenrechtsvertrag, WRP 1996, 982,

- *Kunz-Hallstein, Hans Peter*, Konventionsrechtliche Probleme eines "Präferenzstatus" für Entwicklungsländer unter besonderer Berücksichtigung des Grundsatzes der Inländerbehandlung (Art. 2 PVÜ), GRUR Int. 1977, 293,

- *Kunz-Hallstein, Hans Peter*, Völkerrechtliche Fragen einer Änderung des Madrider Markenabkommens und seiner Verknüpfung mit dem künftigen System der Gemeinschaftsmarke, GRUR Int. 1988, 809,

- *Kunz-Hallstein, Hans Peter*, Europäisierung und Modernisierung des deutschen Warenzeichenrechts, Fragen einer Anpassung des deutschen Markenrechts an die EG-Markenrichtlinie, GRUR Int. 1990, 747,

- *Kunz-Hallstein, Hans Peter*, Perspektiven der Angleichung des nationalen Markenrechts in der EWG, GRUR Int. 1992, 81,

- *Kunz-Hallstein, Hans Peter*, Auf dem Wege zu einem neuen internationalen Abkommen über die Vereinfachung des Verwaltungsverfahrens in Markensachen, GRUR Int. 1992, 763,

- *Kunz-Hallstein, Hans Peter*, Die absolute Bindung der Marke an den Geschäftsbetrieb und ihre Aufhebung durch das Erstreckungsgesetz, GRUR 1993, 439,

- *Kur, Annette*, Das neue dänische Markengesetz als Beispiel für die Umsetzung der EG-Markenrechtsrichtlinie, GRUR Int. 1991, 785,

- *Kur, Annette*, Formalschutz dreidimensionaler Marken - neue Aufgaben für die Markenabteilung des Deutschen Patentamtes, in: Festschrift 100 Jahre Markenamt, 1994, S. 175 ff.,

- *Kur, Annette,* Die notorisch bekannte Marke im Sinne von Art. 6bis PVÜ und die "bekannte Marke" im Sinne der Markenrechtsrichtlinie, GRUR 1994, 330,

- *Kur, Annette,* Entwicklung und gegenwärtiger Stand des internationalen Markenschutzes, MA 1994, 560,

- *Kur, Annette,* TRIPS und das Markenrecht, GRUR Int. 1994, 987 (deutsch) = TRIPS and Trademark Law, in: Beier, Friedrich-Karl/Schricker, Gerhard (Eds.), From GATT to TRIPS, S. 93 ff., Weinheim 1996,

- *Kur, Annette,* Die Harmonisierung der europäischen Markengesetze. Resultate - offene Fragen - Harmonisierungslücken, GRUR Int. 1997, 242,

- *Kur, Annette,* Europäische Geschmacksmusterrichtlinie verabschiedet, GRUR Int. 1998, 977,

- *Kur, Annette,* Die Verwechslungsgefahr im europäischen Markenrecht, Markenrecht 1999, 2,

- *Landes, William/ Posner, Richard,* The Economics of Trade Mark Law, (1988) 78 Trade Mark Reporter 267,

- *Larenz, Karl/Canaris, Claus-Wilhelm,* Methodenlehre der Rechtswissenschaft, 3. Auflage, Berlin/Heidelberg/New York u.a. 1995,

- *Lehmann, Michael/ Schönfeld, Thomas,* Die neue europäische und deutsche Marke: Positive Handlungsrechte im Dienste der Informationsökonomie, GRUR 1984, 481,

- *Lenz, Carl Otto,* (Hrsg.), EG-Vertrag. Kommentar zu dem Vertrag zur Gründung der Europäischen Gemeinschaft, Köln/Basel/Wien 1994,

- *Lewinsky, Dietrich,* Amtsrecherche für die Gemeinschaftsmarke, Mitteilungen der deutschen Patentanwälte (Mitt.) 1978, 121,

- *Lindner,Michael, Schrell, Andreas,* Die Gemeinschaftsmarke im Überblick, EWS 1996, 7 = WRP 1996, 94,

- *Llewelyn, David,* Angleichung des nationalen Markenrechts in der EWG: Vereinigtes Königreich, GRUR Int. 1992, 97,

- *Loewenheim,Ulrich,* Marktaufteilung durch Warenzeichen und Artikel 85, 86, EWG-Vertrag, Überlegungen zum Sirena-Urteil des Gerichtshofes der Europäischen Gemeinschaften, GRUR Int. 1971, 260,

- *Loewenheim, Ulrich,* Die berühmte Marke im europäischen Spannungsfeld, MA 1991, 238,

- *Mailänder, K. Peter,* Gemeinschaftsrechtliche Erschöpfungslehre und freier Warenverkehr, in: Festschrift für Alfred-Carl Gaedertz, S. 369 ff., München 1992,

- *Mare, Thomas, de la* Article 177 in Social and Political Context, in: Craig, Paul/de Burca, Gráinne, The evolution of EU law, S. 215 ff., Oxford 1999,

- *Marenco, Giuliano/ Banks, Karen,* Intellectual Property and the Community Rules on Free Movement: Discrimination Unearthed, (1990) European Law Review 224,

- *Martin-Ehlers, Andrés,* Freier Warenverkehr und gewerbliche Schutzrechte, JA 1994, 108,

- *Martino, Horst Dieter* Auf dem Weg zur Gemeinschaftsmarke - Ein Zwischenbericht, WRP 1978, 92,

- *Marx, Claudius,* Deutsches und europäisches Markenrecht: Handbuch für die Praxis, Neuwied 1997,

- *Mayer, Ilse,* "Madrid oder Alicante." Wege der Internationalisierung des Markenrechts, ecolex 1994, 687,

- *Meffert, Heribert* Marketing, 8. Auflage, Wiesbaden 1987,

- *Meffert, Heribert/ Bruhn, Manfred,* Marketingstrategien im Wettbewerb, Wiesbaden 1984,

- *Meister, Herbert E.*, Die EG-Marken-Richtlinie - Erste Kommentierung, MA 1990, 60,

- *Meister, Herbert E.*, Die EG-Marken-Richtlinie: Zweite Kommentierung, MA 1990, 293,

- *Meister, Herbert E.*, Die EG-Marken-Richtlinie: Dritte Kommentierung, MA 1990, 425,

- *Meister, Herbert E.*, Praktische Erfahrungen mit dem neuen Markengesetz, WRP 1995, 1005,

- *Meister, Herbert E.*, Die Verteidigung von Marken. Eine Skizze zum neuen Recht, WRP 1996, 366,

- *Meister, Herbert E.*, Marke und Recht, 3. Auflage, Wien 1997,

- *Meister, Herbert E.*, Seniorität oder die sogenannte Beanspruchung des Zeitranges einer identischen nationalen Marke, WRP 1997, 1022,

- *Meister, Herbert E.*, Das Löschungsverfahren vor dem Harmonisierungsamt, Mitteilungen der deutschen Patentanwälte (Mitt.) 1999, 339,

- *Mes, Peter*, Patentgesetz/Gebrauchsmustergesetz, Kommentar, München 1997,

- *Meyer, Andreas*, Das deutsche und französische Markenrecht nach der Umsetzung der Ersten Markenrichtlinie (RL 89/104/EWG), GRUR Int. 1996, 592,

- *Miosga, Willy*, Internationaler Marken- und Herkunftsschutz, Kommentar, München 1967,

- *Mitscherlich, Hans*, Zum Schutz international registrierter Dienstleistungsmarken in der Bundesrepublik Deutschland, GRUR Int. 1979, 26,

- *Monnet, Jean*, Erinnerungen eines Europäers, Baden-Baden 1988,

- *Muhlberg, Hans,* Claiming Seniority for Community Trademarks, (1995) 76 Trademark World 23,

- *Mühlendahl, Alexander von,* Der Angriff auf die Gültigkeit der Gemeinschaftsmarke im Verletzungsprozeß, zur Verteilung der Zuständigkeit im Gemeinschaftsmarkenrecht, GRUR Int. 1978, 317,

- *Mühlendahl, Alexander von,* Das künftige Markenrecht in Europa, GRUR Int. 1989, 353,

- *Mühlendahl, Alexander von,* Die Gemeinschaftsmarke und die Angleichung der Markenrechte der Gemeinschaft, in: Hilf, Mein hard/Oehler, Wolfgang (Hrsg.), Der Schutz des geisti gen Eigentums in Europa, S. 69 ff., Baden-Baden 1991,

- *Mühlendahl, Alexander von,* Die Heilung einer wegen mangelnder Benutzung löschungsreif gewordenen Markeneintragung im europäischen und deutschen Markenrecht, in: Festschrift für Ralf Vieregge, Berlin/New York 1995,

- *Mühlendahl, Alexander von,* Das Harmonisierungsamt für den Binnenmarkt nach sechs Monaten, MA 1996, 526 und 601,

- *Mühlendahl, Alexander von,* Die Sprachenregelung des Harmonisierungsamtes für den Binnenmarkt (Marken, Muster und Modelle), in: Aktuelle Herausforderungen des geistigen Eigentums, Festgabe von Freunden und Mitarbeitern für Friedrich-Karl Beier zum 70. Geburtstag, Köln/Berlin/Bonn/ München 1996,

- *Mühlendahl, Alexander von,* Seniority, ECTA Special Newsletter No. 30, Mai 1996,

- *Mühlendahl, Alexander von,* Von der EWG-Marke zur Gemeinschaftsmarke - Teil II, in: Schricker, Gerhard/Beier, Friedrich-Karl (Hrsg.), Die Neuordnung des Markenrechts in Europa, S. 81 ff., Baden-Baden 1998,

- *Mühlendahl, Alexander von/ Ohlgart, Dietrich,* Die Gemeinschaftsmarke, Bern/München 1998,

- *Müller-Graff, Peter-Christian,* Europäisches Gemeinschaftsrecht und Privatrecht, NJW 1993, 13,

- *Müller-Graff, Peter-Christian,* Gemeinsames Privatrecht in der Europäischen Gemeinschaft - Ansatzpunkte, Ausgangsfragen, Ausfaltungen, in: ders. (Hrsg.), Gemeinsames Privatrecht in der Europäischen Gemeinschaft, Baden-Baden 1993,

- *Ohly, Ansgar,* Trade Marks and Parallel Importation - Recent Developments in European Law, (1999) 30 IIC 512,

- *Oliver, Peter,* Wie wichtig ist das Urteil "HAG II" ?, EuZW 1991, 274,

- *Oliver, Peter,* Free Movement of Goods in the European Community, Third Edition, London 1996,

- *Osterrieth, Albert,* Das Madrider Abkommen vom 15. April 1891, betreffend die internationale Markeneintragung, GRUR 1909, 194,

- *Over, Uwe,* Neue Möglichkeiten internationalen Markenschutzes für den deutschen Markeninhaber, MA 1994, 552,

- *Over, Uwe,* Die neue Gemeinschaftsmarke - anmelden oder abwar ten? WRP 1996, 274,

- *Pagenberg, Jochen,* Widerspruch aufgrund nicht eingetragener Marken und Kostenerstattung des Widerspruchsverfahrens nach dem zukünftigen Recht der Gemeinschaftsmarke, GRUR Int. 1989, 748,

- *Pagenberg, Jochen,* Das Widerspruchsverfahren der Gemeinschaftsmarke, - Neue Strategien im Markenrecht, GRUR 1998, 288,

- *Pagenberg, Jochen,* The Exhaustion Principle and "Silhouette" Case, (1999) 30 IIC 19,

- *Pawlowski, Hans-Martin,* Methodenlehre für Juristen. Theorie der Norm und des Gesetzes, 2. Auflage, Heidelberg 1991,

- *Pickering, C.D.G.,* Trade Marks in Theory and Practice, Oxford 1998,

- *Piper, Henning,* Der Schutz der bekannten Marken, GRUR 1996, 429,

- *Preglau, Helene/ Neuffer, Irmin Thomas,* Die Kollisionsprüfung im Widerspruchsverfahren vor dem Harmonisierungsamt für den Binnenmarkt, Markenrecht 1999, 41,

- *Prescott, Peter,* Think Before You Waga Finger, (1996) European Intellectual Property Review 317,

- *Pretnar, Bojan,* Is the Future Enlargement of the European Union an Immediate Issue for the Community Trade Mark System? (1997) 4 European Intellectual Property Review 185,

- *Puchberger, Georg,* Zur Amtsrecherche bei der EWG-Marke, GRUR Int. 1978, 407,

- *Reisch, Gerhard,* Gewerblicher Rechtsschutz und Urheberrecht in der Rechtsprechung des Europäischen Gerichtshofs, GRUR Int. 1982, 151,

- *Richter, Bruno,* Die Revision des Madrider Markenabkommens auf der Konferenz von Nizza, GRUR Int. 1957, 519,

- *Rodriguez, Iglesias Gil Carlos,* Die Bedeutung der Rechtsprechung des Europäischen Gerichtshofes für die Errichtung des Binnenmarktes, in: Schwarze, Jürgen (Hrsg.), Unverfälschter Wettbewerb für Arzneimittel im europäischen Binnenmarkt, Baden-Baden 1998,

- *Rohnke, Christian,* Das Ende der innergemeinschaftlichen Erschöpfung, WRP 1999, 889,

- *Röttger, Martin,* Gedanken zur Schaffung einer EWG-Marke, GRUR Int. 1959, 329,

- *Röttger, Martin,* Die Auswirkungen des Sirena-Urteils des Europäischen Gerichtshofes auf die Ausübung übertragener Warenzeichen, GRUR Int. 1971, 469,

- *Röttger, Martin,* Unanfechtbarkeit der Europamarke und Amtsrecherche, RIW 1978, 220,

- *Röttger, Martin,* Widerspruch, Nichtigkeitsverfahren und Amtsrecherche im neuen Entwurf für eine Verordnung über die Gemeinschaftsmarke, RIW 1979, 167,

- *Ronga, Giulio,* Der Schutz von Kennzeichen zwischenstaatlicher Organisationen nach der Pariser Verbandsübereinkunft, GRUR Int. 1966, 148,

- *Ross, Andrew,* Finding the true worth of trade marks and brands, (1997) Managing Intellectual Property, Yearbook 10,

- *Sack, Rolf,* Die Erschöpfung von Markenrechten nach Europäischem Recht, RIW 1994, 897,

- *Sack, Rolf,* Ausnahmen vom markenrechtlichen Erschöpfungsgrundsatz im Europäischen Recht, EWS 1994, 333,

- *Sack, Rolf,* Sonderschutz bekannter Marken, GRUR 1995, 81,

- *Sack, Rolf,* "Doppelidentität" und "gedankliches Inverbindungbringen" im deutschen und europäischen Markenrecht, GRUR 1996, 663,

- *Sack, Rolf,* Zeichenrechtliche Grenzen des Umpackens fremder Waren, GRUR Int. 1997, 1,

- *Sack, Rolf,* Der markenrechtliche Erschöpfungsgrundsatz im deutschen und europäischen Recht, WRP 1998, 549,

- *Saint-Gal, Yves,* Zur Vereinheitlichung der Gesetzgebung auf dem Gebiet des gewerblichen Rechtsschutzes in den Ländern des Gemeinsamen Marktes, ZHR 121 (1958) 172,

- *Saint-Gal, Yves,* Über die Zweckmäßigkeit einer gemeinsamen Marke für die Länder der Europäischen Wirtschaftsmäßigkeit, GRUR Int. 1960, 169,

- *Schäfer, Alfons,* Anmerkungen zu einem gemeinschaftsrechtlichen Gemeinschaftspatent, GRUR 1999, 820,

- *Schechter, Frank,* The Rational Basis for Trade Mark Protection, (1927) 40 Harvard Law Review 813,

- *Schennen, Detlef,* Erschöpfung gewerblicher Schutzrechte in der EG, Mitteilungen der deutschen Patentanwälte (Mitt.) 1989, 7,

- *Schennen, Detlef,* Die Vertretung vor dem Harmonisierungsamt für den Binnenmarkt, Mitteilungen der deutschen Patentanwälte (Mitt.) 1996, 361,

- *Schennen, Detlef,* Die Umwandlung der Gemeinschaftsmarke, Mitteilungen der deutschen Patentanwälte (Mitt.) 1998, 121,

- *Schlei, Dirk Christian,* Das Protokoll betreffend das Madrider Abkommen über die internationale Registrierung von Marken, Diss. Freiburg im Breisgau, Bern 1993,

- *Schmieder, Hans-Heinrich,* Neues deutsches Markenrecht nach europäischem Standard, NJW 1994, 1241

- *Schmidt, Lutz,* Definition of a Trade Mark by the European Trade Marks Regime - A Theoretical Exercise? (1999) 30 IIC 738,

- *Schönfeld, Thomas,* Die Gemeinschaftsmarke als selbständiger Vermögensgegenstand eines Unternehmens, Diss. München, Baden-Baden 1994,

- *Schricker, Gerhard,* Der Benutzungszwang im Markenrecht, GRUR Int. 1969, 14,

- *Schröter, Helmut,* Zur Rechtsprechung des Europäischen Gerichtshofes auf dem Gebiet der gewerblichen Schutzrechte, WRP 1971, 356,

- *Schroth, Ulrich,* Philosophische und juristische Hermeneutik, in: Kaufmann, Arthur/Hassemer, Winfried, Einführung in die Rechtsphilosophie und Rechtstheorie der Gegenwart, S. 344 ff., 6. Auflage, Heidelberg 1994,

- *Schulte-Beckhausen, Thomas,* Die gerichtliche Durchsetzung von Ansprüchen wegen Verletzung der Gemeinschaftsmarke, WRP 1999, 330,

- *Schulze, Reiner,* Allgemeine Rechtsgrundsätze und europäisches Privatrecht, ZEuP 1993, 442,

- *Schwanhäuser, Hermann,* Entwicklung und zukünftige Gestaltung der EWG-Marke, WRP 1984, 1,

- *Schwartz, Ivo E.,* Perspektiven der Angleichung des Privatrechts in der Europäischen Gemeinschaft, ZEuP 1994, 559,

- *Schwarze, Jürgen,* Die Vereinheitlichung der Patente in der Europäischen Gemeinschaft - Eine Untersuchung am Beispiel des Arzneimittelmarktes, RIW 1996, 272,

- *Schweer, Carl-Stephan,* Die erste Markenrechts-Richtlinie der EG und der Rechtsschutz bekannter Marken, Diss. Freiburg im Breisgau, Baden-Baden 1992,

- *Schweikert, Heinrich,* Zur Bedeutung nichtmarkenrechtlicher Vorschriften im Eintragungsverfahren, Mitteilungen der deutschen Patentanwälte (Mitt.) 1992, 51,

- *Schweitzer, Michael/ Hummer, Waldemar,* Europarecht, 5. Auflage, Heidelberg 1996,

- *Sedemund-Treiber, Antje,* Strukturen einer europäischen Patentgerichtsbarkeit, Mitteilungen der deutschen Patentanwälte (Mitt.) 1999, 121,

- *Shapiro, Martin,* The problems of independent agencies in the United States and the European Union, (1997) 4 Journal of European Public Policy 262,

- *Sherman, Brad,* Patent Claim Infringement: The Impact of the Protocol on Interpretation, (1991) 54 Modern Law Review 499,

- *Sieckmann, Ralf,* Erste Entscheidung zur Eintragung einer Geruchsmarke nach der Gemeinschaftsmarkenverordnung. Anmerkung zur Entscheidung der 2. Beschwerdekammer des HABM vom 11.2.1999 - R 156/1998-2 - The smell of fresh cut grass, WRP 1999, 618,

- *Sosnitza, Olaf,* Nationales, gemeinschaftsweites und internationales Markenrecht. Auf dem Weg zur globalen Marke?, in: Jahrbuch junger Zivilrechtswissenschaftler 1998, Vernetzte Welt - globales Recht, S. 181 ff.,

- *Stamatoudi, Irini A./ Torremans, Paul L.C.,* International Exhaustion in the European Union in the Light of "Zino Davidoff": Contract versus Trade Mark Law?, (2000) 31 IIC 123,

- *Stauder, Dieter,* Die Vereinbarung über Gemeinschaftspatente, das Streitregelungsprotokoll und das Änderungsprotokoll, GRUR Int. 1986, 302,

- *Steup, Elisabeth/ Tilman, Winfried,* Der Vertrag über die internationale Registrierung von Marken (TRT), GRUR Int. 1974, 155,

- *Streinz, Rudolf,* Europarecht, 3. Auflage, Heidelberg 1996,

- *Ströbele, Paul,* Voraussetzungen und Nachweis der Verkehrsdurchsetzung nach § 4 III WZG, GRUR 1987, 75,

- *Tatham, David/ Richards, William,* ECTA Guide to EU Trade Mark Legislation, London 1998,

- *Tilman, Winfried/ Schleusner, Rikarda von,* Der Entwurf eines Vertrages über die internationale Registrierung von Marken, GRUR Int. 1972, 441,

- *Tilman, Winfried,* Grundfragen des EWG-Markenrechts, GRUR Int. 1979, 20,

- *Tilman, Winfried,* Das neue Markenrecht und die Herkunftsfunktion, ZHR 158 (1994), 371,

- *Tilman, Winfried,* Zweiter Kodifikationsbeschluß des Europäischen Parlaments, ZEuP 1995, 535,

- *Tilman, Winfried,* Towards a European Civil Code, ZEuP 1997, 595,

- *Ubertazzi, Luigi Carlo,* Angleichung des nationalen Markenrechts in der EWG: Italien, GRUR Int. 1992, 101,

- *Ubertazzi, Luigi Carlo,* Bemerkungen zum Benutzungszwang der Gemeinschaftsmarke, GRUR Int. 1995, 474,

- *Ulmer, Peter,* Europäisches Patentrecht im Werden, GRUR Int. 1962, 537,

- *Vanzetti, Adriano,* Die Funktion der Marke in einem System der freien Übertragbarkeit, GRUR Int. 1999, 205,

- *Verkade, D. W. Frederik,* Angleichung des nationalen Markenrechts in der EWG: Benelux-Staaten, GRUR Int. 1992, 92,

- *Verkade, D. W. Frederik,* Anmerkung zu den Entscheidungen des EuGH vom 11.7.1996, GRUR Int. 1996, 1152,

- *Vierheilig, Wilfried,* "Ernsthafte" Verwechslungsgefahr, Überlegungen zu europäischen Reformbestrebungen im Markenrecht, GRUR 1982, 506,

- *Vogt, Stefan,* Das Markenrechtsänderungsgesetz 1996, NJW 1996, 2776,

- *Völke, Stefan/ Schuster, Silke,* Gemeinschaftsmarken und absolute Eintragungshindernisse, Markenrecht 1999, 369,

- *Wadle, Elmar,* Fabrikzeichenschutz und Markenrecht. Geschichte und Gestalt des deutschen Markenschutzes im 19. Jahrhundert, 2 Bände, 1. Teil: Entfaltung, Berlin 1977, 2. Teil: Historisch-dogmatische Grundlinien, Berlin 1983,

- *Weatherill, Stephen,* After Keck: Some Thoughts on How to Clarify the Clarification, (1996) 33 Common Market Law Review 885,

- *Weberndörfer, Jörg,* Rechtsvergleich Deutschland - Vereinigtes Königreich: Auswirkungen der Umsetzung der EG-Markenrichtlinie auf den erweiterten Schutz "bekannter" Marken, Diss. Nürnberg-Erlangen 1997,

- *Weiler, Joseph,* The Transformation of Europe, (1991) 100 Yale Law Journal 2403,

- *Weiler, Joseph,* The least-dangerous branch: a retrospective and prospective of the European Court of Justice in the arena of political integration, in: ders., The Constitution of Europe, S. 188 ff., Cambridge 1999,

- *Westerholt, Hartwig Graf von,* Das europäische Markenrecht und sein Verhältnis zum nationalen Marken- und Wettbewerbsrecht, Protokoll über die Diskussion auf der Arbeitssitzung der Fachgruppe für gewerblichen Rechtsschutz und Urheberrecht der Gesellschaft für Rechtsvergleichung am 18.9.1975 in München, GRUR Int. 1976, 39,

- *White, Eric,* In Search of the Limits to Article 30 of the EEC Treaty, (1989) 26 Common Market Law Review 235,

- *Winter, Franz,* MMA und EG-Marke, Mitteilungen der deutschen Patentanwälte (Mitt.) 1985, 231,

- *Zimmer, Daniel,* Nationales Warenzeichenrecht versus EG-Warenverkehrsfreiheit: Das Problem kollidierender Schutz rechte nach dem HAG II - Urteil des Europäischen Gerichtshofes, NJW 1991, 3051,

- *Zimmermann, Reinhard,* Die "Principles of European Contract Law", Teil 1, ZEuP 1995, 731.

FSC
www.fsc.org
MIX
Papier | Fördert gute Waldnutzung
FSC® C083411

Kolibri 360 GmbH
Ferdinand-Jühlke-Straße 7
99095 Erfurt, Deutschland
produktsicherheit@kolibri360.de

Druck:
CPI Druckdienstleistungen GmbH
im Auftrag der
Kolibri 360 GmbH
Ferdinand-Jühlke-Str. 7
99095 Erfurt